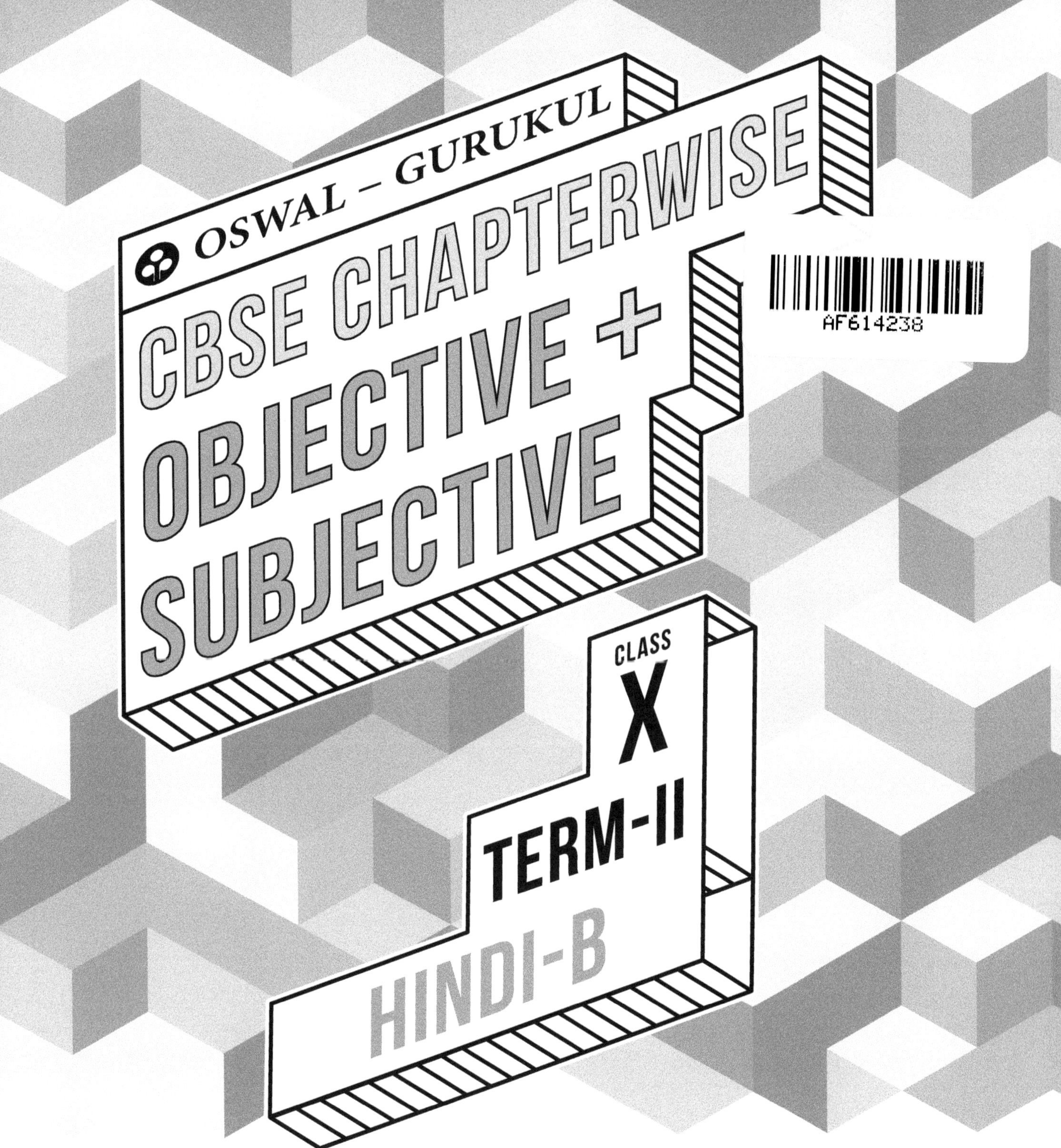

By

PANEL OF AUTHORS

DISCLAIMER

With the ambition of providing standard academic resources, we have exercised extreme care in publishing the content. In case of any discrepancies in the matter, we request readers to excuse the unintentional lapse and not hold us liable for the same. Suggestions are always welcome.

EDITION : 2022

ISBN : 978-93-9256-30-58

PRICE : ₹ 199.00

PUBLISHED BY

OSWAL PUBLISHERS

Head Office : 1/12, Sahitya Kunj, M.G. Road, Agra - 282 002

Phone : (0562) 2527771-4

Whatsapp : +91 74550 77222

E-mail : info@oswalpublishers.in

Website : www.oswalpublishers.com

The cover of this book has been designed using resources from Freepik.com

प्रस्तावना

विद्यार्थियों की उच्चतम शैक्षिक निष्पत्ति, सर्वोत्तम परीक्षा परिणाम की प्राप्ति और शिक्षण–अधिगम प्रक्रिया के सफल निष्पादन के मूल्यांकन हेतु हमें हिन्दी 'ब' का यह नवीन तथा संशोधित संस्करण प्रस्तुत करते हुए अत्यन्त हर्ष हो रहा है। यह संस्करण सी.बी.एस.ई. के नवीनतम पाठ्यक्रमानुसार कक्षा दसवीं हिन्दी 'ब' के विद्यार्थियों के लिए तैयार किया गया है।

इस विद्यार्थी–सहायक पुस्तक में उनके उचित मार्गदर्शन के लिए विषय से सम्बन्धित/सहायक सामग्री का निर्माण अत्यन्त प्रभावपूर्ण रूप से किया गया है। नवीन सत्र के कक्षा दसवीं हिन्दी 'ब' हेतु अध्ययन सामग्री का प्रयोग पाठ्य–पुस्तकों के पूरक रूप में किया जाना वांछित परिणाम की प्राप्ति हेतु अभिप्रेरित है। प्रस्तुत पुस्तक में सी.बी.एस.ई के पाठ्यक्रम अनुसार अभ्यास की व्यवस्था की गई है, जिसमें भाषा की सरलता एवं विषयगत दक्षता प्रमुख उद्देश्य है। पुस्तक में पाठ्य–पुस्तक व लेखन विषय से सम्बन्धित विशिष्ट तकनीकी, शब्दावली के सरलीकरण एवं अभ्यास हेतु महत्वपूर्ण प्रश्न–कोश उपलब्ध कराया गया है, जिसका निरन्तर अभ्यास विद्यार्थियों को अधिक आत्मविश्वास तथा सम्यक विषय ज्ञान से सुसज्जित कर सर्वोत्तम प्रदर्शन हेतु सक्षम बनाने में उपयोगी एवं सहायक सिद्ध होगा।

सभी विद्यार्थियों को शुभकामनाओं सहित............

—प्रकाशक

Easy steps to follow :

Step 1 - In a few clicks, you can completely customize your test

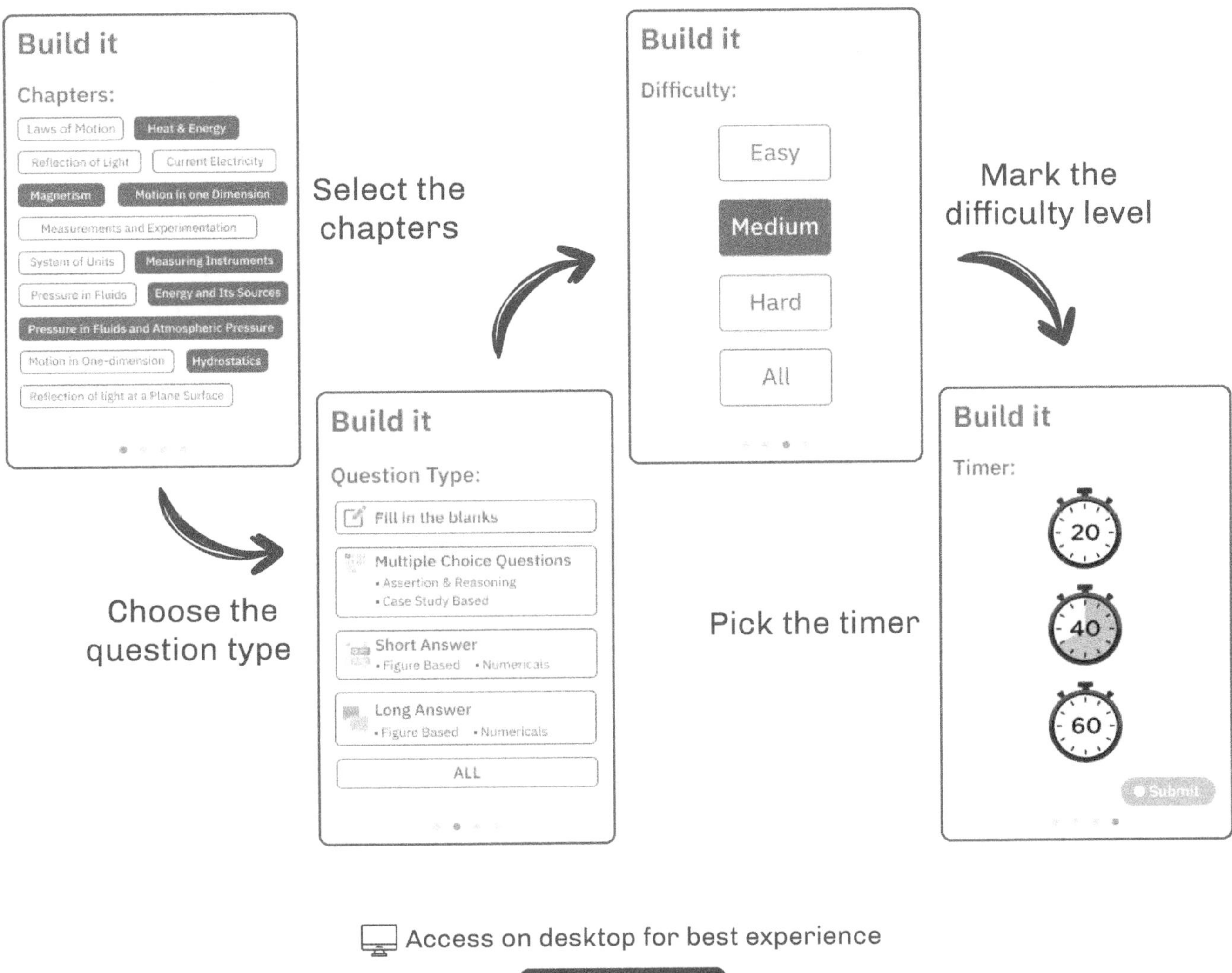

Access on desktop for best experience

www.oswal.io

Step 2 - Test is based on the selected question type, chapters, difficulty, time

Step 3 - Click on start and type your answers in the given space

Step 4 - Use insert $\TeX$ equation editor to quickly & accurately insert the difficult math/physics/chem formulas

Step 5 - Skip any question if not sure, proceed to next & submit

Step 6 - You will get your result emailed right away

पाठ्यक्रम

कक्षा दसवीं हिन्दी 'ब' परीक्षा हेतु पाठ्यक्रम विनिर्देशन

परीक्षा भार विभाजन सत्र 2

	विषय-वस्तु	उप भार	कुल भार
1.	पाठ्यपुस्तक स्पर्श भाग-2	08	
	1. स्पर्श से निर्धारित पाठों के आधार पर विषय-वस्तु का ज्ञान बोध, अभिव्यक्ति आदि पर 25-30 शब्दों वाले तीन में दो प्रश्न पूछे जाएंगे। (2 अंक × 2 प्रश्न)	04	
	2. स्पर्श से निर्धारित पाठों के आधार पर विद्यार्थियों की उच्च चिंतन क्षमताओं एवं अभिव्यक्ति का आकलन करने हेतु 60-70 शब्दों वाला दो में से एक प्रश्न।	04	14
	पूरक पाठ्यपुस्तक संचयन भाग-2	06	
	पूरक पाठ्यपुस्तक संचयन के निर्धारित पाठों से तीन में से दो प्रश्न पूछे जाएंगे जिनका उत्तर 40-50 शब्दों में देना होगा। (3 अंक × 2 प्रश्न)	06	
2.	लेखन		
	(अ) संकेत बिंदुओं पर आधारित समसामयिक एवं व्यावहारिक जीवन से जुड़े हुए किन्हीं तीन विषयों में से किसी एक विषय पर लगभग 150 शब्दों में अनुच्छेद। (6 अंक × 1 प्रश्न)	6	

Questions focused on the New Paper Pattern, according to the latest circular issued by the Board (Acad-51 and 53) in July 2021.

Study material strictly based on the reduced syllabus issued by the Board in July 2021 for TERM-II examination.

Based on the board's most recent typologies of Objective Type Questions:

स्पर्श (पद्य–खण्ड)

स्पर्श (गद्य–खण्ड)

संचयन

1000+ New Chapter-wise Questions Included

बहुविकल्पीय प्रश्न

बहुविकल्पीय प्रश्न

1. लेखक ने जापानियों के विषय में अपने मित्र से क्या पूछा?
   (क) जापानियों को होने वाली बीमारी के विषय में
   (ख) जापानियों की तीक्ष्ण बुद्धि के विषय में
   (ग) जापानियों के कार्य करने की क्षमता के विषय में
   (घ) जापानियों के तनाव के विषय में

उत्तर: (क) जापानियों को होने वाली बीमारी के विषय में

2. लेखक के मित्र उन्हें कहाँ ले गए?
   (क) जापान में बहुचर्चित इमारत में
   (ख) पर्णकुटी में
   (ग) मनोरोग विशेषज्ञ के पास
   (घ) टी-सेरेमनी में

उत्तर: (घ) टी-सेरेमनी में

3. चा-नो-यू क्या है?
   (क) चाय पीने की जापानी विधि
   (ख) जापानी तातामी

(ग) पाँच लोग (घ) दो लोग

उत्तर: (क) तीन लोग

8. अधिक आदमियों को प्रवेश क्यों नहीं करने दिया जाता है?
   (क) शांति बनाए रखने के लिए
   (ख) जगह की कमी के कारण
   (ग) एक ही चाजीन होने के कारण
   (घ) चाय की कमी होने के कारण

उत्तर: (क) शांति बनाए रखने के लिए

9. मनुष्य जब अकेले पड़ता है तो किस कारण से बड़बड़ाने लगता है?
   (क) स्वयं से प्रतिस्पर्धा करने के कारण
   (ख) इंजन तेज़ दौड़ाने के कारण
   (ग) मानसिक रूप से स्वस्थ न होने के कारण
   (घ) समाज में पिछड़ जाने के कारण

उत्तर: (ग) मानसिक रूप से स्वस्थ न होने के कारण

10. दिमाग के तनाव के बढ़ने का क्या कारण है?
   (क) खान-पीन की कमी होना।
   (ख) दिमाग का क्षमता से अधिक कार्य करना।

गद्यांश पर आधारित बहुविकल्पीय प्रश्न

निम्नलिखित गद्यांशों को ध्यानपूर्वक पढ़कर दिए गए प्रश्नों के लिए सही विकल्प चुनिए–

30. जापान में मैंने अपने एक मित्र से पूछा, "यहाँ के लोगों को कौन-सी बीमारियाँ अधिक होती हैं?" 'मानसिक', उन्होंने जवाब दिया, "यहाँ के अस्सी फीसदी लोग मनोरुग्ण हैं।"
"इसकी क्या वजह है?"
कहने लगे, "हमारे जीवन की रफ़्तार बढ़ गई है। यहाँ कोई चलता नहीं, बल्कि दौड़ता है। कोई बोलता नहीं, बकता है। हम जब अकेले पड़ते हैं तब अपने आप से लगातार बड़बड़ाते रहते हैं। ....अमेरिका से हम प्रतिस्पर्धा करने लगे। एक महीने में पूरा होने वाला काम एक दिन में ही पूरा करने की कोशिश करने लगे। वैसे भी दिमाग की रफ़्तार हमेशा तेज़ ही रहती है।

वह एक छः मंजिली इमारत थी जिसकी छत पर दफ़्ती की दीवारों वाली और तातामी (चटाई) की जमीनवाली एक सुंदर पर्णकुटी थी। बाहर बेढब-सा एक मिट्टी का बर्तन था। उसमें पानी भरा हुआ था। हमने अपने हाथ-पाँव इस पानी से धोए। तौलिए से पोंछे और अंदर गए। अंदर 'चाजीन' बैठा था। हमें देखकर वह खड़ा हुआ। कमर झुकाकर उसने हमें प्रणाम किया। दो...झो....(आइए, तशरीफ लाइए) कहकर स्वागत किया। बैठने की जगह हमें दिखाई। अँगीठी सुलगाई। उस पर चायदानी रखी। बगल के कमरे में जाकर कुछ बर्तन ले आया। तौलिए से बर्तन साफ किए। सभी क्रियाएँ इतनी गरिमापूर्ण ढंग से कीं कि उसकी हर भंगिमा से लगता था मानो जयजयवंती के सुर गूँज रहे हों। वहाँ का वातावरण इतना शांत था कि चायदानी के पानी का खदबदाना भी सुनाई दे रहा था।

गद्यांश पर आधारित बहुविकल्पीय प्रश्न

से आर्थिक प्रतिस्पर्धा के चलते उस देश के लोग एक महान का काम एक दिन में करने का प्रयास करते हैं। वे लोग चलते नहीं भागते हैं, बोलते नहीं बक-बक करते हैं। इस कारण वे शारीरिक व मानसिक रूप से बीमार रहने लगे हैं। मैं इन कारणों से पूरी तरह सहमत हूँ। शरीर और मन को यदि आवश्यकता से अधिक भगाया और उपयोग किया जाये तो रोगग्रस्त होना स्वाभाविक है।

प्रश्न 42. लेखक के अनुसार सत्य केवल वर्तमान है, उसी में जीना चाहिए। लेखक ने ऐसा क्यों कहा होगा?

उत्तर— लेखक के अनुसार सत्य केवल वर्तमान है, उसी में जीना चाहिए। लेखक ने ऐसा इसलिए कहा होगा क्योंकि लेखक 'टी सेरेमनी' के क्रम में चाय की चुस्की लेते समय स्वयं वर्तमान के अनंतकाल में चला गया था। अक्सर हम भूत या

रचना और अभिव्यक्ति

भाषा-अध्ययन

प्रश्न 45. नीचे दिये गये शब्दों का वाक्यों में प्रयोग कीजिए— व्यावहारिकता, आदर्श, सूझबूझ, विलक्षण, शाश्वत।

उत्तर— (क) **व्यावहारिकता**—व्यावहारिकता में आदर्शों को मिला देने से उसका महत्व बढ़ जाता है।

(ख) **आदर्श**—वर्तमान समाज में केवल आदर्श के सहारे जीवन यापन करना दुष्कर है।

(ग) **सूझबूझ**—जीवन के हर मोड़ पर सूझबूझ की आवश्यकता होती है।

(घ) **विलक्षण**—गाँधीजी विलक्षण प्रतिभा के धनी थे।

रचना और अभिव्यक्ति

योग्यता विस्तार

योग्यता विस्तार

प्रश्न 51. विद्यार्थी पुस्तकालय की सहायता से करेंगे।

प्रश्न 52. पाठ में वर्णित 'टी-सेरेमनी' का शब्द चित्र प्रस्तुत कीजिए।

उत्तर— 'टी-सेरेमनी' (चा-नो-यू) का आयोजन स्थल। एक छह मंजिली इमारत की छत पर दफ्ती की दीवारों वाली तथा तातमी की ज़मीन वाली सुन्दर सी पर्णकुटी। बाहर और अन्दर का वातावरण अत्यन्त शान्तिपूर्ण है। बाहर ही एक बड़े-से बेडौल मिट्टी के बर्तन में पानी रखा है। लोग यहाँ हाथ-पैर धोकर अन्दर जाते हैं। अन्दर बैठा चाय बनाकर पिलाने वाला चाजीन झुककर सलाम करता है।

स्थिति को कहा है जब वह चाय पीते-पीते भूतकाल और भविष्य दोनों को मिथ्या मानकर दोनों को भूल बैठा। उसके सामने जो वर्तमान था उसी को उसने सच मान लिया था। 'टी सेरेमनी' में चाय पीते-पीते उसके दिमाग से दोनों काल इस प्रकार उड़ गये जैसे मानो उसका कोई अस्तित्व ही नहीं हो। वह अनंतकाल जितने विस्तृत वर्तमान में जी रहा था उसके दिमाग का इंजन धीरे-धीरे बन्द होने लगा था। वह अपार शक्ति का अनुभव कर रहा था उसके मानसिक विचारों की गति अत्यन्त मंद हो गई और वह अपने को तनाव मुक्त महसूस कर रहा था।

प्रश्न 58. पाश्चात्य प्रभाव से भारत में भी लोगों की गतिशीलता बढ़ गई है। 'झेन की देन' पाठ के आधार पर इसके कारण और परिणाम को लिखिए।

पाठ का सारांश

कथावाचक और हरिहर काका की उम्र में काफी अंतर होने के बावजूद वह उनका पहला मित्र था। महंत और हरिहर काका के भाई ने अपना लक्ष्य साधने के लिए हरिहर काका के साथ बुरा व्यवहार किया। हरिहर काका अनपढ़ थे पर उनको दुनिया की बेहतर समझ थी। उन्होंने अपने अनुभव से सीखा था कि सम्पत्ति छिन जाने के बाद व्यक्ति की बड़ी दुर्दशा होती है। वे अनेक लोगों के बारे में जानते थे जिनकी सम्पत्ति अपने नाम लिखवाने के बाद उनके घर वालों ने उनकी हालत कुत्ते से भी बदतर कर दी थी। इसलिए उन्होंने तय कर लिया था कि जीते जी वे अपनी जायदाद किसी के नाम नहीं लिखेंगे। ठाकुरबारी की घटना के बाद उन्हें पता चल गया कि कोई उन्हें मार नहीं सकता था, सिर्फ धमका सकता था। इसलिए उन्हें मृत्यु का भय नहीं था और उन्हें अपने भाइयों को इस बात के बारे में चुनौती भी दी थी। हरिहर काका को जब यह असलियत पता चली कि सब लोग उनकी जायदाद

हुआ मैदान। **अखंड** = निर्विघ्न। **दवनी** = गेहूँ, धान निका की प्रक्रिया। **अगउम** = प्रयोग में लाने से पहले देवता के लि निकाला गया अंश। **घनिष्ठ** = अत्यधिक निकटता। **प्रवचन** वेद, पुराण आदि का उपदेश करना। **सार्थक** = उद्देश्य वाल **परिस्थितिवश** = परिस्थितियों के कारण। **फूटी आँखों** **सुहाना** = थोड़ा भी अच्छा न लगना। **दोनों जून** = दोनों वक **अलावा** = अतिरिक्त। **क्लर्की** = लिपिक, कर्मचारी। **प्रतीक्षा** = इंतजार करना। **इत्मीनान** = तसल्ली। **व्यंजन** = अच्छा खान **संतोष** = तृप्ति, प्रसन्नता, हर्ष। **मशगूल** = व्यक्त। **धमाचौक** = उछल-कूद। **दालान** = बरामदा। **मोहभंग** = प्रेम की भ्रां का नाश। **विस्फोट** = फूटकर बाहर निकलना। **आगमन** = अ पर। **उपलक्ष्य** = संकेत। **सराहना** = प्रशंसा। **निश्चित** = बेफिक्र **विराजमान** = उपस्थिति। **हुमाध** = हवन में प्रयुक्त होने वा सामग्री। **कान खड़े होना** = सावधान होना। **तत्क्षण** = उसी सम **योग** = किस्मत। **एकांत** = खाली। **स्वार्थ** = अपना मतल **संकोच** = झिझक। **बैकुंठ** = स्वर्ग। **कीर्ति** = प्रसिद्धि, ख्या

पाठ का सारांश

विषय-सूची

पाठ्यक्रम

कक्षा दसवीं हिन्दी 'ब' परीक्षा हेतु पाठ्यक्रम विनिर्देशन

परीक्षा भार विभाजन सत्र 2			
	विषय-वस्तु	**उप भार**	**कुल भार**
1.	पाठ्यपुस्तक स्पर्श भाग-2	**08**	
	1. स्पर्श से निर्धारित पाठों के आधार पर विषय-वस्तु का ज्ञान बोध, अभिव्यक्ति आदि पर 25-30 शब्दों वाले तीन में दो प्रश्न पूछे जाएंगे। (2 अंक × 2 प्रश्न)	04	
	2. स्पर्श से निर्धारित पाठों के आधार पर विद्यार्थियों की उच्च चिंतन क्षमताओं एवं अभिव्यक्ति का आकलन करने हेतु 60-70 शब्दों वाला दो में से एक प्रश्न।	04	14
	पूरक पाठ्यपुस्तक संचयन भाग-2	**06**	
	पूरक पाठ्यपुस्तक संचयन के निर्धारित पाठों से तीन में से दो प्रश्न पूछे जाएंगे जिनका उत्तर 40-50 शब्दों में देना होगा। (3 अंक × 2 प्रश्न)	**06**	
2.	लेखन		
	(अ) संकेत बिंदुओं पर आधारित समसामयिक एवं व्यावहारिक जीवन से जुड़े हुए किन्हीं तीन विषयों में से किसी एक विषय पर लगभग 150 शब्दों में अनुच्छेद। (6 अंक × 1 प्रश्न) (विकल्प सहित)	6	
	(ब) औपचारिक विषय से संबंधित लगभग 120 शब्दों में पत्र (5 अंक × 1 प्रश्न) (विकल्प सहित)	5	
	(स) व्यावहारिक जीवन से सम्बन्धित विषयों पर आधारित दो सूचनाओं (प्रत्येक लगभग 50 शब्दों वाली) का लेखन। (2.5 अंक × 2 प्रश्न) (विकल्प सहित)	5	**26**
	(द) विषय से संबंधित दो विज्ञापनों (प्रत्येक लगभग 50 शब्दों वाला) का लेखन। (2.5 अंक × 2 प्रश्न) (विकल्प सहित)	5	
	(ई) लघुकथा लेखन लगभग 120 शब्दों में लघुकथा लेखन। (5 अंक × 1 प्रश्न) (विकल्प सहित)	5	
3.	आंतरिक मूल्यांकन		**10**
	(अ) सामयिक आकलन	3	
	(ब) बहुविध आकलन	2	
	(स) पोर्टफोलियो	2	
	(द) श्रवण एवं वाचन	3	
	कुल		**50**

पाठ्य पुस्तक स्पर्श भाग-2

सत्र-2 2021-22 में निम्नलिखित पाठ सम्मिलित किए गए हैं—

पद्य-खण्ड :

1. मैथिलीशरण गुप्त–मनुष्यता
2. सुमित्रानंदन पंत–पर्वत प्रदेश में पावस
3. कैफ़ी आज़मी–कर चले हम फ़िदा

गद्य–खण्ड :

4. रवींद्र केलेकर–पतझर में टूटी पत्तियाँ : (ii) झेन की देन
5. हबीब तनवीर–कारतूस

अनुपूरक पाठ्य पुस्तक संचयन भाग-2

1. मिथिलेश्वर–हरिहर काका
2. गुरदयाल सिंह–सपनों के–से दिन
3. राही मासूम रज़ा–टोपी शुक्ला

निर्धारित पुस्तकें:

1. स्पर्श, भाग-2, एन.सी.ई.आर.टी., नई दिल्ली द्वारा प्रकाशित नवीनतम संस्करण।

2. संचयन, भाग-2, एन.सी.ई.आर.टी., नई दिल्ली द्वारा प्रकाशित नवीनतम संस्करण।

खण्ड 'क': (स्पर्श भाग-2)

Chapter 4

मनुष्यता

कवि–मैथिलीशरण गुप्त

कवि परिचय

स्वनाम धन्य 'श्री मैथिलीशरण गुप्त' का जन्म 1886 में झाँसी के समीप चिरगाँव में हुआ था। गुप्त जी के पिता सेठ रामचरण दास तथा माता का नाम काशीबाई था। इनके पिता तथा इनके छोटे भाई सियारामशरण गुप्त भी प्रसिद्ध कवि थे। साहित्य के प्रति समर्पण, कुशाग्रबुद्धि और बहुमुखी व्यक्तित्व के कारण गाँधीजी ने मैथिलीशरण गुप्त को अपने जीवनकाल में ही राष्ट्रकवि की संज्ञा दे डाली थी। इनकी प्रारंभिक शिक्षा–दीक्षा घर पर ही हुई। संस्कृत, बांग्ला, मराठी और अंग्रेजी भाषा पर इनका समान अधिकार था। गुप्त जी रामभक्त और राष्ट्रकवि हैं। राम और राष्ट्र का कीर्तिगान इनकी चिरसंचित अभिलाषा थी। सन् 1912-13 ई. में इन्होंने राष्ट्रीय भावनाओं से ओत–प्रोत 'भारत भारती' का प्रकाशन किया जिससे उनकी लोकप्रियता सर्वत्र फैल गई। 'साकेत' और 'यशोधरा' की रचना ने इनकी कीर्ति को साहित्य जगत् में चिर स्थापित कर दिया। साहित्य साधना के साथ–साथ ये सक्रिय राजनीति से भी जुड़े हुए थे। यही कारण है कि श्री गुप्त जी 1952-62 तक राज्यसभा के सदस्य मनोनीत रहे थे। इनको अपने अनुज से अगाध प्रेम था। सन् 1963 में अनुज सियारामशरण गुप्त के निधन ने इनको अपूर्णीय आघात पहुँचाया और 78 वर्ष की आयु में 12 दिसंबर, 1964 ई. को दिल का दौरा पड़ने के कारण साहित्य का जगमगाता तारा हमेशा के लिए अस्त हो गया। श्री गुप्त और इनका साहित्य भारतीय जीवन की समग्रता को समझने और प्रस्तुत करने में सफल है।

रचनाएँ–श्री मैथिलीशरण गुप्त जी के द्वारा मात्र 78 वर्ष की आयु में दो महाकाव्य, एकाधिक खण्डकाव्य, अनेक काव्यगीत, नाटिकाएँ आदि लिखी गई हैं। उनके काव्य में राष्ट्रीय चेतना, धार्मिक भावना और मानवीय उत्थान प्रतिबिंबित हैं। उनकी प्रसिद्धि के आधार स्तंभ के रूप में निम्नलिखित रचनाएँ उल्लेखनीय हैं–**साकेत, यशोधरा, भारत भारती, जयद्रथ वध, पंचवटी, अर्जन और विसर्जन, काबा और कर्बला, किसान, कुणाल गीत, जय भारत, युद्ध, झंकार, पृथ्वी-पुत्र, वक संहार, विश्व वेदना, राजा प्रजा, विष्णुप्रिया, उर्मिला, लीला,प्रदक्षिणा, दिवोदास, भूमि-भाग,** आदि खण्डकाव्य तथा नाटक— **विकट भट, विरहिणी, वैतालिक, शक्ति, सैरंध्री, स्वदेश संगीत, चंद्रहास,** इत्यादि हैं।

काव्यगत विशेषताएँ–मैथिलीशरण गुप्त और हिन्दी साहित्य दोनों एक–दूसरे के पर्याय हो चुके हैं। गुप्त जी के समय में साहित्य पर ब्रजभाषा का अच्छा प्रभाव था। इसके बाद भी गुप्त जी ने अपने साहित्य की भाषा खड़ी बोली को बनाया। इनकी खड़ी बोली की पहली कविता 'हेमंत' 1907 में सरस्वती में छपी थी। उनका काव्य, जागरण व सुधार युग की राष्ट्रीय चेतना से अनुप्राणित और संवलित था। यही कारण है कि उनके साहित्य में राष्ट्रवादी संघर्ष और सामाजिक उत्थान को अधिक महत्व दिया गया है। गुप्त जी के काव्यों में नारी को महनीय स्थान पर सुशोभित किया गया है। उनके काव्यों की कथावस्तु भारतीय इतिहास के ऐसे अंशों से ली गई है जो भारत के अतीत का स्वर्णिम चित्र पाठकों के सामने उपस्थित करते हैं। इनकी भाषा–शैली अत्यंत सरल है। अपनी बात को समझाने के लिए गुप्त जी ने उपमा अलंकार का इस्तेमाल किया है। गुप्त जी ने अपने साहित्य में शब्द–शक्तियों, अलंकारों और मुहावरों का व्यवस्थित और आकर्षक प्रयोग किया है। उन्होंने अपने भावों को सरल भाषा में प्रकट किया है।

पुरस्कार–राष्ट्रकवि 'श्री मैथिलीशरण गुप्त' को समय–समय पर अनेक पुरस्कारों और सम्मानों से सम्मानित किया गया है। इनकी साहित्य सेवाओं के उपलक्ष्य में आगरा विश्वविद्यालय तथा इलाहाबाद विश्वविद्यालय ने इन्हें डी.लिट. की उपाधि से विभूषित किया था। 1952 में गुप्त जी राज्यसभा के सदस्य मनोनीत हुए और 1954 में उन्हें 'पद्मभूषण' पुरस्कार से विभूषित किया गया था। इसके अतिरिक्त उन्हें हिन्दुस्तानी अकादमी पुरस्कार, 'साकेत' पर 'मंगला प्रसाद पारितोषिक' तथा 'साहित्य वाचस्पति' की उपाधि से भी अलंकृत किया गया।

शब्द सम्पदा

विचार = सोच। **सुमृत्यु** = अच्छी मौत। **पशु** = जानवर। **उदार** = विशाल हृदय वाला। **बखानती** = वर्णन करना। **भाव** = भावना। **कीर्ति** = यश। **सृष्टि**= दुनिया। **आत्म भाव** = अपनेपन की भावना। **क्षुधार्त** = भूख से व्याकुल व्यक्ति के लिये। **करस्थ** = हाथ का। **परार्थ** = दूसरों के हित में। **उशीनर** = गांधार देश का राजा। **सहर्ष** = खुशी से। **अनादि** = जिसके आरंभ का पता न हो। **महाविभूति** = सबसे बड़ा पूँजी, ईश्वर। **सदैव** = हमेशा। **विरुद्धवाद** = विरोध करने की प्रवृत्ति। **मदांध** = घमंड में अंधा। **सनाथ** = नाथ के साथ। **अनाथ** = नाथ के बिना। **दीनबंधु** = गरीबों के मसीहा। **भाग्यहीन** = जिसका भाग्य साथ न दे। **अनंत** = जिसका अंत न हो। **समक्ष** = सामने। **परस्परावलंब** = आपस में सहारा बनकर। **हरे** = दूर करना। **अभीष्ट** = इच्छित। **विघ्न** = बाधा। **अतर्क** = तर्क से परे।

तारता = उपकार करना। **विवेक** = बुद्धि। **पिता** = परमात्मा। **कर्म** = कर्तव्य। **भेद** = अंतर। **मर्त्य** = मरणशील। **वृथा** = बेकार। **प्रवृत्ति** = आदत। **कथा** = कहानी। **धरा** = पृथ्वी। **सदा** = हमेशा। **कूजती** = ध्वनित होना। **पूजती** = पूजा जाना। **थाल** = थाली। **क्षितीश** = राजा। **कर्ण** = कुंती पुत्र। **स्वयं** = खुद। **विनीत** = विनम्र। **तुच्छ** = मामूली/सामान्य। **गर्व** = अभिमान। **त्रिलोकनाथ** = तीनों लोकों के साथ। **विशाल** = बड़ा। **अंतरिक्ष** = आकाश। **स्वबाहु** = अपने हाथ। **अपंक** = कीचड़/कलंक रहित। **मार्ग** = राह। **हेलमेल** = मेलजोल। **सतर्क पंथ** = सावधान यात्री। **मात्र** = केवल। **पुराणपुरुष** = ईश्वर। **प्रसिद्ध** = विख्यात। **अवश्य** = जरूर। **अंतरैक्य** = आत्मा की एकता। **मृत्यु** = मौत। **जिया** = जीना। **चरे** = चरना। **कृतार्थ** = आभारी। **सजीव** = जीवंत। **समस्त** = पूरी। **अखंड** = बिना टूटा हुआ। **असीम** = जिसकी सीमा न हो। **रंतिदेव** = एक परम दानी राजा। **दधीचि** = एक ऋषि। **अस्थिजाल** = हड्डियों का समूह। **स्वमांस** = खुद का मांस। **अनित्य** = जो हमेशा न रहे। **सहानुभूति** = दया का भाव। **वशीकृता** = वश में की हुई। **मही** = पृथ्वी। **लोकवर्ग** = जन समूह। **वित्त** = धन। **चित्त** = मन। **दयालु** = दयावान। **अतीव** = अत्यधिक। **अधीर** = जिसमें धीरज न हो। **देव** = भगवान। **अंक** = गोद। **अमर्त्य** = अमरणशील/अमर। **सरे** = समाप्त होना। **विपत्ति** = समस्या। **भिन्नता** = अंतर। **समर्थ** = योग्य। **बंधु** = मित्र। **स्वयंभू** = जो खुद पैदा हुआ हो। **फलानुसार** = फल के अनुसार। **बाह्य** = बाहरी। **प्रमाणभूत** = साक्षी।

बहुविकल्पीय प्रश्न

1. कवि ने कैसी मृत्यु को वरण करने योग्य माना है?

(क) वृथा मृत्यु को

(ख) पशु समान मृत्यु को

(ग) अविस्मरणीय मृत्यु को

(घ) निज स्वार्थ हेतु आए मृत्यु को

उत्तर: (ग) अविस्मरणीय मृत्यु को

2. कौन मर कर भी नहीं मरता?

(क) जो दूसरों के लिए मरता है

(ख) जो अपने लिए जीता है

(ग) जिसमें पशु प्रवृत्ति हो

(घ) जो वृथा जिए

उत्तर: (क) जो दूसरों के लिए मरता है

3. समस्त सृष्टि किसकी पूजा करती है?

(क) जो कृतार्थ भाव मानता हो

(ख) जो समस्त संसार को अपना मानता हो

(ग) जिसके मन में परोपकार की भावना न हो

(घ) जो मनुष्य हो

उत्तर: (ख) जो समस्त संसार को अपना मानता हो

4. राजा उशीनर क्यों प्रसिद्ध है?

(क) स्वयं भूखा रहकर दूसरे को भोजन कराने के लिए।

(ख) अपनी हड्डियों का दान करने के लिए

(ग) अपने शरीर का मांस दान करने के लिए

(घ) शरीर का चर्म दान करने के लिए

उत्तर: (ग) अपने शरीर का मांस दान करने के लिए

5. कवि ने मनुष्यता के लिए क्या संदेश दिया है?

(क) परोपकार और अच्छे कर्म ही मनुष्यता की पहचान हैं

(ख) अपना भला करना ही हमारा कर्त्तव्य है

(ग) ईश्वर का स्मरण करो

(घ) परोपकार व्यर्थ का कार्य है

उत्तर: (क) परोपकार और अच्छे कर्म ही मनुष्यता की पहचान हैं

6. कविता के अनुसार किसने समाज कल्याण के लिए विरुद्धवाद को स्वीकार किया था?

(क) महात्मा बुद्ध ने　　(ख) राजा उशीनर ने

(ग) दधीचि ने　　(घ) रंतिदेव ने

उत्तर: (क) महात्मा बुद्ध ने

7. विरुद्धवाद का क्या अर्थ है?

(क) मन के अंदर की बुराइयों का विरोध

(ख) समाज में व्याप्त दया का विरोध

(ग) परहित के लिए पुरानी मान्यताओं का विरोध

(घ) उपर्युक्त सभी

उत्तर: (ग) परहित के लिए पुरानी मान्यताओं का विरोध

8. कविता में 'त्रिलोकनाथ' शब्द किसके लिए प्रयुक्त हुआ है?

(क) ईश्वर के लिए　　(ख) महात्मा बुद्ध के लिए

(ग) मनुष्य के लिए　　(घ) दीनबंधु के लिए

उत्तर: (क) ईश्वर के लिए

9. 'मनुष्य मात्र बंधु है' का क्या आशय है?

(क) सभी एक साथ चले

(ख) सभी मनुष्य मित्र हैं

(ग) सभी बुद्धिमान हैं

(घ) इनमें से कोई नहीं

उत्तर: (ख) सभी मनुष्य मित्र हैं

10. 'परस्परावलंब से उठो तथा बढ़ो सभी' का आशय स्पष्ट कीजिए।

(क) अपने सहारे आगे बढ़ो

(ख) एक दूसरे को पीछे छोड़कर आगे बढ़ो

(ग) एक दूसरे का सहारा लेकर सभी आगे बढ़ो

(घ) आगे बढ़ने के लिए किसी का सहारा मत लो

उत्तर: (ग) एक दूसरे का सहारा लेकर सभी आगे बढ़ो

11. कविता के अनुसार हमें किस तरह का बनकर रहना चाहिए।

(क) एक दूसरे के काम आने वाला बनकर

(ख) अपने काम को पूरा करने वाला बनकर

(ग) काम न करने वाला बनकर

(घ) सभी मुसीबतों को बढ़ाने वाला बनकर

उत्तर: (क) एक दूसरे का काम आने वाला बनकर

12. अनंत अंतरिक्ष में कौन खड़े हैं?

(क) अनंत देव (ख) अनंत दैत्य

(ग) अनंत व्यक्ति (घ) अनंत देवियाँ

उत्तर: (क) अनंत देव

13. ''चलो अभीष्ट मार्ग में सहर्ष खेलते हुए'' इन पंक्तियों के आधार पर बताइए कि हमें अपने अभीष्ट मार्ग पर कैसे चलना चाहिए?

(क) गरजते हुए (ख) बिना सोचे विचारे

(ग) प्रसन्नतापूर्तक (घ) सोच-विचारकर

उत्तर: (ग) प्रसन्नतापूर्वक

14. ''तभी समर्थ भाव है कि तारता हुआ तरे'' का आशय क्या है?

(क) ईश्वर पर विश्वास रखते हुए आगे बढ़ना चाहिए

(ख) सोच-विचारकर आगे बढ़ना चाहिए

(ग) चिंता मुक्त होकर आगे बढ़ना चाहिए

(घ) दूसरों का कलयाण करते हुए आगे बढ़ना चाहिए

उत्तर: (घ) दूसरों का कलयाण करते हुए आगे बढ़ना चाहिए

15. उदार व्यक्ति की क्या पहचान होती है?

(क) जो स्वार्थी हो

(ख) जो ईश्वर पर अटूट विश्वास रखे

(ग) जो सोच-समझकर कार्य करे

(घ) जो सभी को अपना मानते हुए सबका कल्याण करे

उत्तर: (घ) जो सभी को अपना मानते हुए सबका कल्याण करे

16. मनुष्य को किस प्रकार का जीवन व्यतीत करना चाहिए?

(क) परोपकार का जीवन (ख) परावलंबी जीवन

(ग) उलझनपूर्ण जीवन (घ) चिंतामुक्त जीवन

उत्तर: (क) परोपकार का जीवन

17. कवि ने पशु समान प्रवृत्ति किसे कहा है?

(क) जो परोपकार करता है

(ख) जो पशु बनकर घूमता है

(ग) जो दूसरों के लिए जीता है

(घ) जो स्वार्थी है

उत्तर: (घ) जो स्वार्थी है

18. कवि किससे नहीं डरने की सीख देते हैं?

(क) परोपकार से (ख) मृत्यु से

(ग) ज्ञानी से (घ) अज्ञानी से

उत्तर: (ख) मृत्यु से

19. कवि ने किस प्रकार के लोगों को भाग्यहीन कहा है?

(क) जिसमें अधीरता का भाव हो

(ख) जिसमें परोपकार का भाव हो

(ग) जिसमें विरुद्धवाद हो

(घ) जो परंपराओं को न मानता हो

उत्तर: (क) जिसमें अधीरता का भाव हो

20. ''दयालु दीनबंधु के बड़े विशाल हाथ हैं''—यहाँ दीनबंधु किसे कहा गया है?

(क) परमेश्वर को (ख) महात्मा बुद्ध को

(ग) तुच्छ चित्त को (घ) मनुष्य को

उत्तर: (क) परमेश्वर को

21. 'परस्परावलंब' शब्द का अर्थ बताइए।

(क) काम न करने वाला (ख) सर्वज्ञ

(ग) देवता की गोद (घ) एक दूसरे का सहारा

उत्तर: (घ) एक दूसरे का सहारा

22. मैथिलीशरण गुप्त का जन्म कब हुआ?

(क) 1884 में

(ख) 1886 में

(ग) 1888 में

(घ) 1882 में

उत्तर: (ख) 1886 में

23. ''रहो न भूल के कभी मदांध तुच्छ वित्त में''—पंक्तियों के आधार पर बताइए कि मनुष्य के अहंकार का क्या कारण होता है?

(क) धन-सम्पत्ति (ख) अपरिपक्व ज्ञान

(ग) परहित की भावना (घ) शक्ति

उत्तर: (क) धन-सम्पत्ति

24. कवि मैथिलीशरण गुप्त हिन्दी के अतिरिक्त अन्य किस भाषा में पारंगत थे?

(क) अंग्रेजी (ख) संस्कृत

(ग) बांग्ला (घ) ये सभी

उत्तर: (घ) ये सभी

25. कविता के अनुसार पशुओं जैसा व्यवहार किसका होता है?

(क) उदार का (ख) पशुओं का

(ग) स्वार्थी मनुष्य का (घ) परोपकारी का

उत्तर: (ग) स्वार्थी मनुष्य का

26. कौन बहुत दयावान है?

(क) ईश्वर (ख) राजा शिवि

(क) महात्मा बुद्ध (ग) परोपकारी लोग

उत्तर: (क) ईश्वर

27. ईश्वर का साथ पाने वालों में सबसे बड़ा उदहारण किसका दिया है?

(क) महात्मा बुद्ध का (ख) महात्मा वीर का

(ग) महावीर का (घ) इनमें से कोई नहीं

उत्तर: (क) महात्मा बुद्ध का

28. मनुष्य को अपने चुने हुए मार्ग पर किस तरह चलना चाहिए?

(क) मजबूती से (ख) दुखी हृदय से

(ग) मन से (घ) खुशी से

उत्तर: (घ) खुशी से

29. देवता किन्हें गोद में लेंगे?

(क) फूलों को

(ख) तारों को

(ग) बुरे लोगों को

(घ) परोपकारी, अच्छे काम करने वालो को

उत्तर: (घ) परोपकारी, अच्छे काम करने वालो को

30. आकाश में कौन खड़ा है?

(क) तारे (ख) चाँद

(ग) सूरज (घ) असंख्या देवता

उत्तर: (घ) असंख्य देवता।

31. हमें किन बातों का घमण्ड नहीं करना चाहिए?

(क) संपत्ति पर (ख) यश पर

(ग) अपनों पर (घ) सभी पर

उत्तर: (घ) सभी पर

32. कबूतर को बचाने के लिए अपना मांस किसने दिया था?

(क) रंतिदेव ने (ख) राजा शिवि ने

(ग) प्रह्लाद ने (घ) राजा ने

उत्तर: (ख) राजा शिवि ने

33. रंतिदेव ने कब आखिरी भोजन की थाली दान में दी थी?

(क) जब शादी में थे

(ख) बातें करते हुए

(ग) कविता लिखते हुए

(घ) जब वे भूख से परेशान थे

उत्तर: (घ) जब वे भूख से परेशान थे

34. कवि ने असली मनुष्य किसको माना है?

(क) जो संसार को भाईचारे के भाव में बांधता है

(ख) जो दूसरो की चिंता करता है

(ग) जो दया और परोपकारी भाव रखता है

(घ) उपर्युक्त सभी

उत्तर: (घ) उपर्युक्त सभी

35. महाविभूति का क्या अर्थ है?

(क) बहुत बड़ा सागर (ख) बहुत बड़ा धन

(ग) बहुत बड़ा व्यक्ति (घ) देश का राजा

उत्तर: (ख) बहुत बड़ा धन।

पद्यांशों की व्याख्या

36. विचार हो कि मर्त्य हो न मृत्यु से डरो कभी,
मरो परन्तु यों मरो कि याद जो करे सभी।
हुई न यों सुमृत्यु तो वृथा मरे, वृथा जिए,
मरा नहीं वही कि जो जिया न आपके लिए।
यही पशु-प्रवृत्ति है कि आप आप ही चरे,
वही मनुष्य है कि जो मनुष्य के लिए मरे॥

व्याख्या—प्रस्तुत कविता में कवि मैथिलीशरण गुप्त ने पाठकों को मनुष्यता के लक्षणों से अवगत कराते हुए बताया कि मनुष्य अमर नहीं है। मनुष्य मरणशील है और इस बात को यदि मानव स्वीकार कर ले तो उसके अंदर से मृत्यु का भय दूर हो जाएगा। परोपकारी मनुष्य मरकर भी दुनिया में अमर हो जाता है जबकि स्वार्थी मनुष्य केवल अपना भला व स्वार्थ सोचते हैं। कवि के अनुसार ऐसे मनुष्यों एवं पशुओं में कोई अंतर नहीं होता है, क्योंकि पशु भी केवल अपने हित के बारे में सोचते हैं और वैसा ही जीवन-यापन करते हैं।

37. उसी उदार की कथा सरस्वती बखानती,
उसी उदार से धरा कृतार्थ भाव मानती।
उसी उदार की सदा सजीव कीर्ति कूजती,
तथा उसी उदार को समस्त सृष्टि पूजती।
अखंड आत्मभाव जो असीम विश्व में भरे,
वही मनुष्य है कि जो मनुष्य के लिए मरे॥

व्याख्या—दानी एवं उदार मनुष्य विश्व में एकता तथा अखण्डता का भाव फैलाते हैं, सदैव उनका गुणगान किया जाता है। ऐसे व्यक्तियों के नाम इतिहास के पन्नों पर स्वर्णिम अक्षरों से लिखे जाते हैं। स्वयं सरस्वती उनकी कीर्ति का गान करती हैं एवं धरती उनकी उदारता का ऋण मानती है। सारा संसार ऐसे उदार, परोपकारी और दानी मनुष्य की पूजा करता है। ऐसे मनुष्य ही विश्व में आत्मीयता का भाव भरते हैं। कवि कहते हैं कि सच्चे अर्थों में मनुष्य वही है, जो हमेशा सबका भला सोचता है और सबके भले के लिए मर भी सकता है।

38. क्षुधार्त रंतिदेव ने दिया करस्थ थाल भी,
तथा दधीचि ने दिया परार्थ अस्थिजाल भी।
उशीनर क्षितीश में स्वमांस दान भी किया,
सहर्ष वीर कर्ण ने शरीर-चर्म भी दिया।
अनित्य देह के लिए अनादि जीवन क्या डरे?
वही मनुष्य है कि जो मनुष्य के लिए मरे॥

व्याख्या—पौराणिक कथाओं का उदाहरण देते हुए कवि ने यह बताया कि भूख से व्याकुल रंतिदेव ने अपने हाथ में रखी खाने

की थाली भी दान में दे दी थी। वहीं दधीचि ने असुरों से रक्षा के लिए देवताओं को अपनी हड्डियाँ दान कर दी थीं। एक कबूतर की रक्षा करने के लिए गांधार देश के राजा ने अपने शरीर का मांस काट कर दान में दे दिया था। वीर कर्ण ने अपने शरीर से लगे हुए रक्षा कवच तक को दान कर दिया था। इसीलिए कवि कहते हैं कि आत्मा तो अमर है, फिर दूसरों की भलाई के लिए शरीर को त्यागने से क्या डरना? अपने जीवन का उपयोग दूसरे मनुष्यों की भलाई के लिए करने पर ही तो हम मनुष्य कहलाने के लायक हैं।

39. सहानुभूति चाहिए महाविभूति है वही,
वशीकृता सदैव है बनी हुई स्वयं मही।
विरुद्धवाद बुद्ध का दया-प्रवाह में बहा,
विनीत लोकवर्ग क्या न सामने झुका रहा।
अहा वही उदार है परोपकार जो करे,
वही मनुष्य है कि जो मनुष्य के लिए मरे॥

व्याख्या—कवि ने सहानुभूति, उदारता और परोपकार की भावना को मानव का सबसे बड़ा धन और ईश्वर का प्रतिरूप बताया है। जो व्यक्ति उदार होता है वही धनवान कहलाने योग्य है और ऐसे धनवान व्यक्ति तो स्वयं ईश्वर को भी अपने वश में कर सकते हैं। यही कारण है कि भगवान बुद्ध ने जन-कल्याण के लिए सामाजिक रूढ़िवाद का विरोध किया और दया को ही मनुष्य का असली आभूषण बताया। इसी वजह से लोग आज भी उन्हें पूजते हैं।

40. अनंत अंतरिक्ष में अनंत देव हैं खड़े,
समक्ष ही स्वबाहु जो बढ़ा रहे बड़े-बड़े।
परस्परावलम्ब से उठो तथा बढ़ो सभी,
अभी अमर्त्य-अंक में अपंक हो चढ़ो सभी।
रहो न यों कि एक से न काम और का सरे,
वही मनुष्य है कि जो मनुष्य के लिए मरे॥

व्याख्या—कवि हमें एक-दूसरे की सहायता करते हुए कल्याण के रास्ते पर चलने का संदेश दे रहे हैं। उनके अनुसार मृत्यु के बाद देवतागण स्वयं अपने हाथ फैलाए परोपकारी एवं दयालु मनुष्यों का स्वागत करेंगे। कवि चाहते हैं कि ईश्वरीय गोद (मुक्ति) पाने में मनुष्य परस्पर एक-दूसरे की सहायता करते हुए आगे बढ़े। इस महान कार्य में सबको निष्पाप और निश्छल भाव से सहयोग देना चाहिए। इस प्रकार कवि एक-दूसरे का कल्याण करने का मार्ग बता रहे हैं। उनके अनुसार ऐसा मनुष्य, मनुष्य कहलाने के लायक ही नहीं है, जो जरूरत पड़ने पर दूसरे मनुष्य की सहायता न कर सके। मनुष्य वही है जो एक-दूसरे की सहायता के लिए आगे बढ़े और सबके प्रति सहयोग की भावना रखे।

41. चलो अभीष्ट मार्ग में सहर्ष खेलते हुए,
विपत्ति, विघ्न जो पड़े उन्हें ढकेलते हुए।
घटे न हेलमेल हाँ, बढ़े न भिन्नता कभी,
अतर्क एक पंथ के सतर्क पंथ हो सभी
तभी समर्थ भाव है कि तारता हुआ तरे,
वही मनुष्य है कि जो मनुष्य के लिए मरे॥

व्याख्या—कवि कहते हैं कि जीवन में इच्छित मार्ग पर प्रसन्नता से आगे बढ़ना चाहिए। राह में जो भी विघ्न या बाधाएँ आएँ उन्हें साहस व धैर्य से दूर कर देना चाहिए। आपस में भेद-भाव की भावना कभी भी नहीं पनपनी चाहिए तथा सबको मिल-जुलकर रहना चाहिए। जीवन की राह पर बिना भेद-भाव, तर्क-वितर्क, ईर्ष्या-द्वेष के बिना एक साथ आगे बढ़ना चाहिए। सभी को सावधान यात्री के समान अतर्क भाव से अर्थात् निश्चित भाव से उन्नति पथ के लिए अनवरत अग्रसर रहना चाहिए। मनुष्य जीवन को सार्थक और सामर्थ्यवान तभी माना जा सकता है जब वह अपनी उन्नति के साथ-साथ दूसरों के उत्थान के लिए भी प्रयत्नशील हो। इस प्रकार कवि के अनुसार मनुष्य कहलाने का अधिकारी वही है जो मनुष्य की सेवा, सहायता और हितार्थ कार्य करता हो।

पद्यांश पर आधारित बहुविकल्पीय प्रश्न

निम्नलिखित पद्यांशों को ध्यानपूर्वक पढ़कर दिए गए प्रश्नों के लिए सही विकल्प चुनिए—

42. रहो न भूल के सभी मदांध तुच्छ वित्त में,
सनाथ जान आपको करो न गर्व चित्त में।
अनाथ कौन है यहाँ? त्रिलोकनाथ साथ हैं,
दयालु दीनबंधु के बड़े विशाल हाथ हैं।
अतीव भाग्यहीन है अधीर भाव जो करे,
वही मनुष्य है कि जो मनुष्य के लिए मरे॥

व्याख्या—कवि ने मनुष्य को घमण्ड एवं अहंकार जैसी बुराइयों से दूर रहने के लिए कहा है। उनके अनुसार इस संसार में कोई भी अकेला या अनाथ नहीं है, हर पल तीनों लोकों के स्वामी स्वयं सबके साथ हैं। ईश्वर बड़े ही दयालु हैं उनकी नजर में सब एक समान हैं। कवि उन व्यक्तियों को अत्यंत भाग्यहीन मानते हैं, जो संसार की चिंता में ईश्वर से विलग हो व्याकुल हैं और जिन्हें ईश्वर की उपस्थिति का आभास मात्र नहीं है। यथार्थ में मनुष्य वही है जो मनुष्य के लिए सर्वस्व समर्पण करने के लिए तैयार रहे।

(i) उपर्युक्त पंक्तियों में कवि ने कौन-सी भावनाओं को दूर करने के लिए कहा है?
(क) घमंड एवं अहंकार (ख) समझदारी
(ग) देशभक्ति (घ) लालच

उत्तर: (क) घमंड एवं अहंकार

(ii) कवि के अनुसार हर पल सबके साथ कौन है?
(क) इस लोक का परिवार

(ख) मित्र

(ग) रिश्तेदार

(घ) तीनों लोकों के स्वामी

उत्तर: (घ) तीनों लोकों के स्वामी

(iii) कवि के अनुसार किसके हाथ विशाल हैं?

(क) कानून के (ख) धनवान के

(ग) ईश्वर के (घ) पहलवान के

उत्तर: (ग) ईश्वर के

(iv) कवि ने भाग्यहीन किसे कहा है?

(क) भावुक मनुष्य को (ख) धैर्यहीन मनुष्य को

(ग) निर्दय मनुष्य को (घ) अयोग्य मनुष्य को

उत्तर: (ख) धैर्यहीन मनुष्य को

43. 'मनुष्य मात्र बंधु है' यही बड़ा विवेक है,
पुराणपुरुष स्वयंभू पिता प्रसिद्ध एक है।
फलानुसार कर्म के अवश्य बाह्य भेद हैं,
परंतु अंतरैक्य में प्रमाणभूत वेद है।
अनर्थ है कि बंधु ही न बंधु की व्यथा हरे,
वही मनुष्य है कि जो मनुष्य के लिए मरे॥

व्याख्या—कवि ने कहा कि सबसे बड़ी समझदारी इस बात को समझने में है कि सभी मनुष्य भाई-बंधु हैं। उन्होंने कहा है कि सिर्फ बाहर से ही हमारे रंग-रूप में अंतर है। लोग कर्म के अनुसार एक-दूसरे को अलग-अलग समझने की भूल करते हैं लेकिन सभी की आत्मा में एक ही परमात्मा का निवास है। हम सभी परमेश्वर को पूज्य-पिता के समान मानते हैं, फिर कवि कहते हैं कि ऐसे भाई (मनुष्य) के होने का फायदा ही क्या जो जरूरत पड़ने पर दूसरे भाई (मनुष्य) की सहायता न कर सके।

(i) मनुष्य की समझदारी किसमें है?

(क) बंधुत्व में (ख) पुराण पुरुष में

(ग) स्वयंभू में (घ) प्रसिद्धि में

उत्तर: (क) बंधुत्व में

(ii) सभी की आत्मा में किसका निवास है?

(क) मैं (ख) अहंकार

(ग) परमात्मा (घ) घमंड

उत्तर: (ग) परमात्मा

(iii) प्रत्येक मनुष्य एक-दूसरे से कैसे भिन्न हैं?

(क) जाति के आधार पर (ख) रंग के आधार पर

(ग) आर्थिक स्तर पर (घ) कर्म के आधार पर

उत्तर: (घ) कर्म के आधार पर

(iv) कवि ने किसे अनर्थ कहा है?

(क) जो एक-दूसरे की पीड़ा न समझे

(ख) एक-दूसरे के काम न आए

(ग) जो बंधु की व्यथा न देखे

(घ) उपर्युक्त सभी

उत्तर: (घ) उपर्युक्त सभी

44. क्षुधार्त रंतिदेव ने दिया करस्थ थाल भी,
तथा दधीचि ने दिया परार्थ अस्थिजाल भी।
उशीनर क्षितीश ने स्वमांस दान भी किया,
सहर्ष वीर कर्ण ने शरीर चर्म भी दिया।
अनित्य देह के लिए अनादि जीव क्या डरे?
वही मनुष्य है कि जो मनुष्य के लिए मरे॥
सहानुभूति चाहिए, महाविभूति है यही;
वशीकृता सदैव है बनी हुई स्वयं मही।
विरुद्धवाद बुद्ध का दया-प्रवाह में बहा,
विनीत लोकवर्ग क्या न सामने झुका रहा?
अहा! वही उदार है परोपकार जो करे,
वही मनुष्य है कि जो मनुष्य के लिए मरे॥

(i) क्षुधार्त रंतिदेव ने कौन सा महान कार्य किया था?

(क) अपना अस्थिजाल दान किया

(ख) स्वयं भूखे रहकर दूसरे को भोजन दिया

(ग) उशीनर क्षितीश को मांस दान दिया

(घ) शरीर चर्म दिया

उत्तर: (ख) स्वयं भूखे रहकर दूसरे को भोजन दिया

(ii) किसने अपनी अस्थियों का दान किया था?

(क) उशीनर ने (ख) रंतिदेव ने

(ग) वीर कर्ण ने (घ) दधीचि ने

उत्तर: (घ) दधीचि ने

(iii) परोपकार के लिए अपने मांस का दान किसने किया था?

(क) राजा उशीनर ने (ख) राजा रंतिदेव ने

(ग) वीर कर्ण ने (घ) ऋषि दधीचि ने

उत्तर: (क) राजा उशीनर ने

(iv) संसार में कर्ण को क्यों याद किया जाता है?

(क) युद्ध कौशल के लिए (ख) अद्वितीय वीरता के लिए

(ग) दान करने के लिए (घ) शरीर-चर्म देने के लिए

उत्तर: (घ) शरीर-चर्म देने के लिए

(v) 'अनितय' शब्द का अर्थ बताइए।

(क) हमेशा न रहने वाला (ख) हमेशा साथ रहने वाला

(ग) हमेशा साथ देने वाला (घ) जिसका अंत न हो

उत्तर: (क) हमेशा न रहने वाला

45. रहो न भूल के सभी मदांध तुच्छ वित्त में,
सनाथ जान आपको करो न गर्व चित्त में।
अनाथ कौन है यहाँ? त्रिलोकनाथ साथ हैं,
दयालु दीनबंधु के बड़े विशाल हाथ हैं।
अतीव भाग्यहीन है अधीर भाव जो करे,
वही मनुष्य है कि जो मनुष्य के लिए मरे॥
अनंत अंतरिक्ष में अनंत देव हैं खड़े,
समक्ष ही स्वबाहु जो बढ़ा रहे बड़े-बड़े।
परस्परावलम्ब से उठो तथा बढ़ो सभी
अभी अमर्त्य-अंक में अपंक हो चढ़ो सभी।

रहो न यों कि एक से न काम और का सरे;
वही मनुष्य है कि जो मनुष्य के लिए मरे॥

(i) संसार में कोई अनाथ क्यों नहीं है?

(क) भाई-बंधु साथ होने के कारण
(ख) सभी मनुष्य साथ होने के कारण
(ग) ईश्वर साथ होने के कारण
(घ) उपर्युक्त सभी

उत्तर: (ग) ईश्वर साथ होने के कारण

(ii) कविता में भाग्यहीन कौन हैं?

(क) जो अधीर है (ख) जो धैर्यवान है
(ग) जो बहुत खुश है (घ) जो दुखी है

उत्तर: (क) जो अधीर है

(iii) किसके विशाल हाथ हैं?

(क) मनुष्य के (ख) ईश्वर के
(ग) गरीबों के (घ) धैर्यवान के

उत्तर: (ख) ईश्वर के

(iv) क्या जानकर मनुष्य को अपने मन में गर्व नहीं करना चाहिए?

(क) स्वयं को सनाथ जानकर
(ख) स्वयं को अनाथ जानकर
(ग) स्वयं को सर्वज्ञ जानकर
(घ) स्वयं को तुच्छ जानकर

उत्तर: (क) स्वयं को सनाथ जानकर

(v) कविता में 'मदांध' शब्द किसके लिए प्रयुक्त हुआ है?

(क) समझदार मनुष्य के लिए
(ख) धनी मनुष्य के लिए
(ग) निर्धन मनुष्य के लिए
(घ) अहंकारी मनुष्य के लिए

उत्तर: (घ) अहंकारी मनुष्य के लिए

46. 'मनुष्य मात्र बंधु है' यही बड़ा विवेक है,
पुराणपुरुष स्वयंभू पिता प्रसिद्ध एक है।
फलानुसार कर्म के अवश्य बाह्य भेद हैं,
परंतु अंतरैक्य में प्रमाणभूत वेद है।
अनर्थ है कि बंधु ही न बंधु की व्यथा हरे,
वही मनुष्य है कि जो मनुष्य के लिए मरे॥
चलो अभीष्ट मार्ग में सहर्ष खेलते हुए,
विपत्ति, विघ्न जो पड़ें उन्हें ढकेलते हुए।
घटे न हेलमेल हाँ, बढ़े न भिन्नता कभी,
अतर्क एक पंथ के सतर्क पंथ हो सभी
तभी समर्थ भाव है कि तारता हुआ तरे,
वही मनुष्य है कि जो मनुष्य के लिए मरे॥

(i) मनुष्य के लिए सबसे बड़ा विवेक क्या है?

(क) ईश्वर को अपना मानना
(ख) सर्तकता से जीवन यापन करना
(ग) सभी मनुष्यों को अपना मित्र मानना
(घ) समाज को शांति का पाठ पढ़ाना

उत्तर: (ग) सभी मनुष्यों को अपना मित्र मानना

(ii) कविता में आए शब्द 'स्वयंभू' का अर्थ बताइए।

(क) भूमि पर उत्पन्न होने वाला
(ख) स्वयं उत्पन्न होने वाला
(ग) दूसरों के लिए उत्पन्न होने वाला
(घ) स्वयं के लिए उत्पन्न होने वाला

उत्तर: (ख) स्वयं उत्पन्न होने वाला

(iii) अनर्थ की बात क्या है?

(क) व्यक्ति यदि सतर्क न रहे
(ख) व्यक्ति यदि दूसरों को दुखी रखे
(ग) व्यक्ति यदि स्वयं को खुश न रख पाए
(घ) व्यक्ति यदि दूसरों के कष्ट को न दूर करे

उत्तर: (घ) व्यक्ति यदि दूसरों के कष्ट को न दूर करे

(iv) सही अर्थों में मनुष्य किसे कहा गया है?

(क) परहित के लिए मरने वाले को
(ख) स्वहित के लिए मरने वाले को
(ग) शक्तिशाली मनुष्य को
(घ) बुद्धिमान मनुष्य को

उत्तर: (क) परहित के लिए मरने वाले को

(v) 'सतर्क पंथ' से कवि का क्या आशय है?

(क) सावधानीपूर्वक आगे बढ़ना
(ख) अच्छा तर्क प्रस्तुत करना
(ग) एक साथ तर्क देना
(घ) बिना तर्क किए रहना

उत्तर: (क) सावधानीपूर्वक आगे बढ़ना

47. विचार लो कि मर्त्य हो न मृत्यु से डरो कभी,
मरो, परन्तु यों मरो कि याद जो करे सभी।
हुई न यों सुमृत्यु तो वृथा मरे, वृथा जिए,
मरा नहीं वही कि जो जिया न आपके लिए।
वही पशु-प्रवृत्ति है कि आप आप ही चरे,
वही मनुष्य है कि जो मनुष्य के लिए मरे॥

(i) मनुष्य के मर्त्य होने का क्या आशय है?

(क) मनुष्य की नश्वरता (ख) मनुष्य की अनश्वरता
(ग) मरा हुआ मनुष्य (घ) मनुष्य की अमरता

उत्तर: (क) मनुष्य की नश्वरता

(ii) किस प्रकार का मनुष्य मर कर भी अमर हो जाता है?

(क) अपना पालन-पोषण करने वाला व्यक्ति
(ख) सत्य की राह पर चलने वाला व्यक्ति

(ग) दूसरों के लिए जीने वाला व्यक्ति

(घ) अपने लिए जीने वाला व्यक्ति

उत्तर: (ग) दूसरों के लिए जीने वाला व्यक्ति

(iii) कविता में पशु प्रवृत्ति किसे कहा गया है?

(क) पशु बनकर घूमने वाले को

(ख) परोपकार करने वाले को

(ग) दूसरों के लिए जीने वाले को

(घ) अपने लिए जीने वाले को

उत्तर: (घ) अपने लिए जीने वाले को

(iv) कवि ने किस प्रकार की मृत्यु को सुमृत्यु कहा है?

(क) परोपकार के लिए हुई मृत्यु को

(ख) अचानक हुई मृत्यु को

(ग) स्वयं के लिए हुई मृत्यु को

(घ) उपर्युक्त सभी

उत्तर: (क) परोपकार के लिए हुई मृत्यु को

(v) 'वृथा' शब्द का अर्थ बताइए।

(क) सार्थक (ख) व्यर्थ

(ग) पृथ्वी (घ) स्मृति

उत्तर: (ख) व्यर्थ

48. उसी उदार की कथा सरस्वती बखानती,
उसी उदार से धरा कृतार्थ भाव मानती।
उसी उदार की सदा सजीव कीर्ति कूजती;
तथा उसी उदार को समस्त सृष्टि पूजती।
अखंड आत्म भाव जो असीम विश्व में भरे,
वही मनुष्य है कि जो मनुष्य के लिए मरे॥

(i) सरस्वती किसकी कथा कहती है?

(क) परोपकारी की (ख) मनुष्य की

(ग) असीम विश्व की (घ) उपर्युक्त सभी की

उत्तर: (क) परोपकारी की

(ii) उदार मनुष्य से कृतार्थ भाव कौन मानता है?

(क) ईश्वर (ख) सरस्वती

(ग) धरती (घ) समस्त सृष्टि

उत्तर: (ग) धरती

(iii) कविता में उदार व्यक्ति के साथ सृष्टि द्वारा क्या किए जाने की बात की गई है?

(क) कथा कहती है (ख) पूजती है

(ग) कृतार्थ भाव मानती है(घ) कीर्ति गाती है

उत्तर: (ख) पूजती है

(iv) 'अखंड आत्म भाव' का आशय है?

(क) साम्प्रदायिकता की भावना

(ख) विभिन्नता का अनुभव

(ग) जो आत्मा अखंड हो

(घ) एकता और आत्मीयता की भावना

उत्तर: (घ) एकता और आत्मीयता की भावना

(v) 'असीम' शब्द का विलोम शब्द बताइए।

(क) सीमित (ख) नसीहत

(ग) नसीम (घ) परासीम

उत्तर: (क) सीमित

पाठ से सम्बन्धित प्रश्नोत्तर

(क) निम्नलिखित प्रश्नों के उत्तर दीजिए–

प्रश्न 49. कवि ने कैसी मृत्यु को सुमृत्यु कहा है?

उत्तर– कवि के अनुसार परोपकार करते हुए, सच्चाई के मार्ग पर चलते हुए और निडर भाव से जो मृत्यु प्राप्त हो जाए वह सुमृत्यु होती है। प्रत्येक मनुष्य समयानुसार अवश्य मृत्यु को प्राप्त होता है क्योंकि जीवन नश्वर है इसलिए मृत्यु से डरना नहीं चाहिए बल्कि जीवन में ऐसे कार्य करने चाहिए जिससे उसे बाद में भी याद रखा जाए। उसकी मृत्यु व्यर्थ न जाए। जो मनुष्य किसी महान कार्य की पूर्ति के लिए अपना जीवन समर्पित कर देते हैं, उनकी मृत्यु सुमृत्यु कहलाती है।

प्रश्न 50. उदार व्यक्ति की पहचान कैसे हो सकती है?

उत्तर– उदार व्यक्ति की सबसे बड़ी पहचान यह है कि वह इस संसार के सभी प्राणियों को अपने समान ही समझता है। वह सर्वदा परोपकार के कार्यों में लगा रहता है। उसके हृदय में हमेशा दूसरों के प्रति सहानुभूति और करुणा का भाव भरा होता है। उदार व्यक्ति दूसरों की सहायता के लिए अपने तन-मन-धन अर्थात् अपना सर्वस्व न्यौछावर करने के लिए तत्पर रहता है। वह जाति, देश, रंग-रूप आदि का भेद किए बिना सभी के प्रति अपनत्व का भाव भरता है। सबसे समान भाव से प्रेम, भाईचारा, त्याग और उदारता ही उसकी पहचान है।

प्रश्न 51. कवि ने दधीचि, कर्ण आदि महान् व्यक्तियों का उदाहरण देकर मनुष्यता के लिए क्या संदेश दिया है?

उत्तर– कवि ने दधीचि, कर्ण आदि महान् व्यक्तियों का उदाहरण देकर भारत की उदारतामयी गौरवशाली परंपरा में अपना अमूल्य योगदान देने की प्रेरणा दी है। राजा रंतिदेव ने भूख से व्याकुल होने पर भी भोजन का थाल दान कर दिया। अपने प्राणों की रक्षा के लिए बिना कर्ण ने अपने कवच-कुंडल दान कर दिए। दधीचि ऋषि ने अपनी हड्डियाँ दान करने के लिए प्राण त्याग दिए, क्योंकि दूसरों के काम आना ही मनुष्य मात्र का धर्म है इसलिए इस नश्वर शरीर का मोह त्यागकर मनुष्य को समाज और देशहित के लिये सर्वदा परोपकार में संलग्न रहना चाहिए।

प्रश्न 52. कवि ने किन पंक्तियों में यह व्यक्त किया है कि हमें गर्व-रहित जीवन व्यतीत करना चाहिए?

उत्तर– रहो न भूल के कभी मदांध तुच्छ वित्त में, सनाथ जान आपको करो न गर्व चित्त में।

अनाथ कौन है यहाँ? त्रिलोकनाथ साथ हैं, दयालु दीनबंधु के बड़े विशाल हाथ हैं।

प्रश्न 53. 'मनुष्य मात्र बंधु है' से आप क्या समझते हैं? स्पष्ट कीजिए।

उत्तर— 'मनुष्य मात्र बंधु है' इस पंक्ति के द्वारा कवि ने मनुष्य को मानवता का बहुत बड़ा संदेश दिया है। मनुष्य में यदि बंधुत्व का भाव नहीं है तो वह मानव कहलाने का अधिकारी नहीं हो सकता है। मनुष्य को सदा विवेकशील व्यवहार करना चाहिए। उसे कभी भी नहीं भूलना चाहिए कि वह एक सामाजिक प्राणी है। उसे संसार में सदा एक-दूसरे के काम आना चाहिए। यदि बन्धु ही बन्धु की पीड़ा दूर नहीं करेगा तो इससे बुरा कुछ अन्य नहीं हो सकता। प्रत्येक मनुष्य को एक-दूसरे के काम आना चाहिए क्योंकि वह मनुष्य मात्र का बंधु है और उसमें बंधुत्व का बहुत बड़ा गुण है।

प्रश्न 54. कवि ने सबको एक होकर चलने की प्रेरणा क्यों दी है?

उत्तर— कवि ने सबको एक होकर चलने की प्रेरणा इसलिए दी है ताकि सब एकत्व और मैत्री भाव से आपस में मिलकर रहें क्योंकि एक होने से सभी कार्य सफल होते हैं ऊँच-नीच, वर्ग-भेद नहीं रहता। मानव जीवन की सफलता तभी है जब सब एक साथ विकास की ओर अग्रसर हों तथा सब एक-दूसरे के सहयोग के लिए अपना योगदान दे सकें। सामूहिक सहयोग और परस्पर विकास करते हुए ही राष्ट्र का विकास हो सकता है क्योंकि पूरी मानवता एक ही है।

प्रश्न 55. व्यक्ति को किस प्रकार का जीवन व्यतीत करना चाहिए? इस कविता के आधार पर लिखिए।

उत्तर— प्रत्येक व्यक्ति को परोपकार करते हुए जीवन व्यतीत करना चाहिए। यही इस कविता का मूल कथ्य है। कवि कहना चाहता है कि व्यक्ति को ऐसा जीवन व्यतीत करना चाहिए जो दूसरों के काम आए। मनुष्य को अपने स्वार्थ का त्याग करके परहित के लिए जीना चाहिए। जो मनुष्य सेवा, त्याग और बलिदान का जीवन जीता है और किसी महान कार्य की पूर्ति के लिए अपना जीवन समर्पित कर देता है उसका जीवन तो सफल होता ही है लोग उसकी कीर्ति का गान करते हैं तथा उसकी मृत्यु भी सुमृत्यु बन जाती है।

प्रश्न 56. 'मनुष्यता' कविता के माध्यम से कवि क्या संदेश देना चाहता है?

उत्तर— 'मनुष्यता' कविता के माध्यम से कवि परोपकार, मानवता, प्रेम, एकता, दया, करुणा, सहानुभूति, सद्भावना और उदारता का संदेश देना चाहता है। कवि ने संदेश दिया है कि मनुष्य को सभी प्रकार से आपसी भेदभाव त्यागकर सहयोगात्मक भाव से उन्नति पथ पर चलते रहना चाहिए। कवि ने लिखा है 'तभी समर्थ भाव है कि तारता हुआ तरे।' इस कविता में कवि का स्पष्ट संदेश है कि मनुष्य को कभी घमंडी नहीं होना चाहिए। एकत्व और समत्व के भाव के साथ परस्पर विकास के अवलंब बनते हुए आगे बढ़ते रहना चाहिए।

(ख) निम्नलिखित का भाव स्पष्ट कीजिए—

प्रश्न 57. सहानुभूति चाहिए, महाविभूति है यही; वशीकृता सदैव है बनी हुई स्वयं मही।
विरुद्धवाद बुद्ध का दया-प्रवाह में बहा, विनीत लोकवर्ग क्या न सामने झुका रहा?

उत्तर— उपर्युक्त पंक्तियों में कवि 'श्री मैथिलीशरण गुप्त' ने एक-दूसरे के प्रति सहानुभूति की भावना को बनाए रखने के लिए प्रेरित किया है। कवि का मानना है कि इससे बढ़कर कोई पूँजी नहीं है क्योंकि यही गुण मनुष्य को महान, उदार और विनम्र बनाता है। प्रेम, सहानुभूति, करुणा की भावनाओं से मनुष्य जग को जीत सकता है। महात्मा बुद्ध के विचारों का भी विरोध हुआ था परन्तु जब बुद्ध ने अपनी करुणा, प्रेम व दया का प्रवाह किया तो उनके सामने सब नतमस्तक हो गए। इस प्रकार यह स्पष्ट है कि दया, करुणा और सहानुभूति ही मानवता की सच्ची सेवा है और सभी ईश्वर के प्रतिरूप हैं।

प्रश्न 58. रहो न भूल के कभी मदांध तुच्छ वित्त में, सनाथ जान आपको करो न गर्व चित्त में।
अनाथ कौन है यहाँ? त्रिलोकनाथ साथ हैं, दयालु दीनबंधु के बड़े विशाल हाथ हैं।

उत्तर— उपर्युक्त पंक्तियों में कवि ने कहा है कि समृद्धशाली और संप्रभु होने पर भी कभी अहंकार नहीं करना चाहिए। यहाँ कोई भी अनाथ नहीं है क्योंकि ईश्वर ही परमपिता हैं और वे सबके साथ हैं। कवि कहता है कि सच्चा मनुष्य वही है जो सम्पूर्ण मानव जाति के कल्याण के लिए मरता और जीता है। वह आवश्यकता पड़ने पर दूसरों के लिए अपना शरीर भी बलिदान कर देता है। भगवान सारी सृष्टि के स्वामी हैं, संरक्षक हैं, उनकी शक्ति असीम है। वे अपने अपार साधनों से सबकी रक्षा और पालन करने में समर्थ हैं इसलिए मनुष्य को एक परमपिता पर विश्वास रख हमेशा परोपकार में संलग्न रहना चाहिए। सांसारिक धन-सम्पत्ति पर विश्वास नहीं करना चाहिए।

प्रश्न 59. चलो अभीष्ट मार्ग में सहर्ष खेलते हुए, विपत्ति, विघ्न जो पड़ें उन्हें ढकेलते हुए।
घटे न हेलमेल हाँ, बढ़े न भिन्नता कभी, अतर्क एक पंथ के सतर्क पंथ हों सभी।

उत्तर— कवि 'श्री मैथिलीशरण गुप्त' द्वारा रचित उपर्युक्त पंक्तियों का भाव यह है कि मानव को अपने इच्छित मार्ग पर प्रसन्नतापूर्वक हँसते-खेलते चलते रहना चाहिए और रास्ते में जो कठिनाई या बाधा पड़े, उन्हें ढकेलते हुए आगे बढ़ते जाना चाहिए परन्तु इस विकास के क्रम में यह ध्यान रखना चाहिए कि हमारा आपसी सामंजस्य न घटे और हमारे बीच भेदभाव न बढ़े। हम तर्करहित होकर एक मार्ग पर सावधानीपूर्वक चलें। एक-दूसरे की भलाई करते हुए एक-दूसरे को सहयोग करते हुए आगे बढ़ें।

योग्यता विस्तार

प्रश्न 60. अपने अध्यापक की सहायता से रंतिदेव, दधीचि, कर्ण आदि पौराणिक पात्रों के विषय में जानकारी प्राप्त कीजिए।

उत्तर— **रंतिदेव**

संकृति नामक राजा के दो पुत्र थे, एक का नाम था गुरु और दूसरे का रंतिदेव। रंतिदेव बड़े ही प्रतापी राजा थे। इनकी न्यायशीलता, दयालुता, धर्मपरायणता की प्रसिद्धि तीनों लोकों में फैली हुई थी। एक समय राजा के पूरे राज्य में भीषण अकाल पड़ गया था। अन्न क्या लोगों को पीने के लिए पानी तक नहीं मिल रहा था। प्रजा के दु:ख को देखकर राजा ने अपना कोष खोल दिया। कुछ दिनों में ऐसा समय आ गया कि राजा को भी खाने के लिए कुछ नहीं मिल रहा था। इसी क्रम में राजा को एक बार अड़तालीस दिन तक अन्न-जल नहीं मिला। भूख-प्यास से पीड़ित बलहीन राजा को अंत में उनचासवें दिन भोजन मिला। रंतिदेव भोजन करना ही चाहते थे कि एक बहुत ही भूखा ब्राह्मण अतिथि आ गया। सर्वत्र हरि को व्याप्त देखने वाले भक्त रंतिदेव ने वह अन्न आदर से ब्राह्मणरूपी अतिथि को दे दिया। राजा की दानशीलता को देखकर ईश्वर प्रसन्न हो गए और उन्होंने अपना यथार्थ रूप धारण कर राजा को दर्शन दिया। रंतिदेव, नारायण के दर्शन से परायण होकर परम गति को प्राप्त हुए।

दधीचि

दधीचि का नाम भारत के परमदानी एवं ज्ञानी तपस्वियों में बड़े ही आदर और श्रद्धा के साथ लिया जाता है। दधीचि अत्यंत परोपकारी और तप में लीन रहने वाले ऋषि थे। एक बार देवराज इंद्र उनके पास आए। साधना पूर्ण होते ही दधीचि ने इंद्र से आने का कारण पूछा। इंद्र ने बताया कि ऋषिवर! देवता और दानवों में युद्ध छिड़ा हुआ है। इस युद्ध में देव दानवों से पराजित होते जा रहे हैं। मैंने यदि कुछ उपाय न किया तो स्वर्गलोक के अलावा पृथ्वी पर भी दानवों का अधिकार हो जाएगा। ऋषि ने कहा, "देवराज इसमें मैं क्या कर सकता हूँ? मैं तो विश्व की भलाई की कामना से तप कर रहा हूँ।" इंद्र ने कहा, "मुनिवर, यदि आप अपनी हड्डियों का दान दें तो इनसे वज्र बनाकर असुरराज वृत्रासुर को पराजित किया जा सकेगा और देवगण युद्ध जीत सकेंगे। इंद्र की बातें सुनकर दधीचि ने साँस ऊपर खींची जिससे उनका शरीर निर्जीव हो गया और उनकी हड्डियों से बने वज्र से असुरराज वृत्रासुर मारा गया और देवताओं की विजय हुई। ऋषि दधीचि का नाम उनके इस अद्‌भुत और अविश्वसनीय त्याग के कारण आज भी बड़े ही श्रद्धा से लिया जाता है।

कर्ण

महाभारत का अत्यंत पराक्रमी और साहसी महानायक कर्ण वीर और दानी राजकुमार था। वह कुंती का पुत्र और अर्जुन का सहोदर था। ऐसी मान्यता है कि उसका जन्म सूर्य के वरदान के कारण हुआ था। इसीलिए उसे सूर्यपुत्र भी कहा जाता है। सूर्य ने उसकी रक्षा हेतु जन्मजात कवच-कुंडल प्रदान किया था जिसके कारण उसे मारना या हराना कठिन था। कर्ण इतना दानी था कि द्वार पर आए किसी याचक को खाली हाथ नहीं लौटने देता था। महाभारत युद्ध में कर्ण ने दुर्योधन का साथ दिया। कर्ण को पराजित करने के लिए इंद्र ने ब्राह्मण का रूप धारण कर उससे कवच और कुंडल माँगा। कर्ण समझ गया कि यह उसे मारने के लिए रची गई एक चाल है फिर भी उसने अपने प्राणों की चिंता नहीं की और कवच-कुंडल दान दे दिया। अपनी दानवीरता के कारण कर्ण आज भारतीय इतिहास में अमर हो गया है।

प्रश्न 61. 'परोपकार' विषय पर आधारित दो कविताओं और दो दोहों का संकलन कीजिए। उन्हें कक्षा में सुनाइए।

उत्तर— 'परोपकार' विषय पर आधारित कविताएँ और दोहे—

परोपकार

जल-थल और अंबर से आती यही पुकार,
सर्वत्र, सर्वव्यापक और सर्वश्रेष्ठ है परोपकार।
यदि तुम सबका करते हो भला तो होगा तुम्हारा भला,
दुनिया से दानवतारूपी भागती दूर सारी बुरी बला।
शास्त्र संगीत गीत यही गाते हैं सब मिल वेद पुराण,
परोपकार कर क्योंकि मानव सेवा है सबसे बड़ा प्रण।
दु:ख के बाद सुख, सुख के बाद दु:ख तो है सबके साथ, पर
सदा सुखी वही है जो बढ़ाता एक-दूसरे का हाथ।
यह जीवन है अनमोल मानव सेवा है इसका परम धाम,
है संसार में अनेक नाम जिनका एकमात्र परोपकार काम।

परोपकार (संकलित)

आसमान के दो रतन, दोनों बड़े महान।
एक जग को शीतल करता दूसरा करता रोशनी दान
सूरज दादा फसल पकाते चंदा मामा छाया देते।
दोनों मिल संसार चलाते ये दोनों हैं संत महान।
धरती जब तप्ती गर्मी से तरू की डालियाँ इसे सहलाती।
फल-फूल औषधि देकर अपना सब न्यौछावर करती।
पोखर ताल नदी को देखो अपना जल कभी न पीती।
स्वयं सदा ही आगे बढ़ती औरों को भी यही सिखाती।

दोहे

जो कोई करै सो स्वार्थी, अरस परस गुन देत बिन किये करै सो सूरमा, परमारथ के हेत।
परमारथ हरि रूप है, करो सदा मन लाये। पर उपमारी जीव जो, सबसे मिलते धाये।
यों रहीम सुख होत है, उपकारी के संग। बाँटन बारे को लगै, ज्यों मेंहदी को रंग।।

परियोजना कार्य

प्रश्न 62. अयोध्या सिंह उपाध्याय 'हरिऔध' की कविता 'कर्मवीर' तथा अन्य कविताओं को पढ़िए तथा कक्षा में सुनाइए।

उत्तर— **कर्मवीर**

देखकर बाधा विविध बहु विघ्न घबराते नहीं।
रह भरोसे भाग्य के दु:ख भोग पछताते नहीं।
काम कितना ही कठिन हो किन्तु उकताते नहीं।
भीड़ में चंचल बने जो वीर दिखलाते नहीं।
हो गए एक आन में उनके बुरे दिन भी भले।
सब जगह सब काल में वे ही मिले फूले-फले।
आज करना है जिसे करते उसे हैं आज ही।
सोचते कहते हैं जो कुछ कर दिखाते हैं वही।
हो गए इक आन में उनके बुरे दिन भी भले।
सब जगह सब काल में वे ही मिले फूले-फले।।

अयोध्या सिंह उपाध्याय 'हरिऔध'

प्रश्न 63. भवानी प्रसाद मिश्र की 'प्राणी वही प्राणी है' कविता पढ़िए तथा दोनों कविताओं के भावों में व्यक्त हुई समानता को लिखिए।

उत्तर— **प्राणी वही प्राणी है**

प्राणी वही प्राणी है सत की संभार में मरने तक साथ दे
तापित को स्निग्ध करे, प्यासे को चैन दे
बोले तो हमेशा सच, सच से हटे नहीं;
सूखे हुए अधरों को फिर से जो बैन दे
झूठ के डराए से हरगिज डरे नहीं।
ऐसा सभी पानी है।
सममुच वही सच्चा है।
लहरों के आने पर, काई-सा फटे नहीं,
माथे को फूल जैसा अपने चढ़ा दे जो,
रोटी के लालच में तोते-सा रटे नहीं
रुकती-सी दुनिया को आगे बढ़ा दे जो,
प्राणी वही प्राणी है।
मरना वही अच्छा है।
लँगड़े को पाँव और लूले को हाथ दे,
प्राणी का वैसे और दुनिया में टोटा नहीं,
कोई प्राणी बड़ा नहीं, कोई प्राणी छोटा नहीं।

भवानी प्रसाद मिश्र

दोनों कविताओं के भावों में समानता—

(क) परोपकार सबसे बड़ा धर्म है। (ख) मानव सेवा सबसे बड़ा कर्म है। (ग) सच के रास्ते पर चलने में अनेक कठिनाइयाँ आती हैं पर साहसी परेशान नहीं होते हैं। (घ) व्रती जो व्रत कर लेते हैं उसे पूरा कर ही चैन लेते हैं। (ङ) परोपकारी परोपकार करने में अपना सर्वस्व समर्पण कर देते हैं।

परीक्षोपयोगी महत्वपूर्ण प्रश्नोत्तर

लघु उत्तरीय प्रश्न

प्रश्न 64. सरस्वती कैसे लोगों का गुणगान करती हैं?

उत्तर— जो परोपकारी होते हैं उनके गुणों की चर्चा सरस्वती करती हैं। यहाँ सरस्वती का तात्पर्य कवि से है अर्थात् साहित्य में भी ऐसे लोगों का ही वर्णन मिलता है जिनका जीवन सर्वदा परोपकार के लिए होता है। इस प्रकार के लोग हमेशा परोपकार के लिए जीवन जीते हैं।

प्रश्न 65. कवि ने अपने को मरणशील मानते हुए किस प्रकार सामान्य मृत्यु को सुमृत्यु बनाने की प्रेरणा दी है?

उत्तर— कवि ने मनुष्य से मरणशील मानने के लिए इसलिए कहा है क्योंकि मानव शरीर नश्वर है। इस संसार में जिसका भी जन्म हुआ उसे एक-न-एक दिन अवश्य मरना है। मनुष्य चाहकर भी अपनी मृत्यु को नहीं टाल सकता है। मनुष्य अच्छे-अच्छे कर्म करके और दूसरों के प्रति सहानुभूति दिखाते हुए परोपकार करके अपनी मृत्यु को सुमृत्यु बना सकता है।

प्रश्न 66. कवि ने परोपकार के संदेश को और अधिक प्रभावी बनाने के लिए किन महापुरुषों का उदाहरण दिया है?

उत्तर— कवि ने परोपकार के संदेश को और अधिक प्रभावी बनाने के लिए उशीनर, रंतिदेव, दधीचि और कर्ण जैसे महापुरुषों का उदाहरण दिया है। इन महापुरुषों ने मानवता की रक्षा के लिए अपने प्राणों तक का बलिदान कर दिया है। आज इनका नाम बड़े ही आदर के साथ लिया जाता है।

प्रश्न 67. कवि के अनुसार मनुष्य किसकी संतान है? उसे किस प्रकार का जीवन जीना चाहिए?

उत्तर— कवि के अनुसार संसार के सभी मनुष्य एक परमपिता की संतान हैं। सबको समत्व तथा एकत्व के भाव से जीवन-यापन करना चाहिए। एकत्व का भाव इसलिए आवश्यक है क्योंकि साथ-साथ सबका विकास आवश्यक है। एक-दूसरे की सहायता करते हुए ही हमें आगे बढ़ना चाहिए।

प्रश्न 68. बुद्ध के विरुद्धवाद के विषय में आप क्या जानते हैं?

उत्तर— भगवान बुद्ध परम शांति प्रिय और युद्ध के घोर विरोधी थे। बुद्ध ने शाक्य संघ की सदस्यता ग्रहण की थी और उसके नियमों का पालन करने का वचन दिया था। एक बार शाक्य संघ ने अपने पड़ोसी से युद्ध करने का निर्णय किया तो बुद्ध ने उसका विरोध किया। बुद्ध की इस नीति से संघ के सभी लोग उनके खिलाफ हो गए थे किन्तु बुद्ध की करुणा के आगे सभी को झुकना पड़ा। इस प्रकार अपनी परमार्थ की भावना के कारण बुद्ध ने अपने ही विरोधियों को अपना अनुयायी बना लिया। बुद्ध की इसी नीति को कवि ने विरुद्धवाद की संज्ञा दी है।

प्रश्न 69. कवि किसके जीवन और मरने को एकसमान बताता है?

उत्तर— कवि ने, जो लोग केवल अपने लिए जीते हैं, उनके जीने और मरने को एक समान बताया है। इस नश्वर संसार में

हजारों-लाखों लोग प्रतिदिन मरते और जन्म लेते हैं। इनकी मृत्यु को लोग थोड़े ही दिन बाद भूल जाते हैं। ये लोग अपने स्वार्थ को पूरा करने के लिए ही जीते हैं। उन्हें दूसरों के दु:ख से कुछ लेना-देना नहीं होता, इस प्रकार के लोग केवल आत्मकेन्द्रित होते हैं। उनके सारे आयास और प्रयास केवल अपने हित के लिए होते हैं। इस प्रकार के लोगों का मरना-जीना एक समान है।

प्रश्न 70. कवि मनुष्य को समस्त प्राणियों में अखण्ड आत्मभाव भरने के लिए क्यों कहता है?

उत्तर— कवि मनुष्य को समस्त प्राणियों में अखण्ड आत्मभाव भरने के लिए इसलिए कहता है ताकि लोग एक-दूसरे से वैमनस्य, ईर्ष्या, द्वेष आदि भाव न रखें और सारी दुनिया के लोगों के साथ एकता अखण्डता बनाए रखने हेतु सभी को अपना भाई मानें। प्राय: लोग जाति-धर्म, भाषा क्षेत्रवाद, सम्प्रदाय आदि की संकीर्णता में फँसकर मनुष्य को भाई समझना तो दूर, मनुष्य भी नहीं समझते हैं। कवि इसी संकीर्णता का त्याग करने और सभी के साथ आत्मीयता बनाने की बात कर रहा है। कवि का मानना है कि जब तक परस्पर बंधुत्व का भाव न हो तब तक मानवता की रक्षा संभव नहीं है।

प्रश्न 71. कवि मनुष्य को कभी मन में अधीर भाव नहीं भरने के लिए क्यों कहता है?

उत्तर— कवि का मानना है कि मनुष्य को कभी भी मन में अधीर भाव नहीं भरना चाहिए क्योंकि परमपिता परमेश्वर बड़े ही दयालु हैं। उनका हाथ सब पर समान रूप से रहता है। अधीर व्यक्ति भाग्यहीन के समान होता है। उसके पास विपरीत परिस्थितियों से निपटने का धैर्य नहीं होता। उसके पास धन तो होता है परन्तु धैर्य नहीं होता और कठिन परिस्थिति आने पर वह घबरा जाता है। कवि के अनुसार ऐसे अधीर व्यक्ति के पास इतना आत्मबल नहीं होता कि वह परिस्थितियों को जीतने में सफल हो। अत: कवि कहता है कि कभी भी मन में अधीर भाव नहीं भरना चाहिए।

प्रश्न 72. 'उशीनर' के विषय में आप क्या जानते हैं? उन्होंने मानवता की रक्षा के लिए क्या किया था?

उत्तर— 'उशीनर' एक पौराणिक राजा थे। उनका राज्य गांधार था। उन्हें शिवि के नाम से भी जाना जाता है। एक बार जब वे बैठे थे तभी एक कबूतर, बाज से भयभीत होकर शिवि की गोद में आकर बैठ गया। इसी बीच बाज शिवि के पास आकर अपना शिकार वापस माँगने लगा। जब राजा ने कबूतर को वापस देने से मना किया तो उसने राजा से कबूतर के वजन के बराबर माँस माँगा। राजा ने इसे सहर्ष स्वीकार कर लिया। उन्होंने अपने शरीर से कबूतर के वजन के बराबर माँस काटकर दान दे दिया। अपनी इस अलौकिक दानशीलता के कारण उशीनर प्रसिद्ध हैं।

प्रश्न 73. कवि ने सहानुभूति को महाविभूति क्यों कहा है? विस्तार से लिखिए।

उत्तर— कवि ने सहानुभूति को महाविभूति इसलिए कहा है क्योंकि यह ईश्वर का प्रतिरूप है। सहानुभूति का ही पर्याय सहनशीलता है। इसका कारण यह है कि सहानुभूति के कारण मनुष्य दूसरों के दु:ख की अनुभूति करता है और उसे परोपकार करने की प्रेरणा मिलती है यदि मनुष्य के भीतर सहानुभूति न हो तो कोई भी व्यक्ति चाहे सुखी रहे या दु:खी वह उसके प्रति उदासीन ही रहेगा और वह परोपकार करने की सोच भी नहीं सकता है। सहानुभूति ही एकमात्र ऐसा गुण है जो सामान्य मानव को विशेष दृष्टि प्रदान कर उसे दूसरों की सेवा के लिए प्रेरित करता है अर्थात् कवि कहना चाहते हैं कि हमें सहानुभूति का भाव अपनाना चाहिए।

दीर्घ उत्तरीय प्रश्न

प्रश्न 74. मैथिलीशरण गुप्त ने 'मनुष्यता' कविता में क्या अनर्थ माना है और क्यों?

उत्तर— मैथिलीशरण गुप्त ने 'मनुष्यता' कविता में एक मनुष्य मात्र को बंधु माना है और जब एक बंधु दूसरे बंधु की सहायता न करे तो वे इसे अनर्थ मानते हैं। कवि ने मनुष्य को यह बताने का प्रयास किया है कि सभी मनुष्य आपस में भाई-भाई हैं। सबको जन्म देने वाला परमपिता परमेश्वर एक है। पुराणों में भी इस बात के प्रमाण हैं कि सृष्टि का रचनाकार वही एक है। वह सारे जगत् का पिता है। फिर मनुष्य-मनुष्य में थोड़ा-बहुत जो भेद है वह उसके अपने कर्मों के कारण है परन्तु एक ही ईश्वर या आत्मा का अंश उनमें समाए होने के कारण सभी एकात्म भाव हैं। इतना जानने के बाद भी कोई मनुष्य दूसरे मनुष्य की अर्थात् अपने भाई की मदद न करे और उसकी व्यथा दूर न करे तो यह बहुत बड़ा अनर्थ है।

प्रश्न 75. आज के संदर्भ में 'मनुष्यता' कविता में वर्णित विषय और उसकी आवश्यकता और अधिक बढ़ गई है। स्पष्ट करें।

उत्तर— यह पूर्णत: सत्य है कि आज के संदर्भ में 'मनुष्यता' कविता में वर्णित विषय और उसकी आवश्यकता और अधिक बढ़ गई है। वर्तमान में चारों तरफ स्वार्थ और कदाचार का बोलबाला बढ़ता जा रहा है। लोग केवल अपने ही बारे में सोचते हैं। मनुष्यता कविता हमें सच्चा मनुष्य बनने की राह दिखाती है। मनुष्य को इस कविता द्वारा सभी मनुष्यों को अपना भाई मानने, उनकी भलाई करने और एकता बनाकर रखने की सीख दी गई है। कविता के अनुसार सच्चा मनुष्य वही है जो सभी को अपना समझते हुए दूसरों की भलाई के लिए ही जीता और मरता है। वह दूसरों के साथ उदारता से रहता है और मानवीय एकता को दृढ़ करने के लिए प्रयासरत रहता है। वह खुद उन्नति के पथ पर चलकर दूसरों को भी आगे बढ़ने की प्रेरणा देता है। वर्तमान में इस कविता की आवश्यकता और भी बढ़ जाती है क्योंकि आज दुनिया में स्वार्थवृत्ति, अहंकार, लोभ, ईर्ष्या, छल-कपट आदि बढ़

रहा है जिससे मनुष्य-मनुष्य में दूरी बढ़ रही है। सभी लोग एक-दूसरे को नीचा दिखाने और झूठे दिखावे के लिए मानवता का परित्याग कर दूसरों को पछाड़कर किसी प्रकार से आगे निकल जाना चाहते हैं।

प्रश्न 76. कविता के आधार पर 'मनुष्यता' के गुणों/लक्षणों की चर्चा विस्तारपूर्वक कीजिए।

उत्तर— 'मनुष्यता' कविता में कवि ने मनुष्यता के अनेक गुणों की चर्चा की है ताकि समाज में बंधुत्व, एकता सौहार्द्र, उदारता और आपसी हेलमेल का भाव कायम रहे। सभी एक पिता परमेश्वर की संतान हैं इसलिए सभी को प्रेम भाव से रहना चाहिए, सहायता करनी चाहिए और एक होकर चलना चाहिए। इससे हमारे बीच ईर्ष्या-द्वेष के भाव का अंत हो जाएगा। मैत्री भाव से आपस में मिलकर रहने से सभी कार्य सफल होते हैं, ऊँच-नीच, वर्ग भेद नहीं रहता और समाज का कल्याण होता है। कवि ने मानवता के गुणों को दैदीप्यमान रखने वाले अनेक ऋषियों और मुनियों की चर्चा, कविता में की है। मनुष्यता का सबसे बड़ा गुण यही है कि हमें सबकी भलाई करते हुए, सबको साथ लेकर चलते हुए ही अपना कल्याण करना चाहिए। समाज का सही मायने में विकास और लाभ तभी संभव है जब सबका विकास हो तथा निरभिमान और विश्वबंधुत्व का भाव भी रखना चाहिए।

प्रश्न 77. 'मनुष्यता' कविता का मूल भाव अपने शब्दों में समझाइए।

उत्तर— 'मनुष्यता' कविता समस्त मानव जाति के सद्‌गुणों की स्थापना करने का संदेश देती है। कवि ने मनुष्य को अनेक उदाहरणों तथा तर्कों द्वारा यह समझाने का प्रयास किया है, कि वह समस्त भिन्नताओं को त्यागकर समस्त विश्व को अपना बंधु मान ले तथा एक-दूसरे के सुख-दु:ख में भागीदार बने। कविता का संदेश है कि व्यक्ति स्वार्थ से ऊपर उठे तथा परमार्थ के लिए जीवन का उत्सर्ग कर दे। कवि ने कर्ण, दधीचि, रंतिदेव आदि का उदाहरण देकर मानव जाति हेतु सर्वस्व दान कर देने वाले महान व्यक्तियों का परिचय दिया है तथा समस्त मनुष्य को त्याग और बलिदान का महत्व बताया है। आत्मत्याग हो तो मानव की सेवा हेतु हो, यही इस कविता का मूल भाव है।

प्रश्न 78. 'मनुष्यता' कविता में 'परोपकार' के सम्बन्ध में दिए गए उदाहरण को स्पष्ट करते हुए लिखिए कि आपका मित्र परोपकारी है, यह आपने कैसे जाना?

उत्तर— 'मनुष्यता' कविता में 'परोपकार' के सम्बन्ध में कवि ने दधीचि, कर्ण आदि महान व्यक्तियों का उदाहरण देकर मनुष्यता के लिए संदेश दिया है कि प्रत्येक मनुष्य को परोपकार करते हुए अपना सर्वस्व त्यागने से कभी पीछे नहीं हटना चाहिए। इन व्यक्तियों ने दूसरों की भलाई के लिए अपना सर्वस्व दान कर दिया था। दधीचि ने अपनी अस्थियों का तथा कर्ण ने कुंडल और कवच का दान कर दिया था। हमारा शरीर नश्वर है। इसलिए इसके मोह को त्यागकर इसे दूसरों के हित-चिंतन में लगा देने में ही इसकी सार्थकता है। जी हाँ, मेरा मित्र भी परोपकारी है। इसकी जानकारी मुझे तब हुई जब मैं स्वयं बीमार था और विद्यालय पहुँचा तो मैंने सोचा मुझे मेरे मित्र ने दस दिन का पूरा काम करा दिया। उसने इन दस दिनों में अपने काम के साथ-साथ मेरा भी काम किसी कॉपी में कर रखा था, जिससे मैं काफी प्रसन्न हुआ और मित्र को धन्यवाद भी दिया।

प्रश्न 79. 'मनुष्यता' कविता के द्वारा कवि ने क्या प्रतिपादित करना चाहा है? विस्तार से स्पष्ट कीजिए।

उत्तर— 'मनुष्यता' कविता के माध्यम से कवि यह प्रतिपादित करना चाहता है कि परोपकार, मानवता, प्रेम, एकता, दया, करुणा, सहानुभूति, सद्‌भावना, त्याग, उदारता आदि मानव के महान गुण हैं। मनुष्य को सभी प्रकार के आपसी भेदभाव त्यागकर सहयोगात्मक भाव से उन्नति पथ पर चलते रहना चाहिए। कवि ने उशीनर, रंतिदेव, कर्ण, दधीचि आदि ऋषियों से त्याग की प्रेरणा लेने के लिए कहा है। कवि के अनुसार मनुष्य को कभी घमंडी नहीं होना चाहिए। एकत्व और समत्व के भाव के साथ परस्पर विकास के पथ को अवलंब बनाते हुए आगे बढ़ते रहना चाहिए। जो मनुष्य सेवा, त्याग और बलिदान का जीवन जीता है और किसी महान कार्य की पूर्ति के लिए अपना जीवन समर्पित कर देता है, उसका जीवन तो सफल होता ही है उसकी मृत्यु भी सुमृत्यु बन जाती है।

❑❑

पर्वत प्रदेश में पावस

कवि—सुमित्रानंदन पंत

Chapter 5

कवि परिचय

हिन्दी साहित्य में सुमित्रानंदन पंत को छायावादी परंपरा के प्रवर्तक तथा प्रकृति के सुकुमार कवि के रूप में ख्याति प्राप्त है। इनका जन्म उत्तराखण्ड के अल्मोड़ा जिले के कौसानी गाँव में 20 मई, 1900 ई. में हुआ था। जन्म के 6 घण्टे के बाद ही इनकी माता का निधन हो गया था इसलिए इनका पालन-पोषण इनकी दादी ने किया था। इनके पिता का नाम गंगादत्त पंत था तथा इनके बचपन का नाम गोंसाई दत्त था। उनकी प्रारंभिक शिक्षा अल्मोड़ा में ही हुई। 1918 में वे अपने भाई के साथ काशी आ गए और क्वींस कॉलेज में पढ़ने लगे। वहाँ से माध्यमिक परीक्षा उत्तीर्ण करके वे इलाहाबाद चले गए। इलाहाबाद में ही उनकी काव्यचेतना का विकास हुआ। अनेक वर्षों तक वे आकाशवाणी से जुड़े रहे। सुमित्रानंदन पंत ने 1921 में असहयोग आंदोलन के दौरान महाविद्यालय छोड़ दिया और घर पर ही हिन्दी, संस्कृत, बांग्ला और अंग्रेजी भाषा के साहित्य का अध्ययन करने लगे। इसके बाद ये पूरी तरह से काव्य सर्जन के प्रति समर्पित हो गए और आजीवन रचनारत रहे। अविवाहित पंत जी के अंतस्थल में नारी और प्रकृति के प्रति आजीवन सौंदर्यपरक पूज्य प्रेम की भावना रही। इनकी मृत्यु 28 दिसम्बर, 1977 को हुई थी।

रचनाएँ—सुमित्रानंदन पंत ने सात वर्ष की उम्र से ही कविता लेखन शुरू कर दिया था। 1926-27 में उनका प्रसिद्ध काव्य-संकलन **'पल्लव'** प्रकाशित हुआ था। **'तारापथ'** उनकी प्रतिनिधि कविताओं का संकलन है। सुमित्रानंदन पंत की कुछ अन्य प्रसिद्ध कृतियाँ—**ग्रंथि, गुंजन, ग्राम्या, युगांत, स्वर्णकिरण, स्वर्णधूलि, कला और बूढ़ा चाँद, लोकायतन, चिदंबरा, सत्यकाम, ज्योत्सना** आदि हैं।

काव्यगत विशेषताएँ—सुमित्रानंदन पंत की भाषा संस्कृत प्रधान शुद्ध खड़ी बोली है। उनकी रचनाओं में संस्कृत भाषा के शब्दों की अधिकता है। वे कोमल, मधुर और सूक्ष्म भावों को प्रकट करने वाले शब्दों का प्रयोग करते हैं। कविता का सौंदर्य बढ़ाने के लिए उपमा, रूपक, अनुप्रास और मानवीकरण अलंकारों का सुंदर प्रयोग इन्होंने अपनी कविताओं में किया है। पंत जी जितना कुशल प्राकृतिक सौंदर्य का वर्णन करने में थे उतना ही कुशल मानवीय सौंदर्य के वर्णन में भी थे। उनकी गिनती जहाँ छायावाद के शीर्ष कवियों में होती है वही यथार्थवादी चित्रण करने वाले कवियों में भी उनका नाम बड़े ही आदर के साथ लिया जाता है। महाप्राण निराला ने भी कहा था 'पंत जी में सबसे जबरदस्त कौशल जो है, वह है 'शैली' की तरह अपने विषय को अनेक उपमाओं से सँवारकर मधुर-से-मधुर और कोमल-से-कोमल कर देना, सटीक शब्दों का चयन और मन के भावों को व्यक्त करने की अप्रतिम कला के कारण उन्हें शब्द शिल्पी कहा जाता है। वे अपने काव्य में कोमल, मधुर और सूक्ष्म भावों को प्रकट करने वाले शब्दों का प्रयोग करते हैं।

पुरस्कार—सुमित्रानंदन पंत को हिन्दी साहित्य सेवा के लिए पद्मभूषण, ज्ञानपीठ, साहित्य अकादमी तथा सोवियत लैंड नेहरू पुरस्कार जैसे उच्च श्रेणी के सम्मानों से विभूषित किया गया है।

शब्द सम्पदा

पावस = वर्षा ऋतु। **प्रांत** = राज्य। **प्रकृति** = कुदरत। **सहस्र** = हजार। **अवलोक** = देख। **निज** = अपना। **पला** = पोषित। **गिरि** = पर्वत। **उत्तेजित** = तीव्रता। **उच्चाकांक्षाओं** = ऊँची इच्छाएँ। **नभ** = आकाश। **अचानक** = एकाएक। **भू** = पृथ्वी। **सभय** = भय के साथ। **जलद** = मेघ। **ऋतु** = मौसम। **पल-पल** = क्षण-क्षण। **वेश** = रूप। **आकार** = गढ़न या बनावट। **दृग** = नेत्र, नयन। **बार-बार** = लगातार। **महाकार** = विशाल रूप। **ताल** = तालाब। **गौरव** = बड़प्पन। **निर्झर** = झरना। **तरुवर** = पेड़ों का समूह। **अनिमेष** = बिना पलक झपकाए। **भूधर** = पहाड़। **पर** = पंख। **अंबर** = आकाश। **शाल** = एक प्रकार का पेड़ (जो पहाड़ों पर पाया जाता है)। **यान** = परिवहन का माध्यम। **पर्वत** = पहाड़। **परिवर्तित** = बदला हुआ। **मेखलाकार** = करघनी के आकार की पहाड़ की ढालें। **अपार** = विशाल। **सुमन** = फूल। **जल** = पानी। **चरण** = पद। **दर्पण** = आईना। **मद** = मस्ती। **उर** = हृदय। **नीरव** = शांत। **अटल** = दृढ़। **पारद** = एक प्रकार का पंख। **रव** = ध्वनि। **धरा** = पृथ्वी। **यों** = इस तरह। **इंद्रजाल** = जादूगरी।

बहुविकल्पीय प्रश्न

1. पावस ऋतु किसे कहते हैं?

(क) शीत ऋतु को (ख) ग्रीष्म ऋतु को

(ग) वसंत ऋतु को (घ) वर्षा ऋतु को

उत्तर: (घ) वर्षा ऋतु को

2. झरने किसके गौरव का गान कर रहे हैं?

(क) पर्वत के (ख) नदी के

(ग) समुद्र के (घ) आसमान के

उत्तर: (क) पर्वत के

3. बहते हुए झरने की तुलना किससे की गई है?

(क) ऊँचे-ऊँचे वृक्षों से (ख) मोती की लड़ियों से

(ग) मेखलाकार पर्वत से (घ) इंद्र के जाल से

उत्तर: (ख) मोती की लड़ियों से

4. शाल के वृक्ष का भयभीत होकर धरती में धँस जाने का क्या अभिप्राय है?

(क) बादलों के कारण वृक्षों अदृश्य हो गए

(ख) झरनों के गिरने के कारण वृक्ष दिखाई नहीं दिए

(ग) तालाब में वृक्ष का प्रतिबिंब दिखने लगा

(घ) वृक्ष आसमान में खो गए

उत्तर: (क) बादलों के कारण वृक्ष अदृश्य हो गए

5. वर्षा ऋतु में पर्वत प्रदेश में किसका शोर सुनाई देता है?

(क) झरनों का (ख) पक्षियों का

(ग) नदियों का (घ) बादलों का

उत्तर: (क) झरनों का

6. जादू का खेल कौन दिखा रहा है?

(क) भूधर (ख) इंद्र

(ग) निर्झर (घ) अंबर

उत्तर: (ख) इंद्र

7. अचानक कौन उड़ता हुआ प्रतीत होता है?

(क) झरना (ख) पक्षी

(ग) बादल (घ) पहाड़

उत्तर: (घ) पहाड़

8. भगवान इंद्र किस पर सवार होकर घूम रहे हैं?

(क) वृक्ष रूपी वाहन पर (ख) पक्षी रूपी वाहन पर

(ग) पर्वत रूपी वाहन पर (घ) बादल रूपी वाहन पर

उत्तर: (घ) बादल रूपी वाहन पर

9. जलद यान में विचर-विचर का क्या आशय है?

(क) वर्षा रूपी यान पर सवार होकर घूमना।

(ख) जल्दी-जल्दी यान पर सवार होकर घूमना।

(ग) बादल रूपी यान पर सवार होकर घूमना।

(घ) पर्वत रूपी यान पर सवार होकर घूमना।

उत्तर: (ग) बादल रूपी यान पर सवार होकर घूमना।

10. 'उच्चाकांक्षाओं से तरुवर' का क्या आशय है?

(क) ऊँचाइयों पर स्थित वृक्ष

(ख) घृणा से भरे हुए वृक्ष

(ग) आकांक्षा से भरे हुए वृक्ष

(घ) भय से भरे हुए वृक्ष

उत्तर: (ग) आकांक्षा से भरे हुए वृक्ष

11. वृक्षों का समूह कहाँ स्थित है?

(क) आकाश पर (ख) बादल पर

(ग) तालाब पर (घ) पहाड़ पर

उत्तर: (घ) पहाड़ पर

12. 'झाग भरे निर्झर' कहने का क्या तात्पर्य है?

(क) झरने की श्वेत धारा (ख) झरने की निर्मलता

(ग) झरने की तीव्रता (घ) झरने की मधुर आवाज

उत्तर: (क) झरने की श्वेत धारा

13. वृक्षों की तुलना किससे की गई है?

(क) असीमित नभ से (ख) मोती की लड़ियों से

(ग) बादल की उड़ान से (घ) उच्चाकांक्षाओं से

उत्तर: (घ) उच्चाकांक्षाओं से

14. कविता में ऊँचा उठने की कामना कौन कर रहा है?

(क) आसमान (ख) बादल

(ग) वृक्ष (घ) पक्षी

उत्तर: (ग) वृक्ष

15. वृक्ष कैसे प्रतीत हो रहे हैं?

(क) शांत (ख) अशांत

(ग) चिंतित (घ) झाग भरे

उत्तर: (ग) चिंतित

16. कविता में तालाब को किसके समान माना गया है?

(क) दर्पण के समान

(ख) प्रतिबिंब के समान

(ग) मोती की लड़ियों के समान

(घ) मोती के समान

उत्तर: (क) दर्पण के समान

17. कविता में कौन अपना रूप बदल रहा है?

(क) पावस ऋतु (ख) प्रकृति

(ग) पर्वत (घ) तालाब

उत्तर: (ख) प्रकृति

18. कवि को बादल छा जाने पर पर्वत कैसा प्रतीत होता है?

(क) मेखलाकार (ख) मोती की लड़ियों के समान

(ग) पक्षी के समान (घ) अदृश्य

उत्तर: (घ) अदृश्य

19. 'सभय शाल' से कवि का क्या तात्पर्य है?

(क) भयभीत शाल के वृक्ष

(ख) निडर शाल के वृक्ष

(ग) भय रहित शाल के वृक्ष

(घ) उत्साहित शाल के वृक्ष

उत्तर: (क) भयभीत शाल के वृक्ष

20. कवि ने इंद्रजाल किसे कहा है?

(क) इंद्र के जादू को

(ख) पर्वत के आकार को

(ग) आकाश के विस्तार को

(घ) इंद्रधनुष को

उत्तर: (क) इंद्र के जादू को

21. कौन किसका गौरव गान कर रहा है?

(क) मनुष्य धरती का (ख) पेड़ आकाश का

(ग) धरती बादल का (घ) झरने पर्वत का

उत्तर: (घ) झरने पर्वत का

22. धरती पर अंबर टूट पड़ा-सा क्यों जान पड़ता है?

(क) पर्वतों के उड़ जाने के कारण

(ख) बादलों के नज़दीक आने के कारण

(ग) आकाश के गिर जाने के कारण

(घ) तालाब में दिखाई देने के कारण

उत्तर: (ख) बादलों के नज़दीक आने के कारण

23. तालाब की समानता दर्पण से क्यों की गई है?

(क) आसमान के नीचे होने के कारण

(ख) पर्वत के समीप होने के कारण

(ग) जल से भरा होने के कारण

(घ) पारदर्शी होने के कारण

उत्तर: (घ) पारदर्शी होने के कारण

24. कविता में पारद के पर किसे कहा गया है?

(क) पारे के समान चमकीले पंख

(ख) भूधर को

(ग) तालाब को

(घ) पक्षियों को

उत्तर: (क) पारे के समान चमकीले पंख

25. कविता में ताल के विषय में क्या कहा गया है?

(क) मेखलाकार (ख) चरणों के आकार जैसा

(ग) दर्पण के समान (घ) महाकार जैसा

उत्तर: (ग) दर्पण के समान

26. प्रकृति प्रतिपल अपना रूप क्यों बदल रही है ?

(क) क्योंकि यह प्रकृति का नियम है

(ख) प्रकृति बदलती रहती है

(ग) बादलों और धूप की आँख मिचौली के कारण

(घ) धूप के कारण

उत्तर: (ग) बादलों और धूप की आँख मिचौली के कारण

27. बादलों के छा जाने से क्या होता है ?

(क) कुछ दिखाई नहीं देता

(ख) सब सुन्दर लगता है

(ग) मौसम अच्छा होता है

(घ) पर्वत अदृश्य हो जाता है

उत्तर: (घ) पर्वत अदृश्य हो जाता है

28. जीविका के क्षेत्र में पंत जी किससे जुड़े ?

(क) उदयशंकर संस्कृति केन्द्र से

(ख) संस्कृति से

(ग) संस्कृति केन्द्र से

(घ) केन्द्र से

उत्तर: (क) उदयशंकर संस्कृति केन्द्र से

29. सुमित्रानन्दन पन्त ने कविता कब लिखनी शुरू की ?

(क) बचपन में (ख) विद्यालय में

(ग) शहर में (घ) इनमें से कोई नहीं

उत्तर: (क) बचपन में

30. 'मद में नस-नस उत्तेजित कर' से क्या तात्पर्य है ?

(क) झरने मस्ती में उत्तेजित होकर गा रहे हों

(ख) झरनों की नस-नस में मस्ती भरी है

(ग) झरने ऊँची-ऊँची आवाज में पर्वत का गुणगान कर रहे हैं

(घ) झरने के स्वर को सुनकर दर्शकों की नस-नस में उत्तेजना व मस्ती भर जाती है

उत्तर: (घ) झरने के स्वर को सुनकर दर्शकों की नस-नस में उत्तेजना व मस्ती भर जाती है

31. 'झरने के झर-झर स्वर' में कवि ने क्या कल्पना की है ?

(क) मानो ये झरने पर्वत की महानता का गुणगान कर रहे हैं

(ख) मानो झरने तालियाँ बजा रहे हों

(ग) मानो ये झरने पर्वत को स्नान करा रहे हों

(घ) उपर्युक्त में से कोई नहीं

उत्तर: (क) मानो ये झरने पर्वत की महानता का गुणगान कर रहे हैं

32. पहाड़ों की छाती पर झरने कैसे प्रतीत हो रहे हैं ?

(क) वृक्षों के समान सुन्दर प्रतीत हो रहे हैं

(ख) विशाल नदियों के समान प्रतीत हो रहे हैं

(ग) मोती की लड़ियों के समान सुन्दर प्रतीत हो रहे हैं

(घ) उपर्युक्त में से कोई नहीं

उत्तर: (ग) मोती की लड़ियों के समान सुन्दर प्रतीत हो रहे हैं

33. पन्त की आरम्भिक कविताओं में क्या झलकता है ?

(क) प्रकृति प्रेम और रहस्यवाद

(ख) प्रकृति

(ग) सौन्दर्य

(घ) प्रेम

उत्तर: (क) प्रकृति प्रेम और रहस्यवाद।

34. पंत जी को भारत सरकार ने कब पद्मभूषण से सम्मानित किया ?

(क) 1960 में (ख) 1962 में

(ग) 1963 में (घ) 1961 में

उत्तर: (घ) 1961 में।

35. प्रस्तुत कविता किसकी अनुभूति देती है ?

(क) सौन्दर्य (ख) प्रकृति

(ग) प्राकृतिक दृश्य (घ) प्राकृतिक सौन्दर्य

उत्तर: (घ) प्राकृतिक सौन्दर्य

पद्यांशों की व्याख्या

36. रव-शेष रह गए हैं निर्झर
धँस गए धरा में सभ्य शाल।
है टूट पड़ा भू पर अंतर!
उठ रहा धुआँ, जल गया ताल।
यों जलद-यान में विचर-विचर
था इंद्र खेलता इंद्रजाल

व्याख्या—अचानक दृश्य बदलता है। सामने कुछ भी दृश्यमान नहीं है। कवि कल्पना करता है कि मानो बादलों के पंख लगाकर पहाड़ वहाँ से उड़कर कहीं चले गए हैं। अब कुछ भी दिखाई नहीं पड़ रहा है। मात्र झरने की मधुर आवाज़ ही उस शांत वातावरण की सुंदरता में वृद्धि कर रही है। झरनों की आवाज़ इतनी तेज है कि लगता है, मानो आकाश ही धरती पर टूट पड़ रहा है। भयवश शाल के वृक्ष धरती की गोद में समा गए हों या मानो वह तालाब ही जल गया हो और उसी का धुआँ बादल बनकर चारों ओर दिशाओं में व्याप्त है जिसमें तब कुछ समा-सा गया है।

अचानक बादल इधर-उधर बिखर जाते हैं। सूर्य के निकल आने से आकाश में बड़ा-सा सुंदर इन्द्रधनुष दिखाई देता है, मानो इन्द्र देव स्वयं बादल रूपी वायुयान से विहर-विहर कर अपनी माया का खेल दिखा रहे हों।

पद्यांश पर आधारित बहुविकल्पीय प्रश्न

निम्नलिखित पद्यांशों को ध्यानपूर्वक पढ़कर दिए गए प्रश्नों के लिए सही विकल्प चुनिए—

37. पावस ऋतु थी पर्वत प्रदेश
अवलोक रहा है बार-बार
पल-पल परिवर्तित प्रकृति वेश।
नीचे जल में निज महाकार,
मेखलाकार पर्वत अपार
जिसके चरणों में पला ताल
अपने सहस दृग सुमन फाड़
दर्पण-सा फैला है विशाल।

व्याख्या—प्रस्तुत कविता में कवि ने अपनी अद्भुत वर्णन कौशल से शब्द चित्र के माध्यम से पर्वतीय इलाके में वर्षा ऋतु में पल-पल बदलने वाले प्राकृतिक दृश्य का मनोहारी चित्र प्रस्तुत किया है। ये वर्णन इतने सजीव हैं कि लगता है कि सब कुछ आँखों के सामने हो रहा हो। वर्षा ऋतु में पर्वतीय प्रदेशों की अद्भुत सुंदरता और क्षण-क्षण प्रकृति द्वारा नए रूप का धारण कर लेना मन को आकर्षित कर लेता है। करधनी के आकार की ढाल वाले पर्वतों की दूर तक फैली पर्वत श्रृंखलाओं पर अनेक फूल सुशोभित हैं, लगता है मानो पर्वत अपनी पुष्प रूपी नयनों से तालाब में चकित होकर अपनी विशालता को देख रहा है। तालाब का जल इतना स्वच्छ है कि पर्वतों के चरणों में दर्पण-सा फैला हुआ दिख रहा है तथा पर्वतों का महाकार उसके जल में प्रतिबिंबित हो रहा है।

(i) कवि पद्यांश में किसका वर्णन कर रहा है?
(क) पहाड़ों का
(ख) वर्षा का
(ग) तालाब का
(घ) पहाड़ों की मनोरम दृश्यावली का

उत्तर: (घ) पहाड़ों की मनोरम दृश्यावली का

(ii) पावस ऋतु किसे कहते हैं?
(क) वर्षा ऋतु (ख) ग्रीष्म ऋतु
(ग) शरद ऋतु (घ) इनमें से कोई नहीं

उत्तर: (क) वर्षा ऋतु

(iii) पर्वत की आँखें किसे कहा गया है?
(क) पर्वत पर उगी घास को
(ख) पर्वत पर उगे छोटे पौधे को
(ग) पर्वत पर उगे हजारों फूलों को
(घ) इनमें से कोई नहीं

उत्तर: (ग) पर्वत पर उगे हजारों फूलों को

(iv) मेखलाकार पर्वत अपार में किस भाग का वर्णन किया गया है?
(क) विशाल पर्वत का
(ख) विशाल पेड़ का
(ग) भू-भाग का
(घ) विशाल ढालदार भाग का

उत्तर: (घ) विशाल ढालदार भाग का

38. गिरि का गौरव गाकर झर-झर
गिरिवर के उर से उठ-उठ कर
मद में नस-नस उत्तेजित कर
उच्चाकांक्षाओं से तरुवर
मोती की लड़ियों से सुंदर
हैं, झाँक रहे नीरव नभ पर
झरते हैं झाग भरे निर्झर।
अनिमेष, अटल, कुछ चिंता पर।
उड़ गया, अचानक लो, भूधर
फड़का अपार पारद के पर!

व्याख्या—पर्वतों से झरते हुए झरनों की आवाज सुनकर ऐसा लगता है, मानो ये झरने पर्वतों की विशालता और महानता का यशगान कर रहे हों। इनसे निकलता हुआ मधुर स्वर तथा इनका अनुपम सौंदर्य तन-मन में अभूतपूर्व जोश, उमंग व उल्लास का संचार कर देता है। झरनों से गिरती जल की बूँदें मोती की लड़ी-सी दिखती हैं तथा झरनों का जल सुंदर सफेद झाग बनाता है। पर्वतों पर बड़े-बड़े वृक्षों को देखकर लगता है, मानो ये पर्वतों के हृदय से निकलने वाली महत्त्वाकांक्षाएँ हैं। ये विशाल

वृक्ष शांत आकाश की ओर एकटक देखते हुए अत्यंत चिंतित तथा कुछ भयभीत से प्रतीत होते हैं।

(i) प्रस्तुत काव्यांश में कवि ने किसका वर्णन किया है?

(क) प्रकृति का (ख) सर्दियों का

(ग) गर्मियों का (घ) पतझड़ का

उत्तर: (क) प्रकृति का

(ii) मोतियों की लड़ियों के समान क्या आवाज करते हुए बह रहे हैं?

(क) हार (ख) पुष्प

(ग) नदियाँ (घ) झरने

उत्तर: (घ) झरने

(iii) पर्वतों के हृदय से उठ-उठ कर कौन झाँक रहे हैं?

(क) पेड़ (ख) झरने

(ग) पत्थर (घ) पुष्प

उत्तर: (क) पेड़

(iv) कवि के अनुसार झरने किसका गुणगान कर रहे हैं?

(क) पेड़ों का (ख) पहाड़ों का

(ग) आकाश का (घ) मोतियों का

उत्तर: (ख) पहाड़ों का

39. पावस ऋतु थी पर्वत प्रदेश
पल-पल परिवर्तित प्रकृति वेश।
मेखलाकार पर्वत अपार
अपने सहस्र दृग सुमन फाड़
अवलोक रहा है बार-बार
नीचे जल में निज़ महाकार,
जिसके चरणों में पला ताल
दर्पण-सा फैला है विशाल।

(i) कविता में किस प्रदेश का वर्णन किया गया है?

(क) मेखलाकार प्रदेश (ख) प्रकृति वेश

(ग) पर्वत प्रदेश (घ) ताल प्रदेश

उत्तर: (ग) पर्वत प्रदेश

(ii) कविता में किस ऋतु का वर्णन किया गया है?

(क) वर्षा ऋतु (ख) ग्रीष्म ऋतु

(ग) शीत ऋतु (घ) बसंत ऋतु

उत्तर: (क) वर्षा ऋतु

(iii) पर्वतों का आकार कैसा है?

(क) लंबा आकार

(ख) मोतियों की माला का आकार

(ग) त्रिभुजाकार

(घ) गोलाकार

उत्तर: (घ) गोलाकार

(iv) पर्वत के नेत्र किसे कहा गया है?

(क) पावस को (ख) पुष्प को

(ग) तालाब को (घ) बादल को

उत्तर: (ख) पुष्प को

(v) पर्वत अपना आकार कहाँ देख रहे हैं?

(क) पुष्प में (ख) तालाब में

(ग) आसमान में (घ) वृक्ष में

उत्तर: (ख) तालाब में

40. गिरि का गौरव गाकर झर-झर
मद में नस-नस उत्तेजित कर
मोती की लड़ियों से सुंदर
झरते हैं झाग भरे निर्झर!
गिरिवर के उर से उठ-उठ कर
उच्चाकांक्षाओं से तरुवर
हैं झाँक रहे नीरव नभ पर
अनिमेष, अटल, कुछ चिंतापर।

(i) मोती की लड़ियों के समान किसे कहा गया है?

(क) पर्वत को (ख) वर्षा को

(ग) नदी को (घ) झरने को

उत्तर: (घ) झरने को

(ii) आसमान की तरफ कौन झाँक रहा है?

(क) वृक्ष (ख) पर्वत

(ग) पावस (घ) झरना

उत्तर: (क) वृक्ष

(iii) 'अनिमेष' शब्द का अर्थ बताइए।

(क) प्रसन्नता (ख) चिंतित

(ग) अपलक (घ) धैर्य

उत्तर: (ग) अपलक

(iv) ऊँचा उठने की कामना कौन कर रहा है?

(क) झरना (ख) नदी

(ग) वृक्ष (घ) पर्वत

उत्तर: (ग) वृक्ष

(v) निर्झर की क्या विशेषता है?

(क) झाग भरे हैं

(ख) मधुर आवाज है

(ग) उच्चाकांक्षाओं भरे से हैं

(घ) अटल हैं

उत्तर: (क) झाग भरे हैं

41. उड़ गया, अचानक लो, भूधर
फड़का अपार पारद के पर!
रव-शेष रह गए हैं निर्झर!
है टूट पड़ा भू पर अंबर!
धँस गए धरा में सभय शाल!
उठ रहा धुआँ, जल गया ताल!
यों जलद-यान में विचर-विचर
था इंद्र खेलता इंद्रजाल।

(i) 'भूधर' शब्द किसके लिए प्रयुक्त हुआ है?

(क) बादल के लिए (ख) इंद्र के लिए

(ग) पहाड़ के लिए (घ) वर्षा के लिए

उत्तर: (ग) पहाड़ के लिए

(ii) 'भूधर उड़ने' से कवि का क्या तात्पर्य है?

(क) पहाड़ अदृश्य हो जाना

(ख) वर्षा के कारण धुआँ उठना

(ग) बादल का गायब हो जाना

(घ) पृथ्वी का टूट जाना

उत्तर: (क) पहाड़ अदृश्य हो जाना

(iii) 'रव शेष रहना' से कवि का क्या तात्पर्य है?

(क) भूकम्प आ जाना

(ख) वारिश समाप्त हो जाना

(ग) शोर का समाप्त हो जाना

(घ) केवल शोर बाकी रह जाना

उत्तर: (घ) केवल शोर बाकी रह जाना

(iv) पृथ्वी पर क्या टूट पड़ा है?

(क) आसमान (ख) पर्वत

(ग) झरना (घ) बादल

उत्तर: (क) आसमान

(v) धरती में भय के कारण कौन धँस गया है?

(क) धरा (ख) पुष्प

(ग) वृक्ष (घ) भूधर

उत्तर: (ग) वृक्ष

पाठ से सम्बन्धित प्रश्नोत्तर

(क) निम्नलिखित प्रश्नों के उत्तर दीजिए—

प्रश्न 42. पावस ऋतु में प्रकृति में कौन-कौन से परिवर्तन आते हैं? कविता के आधार पर स्पष्ट कीजिए।

उत्तर— पावस ऋतु में प्रकृति में अनेक मनभावन परिवर्तन आते हैं। पहाड़, तालाब, झरने आदि भी मानवीय भावनाओं के समान अपने व्यवहार को करते हुए दिखाई पड़ते हैं और भावनाओं से ओत-प्रोत दिखाई देते हैं। पर्वत ताल के दर्पण समान स्वच्छ जल में अपने विशाल आकार को देखकर चकित हैं। पर्वतों से बहते हुए झरने मोतियों की लड़ियों सदृश प्रतीत होते हैं। अचानक बादलों की ओट में छिपे हुए पर्वत मानो पंख लगाकर कहीं उड़ गए हों तथा तालाबों में से उठता भाप गहरे धुएँ-सा प्रतीत होता है। इस प्रकार पावस ऋतु में प्रकृति नये-नये रूप में प्रकट होती है।

प्रश्न 43. 'मेखलाकार' शब्द का क्या अर्थ है? कवि ने इस शब्द का प्रयोग यहाँ क्यों किया है?

उत्तर— 'मेखलाकार' शब्द का अर्थ है—करधनी के आकार की पहाड़ की ढाल। यह एक आभूषण है और यह कटि भाग में पहनी जाती है। कवि ने इस शब्द का प्रयोग पर्वतों की शृंखला के लिए किया है जो दूर-दूर तक फैली है तथा करधनी की भाँति ही धरती पर सुशोभित हैं। कवि ने इस प्रयोग से पर्वत की विशालता और प्रकृति का सौंदर्य परिलक्षित किया है।

प्रश्न 44. 'सहस्र दृग-सुमन' से क्या तात्पर्य है? कवि ने इस पद का प्रयोग किसके लिए किया होगा?

उत्तर— 'सहस्र दृग-सुमन' से कवि का तात्पर्य पावस ऋतु में पर्वतों पर लिखे हुए हजारों पुष्पों से है। कवि इन पुष्पों को पर्वतों की आँखों के समान कह रहे हैं। पावस ऋतु में पर्वतों पर हजारों रंग-बिरंगे फूल खिले हुए हैं। कवि को ये हजारों फूल पहाड़ की आँखों के समान लगते हैं। कवि ने इस पद का प्रयोग सजीव चित्रण करने के लिए किया है। कवि को लगता है मानो पर्वत अपने सुंदर पुष्प रूपी नेत्रों से चकित होकर अपने विशाल आकार को निहार रहा है इसलिए कवि ने सुमनों को पहाड़ के नेत्र कहा है।

प्रश्न 45. कवि ने तालाब की समानता किसके साथ दिखाई है और क्यों?

उत्तर— कवि ने तालाब की समानता दर्पण के साथ दिखाई है। तालाब के जल में स्वच्छता है और पारदर्शिता है तथा दर्पण में भी स्वच्छता और पारदर्शिता होती है। कवि कल्पना करता है कि महाकाय पर्वत अपने पुष्प रूपी नेत्रों से अपने महाकार को चकित भाव से तालाब रूपी दर्पण में देख रहा है। इस प्रकार दर्पण तथा तालाब दोनों ने अपना प्रतिबिंब देखने के गुण होने के कारण कवि ने तालाब से दर्पण की समानता दिखाई है। यहाँ मानवीकरण अलंकार को दिखाना भी कवि का उद्देश्य है।

प्रश्न 46. पर्वत के हृदय से उठकर ऊँचे-ऊँचे वृक्ष आकाश की ओर क्यों देख रहे थे और वे किस बात को प्रतिबिंबित करते हैं?

उत्तर— पर्वत के हृदय से उठकर ऊँचे-ऊँचे वृक्ष आकाश की ओर अपनी महत्त्वाकांक्षाओं को प्रकट करने के लिए देख रहे हैं। ये वृक्ष इस बात को प्रतिबिंबित करते हैं कि मानो ये बादलों की घनघोर वर्षा को देखकर गंभीर और सभी चिंतन में लीन हो गए हों। आकाश की ओर एकटक देखते हुए अपनी कामनाओं को पूर्ण करने के लिए अपेक्षित हों। वे मानव की महत्त्वाकांक्षा को प्रतिबिंबित करते हैं।

प्रश्न 47. शाल के वृक्ष भयभीत होकर धरती में क्यों धँस गए?

उत्तर— पर्वत पर बादल चारों ओर फैलने लगे तथा मूसलाधार वर्षा होने लगी। घनघोर वर्षा के कारण चारों तरफ धुआँ-सा उठता प्रतीत हो रहा था। उस धुँध में शाल के वृक्ष अदृश्य हो गए थे। इसे देखकर कवि कल्पना करता है कि मानो शाल के वृक्ष भयभीत होकर धरती में धँस गए हैं।

प्रश्न 48. झरने किसके गौरव का गान कर रहे हैं? बहते हुए झरने की तुलना किससे की गई है?

उत्तर— ऊँचे पर्वतों से झर-झर के स्वर में बहते हुए झरने पर्वत की विशालता और महानता का गुणगान कर रहे हैं। यह कवि की कल्पना है कि उसे झरनों की ध्वनि से मधुर स्वर सुनाई पड़

रहा है। कवि के द्वारा बहते हुए झरने की तुलना मोती की लड़ियों से की गई है।

(ख) निम्नलिखित का भाव स्पष्ट कीजिए–

प्रश्न 49. है टूट पड़ा भू पर अंबर!

उत्तर– उपर्युक्त पंक्ति का भाव यह है कि पर्वतीय प्रदेश में कभी-कभी अकस्मात् इतनी अधिक वर्षा होने लगती है कि मानो धरती पर आकाश टूट पड़ा हो। आकाश में चारों तरफ घनघोर बादल छा जाते हैं जिससे वातावरण धुँधमय हो जाता है। केवल झरनों और वर्षा की झर-झर ध्वनि ही सुनाई देती है, तब ऐसा प्रतीत होता है कि भू पर अंबर टूट पड़ा हो तथा चारों ओर आनन्दमय तथा सुखद वातावरण हो जाता है। शीतल मन्द हवा भी मन को मुग्ध कर देती है।

प्रश्न 50. यों जलद-यान में विचर-विचर
था इन्द्र खेलता इंद्रजाल।

उत्तर– उपर्युक्त पंक्तियों का भाव यह है कि पर्वतीय प्रदेश में बादलों के स्वरूप में अचानक इतने बदलाव आ रहे हैं कि मानो बादल रूपी यान पर आरूढ़ हो इन्द्र अपना करतब दिखा रहा हो। बादल कभी पर्वतों को ढक लेता है, वह कभी मूसलाधार बरस जाता है तो छँटकर इधर-उधर बिखर जाता है। कभी सूरज के प्रकट होने से आकाश में बड़ा-सा इन्द्रधनुष दिखाई देता है। ये सभी क्रियाएँ इन्द्र की माया के समान प्रतीत हो रही हैं अर्थात् प्रकृति में पल-पल परिवर्तन आ रहे हैं।

प्रश्न 51. गिरिवर के उर से उठ-उठकर
उच्चाकांक्षाओं से तरुवर
हैं झाँक रहे नीरव नभ पर
अनिमेष, अटल, कुछ चिंता पर।

उत्तर– उपर्युक्त पंक्तियों में कवि सुमित्रानंदन पंत ने पर्वतों पर स्थित ऊँचे वृक्षों की तुलना मानव के हृदय से निकलने वाली ऊँची महत्त्वाकांक्षाओं से की है। कवि कल्पना करता है कि पर्वतों पर खड़े ऊँचे-ऊँचे पेड़ पर्वतों के हृदय से निकलने वाली बड़ी-बड़ी महत्त्वाकांक्षाएँ हैं। ये सभी अपेक्षित भाव से अपलक, अटल पर चिंतातुर हो आकाश की ओर निहार रहे हैं। इनके मन में आशंकाएँ हैं कि भविष्य क्या होगा।

(ग) कविता का सौंदर्य–

प्रश्न 52. इस कविता में मानवीकरण अलंकार का प्रयोग किस प्रकार किया गया है? स्पष्ट कीजिए।

उत्तर– सुमित्रानंदन पंत कोमल कांत प्रकृति के सुकुमार कवि हैं। 'पर्वत प्रदेश में पावस' कविता में कवि ने प्रकृति के विभिन्न उपादानों पर मानवीय गुणों का अधान किया है। कवि अपने शब्द चित्र के माध्यम से प्रकृति का सजीव चित्रण करने में सिद्धहस्त हैं। पहाड़, झरने, वहाँ उगे वृक्ष, शाल के पेड़, बादल आदि पर मानवीय गुणों का आरोपण कर कवि ने अत्यंत आकर्षक चित्र प्रस्तुत किया है। बादलों से बारिश होना प्रकृति के विभिन्न उपादानों पर कवि द्वारा प्रयुक्त मानवीकरण अलंकार निम्न है–

(i) तालाब रूपी स्वच्छ दर्पण में अपना प्रतिबिंब देखकर पर्वत का चकित होना।

(ii) झर-झर गिरते झरनों द्वारा पर्वत का गुणगान किया जाना।

(iii) बादलों का पर लगाकर पहाड़ का अचानक उड़ जाना इत्यादि।

प्रश्न 53. आपकी दृष्टि में इस कविता का सौंदर्य इनमें से किस पर निर्भर करता है?

(क) अनेक शब्दों की आवृत्ति।

(ख) शब्दों की चित्रमयी भाषा पर।

(ग) कविता की संगीतात्मकता पर।

उत्तर– मेरी दृष्टि में 'पर्वत प्रदेश में पावस' कविता का सौंदर्य की आवृत्ति, शब्दों की चित्रमयी भाषा और कविता की संगीतात्मकता तीनों पर ही निर्भर करता है। इनमें से यदि एक को भी हटा दिया जाए तो पूरी कविता का सौंदर्य बाधित हो जाएगा तथा कवि अपने उद्देश्य से विलग हो जाएगा। उदाहरण के लिए देख सकते हैं–'पल-पल परिवर्तित प्रकृति-वेश' और 'मद में नस-नस उत्तेजित कर'–यहाँ सौंदर्य शब्दों की आवृत्ति पर निर्भर है, 'फँस गए धरा में सभय ताल!' और 'झरते हैं झाग भरे निर्झर।'–यहाँ सौंदर्य चित्रमयी भाषा पर निर्भर है। लगता है सब कुछ हमारे सामने चल रहा हो। इसी प्रकार 'मोती की लड़ियों-से सुंदर, झरते हैं झाग भरे निर्झर!' और 'रव-शेष रह गए हैं निर्झर! है टूट पड़ा भू पर अंबर!' पंक्तियों में सौंदर्य संगीतात्मकता पर निर्भर है। इस प्रकार कवि की यह कविता अपने-आप में अनूठी है। कवि ने यहाँ चित्रात्मकता शैली का प्रयोग करते हुए प्रकृति का सुन्दर रूप प्रस्तुत किया है।

प्रश्न 54. कवि ने चित्रात्मक शैली का प्रयोग करते हुए पावस ऋतु का सजीव चित्र अंकित किया है। ऐसे स्थलों को छाँटकर लिखिए।

उत्तर– कवि ने पूरी कविता में ही अपनी चित्रात्मक शैली का वर्णन चातुर्य और शब्द-चयन-कौशल के कारण पावस ऋतु का सजीव चित्रण किया है। कुछ प्रमुख वर्णन इस प्रकार से है जिसमें चित्रात्मक शैली का प्रयोग परिलक्षित होता है।

- मेखलाकार पर्वत अपार अपने सहस्र दृग-सुमन फाड़,
  अवलोक रहा है बार-बार नीचे जल में निज महाकार
  –जिसके चरणों में पला ताल दर्पण-सा फैला है विशाल!
- मोती की लड़ियों-से सुंदर झरते हैं झाग भरे निर्झर!
- उड़ गया, अचानक लो, भूधर फड़का अपार पारद के पर!

योग्यता विस्तार

प्रश्न 55. इस कविता में वर्षा ऋतु में होने वाले प्राकृतिक परिवर्तनों की बात कही गई है। आप अपने यहाँ वर्षा ऋतु में होने

वाले प्राकृतिक परिवर्तनों के विषय में जानकारी प्राप्त कीजिए।

उत्तर— कवि सुमित्रानंदन पंत ने अपनी कविता 'पर्वत प्रदेश में पावस' में पर्वतीय प्रदेश में वर्षा ऋतु के कारण होने वाले परिवर्तनों का उल्लेख किया है। मैं मैदानी प्रदेश में रहता हूँ अत: यहाँ होने वाले परिवर्तन पर्वतीय प्रदेश से भिन्न हैं। कुछ जीवंत तथा प्रमुख परिवर्तन निम्न प्रकार से हैं—

चारों ओर धरती हरी-भरी हो जाती है। मूसलाधार वर्षा हो जाने पर सब ओर पानी-ही-पानी दिखता है। किसानों का मन हर्षित हो जाता है। रास्ते अवरुद्ध हो जाते हैं, रातें भयोत्पादक हो जाती हैं, पेड़-पौधों को नवजीवन मिल जाता है, मेंढक की आवाज गुंजित होने लगती है, अनेक प्रकार के जीव-जंतु और पशु-पक्षियों की आवाज से वातावरण गुंजायमान हो जाता है, आसमान में काले बादलों के छाए रहने से सूरज की गर्मी कम हो जाती है, यदा-कदा इन्द्रधनुष भी गगन में अपनी छटा बिखेर देता है। मानसून आने पर 30 किमी. प्रति घण्टे की गति से हवाएँ चलती हैं।

परियोजना कार्य

प्रश्न 56. वर्षा ऋतु पर लिखी गई अन्य कवियों की कविताओं का संग्रह कीजिए और कक्षा में सुनाइए।

उत्तर— उदाहरण के रूप में कविताएँ दी जा रही हैं।

वर्षा बहार सबके मन को लुभा रही है—

वर्षा बहार सबके मन को लुभा रही है।
मेंढक भी प्यारे संगीत गा रहे हैं
उमड़-घुमड़ कर काले बदरा छा रहे हैं॥
बाज भी बादलों के ऊपर उड़ान भरकर इतरा रहा है॥
चपला भी चमक कर रोशनी बिखेर रही है।
कल-कल करती नदियाँ, इठलाती हुई बह रही हैं।
गुड़-गुड़ कर के बादल भी गरज रहे हैं॥
मानो कोई नया संगीत सुना रही हैं॥
ठण्डी-ठण्डी हवा चल रही मन को भा रही है।
बागों में फूल खिल रहे हैं, सुगंध मन को भा रही है।
बागों में लताओं पर फूल खिल रहे हैं॥
सावन में झूले पर झूल रही है बिटिया॥
मदमस्त मोर पीहू-पीहू करके नाच रहा है।
वर्षा बहार भू पर जीवन की ज्योति जला रही है।
कोयल भी मस्त राग सुना रही है॥
वर्षा बहार सबके मन को लुभा रही है।॥

'नरेन्द्र वर्मा'

घन, गर्जन से भर दो वन—

घन, गर्जन से भर दो वन
माना, स्थिर मधु-ऋतु कानन।
तरु-तरु-पादप-पादप-तन।
गरजो, हे मन्द्र, वज्र-स्वर;
अब तक गुँजन-गुँजन पर
थर्राये भूधर-भूधर,
नाचीं कलियाँ छवि-निर्भर;
झरझर-झरझर धारा झर
भौंरों ने मधु पी-पीकर
पल्लव-पल्लव पर जीवन।

सूर्यकांत त्रिपाठी 'निराला'

परीक्षोपयोगी महत्वपूर्ण प्रश्नोत्तर

लघु उत्तरीय प्रश्न

प्रश्न 57. कवि को ऐसा क्यों लग रहा है कि जैसे धरा पर आकाश टूट पड़ा हो? कविता के आधार पर लिखिए।

उत्तर— वर्षा की तीव्रता के कारण कवि को लग रहा है कि मानो धरा पर आकाश टूट पड़ा हो। मूसलाधार वर्षा के उपरांत चारों ओर केवल पानी-ही-पानी दिख रहा है। पर्वत के चारों ओर फैला विशाल जल ताल के समान प्रतीत हो रहा है। आकाश में बादलों और धरा पर धुँध के कारण विशाल शाल के पेड़ अदृश्य हो गए हैं। चतुर्दिक विचित्र शांति है और केवल झरने की आवाज सुनाई पड़ रही है अर्थात् चारों ओर से हर प्रकार का भय बना हुआ है।

प्रश्न 58. प्रकृति नटी किस प्रकार अपने वेश को पल-पल बदल रही है?

उत्तर— पर्वतों की चोटियों पर कभी गहरे बादलों का छा जाना, कभी बादलों का पंख लगाकर पर्वतों का उड़ जाना, कभी बहुत ही तेज़ वर्षा जैसे भू पर अंबर टूट पड़ा हो, कभी तालाबों से उठता धुआँ तो कभी झरनों में मोतियों की लड़ियों के समान झाग का भर जाना—इन प्रतिपल परिवर्तित हो रहे दृश्यों को देखकर लगता है जैसे प्रकृति नटी अपने वेश को पल-पल बदल रही है अर्थात् प्रत्येक क्षण प्रकृति विभिन्न रूपों में दिखाई पड़ रही है।

प्रश्न 59. कवि ने मानव मन की महत्त्वाकांक्षाओं की तुलना किससे की है?

उत्तर— कवि ने मानव मन की महत्त्वाकांक्षाओं की तुलना पर्वत के उर पर उगे विशाल वृक्षों से की है। इन वृक्षों को देखकर ऐसा लगता है मानो इनके हृदय में अनेक महत्त्वाकांक्षाएँ और उनकी पूर्ति के लिए चिंतातुर ये आसमान को देख रहे हैं।

प्रश्न 60. 'पर्वत प्रदेश में पावस' कविता में कवि ने पर्वत को मनुष्य के समान कौन-सा कार्य करते हुए प्रस्तुत किया है?

उत्तर— 'पर्वत प्रदेश में पावस' कविता में वर्णित पर्वत अत्यंत ऊँचा और विशालकाय है। पर्वत पर हजारों फूल खिले हैं। पर्वत की तलहटी में स्वच्छ जल से भरा तालाब है। पर्वत इस तालाब में पुष्प रूपी नेत्रों से अपनी परछाईं निहारते हुए आत्ममुग्ध हो रहा है। मनुष्य भी अपने शारीरिक सौंदर्य पर

खुश होता है। अत: कवि ने यहाँ पर्वत को मानव के समान खुश होता हुआ दिखलाया है।

प्रश्न 61. मानवीकरण अलंकार का प्रयोग इस कविता के सौंदर्य को द्विगुणित कर देता है। स्पष्ट कीजिए।

उत्तर— 'पर्वत प्रदेश में पावस' कविता में जगह-जगह पर मानवीकरण अलंकार का प्रयोग करके कवि द्वारा प्रकृति में प्राणों का संचार किया गया है जिससे प्रकृति का चित्रण सजीव प्रतीत हो रहा है। जैसे—पर्वत पर उगे फूल को आँखों के द्वारा मानवीकरण कर उसे सजीव प्राणी की तरह प्रस्तुत किया गया है। 'उच्चाकांक्षाओं से तरुवर हैं झाँक रहे नीरव नभ पर' यहाँ तरुवर के झाँकने में मानवीकरण अलंकार दिखाया गया है मानो कोई व्यक्ति झाँक रहा हो। 'लो उड़ गया भूधर' यहाँ सजीव प्राणी पक्षी के समान पर्वत के उड़ने में मानवीकरण अलंकार की परिकल्पना है। इस प्रकार के प्रयोग से कविता के सौंदर्य में चार चाँद लग गये हैं। यहाँ पर कवि के लिए प्रकृति के सभी अंग मानवीय चेतना से परिपूर्ण हैं।

प्रश्न 62. किन उदाहरणों से पता चलता है कि कवि ने पर्वत को मनुष्य के रूप में चित्रित किया है?

उत्तर— सुमित्रानंदन पंत ने 'पर्वत प्रदेश में पावस' कविता में पर्वत का मानवीकरण कर पर्वत का सजीव चित्र प्रस्तुत किया है। कवि ने पर्वत के गोल आकार को मेखला का आकार कहा है। उस पर उगे फूलों को दृग-सुमन कहकर उसकी आँखें बताया है। नीचे पले ताल को दर्पण कहकर उसमें पर्वत अपना प्रतिबिंब निहार रहा है। इस प्रकार कवि ने अपनी प्रतिभा से पर्वत को मानव के रूप में चित्रित किया है।

प्रश्न 63. पावस ऋतु में पर्वत के मध्य भाग में उगे ऊँचे वृक्ष कवि की कल्पना में क्या है?

उत्तर— कवि सुमित्रानंदन पंत ने 'पर्वत प्रदेश में पावस' कविता के माध्यम से वर्षा ऋतु में प्रकृति के सौंदर्य को चित्रित किया है। पर्वतीय प्रदेशों में वर्षा के मौसम में बहुत अधिक वर्षा होने के बाद चारों ओर धुँध छा जाती है। धुँध के कारण केवल पर्वत और वृक्षों की चोटियाँ ही दृश्यमान रहती हैं। इन वृक्षों को देखकर कवि कल्पना करता है कि पर्वतों के मध्य में उगे शाल के वृक्ष पर्वतों की महत्त्वाकांक्षाएँ हैं। वे आकाश की ओर अपलक इसलिए निहार रहे हैं क्योंकि उन्हें अपनी आकांक्षाएँ पूर्ण होने में कुछ आशंकाएँ हैं।

प्रश्न 64. 'पर्वत प्रदेश में पावस' कविता के आधार पर पर्वत के रूप-स्वरूप का चित्रण कीजिए।

उत्तर— 'पर्वत प्रदेश में पावस' कविता में पर्वत शृंखला को ही मेखलाकार कहा गया है। पर्वत की ढाल भी मेखलाकार (करधनी के आकार) की होती है। हजारों फूल खिले हैं। पहाड़ पर खड़े पेड़ बहुत ऊँचे हैं। पहाड़ से गिरने वाले झरने झर-झर करते हुए शोर कर रहे हैं।

प्रश्न 65. मूसलाधार वर्षा के बाद पर्वत की तलहटी में स्थित तालाब के सौंदर्य का चित्रण कीजिए।

उत्तर— मूसलाधार वर्षा के बाद पर्वत की तलहटी में स्थित तालाब स्वच्छ जल से परिपूरित हो गया है। पानी की मात्रा बहुत अधिक हो जाने के कारण तालाब का आकार विशाल हो गया है। तालाब के पास ही विशालकाय पर्वत है। इसकी परछाईं इसके पानी में उसी तरह दिखाई देती है जैसे साफ दर्पण में कोई वस्तु दिखाई देती है। यहाँ कवि ने तालाब की तुलना दर्पण से करते हुए उसके सौंदर्य को दिखाया है। दोनों में ही समान गुण विद्यमान होते हैं।

प्रश्न 66. कवि 'फड़का अपार पारद के पर' लिखकर बादलों द्वारा क्या प्रतिबिंबित करना चाहता है?

उत्तर— कवि की कल्पना अद्वितीय है। कवि ने अपनी नवीन कल्पना शक्ति का परिचय देते हुए लिखा है कि पर्वतीय प्रदेश में बादल इधर-उधर उड़ते फिर रहे हैं। इन बादलों से वर्षा होने से तालाब में धुँध उठने लगी है। पर्वत, वृक्ष और झरने अदृश्य होने लगे हैं। शाल के पेड़ अस्पष्ट से दिखने लगे। इन सारे परिवर्तनों का कारण बादल है। कवि ने इन बादलों को इन्द्रयान के रूप में कल्पना कर मानव के रूप में प्रतिबिंबित करना चाहा है। कवि को इस जीवंत वर्णन में सफलता भी मिली है।

दीर्घ उत्तरीय प्रश्न

प्रश्न 67. 'पर्वत प्रदेश में पावस' कविता में वर्षा के कारण अचानक होने वाले परिवर्तनों को संक्षेप में लिखिए।

उत्तर— 'पर्वत प्रदेश में पावस' कविता में वर्षा के अचानक होने वाले परिवर्तनों को कवि ने अपनी अनुपम कल्पना शक्ति के कारण नवीन रूप में प्रस्तुत किया है। वर्षा ऋतु में कवि ने देखा कि आकाश में काले-काले बादल उठे और नीचे की ओर आकर पर्वत, पेड़ तथा तालाब आदि को घेर लिया, जिससे वे अदृश्य से हो गए। मूसलाधार वर्षा होने लगी, जिससे ऐसा लगा कि धरती पर आकाश टूट पड़ा हो। धुँध-सी उठने लगी जिसे देखकर ऐसा लगा जैसे तालाब जलने लगा हो। पर्वत चमकीले भूरे पारद के पंख लगाकर फड़फड़ाकर उड़ गया हो। झरनों के सुंदर स्वर ऐसे सुनाई पड़ रहे थे मानो वे गिरि के गौरव का गान कर रहे हों। काले-काले बादलों में ऐसी मूसलाधार वर्षा होने लगी मानो आकाश ने धरती पर बारिश रूपी बाणों से आक्रमण कर दिया हो।

प्रश्न 68. पावस ऋतु में पर्वतीय प्रदेश में इन्द्र अपने इंद्रजाल को कैसे फैला रहा था?

उत्तर— सुमित्रानंदन पंत प्रकृति के कवि है। वे प्रकृति के सूक्ष्म परिवर्तनों को भी बड़े गौर से निहारते हैं। पावस ऋतु में पर्वतीय प्रदेश में अचानक बादल छाने और धुँध उठने से वातावरण अंधकारमय हो गया। इससे पर्वत अदृश्य हो गए। पहाड़ पर बहते झरने दिखने बंद हो गए। झरनों की आवाज

अब भी आ रही थी। अचानक जोरदार वर्षा होने लगी। बढ़ती धुँध के शाल के पेड़ ओझल होने लगे। ऐसा लगा, ये पेड़ कटकर धरती में धँसते जा रहे हैं। अचानक तालाब से धुआँ ऐसे उठा मानो आग लग गई हो। इस प्रकार अपने इंद्रजाल को फैलाए हुए इंद्र जलद-यान में बैठकर घूम रहा था। ये सारे परिवर्तन इन्द्र का इंद्रजाल था।

प्रश्न 69. कवि ने कविता 'पर्वत प्रदेश में पावस' में अपनी कल्पना और सूक्ष्म अवलोकन शक्ति से वृक्ष के किन दो रूपों का वर्णन किया है? बताइए।

उत्तर— कवि ने कविता 'पर्वत प्रदेश में पावस' में अपनी कल्पना और सूक्ष्म अवलोकन शक्ति से वृक्ष के दो रूपों का वर्णन किया है। पर्वतीय प्रदेश में बहुत से पेड़ पर्वत पर उगे हैं, जिन्हें देखकर लगता है कि ये वृक्ष मनुष्य की ऊँची आकांक्षाओं के समान हैं। जिस प्रकार मनुष्य अपनी आकांक्षाएँ पूरी करने के लिए चिंतित रहता है उसी प्रकार ये पेड़ भी अटल तथा अपलक भाव से आकाश की ओर देखे जा रहे हैं।

दूसरी ओर पर्वत के पास उगे शाल के वृक्ष वर्षा होने और धुँध के कारण अस्पष्ट से दिखाई दे रहे हैं। ऐसा लगता है कि अचानक होने वाली मूसलाधार वर्षा और धुँध से भयभीत होकर ये पेड़ धरती में धँस गए हों।

इस प्रकार कवि ने यहाँ महत्त्वाकांक्षा रूपी ऊँचे-ऊचे पेड़ और भयभीत शाल के वृक्षों का मानवीकरण कर प्रस्तुत किया है।

प्रश्न 70. 'पर्वत प्रदेश में पावस' कविता का उद्देश्य/संदेश/प्रतिपाद्य/कथ्य अपने शब्दों में लिखिए।

उत्तर— 'पर्वत प्रदेश में पावस' कविता 'सुमित्रानंदन पंत' की वर्षा ऋतु पर आधारित छायावादी कविताओं में श्रेष्ठ कविता है। 'पर्वत प्रदेश में पावस' कविता पर्वतीय सौंदर्य को व्यक्त करने वाली सुंदर कविता है। पर्वतीय इलाके में प्रकृति का यह सौंदर्य वर्षा में और भी बढ़ जाता है। वर्षा काल में प्रकृति में क्षण-क्षण होने वाला परिवर्तन देखकर लगता है कि प्रकृति सजने-धजने के क्रम में पल-पल अपना वेश बदल रही है। विशाल आकार वाला मेखलाकार पर्वत है जिस पर फूल खिले हैं। वे फूल कवि को पर्वत के नेत्र के समान प्रतीत होते हैं। पर्वत के पास ही विशाल तालाब है। वह तालाब कवि को दर्पण सदृश दिखता है, जिसमें पर्वत अपना सौंदर्य निहारता है और आत्ममुग्ध होता है। पर्वत के उर से निकलते वृक्ष मानव के मन की महत्त्वाकांक्षाओं सदृश कवि को लगते हैं। पर्वतों से गिरते झरने सफेद मोतियों की लड़ियों जैसे लगते हैं। अचानक बादलों में पर्वत और झरने अदृश्य हो जाते हैं। ऐसा लगता है जैसे पर्वत विशालकाय पक्षी की भाँति पंख फड़फड़ाकर उड़ जाते हैं। मूसलाधार वर्षा आरंभ हो जाती है। शाल के पेड़ भयभीत होकर धरती में धँसने से लगते हैं। तालाब से धुआँ उठने लगता है ऐसा लगता है जैसे इन्द्र अपनी जादूगरी दिखा रहा है। इस प्रकार कवि ने समस्त कविता का मानवीकरण कर जीवंत चित्र के रूप में पर्वतीय प्रदेश पावस को प्रस्तुत किया है।

प्रश्न 71. वर्षा-ऋतु में पर्वतीय प्राकृतिक सुषमा का वर्णन सुमित्रानंदन पंत की कविता के आधार पर कीजिए।

उत्तर— कवि ने वर्षा ऋतु में पर्वतीय प्रदेश पर होने वाले प्रकृति में क्षण-क्षण परिवर्तन को बड़े ही सुंदर ढंग से व्यक्त किया है। वर्षा ऋतु में कवि को वहाँ का दृश्य देखकर ऐसा लगता है कि मानो मेखलाकार पर्वत अपने ऊपर खिले सुमन रूपी नेत्रों से तालाब के पारदर्शी जल में अपना प्रतिबिंब देख रहा हो। पहाड़ों के बीच में बहते झरने पहाड़ों का गौरवगान करते प्रतीत होते हैं। मूसलाधार वर्षा के कारण पूरा दृश्य ओझल हुआ दिखता है। पहाड़ों की छाती पर उगे वृक्ष ऐसे लगते हैं मानो मन में आकांक्षाएँ लिए आकाश की ओर निहार रहे हों शाल के वृक्ष जमीन में धँसे हुए प्रतीत होते हैं। कभी बादलों में उड़ जाने से ऐसा लगने लगता है कि पर्वत बादल रूपी पंख लगाकर आकाश में उड़ रहे हैं। मोती की लड़ियों जैसे झाग भरे झरने दिखाई पड़ते हैं। यह सब जादुई दृश्य देखकर ऐसा लगता है कि जैसे इंद्र देवता जादू में खेल दिखा रहे हैं। तालाब जलता हुआ-सा प्रतीत होता है।

❑❑

कर चले हम फ़िदा

Chapter 8

कवि–कैफ़ी आज़मी

कवि परिचय

प्रगतिशील उर्दू कवियों में मूर्धन्य श्री कैफ़ी आज़मी की कविताओं में एक ओर सामाजिक और राजनैतिक जागरूकता का समावेश है तो दूसरी ओर हृदय की कोमलता, भावों की लोचकता और परिपक्वता भी है। मशहूर अभिनेत्री शबाना आज़मी के पिता कैफ़ी आज़मी का जन्म 19 जनवरी, 1919 को उत्तर प्रदेश के आजमगढ़ जिले में हुआ था। इनका वास्तविक नाम अतहर हुसैन रिज़्वी था। कैफ़ी आज़्मी उर्दू के मशहूर शायर थे, अक्सर मुशायनों में भाग लिया करते थे। 11 साल की उम्र में इन्होंने अपनी पहली गज़ल लिखी। फिर हिन्दी सिनेमा के गीत लिखने का मौका मिला तो इन्होंने अनेक गीत और गज़लें लिखीं। श्री कैफ़ी कलाकारों के परिवार से थे। इनके तीनों बड़े भाई भी शायर थे। पत्नी शौकत आज़मी, बेटी शबाना आज़मी मशहूर अभिनेत्रियाँ हैं। मुशायरा में माहिर कैफ़ी आज़मी ने देशभक्ति से सम्बन्धित सैकड़ों बेहतरीन गीत भी लिखे हैं। अपने मधुर तरानों को पीछे छोड़ कैफ़ी आज़मी 10 मई, 2002 को इस दुनिया से अलविदा हो गए। इनके लिखे देश भक्ति के गीत भी बड़े प्रसिद्ध हुए हैं।

रचनाएँ–श्री कैफ़ी आज़्मी सामाजिक रूढ़िवादिता से परेशान थे। फलतः कैफ़ी साम्यवादी विचारधारा से अधिक प्रभावित हुए और उन्होंने निश्चय किया कि वे सामाजिक संदेश के लिए अपनी लेखनी का उपयोग करेंगे। उनके मन की कोमल और कठोर भावनाएँ मुख्य रूप से पाँच रचनाओं में संकलित हैं–

1. **आवारा सज़्दे**, 2. **झंकार**, 3. **आखिर-ए-शब**, 4. **सरमाया** और 5. **फिल्मी गीतों का संग्रह**।

काव्यगत विशेषताएँ–कैफ़ी आज़्मी ग्राम्य जीवन से जुड़े हुए थे परिणामतः इनकी भाषा सरल और सुगम है। प्रमुख रूप से उर्दू के शायर होने के कारण इनकी रचनाओं में उर्दू के शब्दों का प्रयोग अधिक है पर कठिन नहीं हैं, वे शब्द ऐसे हैं जो हिन्दी के साथ-साथ सरलता से साहित्य का अंग बन सके। 'कर चले हम फ़िदा 'फिल्म' 'हकीकत' का गीत है, जो सन् 1962 में हुए भारत-चीन युद्ध की ऐतिहासिक पृष्ठभूमि पर आधारित है, इस गीत में बड़े ही मार्मिक शब्दों में सैनिकों के मन की बात को कवि व्यक्त करने में सफल हुए हैं।

पुरस्कार—अपनी रचना में नवीन शैली के प्रयोग से कैफ़ी आज़्मी को अनेक राष्ट्रीय पुरस्कारों के अलावा साहित्य अकादमी पुरस्कार और फिल्मफेयर अवॉर्ड से पुरस्कृत किया गया है। सन् 1974 में भारत सरकार ने इनकी रचनाधर्मिता के कारण उन्हें पद्मश्री सम्मान से सम्मानित किया।

शब्द सम्पदा

फ़िदा = न्यौछावर। **जानो तन** = प्राण और शरीर। **हुस्न** = सुंदरता। **काफ़िले** = यात्रियों का समूह। **नब्ज** = नाड़ी। **लकीर** = रेखा। **मौसम** = ऋतु/अवसर। **वतन** = देश। **इश्क** = प्रेम। **राह** = रास्ता। **कफ़न** = मृत्यु के समय काम आने वाला सफेद वस्त्र। **दामन** = आँचल। **प्रगतिशील** = विकासशील। **हवाले** = सौंपना। **साथियों** = मित्रों। **रुस्वा** = बदनाम। **फ़तह** = जीत। **कुर्बानियाँ** = बलिदान। **गम** = दुःख। **रावन** = आतंक के पर्याय के रूप में प्रयुक्त। **रुत** = मौसम। **असाध्य** = लाइलाज़। **सीता** = पवित्रता का प्रतीक। **थमती** = रुकती। **खूँ** = खून। **जश्न** = खुशी मनाना। **ज़मीं** = जमीन। **बाँकपन** = जवानी का जोश। **वीरान** = सूनी। **जश्न** = खुशी मनाना। **लकीर** = रेखा। **मुशायरा** = कविता वाचन।

बहुविकल्पीय प्रश्न

1. 'कर चले हम फ़िदा' शीर्षक कविता में किसके बारे में कहा गया है?

(क) भारतीय जवानों की भावना
(ख) देशवासियों की भावना
(ग) देश की भावना
(घ) शत्रुओं की भावना

उत्तर: (क) भारतीय जवानों की भावना

2. कविता के आधार पर बताइए कि मरते समय एक सैनिक अपनी किस इच्छा को व्यक्त करता है?

(क) उसका नाम अंकित किया जाए
(ख) उसको सम्मान मिले
(ग) अन्य सैनिक सुरक्षित रहें
(घ) उसके देश की रक्षा हो

उत्तर: (घ) उसके देश की रक्षा हो

3. कविता में 'सीता का दामन' किसका प्रतीक है?

(क) देश की महिलाओं का (ख) देश की धरती का
(ग) देश की माताओं का (घ) महिलाओं की इज़्जत का

उत्तर: (ख) देश की धरती का

4. 'सर पर कफ़न बाँधना' का क्या अभिप्राय है?

(क) सर पर पगड़ी बाँधना (ख) दुख मनाना
(ग) खुशियाँ मनाना (घ) मृत्यु के लिए तैयार रहना

उत्तर: (घ) मृत्यु के लिए तैयार रहना

5. 'राह कुर्बानियों की न वीरान हो' का आशय स्पष्ट कीजिए।
(क) कुर्बानियों की राह आसान हो जाए
(ख) देशवासियों के मन में हमेशा देशभक्ति रहे
(ग) लोगों की कमी न हो
(घ) शहीदी की भावना रखने वालों का अभाव ना हो

उत्तर: (घ) शहीदी की भावना रखने वालों का अभाव ना हो।

6. यह कविता हमें क्या संदेश देती है?
(क) गाना गाने की प्रेरणा
(ख) युद्ध करने की प्रेरणा
(ग) देश के लिए कुर्बान होने की प्रेरणा
(घ) दूसरों की मदद करने की प्रेरणा।

उत्तर: (ग) देश के लिए कुर्बान होने की प्रेरणा

7. सैनिकों को किस बात का गम नहीं है?
(क) कुर्बान होने का (ख) जश्न मनाने का
(ग) युद्ध करने का (घ) कदम बढ़ाने का

उत्तर: (क) कुर्बान होने का

8. यह कविता किस पृष्ठभूमि में रची गई है?
(क) भारत-पाकिस्तान युद्ध (ख) भारत-चीन युद्ध
(ग) भारत-बांग्लादेश युद्ध (घ) द्वितीय विश्व युद्ध

उत्तर: (ख) भारत-चीन युद्ध

9. धरती की तुलना किससे की गई है?
(क) दुल्हन से (ख) भारतीय महिलाओं से
(ग) सैनिकों से (घ) शहीदों से

उत्तर: (क) दुल्हन से

10. 'कर चले हम फ़िदा' गीत के गीतकार कौन हैं?
(क) कैफ़ी आज़मी (ख) पन्त
(ग) मोहम्मद रफी (घ) इनमें से कोई नहीं

उत्तर: (क) कैफ़ी आज़मी

11. कैफ़ी आज़मी का जन्म कब और कहाँ हुआ?
(क) 1719 में आज़म नगर से
(ख) 1819 में अभयपुर में
(ग) 1919 में आज़मगढ़ में
(घ) इनमें से कोई नहीं

उत्तर: (ग) 1919 में आज़मगढ़ में

12. फतह का जश्न किस जश्न के बाद है?
(क) कुर्बानी के जश्न के बाद
(ख) काफ़िले के जश्न के बाद
(ग) जिंदगी के जश्न के बाद
(घ) साथियों के मिलने के जश्न के बाद

उत्तर: (क) कुर्बानी के जश्न के बाद

13. देश के सैनिक किस प्रकार दुश्मनों को देश में आने से रोकते हैं?
(क) लकीर खींचकर
(ख) जिंदा रहकर
(ग) प्राणों की आहुति देकर
(घ) रावण को जलाकर

उत्तर: (ग) प्राणों की आहुति देकर

14. 'इस तरफ आने पाए न रावण कोई'—पंक्तियों के आधार पर बताइए कि सैनिक किसे देश की धरती पर आने नहीं देते?
(क) रावण को (ख) राम को
(ग) लक्ष्मण को (घ) दुश्मन को

उत्तर: (घ) दुश्मन को

15. वीर सैनिक सबसे अधिक प्रेम किससे करते हैं?
(क) अपने साथियों से (ख) मातृभूमि से
(ग) हिमालय से (घ) काफ़िले से

उत्तर: (ख) मातृभूमि से

16. कैफ़ी आज़मी के कितने कविता संग्रह प्रकाशित हुए?
(क) 4 (ख) 3
(ग) 7 (घ) 5

उत्तर: (घ) 5

17. कविता में 'सर पर कफ़न बाँधना' सैनिकों की किस भावना की ओर संकेत करता है?
(क) सीमा पार करने की भावना
(ख) युद्ध करने की भावना
(ग) देश पर मर-मिटने की भावना
(घ) देश को सैनिकों के हवाले करने की भावना

उत्तर: (ग) देश पर मर-मिटने की भावना

18. कविता के आधार पर बताइए कि सैनिकों का जीवन कैसा होता है?
(क) त्यागपूर्ण (ख) आरामपूर्ण
(ग) शांतिपूर्ण (घ) अपेक्षापूर्ण

उत्तर: (क) त्यागपूर्ण

19. सैनिक देशवासियों से क्या आग्रह करते हैं?
(क) देश की सुरक्षा का (ख) सर पर कफ़न बाँधने का
(ग) काफ़िले सजाने का (घ) खुशियाँ मनाने का

उत्तर: (क) देश की सुरक्षा का

20. कविता में धरती को दुल्हन क्यों कहा गया है?
(क) भारतीय होने के कारण
(ख) दुल्हन की तरह दिखने के कारण
(ग) सैनिकों के रक्त से लाल होने के कारण
(घ) महिलाओं के कारण

उत्तर: (ग) सैनिकों के रक्त से लाल होने के कारण

21. धरती की पवित्रता की तुलना किससे की गई है?

(क) देवता से (ख) दुश्मनों से

(ग) महिलाओं से (घ) सीता से

उत्तर: (घ) सीता से

22. रक्षक के रूप में सैनिकों की तुलना किससे की गई है?

(क) राम से (ख) लक्ष्मण से

(ग) रावण से (घ) राम तथा लक्ष्मण दोनों से

उत्तर: (घ) राम तथा लक्ष्मण दोनों से

23. कैफ़ी आज़मी मूलतः किस भाषा के शायर हैं?

(क) अरबी (ख) यूनानी

(ग) उर्दू (घ) ये सभी

उत्तर: (घ) ये सभी

24. 'साँस थमती गई, नब्ज़ जमती गई' से क्या अभिप्राय है?

(क) दुश्मनों को हराना (ख) मृत्यु के समीप होना

(ग) मुसीबत में होना (घ) आत्मसम्मान की रक्षा करना

उत्तर: (ख) मृत्यु के समीप होना

25. हिमालय किसका प्रतीक है?

(क) सैनिकों के सम्मान का (ख) भारत का

(ग) देश के सम्मान का (घ) दुल्हन का

उत्तर: (ग) देश के सम्मान का

26. कैफ़ी आज़मी का परिवार कैसा परिवार था?

(क) चिकित्सकों का (ख) अभिनेताओं का

(ग) नेताओं का (घ) कलाकारों का

उत्तर: (घ) कलाकारों का

27. कैफ़ी आज़मी मूलतः किस भाषा के शायर हैं?

(क) अरबी (ख) यूनानी

(ग) ये सभी (घ) उर्दू

उत्तर: (घ) उर्दू

28. कैफ़ी आज़मी के कविता संग्रहों के नाम बताइए—

(क) झङ्कार (ख) आखिर-ए-शब

(ग) आवारा सजदे (घ) ये सभी

उत्तर: (घ) ये सभी

29. सैनिक देश को किसके हवाले कर के जा रहे हैं?

(क) माता-पिता के (ख) भाई-बहनों के

(ग) दोस्तों के (घ) देशवासियों के

उत्तर: (घ) देशवासियों के

30. साँस थमती गई से क्या भाव है?

(क) मौत का नजदीक होना (ख) बर्फ के पास होना

(ग) बहुत ठण्ड होना (घ) हैरान होते गए

उत्तर: (क) मौत का नजदीक होना

31. सैनिकों को किस बात की खुशी हो रही है?

(क) उन्होंने अपने देश की शान में कोई दाग नहीं लगने दिया

(ख) कि वे बहादुर हैं

(ग) उन्होंने दुश्मन को हरा दिया

(घ) किसी बात की नहीं

उत्तर: (क) उन्होंने अपने देश की शान में कोई दाग नहीं लगने दिया

32. जीवन में कौन-सा समय बार-बार आता है?

(क) मरने का (ख) बलिदान करने का

(ग) बचपन का (घ) जीवित रहने का

उत्तर: (घ) जीवित रहने का

पद्यांश पर आधारित बहुविकल्पीय प्रश्न

निम्नलिखित पद्यांशों को ध्यानपूर्वक पढ़कर दिए गए प्रश्नों के लिए सही विकल्प चुनिए—

33. कर चले हम फ़िदा जानो तन साथियो
अब तुम्हारे हवाले वतन साथियो
साँस थमती गई, नब्ज़ जमती गई
फिर भी बढ़ते कदम को न रुकने दिया
कट गए सर हमारे तो कुछ गम नहीं
सर हिमालय का हमने न झुकने दिया

मरते-मरते रहा बाँकपन साथियो
अब तुम्हारे हवाले वतन साथियो

ज़िंदा रहने के मौसम बहुत हैं मगर
जान देने की रुत रोज आती नहीं
हुस्न और इश्क दोनों को रुस्वा करे
वो जवानी जो खूँ में नहाती नहीं

आज धरती बनी है दुलहन साथियो
अब तुम्हारे हवाले वतन साथियो।

राह कुर्बानियों की न वीरान हो
तुम सजाते ही रहना नए काफ़िले
फ़तह का जश्न इस जश्न के बाद है
जिंदगी मौत से मिल रही है गले
बाँध लो अपने सर से कफ़न साथियो
अब तुम्हारे हवाले वतन साथियो

व्याख्या—सैनिक कहते हैं कि हे देशवासियों! देश के लिए हमने अपना सर्वस्व समर्पित कर दिया है अब यह देश तुम्हारे हवाले है। दुश्मनों से युद्ध करते समय हमारी साँसें रुकने लगी थीं तथा नसों में रक्त भी जमने लगा था। फिर भी हमने अपने कदमों को रुकने नहीं दिया। हमारे सिर क्यों न कट जाए, पर हम देश का सिर नहीं झुकने देंगे। हिमालय जो देश की शान है उस पर कभी भी आँच नहीं आने देंगे। मरते दम तक हमारा जोश बना रहा। अब यह देश तुम्हारे हवाले है।

सैनिक कहते हैं कि इस संसार में जीवित रहने के लिए बहुत सारे अवसर उपलब्ध हैं परंतु देश के लिए प्राण त्यागने का अवसर प्रतिदिन नहीं मिलता। सैनिकों का मानना है कि जो जवानी खून में नहीं नहाती अर्थात् देश के लिए बलिदान करना नहीं जानती, वह जवानी व्यर्थ है। ऐसी जवानी सौंदर्य और प्रेम दोनों को बदनाम करती है। आज धरती दुल्हन बनी है और जिस प्रकार दुल्हन की रक्षा सर्वोपरि होती है उसी प्रकार इस धरती रूपी दुल्हन की रक्षा हमारे लिए सबसे बड़ा कर्तव्य है। अब यह देश तुम्हारे हवाले है।

सैनिक कहते हैं कि हमारे बाद भी देश के लिए कुर्बानियों का क्रम बंद न होने पाए। युद्ध में यदि वीरों का एक दल शहीद हो जाए तो दूसरा दल आकर उसका स्थान ले ले। मृत्यु के इस उत्सव के बाद ही विजय का उत्सव आता है। यह युद्ध की घड़ी है जिसमें जिंदगी मौत को गले लगा रही है। तुम भी अपने सिर पर कफन बाँधकर देश के लिए शहीद होने को तैयार हो जाओ क्योंकि अब ये मेरा वतन अब तुम सभी के हवाले है।

यहाँ सैनिक संदेश देते हैं कि सीमा पर अपने खून से लक्ष्मण रेखा खींच दो, ताकि दुश्मन रूपी रावण हमारी सरजमीं पर कदम भी न रख सके। कवि भारत की तुलना सीता की पवित्रता से करते हुए कहते हैं कि अगर कोई भी हाथ इसकी ओर उठे, तो उसे वहीं तोड़ देना चाहिए ताकि वह सीता के पवित्र आँचल को छू भी न सके। जैसे राम एवं लक्ष्मण ने सीता को रावण से बचाया, ठीक उसी प्रकार तुम्हें भी हर हाल में भारत माता की रक्षा करनी होगी क्योंकि अब तुम्हीं सहनशील राम और क्रोध की प्रतिमूर्ति लक्ष्मण हो। सैनिक अपने साथियों से कहता है, "मैं भले ही शहीद हो रहा हूँ, लेकिन अब देश तुम्हारे हवाले है, इसकी किसी भी परिस्थिति में रक्षा करना, साथियो!"

(i) 'सर हिमालय का हमने न झुकने दिया'–'सर' किसका प्रतीक है?

(क) स्वाभिमान (ख) सिर
(ग) घमंड (घ) पराक्रम

उत्तर: (क) स्वाभिमान

(ii) पद्यांश में 'बांकपन' शब्द प्रतीक है–

(क) वक्रता (ख) अद्‌भुत
(ग) छवि (घ) बेमिसालपन

उत्तर: (घ) बेमिसालपन

(iii) धरती के दुल्हन बनने से तात्पर्य है–

(क) दुल्हन की भांति शरमा रही है
(ख) सैनिकों के खून से नहा गई है
(ग) बलिदान से गौरवान्वित हुई है
(घ) दुल्हन की भांति अपने प्रियतम की आस देख रही है

उत्तर: (ग) बलिदान से गौरवान्वित हुई है

(iv) सर पर कफन बाँधने का अर्थ है–

(क) बलिदान के लिए तैयार होना
(ख) मरने की कोशिश करना
(ग) अपने लिए जान की बाजी लगाना
(घ) लोगों को दिखाना कि हम मरने से नहीं डरते

उत्तर: (क) बलिदान के लिए तैयार होना

34. कर चले हम फ़िदा जानो तन साथियो
अब तुम्हारे हवाले वतन साथियो
साँस थमती गई, नब्ज़ जमती गई
फिर भी बढ़ते कदम को न रुकने दिया
कट गए सर हमारे तो कुछ गम नहीं
सर हिमालय का हमने न झुकने दिया
मरते-मरते रहा बाँकपन साथियो
अब तुम्हारे हवाले वतन साथियो

(i) कविता में कौन अपनी जान को फ़िदा कर रहा है?

(क) हिमालय (ख) देश के नागरिक
(ग) सैनिक (घ) कवि

उत्तर: (ग) सैनिक

(ii) कविता में देश को किसके हवाले किए जाने की बात की गई है?

(क) देश के अन्य सैनिकों को
(ख) देश के शहीदों को
(ग) देश के कवियों को
(घ) देश के नेताओं को

उत्तर: (क) देश के अन्य सैनिकों को

(iii) सैनिकों को किस बात का गम नहीं है?

(क) बाँकपन का
(ख) देश को सैनिकों के हवाले करने का
(ग) नब्ज़ जमने का
(घ) जान देने का

उत्तर: (घ) जान देने का

(iv) 'सर कटना' मुहावरे का सही अर्थ बताइए।

(क) मर जाना (ख) मार देना
(ग) हार मान लेना (घ) पराजित कर देना

उत्तर: (क) मर जाना

(v) 'बाँकपन' से कवि का क्या तात्पर्य है?

(क) क्रोध (ख) तीखा तेवर
(ग) झुकना (घ) न्यौछावर

उत्तर: (ख) तीखा तेवर

35. ज़िंदा रहने के मौसम बहुत हैं मगर
जान देने की रुत रोज आती नहीं
हुस्न और इश्क दोनों को रुस्वा करे
वो जवानी जो खूँ में नहाती नहीं
आज धरती बनी है दुल्हन साथियो
अब तुम्हारे हवाले वतन साथियो।

(i) ''जिंदा रहने के मौसम बहुत हैं''—से कवि का क्या आशय है?

(क) जीवित रहने के बहुत अवसर हैं

(ख) काम करने के बहुत मौके हैं

(ग) जान देने के बहुत मौके हैं

(घ) मौज-मस्ती के अवसर बहुत हैं

उत्तर: (घ) मौज-मस्ती के अवसर बहुत हैं

(ii) 'हुस्न और इश्क दोनों को रुस्वा करे' से कवि का क्या आशय है?

(क) सौंदर्य और प्रेम को त्याग देना

(ख) सुंदरता की पूजा करना

(ग) सुंदरता और प्रेम को स्वीकार करना

(घ) सुखपूर्वक जीवन व्यतीत करना

उत्तर: (क) सौंदर्य और प्रेम को त्याग देना

(iii) किसकी तुलना दुल्हन से की गई है?

(क) जवानी (ख) शहीद

(ग) खून (घ) धरती

उत्तर: (घ) धरती

(iv) 'जवानी का खूँ में नहाना' से कवि का क्या आशय है?

(क) युवावस्था में देश के लिए कुर्बान होना

(ख) युवावस्था में देश के लिए कुछ न करना

(ग) देश को रुस्वा करना

(घ) भोग-विलास त्याग देना

उत्तर: (क) युवावस्था में देश के लिए कुर्बान होना

(v) इस कविता के कवि का नाम बताइए।

(क) रविंद्रनाथ ठाकुर (ख) निदा फाज़ली

(ग) कैफ़ी आज़मी (घ) वीरेन डंगवाल

उत्तर: (ग) कैफ़ी आज़मी

36. राह कुर्बानियों की न वीरान हो
तुम सजाते ही रहना नए काफ़िले
फतह का ज़श्न इस ज़श्न के बाद है
ज़िंदगी मौत से मिल रही है गले
बाँध लो अपने सर से कफ़न साथियो
अब तुम्हारे हवाले वतन साथियो

(i) कविता में किस राह के वीरान न होने की कामना की गई है?

(क) जश्न की (ख) फतह की

(ग) कुर्बानी की (घ) वतन की

उत्तर: (ग) कुर्बानी की

(ii) किस काफिले को सजाते रहने को कहा गया है?

(क) कुर्बानी देने वालों के (ख) कुर्बानी न देने वालों के

(ग) देशवासियों के (घ) देशद्रोहियों के

उत्तर: (क) कुर्बानी देने वालों के

(iii) वतन को कौन किसके हवाले कर रहा है?

(क) सैनिक देश के नेताओं के हवाले कर रहे हैं।

(ख) देश के नेता सैनिकों के हवाले कर रहे हैं।

(ग) सैनिक काफिले के हवाले कर रहे हैं।

(घ) शहीद होने वाले सैनिक आने वाले सैनिकों के हवाले।

उत्तर: (घ) शहीद होने वाले सैनिक आने वाले सैनिकों के हवाले।

(iv) 'साथियो' कह कर किसे संबोधित किया गया है?

(क) सैनिकों को (ख) काफिले को

(ग) जिंदगी को (घ) मृत्यु को

उत्तर: (क) सैनिकों को

(v) 'फतह का जश्न' से कवि का क्या तात्पर्य है?

(क) युद्ध जीतना (ख) जोश में आना

(ग) दुश्मनों को हराना (घ) विजय का उत्सव

उत्तर: (घ) विजय का उत्सव

37. खींच दो अपने खूँ से जमीं पर लकीर
इस तरफ आने पाये ना रावण कोई
तोड़ दो हाथ अगर हाथ उठने लगे
छू न पाए सीता का दामन कोई
राम भी तुम, तुम्हीं लक्ष्मण साथियो
अब तुम्हारे हवाले वतन साथियो

(i) 'जमीन पर खून से लकीर' खींचने का क्या तात्पर्य है?

(क) धरती की सुरक्षा करना

(ख) दुश्मनों को मार गिराना

(ग) हाथ तोड़ देना

(घ) गद्दारों को मारना

उत्तर: (क) धरती की सुरक्षा करना

(ii) कवि ने राम किसे कहा है?

(क) गद्दारों को (ख) मित्रों को

(ग) सैनिकों को (घ) देशद्रोहियों को

उत्तर: (ग) सैनिकों को

(iii) कविता में 'हाथ तोड़ देने' से कवि का क्या आशय है?

(क) सैनिक द्वारा हमला करना

(ख) दुश्मनों को मार डालना

(ग) शत्रुओं को अपंग बना देना

(घ) शत्रुओं को मुँह तोड़ जवाब देना

उत्तर: (घ) शत्रुओं को मुँह तोड़ जवाब देना

(iv) 'सीता' कहकर किसे संबोधित किया गया है?

(क) सैनिकों को (ख) महिलाओं को

(ग) भारत माता को (घ) शत्रुओं को

उत्तर: (ग) भारत माता को

(v) 'रावण' शब्द का प्रयोग किसके लिए किया गया है?

(क) दुश्मनों के लिए (ख) सैनिकों के लिए

(ग) क्रांतिकारियों के लिए (घ) नेताओं के लिए

उत्तरः (क) दुश्मनों के लिए

पाठ से सम्बन्धित प्रश्नोत्तर

(क) निम्नलिखित प्रश्नों के उत्तर दीजिए–

प्रश्न 38. क्या इस गीत की कोई ऐतिहासिक पृष्ठभूमि है?

उत्तर– हाँ! इस गीत की ऐतिहासिक पृष्ठभूमि है। सन् 1962 में चीन ने भारत पर आक्रमण किया था, उस समय अनेक सैनिक युद्धभूमि में लड़ते-लड़ते देश की रक्षा के लिए वीरगति को प्राप्त हो गए। इसी युद्ध की पृष्ठभूमि पर चेतन आनंद ने 'हकीकत' फिल्म बनाई थी। यह गीत इसी फिल्म के लिए लिखा गया था। कवि का मुख्य उद्देश्य जन साधारण में देशभक्ति की भावना जाग्रत करना था जिसमें उन्हें पूरी सफलता प्राप्त हुई थी।

प्रश्न 39. 'सर हिमालय का हमने न झुकने दिया', इस पंक्ति में हिमालय किस बात का प्रतीक है?

उत्तर– इस पंक्ति में हिमालय भारत के मान-सम्मान का प्रतीक है। यहाँ भारतीय सैनिकों का कहना है कि देश की रक्षा के लिए उन्होंने हँसते-हँसते अपने प्राण गवाँ दिए पर भारत की प्रतिष्ठा पर आँच नहीं आने दी। हिमालय की बर्फीली चोटियों पर भारतीय जवानों ने बहादुरी एवं बलिदान की अनोखी मिसाल कायम की थी। इन भारतीय जवानों के दम पर ही हिमालय की चोटियाँ गर्व से खड़ी हैं।

प्रश्न 40. इस गीत में धरती को दुल्हन क्यों कहा गया है?

उत्तर– इस गीत में धरती को दुल्हन इसलिए कहा गया है क्योंकि जिस तरह दुल्हन को लाल जोड़े में सजाया जाता है उसी तरह आज भारतीय सैनिकों के बलिदानी खून से यह धरती लाल रंग की हो गई है। साथ ही भारतीय संस्कृति में दुल्हन की प्रतिष्ठा की रक्षा के लिए प्राणों की बाजी लगा दी जाती है उसी प्रकार दुल्हन रूपी भारत भूमि की रक्षा में भारतीय सैनिक भी अपने प्राणों की बाजी लगा रहे हैं।

प्रश्न 41. गीत में ऐसी क्या खास बात होती है कि वे जीवन भर याद रह जाते हैं?

उत्तर– भाव मर्मस्पर्शी, भाषा सुमधुर, शब्द भावानुकूल, गेयता से युक्त, संगीतात्मकता से भरपूर, जीवन की सच्चाई पर आधारित गीत जीवन भर याद रह जाते हैं। जब गीत को सुनकर या पढ़कर लगे कि यह गीत मेरे ही मन के भावों को व्यक्त कर रहा है तब उसे भूलना और भी कठिन हो जाता है। 'कर चले हम फ़िदा' गीत में भी बलिदान की विशेष भावना स्पष्ट रूप से झलकती है। इसलिए यह किसी एक विशेष व्यक्ति का गीत न बनकर सभी भारतीयों का गीत बन गया। इसके शब्द भी भावानुकूल और श्रुतिमधुर हैं अतः इस गीत को भी भूलना असंभव है।

प्रश्न 42. कवि ने 'साथियो' संबोधन का प्रयोग किसके लिए किया है?

उत्तर– प्रस्तुत गीत में कवि ने 'साथियो' संबोधन का प्रयोग सैनिकों और समग्र देशवासियों के लिए किया है। देश युद्ध की विभीषिका से गुजर रहा था। सैनिकों का मानना है कि इस देश की रक्षा हेतु हम बलिदान की राह पर बढ़ रहे हैं। हमारे बाद यह राह सूनी न हो जाए। अतः इसके लिए वे सभी सैनिकों और देशवासियों को सम्बोधित कर सावधान कर रहे हैं।

प्रश्न 43. कवि ने इस कविता में किस काफ़िले को आगे बढ़ाते रहने की बात कही है?

उत्तर– कवि ने इस कविता में देश के लिए अपने प्राणों के बलिदान करने के लिए तैयार रहने वाले काफ़िले को आगे बढ़ाते रहने की बात कही है। कवि चाहता है कि यदि सैनिकों की एक टोली देश के लिए शहीद हो जाए, तो सैनिकों की दूसरी टोली युद्ध की राह पर आगे बढ़ जाए। इस प्रकार यहाँ कवि द्वारा देश की रक्षा करने वाले सैनिकों के समूह के लिए 'काफ़िले' शब्द का प्रयोग किया गया है।

प्रश्न 44. इस गीत में 'सर पर कफ़न बाँधना' किस ओर संकेत करता है?

उत्तर– इस गीत में 'सर पर कफ़न बाँधना का संकेत है–देश की रक्षा के लिए अपने जीवन को बलिदान करने के लिए तैयार रहना। 'सर पर कफ़न बाँधना' मुहावरा है जिसका अर्थ होता है मौत के लिए तैयार हो जाना। यह गीत शत्रुओं से रणभूमि में लड़ने की ओर संकेत करता है। सैनिक जब युद्धक्षेत्र में उतरते हैं तो वे देश की इज़्ज़त की रक्षा के लिए सर पर कफ़न बाँधकर प्राण तक देने के लिए तैयार रहते हैं। उनके जीवन का एकमात्र उद्देश्य अपनी मातृभूमि की रक्षा करना होता है।

प्रश्न 45. इस कविता का प्रतिपाद्य अपने शब्दों में लिखिए।

उत्तर– प्रस्तुत कविता की रचना कैफ़ी आज़मी ने भारत चीन के युद्ध की पृष्ठभूमि पर आधारित फिल्म 'हकीकत' के लिए की थी। देश की सुरक्षा के लिए अपने प्राणों का बलिदान देने वाला सैनिक चाहता है कि कुर्बानियों का सिलसिला ऐसे ही चलता रहे। जीवन के यौवन की सार्थकता तभी है जब वह देश की रक्षा के लिए समर्पित हो जाए। भीषण कष्ट सहकर भी सैनिक अपने कर्त्तव्य से पीछे न हटें। अपने शौर्य का ऐसा प्रदर्शन करें कि दूसरे देश कभी भारत पर आक्रमण करने का विचार भी न करें। शत्रु रूपी रावण का संहार करने के लिए राम और लक्ष्मण के रूप को धारण करके अपनी सीता रूपी पवित्र धरती की रक्षा करना ही सैनिकों का परम कर्त्तव्य है।

एक सैनिक के जीवन की सफलता इसी में है कि वह अपनी अंतिम साँस तक देश के मान की रक्षा कर उसे शत्रुओं से बचाए।

(ख) निम्नलिखित पंक्तियों का भाव स्पष्ट कीजिए—

प्रश्न 46. साँस थमती गई, नब्ज जमती गई
फिर भी बढ़ते कदम को न रुकने दिया।

उत्तर— प्रस्तुत पंक्तियाँ कैफ़ी आज़मी द्वारा रचित गीत 'कर चले हम फ़िदा' से उद्धृत हैं। इन पंक्तियों में कवि ने भारतीय जवानों के साहस की प्रशंसा की है। चीनी आक्रमण के समय भारतीय जवानों ने हिमालय की बर्फीली चोटियों पर लड़ाई लड़ी। बर्फीली ठण्ड के कारण उनकी साँसें घुटने लगीं, साथ ही तापमान कम होने से नब्ज भी जमने लगी परन्तु उन्होंने किसी भी बात की परवाह किए बिना आगे बढ़ते कदम को कभी भी रुकने नहीं दिया। कवि इन पंक्तियों द्वारा देशवासियों को प्रेरित करना चाहता है।

प्रश्न 47. खींच दो अपने खूँ से जमीं पर लकीर
इस तरफ आने पाए न रावण कोई।

उत्तर— प्रस्तुत पंक्तियाँ कैफ़ी आज़मी द्वारा रचित गीत 'कर चले हम फ़िदा' से उद्धृत हैं। यह गीत की प्रेरणा देने वाली पंक्तियाँ हैं। कवि सैनिकों से कहते हैं कि भारतभूमि सीता की तरह पवित्र है। अगर कोई शत्रुरूपी रावण उसकी तरफ बढ़ेगा तो अपने खून से लक्ष्मण (सैनिक) रेखा खींचकर उसे बचाएँगे अर्थात् देश की रक्षा में हँसते-हँसते खून की होली खेल जाएँगे। खूँ से जमीं पर लकीर का तात्पर्य इस तरह की दीवार खड़ी कर देना जिसे कोई पार न कर सके।

प्रश्न 48. छू न पाए सीता का दामन कोई
राम भी तुम, तुम्हीं लक्ष्मण साथियो।

उत्तर— प्रस्तुत पंक्तियाँ कैफ़ी आज़मी द्वारा रचित गीत 'कर चले हम फ़िदा' से उद्धृत हैं। इन पंक्तियों में कवि सैनिकों को कहना चाहता है कि भारत का सम्मान सीता की पवित्रता के समान है। जिस प्रकार सीता की पवित्रता की रक्षा करना राम और लक्ष्मण का कर्त्तव्य था उसी प्रकार देश की रक्षा करना भारतीय सैनिकों का कर्त्तव्य है। कवि ने यहाँ भारतीय सैनिकों की तुलना राम और लक्ष्मण से की है।

भाषा अध्ययन

प्रश्न 49. इस गीत में कुछ विशिष्ट प्रयोग हुए हैं। गीत के संदर्भ में उनका आशय स्पष्ट करते हुए अपने वाक्यों में प्रयोग कीजिए।

कट गए सर, नब्ज जमतीं गई, जान देने की रुत, हाथ उठने लगे आदि।

उत्तर— (क) कट गए सर—मृत्यु को प्राप्त हो जाना—मेवाड़ सैनिकों की तलवार को देखते ही मुगल सैनिकों के सर कट गए।

(ख) नब्ज जमती गई—नसों में खून का जम जाना—सियाचिन की वादियों में सैनिकों की नब्ज जमती गई फिर भी वे सीमा की ओर बढ़ते रहे।

(ग) जान देने की रुत—देश के लिए बलिदान होने का अवसर—कारगिल पर आक्रमण सुन भारतीय सैनिकों ने समझ लिया कि यह जान देने की रुत है।

(घ) हाथ उठने लगे—विरोध होने लगना—यदि देश की प्रतिष्ठा पर हाथ उठने लगे तो काट देना चाहिए।

प्रश्न 50. ध्यान दीजिए संबोधन में बहुवचन 'शब्द-रूप' पर अनुस्वर का प्रयोग नहीं होता; जैसे—भाइयो, बहनो, देवियो, सज्जनो आदि।

उत्तर— विद्यार्थी इसका अभ्यास अध्यापक की सहायता से स्वयं करेंगे। जैसे—

मित्रो—मित्रो! आज की सभा में केवल शास्त्रार्थ ही होगा।

बच्चो—बच्चो! परीक्षा में आपकी लिखावट अच्छी होनी चाहिए।

बालिकाओ—बालिकाओ! तुम सब अब पढ़ने के लिए तैयार हो जाओ।

योग्यता विस्तार

प्रश्न 51. 'फिल्म का समाज पर प्रभाव' विषय पर कक्षा में परिचर्चा आयोजित कीजिए।

उत्तर— **पहला विद्यार्थी**—साहित्य के दो रूप हैं—दृश्य तथा श्रव्य। फिल्म दृश्य साहित्य का ही एक रूप है। जिस प्रकार साहित्य समाज का प्रतिबिंब होता है उसी प्रकार फिल्में भी हमारे समाज का प्रतिबिंब होती हैं। तत्कालीन समाज में जो कुछ घटित होता है या होने वाला होता है, उसका जीवंत स्वरूप फिल्मों में दिखाया जाता है।

दूसरा विद्यार्थी—हाँ! यह सत्य है। अतः इनका निर्माण समाज में उच्च मानवीय मूल्यों की स्थापना एवं सामाजिक विकास के लिए लोगों को प्रेरित करने के लिए किया जाना चाहिए। फिल्मों से एक ओर जहाँ समाज का मनोरंजन होता है वहीं फिल्में समाज को संदेश देते हुए कुछ करने के लिए दिशा दिखा जाती हैं। फिल्मों का प्रभाव सामान्य जनमानस पर बहुत देर तक रहता है। अतः इनके द्वारा दिए जाने वाले संदेश के प्रति सावधान भी रहना चाहिए।

तीसरा विद्यार्थी—अवश्य! 'हकीकत' चेतन आनंद की एक ऐसी ही फिल्म थी जिसे देखकर अपनी मातृभूमि के लिए सर्वस्व समर्पित करने का उत्साह उत्पन्न होता है। इस फिल्म में युवा पीढ़ी के मन में मातृभूमि के प्रति प्रेम जाग्रत करने का श्रेष्ठ कार्य किया गया है।

परियोजना कार्य

प्रश्न 52. सैनिक जीवन की चुनौतियों को ध्यान में रखते हुए एक निबन्ध लिखिए।

उत्तर— **सैनिक जीवन की चुनौतियाँ**—जिस प्रकार एक सैनिक का जीवन आम भारतीयों के जीवन से पूर्णतः अलग होता है उसी प्रकार उसके जीवन की चुनौतियाँ भी सामान्य आदमी के जीवन से भिन्न होती हैं। एक सैनिक अपने देश पर बलिदान होने के लिए तत्पर रहता है। जब हम अपने घरों में सो रहे होते हैं, तब वह सीमा पर दुश्मनों का सामना कर रहा होता है। युद्ध के क्षेत्र में सैनिक कभी पीठ नहीं दिखाता। वह सदैव दुश्मनों पर हावी रहता है। सैनिकों के जीवन का कोई भरोसा नहीं होता कि कब मौत आ जाए सैनिक न केवल युद्ध के मैदान में बल्कि देश पर आने वाली अन्य विपदाओं जैसे—बाढ़, भूकम्प, तूफान, दुर्घटना आदि में भी सहायता करने के लिए सदैव तत्पर रहते हैं। उन्हें कभी आराम नहीं मिलता है। देश पर किसी भी प्रकार का संकट गहराता है तो सबसे पहले सैनिकों को याद किया जाता है।

हर सैनिक सेना में रहने के कारण अनुशासन-प्रिय हो जाता है तथा परिवार को भी सदैव अनुशासन में ही रहना होता है। सैनिकों में देश-प्रेम इतना प्रबल होता है कि वह अपने परिवार को छोड़कर देश के लिए वर्षों तक देश की सीमा पर रहता है। उसके लिए ठण्ड या गर्मी कोई महत्व नहीं रखती। धूप, बारिश और बर्फ का सामना करते हुए भी वे देश की रक्षा करते हैं। हर समय उनको सतर्क रहना होता है इसलिए उनको नींद भी अच्छी तरह से नहीं मिलती।

सैनिकों के रहने के लिए सही सुविधाएँ नहीं होती हैं और न ही मन पसंद खाना मिलता है। वे अपने प्राणों की परवाह नहीं करते हुए देश की सीमा और प्रतिष्ठा की रक्षा के लिए युद्ध लड़ते हैं। उनके जीवन में सुख और दुःख का भी महत्व नहीं होता है। उनके लिए देश ही सर्वस्व है। सैनिकों का व्यक्तिगत जीवन नहीं होता, वे देश के लिए जीते और देश के लिए मरते हैं। देश की समस्त प्रजा सैनिकों को सलाम करती है। आज हम जीवित हैं, उत्सव मना रहे हैं, व्यापार और व्यवसाय कर रहे हैं तो इसका एक कारण हमारे देश के सैनिक हैं जिनके परम त्याग से यह देश फल-फूल रहा है। अतः हमें मिलकर सैनिकों के जीवन की चुनौतियों को कम करने का प्रयास करना चाहिए।

प्रश्न 53. आज़ाद होने के बाद सबसे मुश्किल काम है' आज़ादी बनाए रखना'। इस विषय पर कक्षा में चर्चा कीजिए।

उत्तर— **चर्चा**—

पहला विद्यार्थी—आज़ादी सबको प्रिय है। आज़ाद होना कठिन है पर उससे भी मुश्किल है अपनी आज़ादी को अक्षुण्ण रखना। आज़ादी पाने के लिए लंबे समय तक संघर्ष करना पड़ता है, त्याग करना पड़ता है और हज़ारों को कुर्बान होना पड़ता है। इतनी कठिनाई से प्राप्त आज़ादी को बनाए रखना भी आसान काम नहीं है। आज़ादी प्राप्ति के समय जो विभिन्न जाति, धर्म, सम्प्रदाय, भाषा क्षेत्र आदि के लोग अपनी इस संकीर्णता को छोड़कर एकजुट होकर आज़ादी के लिए तन-मन-धन अर्थात् सर्वस्व न्यौछावर करने को तैयार थे और जिनके अथक प्रयासों से आज़ादी मिली वही बाद में जाति, धर्म, संप्रदाय, क्षेत्र, भाषा आदि के नाम पर अलगाववाद का समर्थन करते नज़र आते हैं, जिससे हमारी एकता पर अनेकता में बदलने का खतरा उत्पन्न हो जाता है जिससे हमारी आजादी खतरे में पड़ जाती है।

दूसरा विद्यार्थी—जब ऐसी विषम परिस्थितियाँ उत्पन्न हो जाती हैं तब हमारे शत्रु देश सक्रिय हो जाते हैं और वे हमारी फूट का अनुचित लाभ उठाने लगते हैं। वे धन, छल-बल, कूटनीति का सहारा लेकर एकता को कमज़ोर करने का प्रयास करते हैं। इसमें तनिक भी सफलता मिलते ही वे दंगे भड़काने का प्रयास करते हैं, भेदभाव को उकसाते हैं ताकि हम आपस में ही लड़-मरें। इससे हमारा समाज खंडित होने लगता है और हम आपस में ही टकराने लगते हैं।

तीसरा विद्यार्थी—सत्य कहते हो! शत्रुओं को तो इसी अवसर की प्रतीक्षा होती है। हमें भूलकर भी ऐसी स्थिति नहीं आने देनी चाहिए। यद्यपि कुछ लोग दिग्भ्रमित होकर गलत कदम उठा लेते हैं, परंतु हमें ऐसे लोगों को भी सही राह पर लाने का हर संभव प्रयास करना चाहिए और अपनी आज़ादी को हर संभावित संकट से बचाना चाहिए। यदि हम आपस में सहिष्णुता रखेंगे और प्रेमभाव से रहेंगे तो हमारी आज़ादी को कोई खण्डित न कर सकेगा।

परीक्षोपयोगी महत्वपूर्ण प्रश्नोत्तर

लघु उत्तरीय प्रश्न

प्रश्न 54. सैनिक किसके हवाले अपने वतन को करना चाहता है?

उत्तर— सैनिक अपने सैनिक साथियों के हवाले अपने वतन को करना चाहता है। उसे विश्वास है कि उसकी कुर्बानी के बाद उसके सैनिक साथी देश की प्रतिष्ठा और सीमा पर आँच नहीं आने देंगे। अतः वह अपने अंतिम समय में बड़े ही विश्वास से कहता है कि अब तुम्हारे हवाले वतन साथियो!

प्रश्न 55. सैनिकों ने हिमालय का सर क्यों नहीं झुकने दिया?

उत्तर— कवि द्वारा प्रयुक्त हिमालय का सर यहाँ भारत के मान-सम्मान का प्रतीक है। यदि हिमालय का सर झुक जाता तो भारत की हार हो जाती और सारी दुनिया में भारत की इज्जत खराब हो जाती। अतः सैनिक कहता है कि हमने अपना सर कटने दिया पर भारत के सर को झुकने नहीं दिया।

प्रश्न 56. सैनिकों को किस बात पर गर्व है?

उत्तर— सैनिकों को इस बात पर गर्व है कि उन्होंने अपने प्राणों का सहर्ष बलिदान देकर देश की रक्षा की है। मातृभूमि की रक्षा करते हुए यदि उनके सिर भी कट गए या उन्हें अपने प्राणों का बलिदान भी देना पड़े फिर भी उन्हें गर्व ही होगा।

प्रश्न 57. 'सैनिक धरती माता' को किस रूप में देखते हैं?

उत्तर— सैनिक धरती माता को दुल्हन के रूप में देखते हैं। दुश्मन की गोलियों से धरती पर खून बिखरा पड़ा है जिसे देखकर

सैनिक कल्पना करता है कि मानो यह धरती लाल जोड़े पहनकर सज गई हो।

प्रश्न 58. देश के लिए युद्ध पर गए सैनिक अपने साथियों से क्या कहते हैं?

उत्तर— देश के लिए युद्ध पर गए सैनिक अपने साथियों से कहते हैं कि हम देश के लिए मरने को तैयार हैं। यदि शत्रु हमारी पवित्र मातृभूमि पर कदम रखने का दुस्साहस करे तो अपने रक्त से जमीन पर लक्ष्मण रेखा खींच दो जिसमें वह जलकर भस्म हो जाए। हमारी सीता-सी पावन धरती के लिए तुम्हीं राम और लक्ष्मण हो। इस तरफ रावण रूपी किसी भी शत्रु को नहीं आने देना है।

प्रश्न 59. इस गीत द्वारा पता चलता है कि सैनिकों के लड़ने के लिए परिस्थितियाँ अनुकूल नहीं थीं। कैसे?

उत्तर— सन् 1962 में भारत और चीन के बीच हुए युद्ध का क्षेत्र था—हिमालय की घाटियाँ। जहाँ तापमान इतना कम होता है कि वहाँ खड़ा रहना भी कठिन होता है। हड्डियों में कँप-कँपी पैदा कर देने वाली सर्दी में भारतीय सैनिक चीनी सैनिकों का मुँहतोड़ जवाब दे रहे थे। तिरंगे की शान के लिए वे अपने प्राणों की परवाह नहीं कर रहे थे। सर्दी के कारण उनकी साँसें थमती हुई प्रतीत हो रही थीं और उनकी नसों का खून जमने लगा था पर वे आगे बढ़ते ही जा रहे थे। इस प्रकार पता चलता है कि सैनिकों के लड़ने के लिए परिस्थितियाँ अनुकूल नहीं थीं।

प्रश्न 60. 'सर हिमालय का हमने न झुकने दिया' से कवि का क्या अभिप्राय है?

उत्तर— 'सर हिमालय का हमने न झुकने दिया' से कवि का अभिप्राय भारत के मान-सम्मान को कम न होने से है। कवि ने इस कविता में हिमालय का मानवीकरण किया है। 'हिमालय का सर' भारत की प्रतिष्ठा का सूचक है। भारतीय सैनिकों में देशप्रेम और राष्ट्रभक्ति की भावना चरम पर थी। उन्हें अपना देश और मातृभूमि प्राणों से भी प्रिय थी। इसकी रक्षा के लिए उन्होंने विपरीत परिस्थितियों की परवाह नहीं की। वे निरंतर आगे-ही-आगे बढ़ते जा रहे थे। हालात ऐसे थे कि उनकी साँसें रुक रहीं थीं तथा रक्त जमता जा रहा था। सैनिकों ने अपना बलिदान दे दिया पर हिमालय का सिर झुकने नहीं दिया।

प्रश्न 61. सन् 1962 के युद्ध में भाग लेने वाले सैनिकों के बलिदान की गाथा को अपने शब्दों में लिखिए।

उत्तर— सन् 1962 में भारत और चीन की लड़ाई में सीमा पर लड़ते हुए सैनिक जब यह जान गए कि उनका अंतिम समय आ गया है। उन्होंने अपने देशवासियों को संबोधित करते हुए अपनी स्थिति का बयान किया कि यद्यपि उनकी साँसें रुक रही हैं और धड़कनें बंद हो रही हैं फिर भी अपनी मातृभूमि की आजादी के लिए वे मरते दम तक अपने कर्त्तव्य का पालन करेंगे। यदि इस लड़ाई में उनकी मौत हो जाती है तो वे देश को आज़ाद रखने का दायित्व देशवासियों को सौंपकर जा रहे हैं। उन्होंने मरते दम तक हिमालय का सर झुकने न दिया। अत: अब उनकी अंतिम इच्छा है कि उनके बाद भी उनके सैनिक साथी अपने प्राणों का बलिदान देकर भारत के मान-सम्मान की रक्षा करें।

प्रश्न 62. 'कर चले हम फ़िदा' गीत में सैनिकों की देशवासियों से क्या अपेक्षाएँ हैं?

उत्तर— 'कर चले हम फ़िदा' गीत में सैनिकों की देशवासियों से अपेक्षा है कि देश की रक्षा के लिए कुर्बानियों का सिलसिला ऐसे ही चलता रहे। जिस प्रकार उसने अपने प्राणों का बलिदान देकर भी हिमालय का सर नहीं झुकने दिया, उसी प्रकार अन्य देशवासियों को भी तैयार रहना चाहिए। जीवन के यौवन की सार्थकता तभी है जब वह देश की रक्षा के लिए समर्पित हो जाए।

दीर्घ उत्तरीय प्रश्न

प्रश्न 63. इस गीत को पढ़ने या सुनने के बाद ऐसा कहीं नहीं लगता है कि सैनिक अपना बलिदान देकर दु:ख का अनुभव कर रहे हों। ऐसा क्यों?

उत्तर— सैनिकों का जीवन देश के लिए ही होता है। वे दिन-रात देश के बारे में ही सोचते हैं। उनके जीवन का हर पल मातृभूमि के नाम होता है। वे अपनी मातृभूमि की रक्षा करते हुए अपने प्राणों की बाजी लगाना अपना धर्म समझते हैं। वे अपना सब कुछ अर्पित कर देश के काम आना चाहते हैं। ऐसा करके वे अपने सैन्य धर्म का पालन करके गर्वानुभूति करते हैं। इस गीत में चीन के साथ युद्ध में शहीद भारतीय सैनिक अपना बलिदान देकर गर्वानुभूति कर रहे हैं, फिर उन्हें दु:ख का अनुभव कैसे हो पाता? उन्हें गर्व है कि उन्होंने हिमालय का सर झुकने नहीं दिया। वे साथियों को इस बलिदान के अमर महापर्व में सम्मिलित होने के लिए आह्वान कर रहे हैं। इस प्रकार पूरे गीत में कहीं भी ऐसा नहीं लग रहा है कि सैनिक अपना बलिदान देकर दु:खी हो। इसके विपरीत वे गीत गाते हुए मातृभूमि पर शीश चढ़ाते हुए विदा हो रहे हैं।

प्रश्न 64. कवि ने प्रस्तुत गीत में कुछ पौराणिक पात्रों का नामोल्लेख किया है। उनका नाम लिखते हुए संदर्भ भी स्पष्ट करें।

उत्तर— कवि ने 'कर चले हम फ़िदा' गीत में राम, लक्ष्मण, सीता और रावण जैसे पौराणिक और ऐतिहासिक पात्रों का नामोल्लेख किया है। इन पात्रों का प्रयोग देशवासियों, भारतमाता और देश के शत्रुओं के संदर्भ में किया गया है। राम और लक्ष्मण का प्रयोग भारतवासी के रूप में है। राम जहाँ धैर्य का प्रतीक है वहीं लक्ष्मण क्रोध का प्रतीक है। सीता का चरित्र अत्यंत पवित्र, गरिमामयी और पूजनीय था। कुछ ऐसी ही स्थिति हमारी मातृभूमि माता की है। हमारी भारत माता सीता के आँचल के समान समृद्ध, गौरवपूर्ण और पूजनीय है। रावण

का चरित्र निंदनीय, अत्याचारी और आतंकी के समान था। गीत में भारत की ओर कुदृष्टि रखने वालों की तुलना रावण के चरित्र से की गई है। जिस प्रकार राम और लक्ष्मण ने रावण को मारकर सीता की रक्षा की थी, उसी प्रकार गीत में भारतीय सैनिकों और देशवासियों से अपेक्षा की गई है कि वे सीता रूपी भारत माता की रक्षा के लिए रावण रूपी शत्रुओं से युद्ध करें तथा आवश्यकता पड़ने पर कुदृष्टि रखने वाले रावणों को मारकर अपनी शौर्यगाथा लिखें।

प्रश्न 65. कैफ़ी आज़मी द्वारा रचित गीत 'कर चले हम फ़िदा' में राष्ट्रप्रेम और देशभक्ति की भावना अपने चरम रूप में प्रतिपादित है। सिद्ध करें।

उत्तर— कैफ़ी आज़मी द्वारा रचित गीत 'कर चले हम फ़िदा' राष्ट्रप्रेम और देशभक्ति की गाथा है। सन् 1962 के युद्ध में सैनिकों ने अत्यंत विपरीत परिस्थितियों में चीनी सैनिकों का मुँहतोड़ जवाब दिया और उन्हें रोकते हुए आगे कदम बढ़ाते गए। देश की रक्षा करते हुए उन्होंने अपनी जान की परवाह नहीं की और कुर्बान हो गए। इस गीत को पढ़कर युवामन राष्ट्रप्रेम और देशभक्ति की भावना से भर उठता है तथा देश एवं मातृभूमि की शत्रुओं से रक्षा करने के लिए अपना सर्वस्व न्यौछावर होने के लिए प्रेरित होता है। सभी देशवासियों के मन में देशभक्ति की भावनाएँ हिलोरें लेने लगती हैं। इस गीत को सुनने मात्र से ही हृदय प्रफुल्लित और रोमांचित हो जाता है तथा देश के लिए अपना सर्वस्व समर्पण का भाव जाग्रत हो जाता है। इस प्रकार कैफ़ी आज़मी द्वारा रचित गीत 'कर चले हम फ़िदा' में राष्ट्रप्रेम और देशभक्ति की भावना अपने चरम रूप में प्रतिपादित है।

प्रश्न 66. वर्तमान परिवेश में कैफ़ी आज़मी द्वारा रचित कविता 'कर चले हम फ़िदा' का महत्व और अधिक बढ़ गया है। स्पष्ट करें।

उत्तर— कैफ़ी आज़मी द्वारा रचित कालजयी 'कर चले हम फ़िदा' में चीन के साथ युद्ध का मर्म-स्पर्शी वर्णन है। यह कविता एक ओर भारतीयों के साहस तथा वीरता का उत्कृष्ट नमूना प्रस्तुत करती है साथ ही उनके त्याग एवं बलिदान की अनुपम गाथा भी दोहराती है। इस कविता का अपने रचना काल में जितना महत्व था उससे कहीं अधिक आज भी इसका महत्व है। आज देश की सीमाओं पर पड़ोसी देश से जब घुसपैठ का खतरा बढ़ा है, जयचंदों की संख्या बढ़ी है तथा लोग भाषा, जाति, क्षेत्र, धर्म आदि के नाम पर अपनी डफली अपना राग अलाप रहे हों, तब इस कविता का महत्व और भी बढ़ जाता है। यह कविता वीरों का उत्साह बढ़ाने और युवाओं में राष्ट्रभक्ति की भावना जाग्रत करने का सार्थक प्रयास कर रही है। यह कविता अपने पौराणिक पात्रों के द्वारा हमारे प्राचीन गौरव का स्मरण कराती है आज के संदर्भ में एकत्व, सौहार्द्र तथा देश के लिए समर्पण का भाव उत्पन्न करने में पूर्णतः समर्थ है। इस प्रकार स्पष्ट होता है कि वर्तमान परिवेश में कैफ़ी आज़मी द्वारा रचित कविता 'कर चले हम फ़िदा' का महत्व और अधिक बढ़ गया है।

प्रश्न 67. 'कर चले हम फ़िदा' कविता के आधार पर प्रतिपादित कीजिए कि बलिदानी वीर भारतीय युवकों से क्या अपेक्षा करते हैं और क्यों?

उत्तर— इस कविता में कवि ने संदेश दिया है कि देश की रक्षा करना हमारा सबसे बड़ा कर्तव्य है। हमारे मन में यह भावना होनी चाहिए कि देश का सर ऊँचा रहे। किसी भी शत्रु के अपवित्र कदम इस देश पर न पड़ जाएँ।

हमारे अंदर इतनी शक्ति होनी चाहिए कि हम उसे उसके दुस्साहस का मजा चखा सकें। विदेशी ताकतों का सामना करने के लिए सीमाओं को सशक्त बनाने के लिए लक्ष्मण रेखा जैसी मजबूत सीमा तैयार करनी चाहिए ताकि शत्रु देश में पाँव भी न रख पाएँ। यह देश को सुरक्षित रखने के लिए केवल हमारे सीमा प्रहरी ही नहीं हर एक नागरिक का कर्त्तव्य होना चाहिए।

'कर चले हम फ़िदा' कविता के आधार पर बलिदानी वीर भारतीय युवकों से अपेक्षा करते हैं क्योंकि न्याय और मर्यादा की स्थापना का संकल्प धारण कर सकें तथा मातृभूमि की रक्षा प्रत्येक देशवासी का धर्म होना चाहिए।

प्रश्न 68. 'कर चले हम फ़िदा' कविता में किस प्रकार की मृत्यु को अच्छा कहा गया है और क्यों? इससे कवि क्या संदेश देना चाहता है?

उत्तर— 'कर चले हम फ़िदा' कविता में कवि ने देश की खातिर होने वाली मृत्यु को अच्छा बताया है। उसका कहना है कि देश पर मर-मिटने का अवसर बार-बार नहीं मिलता।

शायर कैफी आज़मी इस कविता के माध्यम से संदेश देते हैं कि जीने के मौसम तो बहुत आते हैं, पर देश पर अपनी जान कुर्बान करने का मौका बड़ी मुश्किल से मिलता है। अवसर मिलने पर हमें इस प्रकार के मौके को गँवाना नहीं चाहिए। देश का मान-सम्मान सर्वोपरि है। इसकी रक्षा में अपने प्राण तक न्यौछावर करने को तत्पर रहना चाहिए। हमें सैनिकों के जीवन बलिदान करने के जज्बे का सम्मान करना चाहिए।

प्रश्न 69. कविता के आलोक में सैनिक के जीवन की चुनौतियों का उल्लेख करते हुए भाव स्पष्ट कीजिए—'राम भी तुम, तुम्हीं लक्ष्मण साथियो।'

उत्तर— सैनिकों का जीवन रोमांच से भरा हुआ परंतु बड़ा ही कष्टमय होता है। कवि सैनिकों से कहता है कि उन्हें सीमा पर अपने खून से लक्ष्मण रेखा खींच देनी चाहिए ताकि उसे लाँघकर कोई रावण रूपी आतताई अंदर नहीं आ सके। आज़ादी की रक्षा करनी चाहिए तथा रावण जैसे दुश्मनों के लिए सीमा निर्धारित करनी चाहिए। यदि कोई हाथ हम पर उठने लगे

तो उस हाथ को फौरन तोड़ देना चाहिए। यहाँ पर मातृभूमि की तुलना सीता से की गई है जिनका दामन छूने का कोई साहस न कर सका। सैनिक यह भी प्रेरणा देता है कि हम ही में राम भी हैं और लक्ष्मण भी। अर्थात् हम हर तरह से अपनी मातृभूमि की रक्षा करने में सक्षम हैं। यहीं वीर और रौद्र का मिला-जुला रूप मिलता है। राम-लक्ष्मण जैसा शौर्य एवं संकल्प धारण करके न्याय एवं मर्यादा की स्थापना करनी चाहिए।

प्रश्न 70. 'कर चले हम फ़िदा' नामक गीत के आधार पर सैनिक जीवन की चुनौतियों का वर्णन कीजिए। सैनिकों का हौसला बढ़ाने के लिए आप क्या करेंगे?

उत्तर— जिस प्रकार एक सैनिक का जीवन आम भारतीयों के जीवन से पूर्णतः अलग होता है उसी प्रकार उसके जीवन की चुनौतियाँ भी सामान्य आदमी के जीवन से भिन्न होती हैं। एक सैनिक अपने देश पर बलिदान होने के लिए तत्पर रहता है। जब हम अपने घरों में सो रहे होते हैं, तब वह सीमा पर दुश्मनों का सामना कर रहा होता है। युद्ध के क्षेत्र में सैनिक कभी पीठ नहीं दिखाता। वह सदैव दुश्मनों पर हावी रहता है। सैनिकों के जीवन का कोई भरोसा नहीं होता कि कब मौत आ जाए। सैनिक न केवल युद्ध के मैदान में बल्कि देश पर आने वाली अन्य विपदाओं, जैसे—बाढ़, भूकम्प, तूफान, दुर्घटना आदि में भी सहायता करने के लिए सदैव तत्पर रहते हैं। उन्हें कभी आराम नहीं मिलता है। देश पर किसी भी प्रकार का संकट गहराता है, सबसे पहले सैनिकों को याद किया जाता है।

सैनिकों में देश-प्रेम इतना प्रबल होता है कि वह अपने परिवार को छोड़कर देश के लिए वर्षों तक देश की सीमा पर रहता है। उसके लिए ठण्ड या गर्मी कोई महत्व नहीं रखती। धूप, बारिश और बर्फ का सामना करते हुए भी देश की रक्षा करते हैं। सैनिकों के रहने के लिए सही सुविधाएँ नहीं होती हैं और न ही मनपसंद खाना मिलता है। उनके जीवन में सुख और दु:ख का भी महत्व नहीं होता है। उनके लिए देश ही सर्वस्व है। सैनिकों का व्यक्तिगत जीवन नहीं होता वे देश के लिए जीते और देश के लिए मरते हैं। आज हम जीवित हैं, उत्सव मना रहे हैं, व्यापार और व्यवसाय कर रहे हैं तो इसका एक कारण हमारे देश के सैनिक हैं जिनके परम त्याग से यह देश फल-फूल रहा है। अत: हमें मिलकर सैनिकों के जीवन की चुनौतियों को कम करने का प्रयास करना चाहिए।

प्रश्न 71. सीमा पर भारतीय सैनिकों के द्वारा सहर्ष स्वीकारी जा रही कठिन परिस्थितियों का उल्लेख कीजिए और प्रतिपादित कीजिए कि 'कर चले हम फ़िदा' गीत सैनिकों के हृदय की आवाज है।

उत्तर— सीमा पर भारतीय सैनिकों द्वारा सहर्ष स्वीकारी जा रही कठिन परिस्थितियाँ भी उनके ज़ज्बे को रोक नहीं सकती सैनिक अपने अदम्य साहस व शक्ति से देश की रक्षा के लिए प्राकृतिक व मानवजनित अनेक चुनौतियों (आपत्तियों) का सामना करते हैं। वे भीषण गर्मी, सर्दी, वर्षा, अथवा किसी भी प्रकार की प्राकृतिक आपदा में अड़े रहकर देश रक्षा के लिए तत्पर रहते हैं। सीमा पर खड़े दुश्मन उन्हें परास्त करने का कोई मौका नहीं छोड़ते, पर हमारे वीर सैनिक दुश्मन की हर चाल को काटते हैं। सैनिक अपने प्रशिक्षण काल से लेकर देश सेवा के आखिरी दिन तक चुनौतियों का मुकाबला करते हैं। वास्तव में चुनौतियों का मुकाबला करने का दूसरा नाम सैनिक है। बलिदान होने वाले वीर सैनिक बाकी देशवासियों से यह अपेक्षा कर रहे हैं कि वे अब बलिदान के पथ को सूना नहीं रहने देंगे। इसलिए उन्हें प्रत्येक देशवासियों से कुछ आशाएँ हैं, अपेक्षाएँ हैं कि उनके इस संसार से विदा हो जाने के बाद भी वे देश की आन, बान, शान पर आँच नहीं आने देंगे, बल्कि समय आने पर अपना बलिदान देकर देश की रक्षा करेंगे।

❑❑

Chapter 16

पतझर में टूटी पत्तियाँ : (ii) झेन की देन

लेखक–रवीन्द्र केलेकर

झेन की देन

'पतझर में टूटी पत्तियाँ' बताती हैं कि सर्दी, गर्मी, धूप, बरसात, आँधी, तूफ़ान को झेल चुका जीवन, जीवन के सत्य अनुभवों से ओत-प्रोत होता है फिर चाहे वे 'पतझर में टूटी पत्तियाँ' ही क्यों न हों, वे भी जीवन की सच्चाई का सन्देश दे जाती हैं।

लेखक परिचय

गाँधीवादी विचारक कोंकणी एवं मराठी के शीर्षस्थ लेखक और पत्रकार रवीन्द्र केलेकर का जन्म 7 मार्च, 1925 को दक्षिण गोवा के कोकुलिम क्षेत्र में हुआ था। वे छात्र जीवन से ही स्वतन्त्रता संग्राम और गोवा के मुक्ति संग्राम से जुड़े रहे। वे आधुनिक कोंकणी आन्दोलन के प्रणेता थे और कोंकणी भाषा मण्डल की स्थापना में उनकी महत्त्वपूर्ण भूमिका रही। गाँधीवादी चिन्तक के रूप में विख्यात केलेकर ने अपने लेखन में जन-जीवन के विविध पक्षों, मान्यताओं और व्यक्तिगत विचारों को देश और समाज परिप्रेक्ष्य में प्रस्तुत किया है। इनकी अनुभवजन्य टिप्पणियों में अपने चिन्तन की मौलिकता के साथ ही मानवीय सत्य तक पहुँचने की सहज चेष्टा रहती है। उन्होंने साहित्य सृजन भी किया।

रवीन्द्र केलेकर की कोंकणी में पच्चीस, मराठी में तीन, हिन्दी और गुजराती में भी कुछ पुस्तकें प्रकाशित हैं। रवीन्द्र केलेकर कोंकणी साहित्य के सबसे मजबूत स्तम्भ थे। केलेकर ने काका कालेलकर की अनेक पुस्तकों का सम्पादन और अनुवाद भी किया है। 'पतझर में टूटी पत्तियाँ' श्री रवीन्द्र केलेकर की कालजयी रचनाओं में से एक मानी जाती है। श्री केलेकर 27 अगस्त, 2010 को 85 वर्ष की अवस्था में साहित्य-संसार को सदा के लिए अलविदा कर पंचतत्व में विलीन हो गये।

प्रमुख रचनाएँ–श्री रवीन्द्र केलेकर की प्रमुख कृतियाँ कोंकणी में उपलब्ध हैं। इनके अतिरिक्त उनकी रचनाएँ हिन्दी और मराठी में भी प्रसिद्ध हैं।

कुछ प्रमुख कृतियाँ–कोंकणी में–**उजवाढाचे सूर, समिधा, सांगली, ओथांबे, हिमालयांत, नवी शाला, कथा आनि कान्यो, तुलशी, वेलेवाईल्लो गुलो, ऊजवडेचे सूर, बहुभाषिक भारतान्त भाषान्चे समाजशास्त्र** इत्यादि।

मराठी में–कोंकणीचें राजकरण, जापान जसा दिसला इत्यादि।

हिन्दी में–पतझर में टूटी पत्तियाँ और **गाँधीजी एक जीवनी** इत्यादि।

पुरस्कार–कोंकणी और मराठी भाषा के मूर्धन्य साहित्यकार श्री केलेकर को वर्ष 2006 का ज्ञानपीठ पुरस्कार, 1976 में साहित्य अकादमी पुरस्कार, 2008 में पद्मभूषण, 2007 में उन्हें साहित्य अकादमी का फैलो के लिए चुना गया था। इन सबके अतिरिक्त उन्हें भाषा भारती पुरस्कार, साहित्य अकादमी अनुवाद पुरस्कार, गोवा कला अकादमी पुरस्कार, केन्द्रीय हिन्दी निदेशालय पुरस्कार, गोमंत शारदा पुरस्कार आदि प्राप्त हो चुके हैं।

पाठ परिचय

कोंकणी और मराठी भाषा के महान साहित्यकार तथा चिन्तक रवीन्द्र केलेकर की रचना 'पतझर में टूटी पत्तियाँ' दो आलेखों का संग्रह है। पहले का शीर्षक हैं–'गिन्नी का सोना' तथा दूसरे का शीर्षक 'झेन की देन' है। 'झेन की देन' में लेखक जापानी संस्कृति की चर्चा करते हैं। जापानी लोग मशीन से अधिक कार्य करते हैं। परिणामतः जापानी मनोरोग से ग्रस्त हैं। मन की गति को धीमा करने के लिए जापानी 'चा-नो-यू' (चाय पीने का उत्सव) आयोजित करते हैं। यह जापानी संस्कृति की अनुपम देन है।

पाठ का सारांश

'झेन की देन' पाठ के द्वारा लेखक रवीन्द्र केलेकर ने पाठकों का जापानी संस्कृति से परिचय करवाया है। अमेरिका द्वारा जापान के शहरों को नष्ट कर दिये जाने के बाद जापानियों में अमेरिका से आगे निकलने की होड़-सी लग गई और इस होड़ में वे एक दिन का काम एक घण्टे में करने लगे। लगातार सोचने से दिमाग में तनाव बढ़ने लगा और मानसिक बीमारियों का जन्म हुआ। मानसिक शान्ति और दिमागी बीमारी के इलाज के लिए 'टी सेरेमनी' नाम की पद्धति प्रचलित है जिसे जापानी भाषा में 'चा-नो-यू' कहते हैं। 'चा-नो-यू' चाय पीने की एक पद्धति है। इस 'टी सेरेमनी' में शान्ति बनी रहे इसलिए तीन से अधिक आदमियों को प्रवेश नहीं दिया जाता है। छह मंजिली इमारत की छत पर बनी पर्णकुटी में लेखक और उसके मित्र पहुँचे। 'चाजीन' ने लेखक और उनके मित्र को झुककर प्रणाम किया और बैठने के लिए कहा। उसने अँगीठी सुलगाकर उस पर चायदानी रखी और पास के कमरे से चाय बनाने के बर्तन लेकर आया। उस कमरे में इतनी शान्ति थी कि चाय के बनने की आवाज़ भी सुनाई दे रही थी। चाय तैयार होने के बाद प्यालों में भरी गई प्याले में केवल दो घूँट चाय थी जिसे करीब डेढ़ घण्टे तक पीना था। चाय पीते-पीते लेखक का दिमाग इतना शान्त हो गया कि उन्हें अजीब-सा सुकून महसूस होने लगा।

'टी सेरेमनी' का मुख्य उद्देश्य था, दिमाग से भूत और भविष्य काल को हटाकर वर्तमान में ले आना। लेखक को ऐसा लगा जैसे

वह अनंतकाल में जी रहा हो। हम या तो भूतकाल में रहते हैं या भविष्यकाल में। असल में दोनों काल मिथ्या हैं। हमारे सामने जो वर्तमान क्षण है, वही सत्य है, वही शाश्वत है और वर्तमान हमारे जीवन का आधार है। वर्तमान जिसका सँवर जाता है उसका भविष्य खुद-ब-खुद उज्ज्वल हो जाता है।

प्रमुख पात्र—लेखक (स्वयं), लेखक के अनाम मित्र, चाजीन।

शब्द सम्पदा

गरिमापूर्ण = सलीके से। **अक्सर** = हमेशा। **भंगिमा** = मुद्रा। **मानसिक** = मस्तिष्क सम्बन्धी। **खदबदाना** = उबलना। **सुर** = ध्वनि। **प्रतिस्पर्द्धा** = होड़। **सज्जा** = सजावट। **रफ़्तार** = तेज। **फीसदी** = प्रतिशत। **महीना** = मास। **पर्णकुटी** = पत्तों से बनी कुटिया। **क्षण** = पल। **तातामी** = चटाई। **विधि** = तरीका। **जयजयवंती** = एक राग का नाम। **सन्नाटा** = पूर्ण शान्ति। **मिथ्या** = झूठ। **मनोरुग्ण** = तनाव के कारण मन से अस्वस्थ। **उलझन** = असमंजस की स्थिति। **दफ़्ती** = लकड़ी की खोखली सरकने वाली दीवार जिस पर चित्रकारी होती है। **तशरीफ** = महत्व। **बेढब-सा** = बेडौल-सा। **चाजीन** = जापानी विधि से चाय पिलाने वाला। **सुलगाई** = जलाई। **अँगीठी** = चूल्हा। **अनंतकाल** = जिस काल का अन्त न हो। **विस्तृत** = विस्तार।

बहुविकल्पीय प्रश्न

1. लेखक ने जापानियों के विषय में अपने मित्र से क्या पूछा?

(क) जापानियों को होने वाली बीमारी के विषय में

(ख) जापानियों की तीक्ष्ण बुद्धि के विषय में

(ग) जापानियों के कार्य करने की क्षमता के विषय में

(घ) जापानियों के तनाव के विषय में

उत्तर: (क) जापानियों को होने वाली बीमारी के विषय में

2. लेखक के मित्र उन्हें कहाँ ले गए?

(क) जापान में बहुचर्चित इमारत में

(ख) पर्णकुटी में

(ग) मनोरोग विशेषज्ञ के पास

(घ) टी-सेरेमनी में

उत्तर: (घ) टी-सेरेमनी में

3. चा-नो-यू क्या है?

(क) चाय पीने की जापानी विधि

(ख) जापानी तातामी

(ग) पर्णकुटी

(घ) छः मंजिली इमारत

उत्तर: (क) चाय पीने की जापानी विधि

4. टी-सेरेमनी का वातावरण लेखक को कैसा लगा?

(क) गरिमापूर्ण

(ख) अँगीठी के समान

(ग) जयजयवंती के स्वर के समान

(घ) शांतिपूर्ण

उत्तर: (घ) शांतिपूर्ण

5. टी-सेरेमनी में लेखक को कौन-सी आवाज़ सुनाई दे रही थी?

(क) जयजयवंती की आवाज़

(ख) चाजीन की आवाज़

(ग) बर्तनों के सफाई की आवाज़

(घ) चाय के खदबदाने की आवाज़

उत्तर: (घ) चाय के खदबदाने की आवाज़

6. टी-सेरेमनी में लेखक को मिलाकर कुल कितने लोग थे?

(क) तीन लोग (ख) चार लोग

(ग) दो लोग (घ) केवल लेखक

उत्तर: (क) तीन लोग

7. टी-सेरेमनी में कितने लोगों को प्रवेश करने की अनुमति है?

(क) तीन लोग (ख) चार लोग

(ग) पाँच लोग (घ) दो लोग

उत्तर: (क) तीन लोग

8. अधिक आदमियों को प्रवेश क्यों नहीं करने दिया जाता है?

(क) शांति बनाए रखने के लिए

(ख) जगह की कमी के कारण

(ग) एक ही चाजीन होने के कारण

(घ) चाय की कमी होने के कारण

उत्तर: (क) शांति बनाए रखने के लिए

9. मनुष्य जब अकेले पड़ता है तो किस कारण से बड़बड़ाने लगता है?

(क) स्वयं से प्रतिस्पर्धा करने के कारण

(ख) इंजन तेज़ दौड़ाने के कारण

(ग) मानसिक रूप से स्वस्थ न होने के कारण

(घ) समाज में पिछड़ जाने के कारण

उत्तर: (ग) मानसिक रूप से स्वस्थ न होने के कारण

10. दिमाग के तनाव के बढ़ने का क्या कारण है?

(क) खान-पीन की कमी होना।

(ख) दिमाग का क्षमता से अधिक कार्य करना।

(ग) अकेले में बड़बड़ाना।

(घ) शारीरिक बीमारी।

उत्तर: (ख) दिमाग का क्षमता से अधिक कार्य करना।

11. जीवन की रफ़्तार बढ़ने का क्या तात्पर्य है?

(क) बहुत अधिक काम करना।

(ख) अत्यधिक कामना करना।

(ग) अधिक बोलना।

(घ) तेज़ी से भागना।

उत्तर: (क) बहुत अधिक काम करना।

12. दिमाग को स्पीड का इंजन लगाने का क्या परिणाम होता है?

(क) काम अधिक तेज़ी से होने लगता है।

(ख) बकने लगते हैं।

(ग) मानसिक रोग बढ़ जाते हैं।

(घ) अधिक धन मिलने लगता है।

उत्तर: (ग) मानसिक रोग बढ़ जाता है।

13. मनुष्य वर्तमान का आनंद क्यों नहीं ले पाता?

(क) गुज़रे हुए दिनों तथा भविष्य में खोए हुए होने के कारण।

(ख) लाभ-हानि का हिसाब लगाने के कारण।

(ग) अनंत काल में खोए होने के कारण।

(घ) इनमें से कोई नहीं।

उत्तर: (क) गुज़रे हुए दिनों तथा भविष्य में खोए हुए होने के कारण।

14. लेखक के अनुसार वर्तमान में क्यों जीना चाहिए?

(क) सत्य होने के कारण

(ख) अनंतकाल होने के कारण

(ग) चिंता मुक्त होने के कारण

(घ) खट्टी-मीठी यादों के कारण

उत्तर: (क) सत्य होने के कारण

15. बोलना और बकना किन स्थितियों के प्रतीक हैं?

(क) बोलना अभिव्यक्ति और बकना क्रोध का प्रतीक है।

(ख) बोलना और बकना जीवन की व्यस्तता का प्रतीक है।

(ग) बोलना और बकना मानसिक असंतुलन का प्रतीक है।

(घ) बोलना जीवन के साम्राज्य रूप तथा बकना जल्दबाजी का प्रतीक है।

उत्तर: (घ) बोलना जीवन के साम्राज्य रूप तथा बकना जल्दबाजी का प्रतीक है।

16. गुज़रा हुआ समय किसका प्रतीक है?

(क) खट्टी-मीठी यादों का प्रतीक है।

(ख) जीवन की व्यस्तता का प्रतीक है।

(ग) जीवन की उलझनों का प्रतीक है।

(घ) जीवन की चिंता का प्रतीक है।

उत्तर: (क) खट्टी-मीठी यादों का प्रतीक है।

17. हमारे जीवन की रफ़्तार क्यों बढ़ गई है?

(क) वर्तमान में जीने के कारण।

(ख) स्पीड का इंजन लगाने के कारण।

(ग) अधिक काम करने के कारण।

(घ) प्रतिस्पर्धा के कारण।

उत्तर: (घ) प्रतिस्पर्धा के कारण।

18. छः मंजिला इमारत की छत पर क्या था?

(क) पर्णकुटी (ख) भविष्य

(ग) वर्तमान (घ) भूतकाल

उत्तर: (क) पर्णकुटी

19. टी-सेरेमनी में लोग क्यों जाते हैं?

(क) दिमाग की रफ़्तार बढ़ाने के लिए।

(ख) दिमाग की शांति के लिए।

(ग) भूतकाल के दर्शन के लिए।

(घ) भविष्य दर्शन के लिए।

उत्तर: (ख) दिमाग की शांति के लिए।

20. भविष्य को मिथ्या क्यों कहा गया है?

(क) स्मृति मात्र होने के कारण

(ख) बीत जाने के कारण

(ग) अनंतकाल होने के कारण

(घ) कल्पना मात्र होने के कारण

उत्तर: (घ) कल्पना मात्र होने के कारण

21. 'पतझर में टूटी पत्तियाँ' का लेखक कौन है ?

(क) रवीन्द्र केलेकर (ख) खुशवंत सिंह

(ग) मुंशी प्रेमचन्द (घ) इनमें से कोई नहीं

उत्तर: (क) रवीन्द्र केलेकर।

22. केलेकर का जन्म कहाँ हुआ ?

(क) कोंकण में (ख) मुम्बई में

(ग) कर्नाटका (घ) इनमें से कोई नहीं

उत्तर: (क) कोंकण में।

23. छात्र जीवन में केलेकर का झुकाव किस ओर था ?

(क) गोवा मुक्ति आन्दोलन में

(ख) भारत मुक्ति आन्दोलन में

(ग) हरित क्राँति में

(घ) इनमें से कोई नहीं

उत्तर: (क) गोवा मुक्ति आन्दोलन में।

24. केलेकर किस दर्शन से प्रभावित थे ?

(क) गाँधीवादी दर्शन से (ख) भारत दर्शन से

(ग) गीता दर्शन से (घ) दर्शन से

उत्तर: (क) गाँधीवादी दर्शन से

25. **केलेकर ने हिन्दी के अलावा और किन भाषाओं में लिखा ?**
(क) कोंकणी और मराठी (ख) कोंकणी और गुजराती
(ग) कोंकणी और तेलगू (घ) तेलगू और गुजराती

उत्तर: (क) कोंकणी और मराठी।

26. **निम्नलिखित में से कौन केलेकर द्वारा रचित है–**
(क) समिधा (ख) सांगली ओथाम्बे
(ग) जापांन जसा दिसला (घ) ये सभी

उत्तर: (घ) ये सभी

27. **पतझर में टूटी पत्तियाँ में दो प्रसंगों के माध्यम से लेखक ने किस बात की प्रेरणा दी है ?**
(क) सक्रिय नागरिक बनने की
(ख) जागरूक रहने की
(ग) अपने अधिकारों के प्रति जागरूक रहने की
(घ) जागरूक रहने की

उत्तर: (क) सक्रिय नागरिक बनने की।

28. **झेन की देन में लेखक जापानी लोगों के बारे में क्या कहता है ?**
(क) जापानी लोगों को मानसिक बीमारियाँ अधिक हैं
(ख) जापानी लोग स्मार्ट हैं
(ग) जापानी लोग गतिवान हैं
(घ) उपर्युक्त में कोई नहीं

उत्तर: (क) जापानी लोगों को मानसिक बीमारियाँ अधिक हैं।

29. **लेखक के अनुसार कुछ लोग गाँधीजी को क्या कहते हैं ?**
(क) गाँधीवादी (ख) प्रैक्टिकल आईडियलिस्ट
(ग) राष्ट्रपिता (घ) आईडियलिस्ट

उत्तर: (ख) प्रैक्टिकल आईडियलिस्ट।

गद्यांश पर आधारित बहुविकल्पीय प्रश्न

निम्नलिखित गद्यांशों को ध्यानपूर्वक पढ़कर दिए गए प्रश्नों के लिए सही विकल्प चुनिए–

30. जापान में मैंने अपने एक मित्र से पूछा, ''यहाँ के लोगों को कौन-सी बीमारियाँ अधिक होती हैं?'' 'मानसिक', उन्होंने जवाब दिया, ''यहाँ के अस्सी फीसदी लोग मनोरुग्ण हैं।''
''इसकी क्या वजह है?''
कहने लगे, ''हमारे जीवन की रफ़्तार बढ़ गई है। यहाँ कोई चलता नहीं, बल्कि दौड़ता है। कोई बोलता नहीं, बकता है। हम जब अकेले पड़ते हैं तब अपने आप से लगातार बड़बड़ाते रहते हैं। ....अमेरिका से हम प्रतिस्पर्धा करने लगे। एक महीने में पूरा होने वाला काम एक दिन में ही पूरा करने की कोशिश करने लगे। वैसे भी दिमाग की रफ़्तार हमेशा तेज़ ही रहती है। उसे 'स्पीड' का इंजन लगाने पर वह हजार गुना अधिक रफ़्तार से दौड़ने लगता है। फिर एक क्षण ऐसा आता है जब दिमाग का तनाव बढ़ जाता है और पूरा इंजन टूट जाता है। ....यही कारण है जिससे मानसिक रोग यहाँ बढ़ गए हैं।

(i) **जापान के लोग किस प्रकार की बीमारी से ग्रसित हैं?**
(क) बड़बड़ाने की बीमारी
(ख) मानसिक बीमारी
(ग) अकेले रहने की बीमारी
(घ) अधिक सोचने की बीमारी

उत्तर: (ख) मानसिक बीमारी

(ii) **जापान में मानसिक रोग बढ़ने का क्या कारण है?**
(क) अधिक मेहनत करना
(ख) लगातार बड़बड़ाना
(ग) दिमाग का तनाव बढ़ जाना
(घ) अधिक दौड़ना

उत्तर: (ग) दिमाग का तनाव बढ़ जाना

(iii) **जापान में कितने प्रतिशत लोग मनोरोग से ग्रसित हैं?**
(क) अस्सी प्रतिशत (ख) नब्बे प्रतिशत
(ग) पचास प्रतिशत (घ) सत्तर प्रतिशत

उत्तर: (क) अस्सी प्रतिशत

(iv) **'मानसिक' शब्द में प्रयुक्त मूल शब्द बताइए।**
(क) मान (ख) मानसि
(ग) मानस (घ) इक

उत्तर: (ग) मानस

(v) **पाठ के लेखक का नाम बताइए।**
(क) निदा फाज़ली (ख) रवींद्र केलेकर
(ग) प्रेमचंद (घ) हबीब तनवीर

उत्तर: (ख) रवींद्र केलेकर

31. शाम को वह मुझे एक 'टी-सेरेमनी' में ले गए। चाय पीने की यह एक विधि है। जापानी में उसे चा-नो-यू कहते हैं।
वह एक छः मंजिली इमारत थी जिसकी छत पर दफ़्ती की दीवारों वाली और तातामी (चटाई) की जमीनवाली एक सुंदर पर्णकुटी थी। बाहर बेढ़ब-सा एक मिट्टी का बर्तन था। उसमें पानी भरा हुआ था। हमने अपने हाथ-पाँव इस पानी से धोए। तौलिए से पोंछे और अंदर गए। अंदर 'चाजीन' बैठा था। हमें देखकर वह खड़ा हुआ। कमर झुकाकर उसने हमें प्रणाम किया। दो....झो....(आइए, तशरीफ लाइए) कहकर स्वागत किया। बैठने की जगह हमें दिखाई। अँगीठी सुलगाई। उस पर चायदानी रखी। बगल के कमरे में जाकर कुछ बर्तन ले आया। तौलिए से बर्तन साफ किए। सभी क्रियाएँ इतनी गरिमापूर्ण ढंग से कीं कि उसकी हर भंगिमा से लगता था मानो जयजयवंती के सुर गूँज रहे हों। वहाँ का वातावरण इतना शांत था कि चायदानी के पानी का खदबदाना भी सुनाई दे रहा था।

(i) **जापान में चाय पीने की विधि को क्या कहते हैं?**
(क) टी-सेरेमनी (ख) चा-नो-यू
(ग) तातामी (घ) पर्णकुटी

उत्तर: (ख) चा-नो-यू

(ii) टी-सेरेमनी में चाजीन ने किस प्रकार लेखक तथा उनके साथी का स्वागत किया?

(क) कमर झुकाकर प्रणाम किया।

(ख) दो.....झो......कहकर स्वागत किया।

(ग) अपने हाथों से उनके पैर-हाथ धुलवाए।

(घ) (क) और (ख) दोनों

उत्तर: (ख) दो.....झो......कहकर स्वागत किया।

(iii) लेखक को चाय के खदबदाने की आवाज़ क्यों सुनाई दे रही थी?

(क) बहुत देर से चाय का पानी उबलने के कारण

(ख) सभी क्रियाएँ गरिमापूर्ण ढंग से किए जाने के कारण

(ग) चायदानी में पानी अधिक भरा हुआ होने के कारण

(घ) वहाँ का वातावरण शांत होने के कारण

उत्तर: (घ) वहाँ का वातावरण शांत होने के कारण

(iv) 'पर्णकुटी' शब्द का समास-विग्रह कर समास का नाम बताइए।

(क) पर्ण है जो कुटी – कर्मधारय समास

(ख) पर्ण और कुटी – द्वंद्व समास

(ग) पर्ण में कुटी – तत्पुरुष समास

(घ) पर्ण की कुटी – तत्पुरुष समास

उत्तर: (घ) पर्ण की कुटी – तत्पुरुष समास

(v) पाठ में आए शब्द 'भंगिमा' का अर्थ बताइए।

(क) तरीका (ख) कार्य

(ग) मर्यादा (घ) चायदानी

उत्तर: (क) तरीका

32. चाय तैयार हुई। उसने वह प्यालों में भरी। फिर वे प्याले हमारे सामने रख दिए गए। वहाँ हम तीन मित्र ही थे। इस विधि में शांति मुख्य बात होती है। इसलिए वहाँ तीन से अधिक आदमियों को प्रवेश नहीं दिया जाता। प्याले में दो घूँट से अधिक चाय नहीं थी। हम होठों से प्याला लगाकर एक-एक बूँद चाय पीते रहे। करीब डेढ़ घंटे तक चुस्कियों का यह सिलसिला चलता रहा। पहले दस-पंद्रह मिनट तो मैं उलझन में पड़ा। फिर देखा, दिमाग की रफ़्तार धीरे-धीरे धीमी पड़ती जा रही थी। थोड़ी देर में बिल्कुल बंद भी हो गई। मुझे लगा, मानो अनंतकाल में मैं जी रहा हूँ। यहाँ तक कि सन्नाटा भी मुझे सुनाई देने लगा।

(i) जापान में चाय पीने की विधि की मुख्य बात क्या होती है?

(क) कम चाय (ख) कम लोग

(ग) सफाई (घ) शांति

उत्तर: (घ) शांति

(ii) टी-सेरेमनी में तीन से अधिक लोगों का प्रवेश निषेध क्यों है?

(क) शांति बनाए रखने के लिए

(ख) जगह की कमी के कारण

(ग) साफ-सफाई रखने के लिए

(घ) चाय की कमी के कारण

उत्तर: (क) शांति बनाए रखने के लिए

(iii) प्याले में कितनी चाय दी गई थी?

(क) प्याला पूरा भरा हुआ था।

(ख) प्याला आधा भरा हुआ था।

(ग) प्याले में दो घूँट चाय थी।

(घ) प्याला खाली था।

उत्तर: (ग) प्याले में दो घूँट चाय थी।

(iv) लेखक को सन्नाटे की आवाज़ क्यों सुनाई दे रही थी?

(क) कम लोग होने के कारण

(ख) चाय धीरे-धीरे पीने के कारण

(ग) दिमाग की रफ़्तार बंद हो जाने के कारण

(घ) चाय खत्म हो जाने के कारण

उत्तर: (ग) दिमाग की रफ़्तार बंद हो जाने के कारण

(v) 'अनंतकाल' शब्द का समास विग्रह कर समास का नाम बताइए।

(क) अनंत का काल – तत्पुरुष समास

(ख) अनंत है जो काल – कर्मधारय समास

(ग) अनंत और काल – द्वंद्व समास

(घ) अनंत में काल – अव्ययीभाव समास

उत्तर: (ख) अनंत है जो काल – कर्मधारय समास

33. अकसर हम या तो गुज़रे हुए दिनों की खट्टी-मीठी यादों में उलझे रहते हैं या भविष्य के रंगीन सपने देखते रहते हैं। हम या तो भूतकाल में रहते हैं या भविष्यकाल में। असल में दोनों काल मिथ्या हैं। एक चला गया है, दूसरा आया नहीं है। हमारे सामने जो वर्तमान क्षण है, वही सत्य है। उसी में जीना चाहिए। चाय पीते-पीते उस दिन मेरे दिमाग में भूत और भविष्य दोनों काल उड़ गए थे। केवल वर्तमान क्षण सामने था। और वह अनंतकाल जितना विस्तृत था।

जीना किसे कहते हैं, उस दिन मालूम हुआ।

झेन परंपरा की यह बड़ी देन मिली है जापानियों को!

(i) अकसर मनुष्य किसमें उलझा हुआ रहता है?

(क) भूतकाल में

(ख) भविष्यकाल में

(ग) या तो भूतकाल में या भविष्यकाल में

(घ) इनमें से कोई नहीं

उत्तर: (ग) या तो भूतकाल में या भविष्यकाल में

(ii) भूतकाल और भविष्यकाल को मिथ्या क्यों कहा गया है?

(क) हमारे सामने नहीं होने के कारण

(ख) बीत जाने के कारण

(ग) आने वाला समय होने के कारण

(घ) यादों में उलझे होने के कारण

उत्तर: (क) हमारे सामने नहीं होने के कारण

(iii) जीवन का सत्य क्या है?

(क) भूतकाल (ख) भविष्यकाल

(ग) वर्तमान काल (घ) इनमें से कोई नहीं

उत्तर: (ग) वर्तमान काल

(iv) लेखक को उस दिन क्या मालूम हुआ?

(क) सत्य की परिभाषा (ख) जीवन जीने का सही तरीका

(ग) जापानी परंपरा (घ) चाय पीने का सही तरीका

उत्तर: (ख) जीवन जीने का सही तरीका

(v) 'खट्टी-मीठी' शब्द का समास विग्रह कर समास का नाम बताइए।

(क) खट्टी का मीठी – तत्पुरुष समास

(ख) खट्टी है जो मीठी– कर्मधारय समास

(ग) खट्टी और मीठी – द्वंद्व समास

(घ) खट्टी में मीठी – अव्ययीभाव समास

उत्तर: (ग) खट्टी और मीठी – द्वंद्व समास

34. कहने लगे, "हमारे जीवन की रफ्तार बढ़ गई है। यहाँ कोई चलता नहीं, बल्कि दौड़ता है। कोई बोलता नहीं, बकता है। हम जब अकेले पड़ते हैं तब अपने आपसे लगातार बड़बड़ाते रहते हैं। अमेरिका से हम प्रतिस्पर्धा करने लगे। एक महीने में पूरा होने वाला काम एक दिन में ही पूरा करने की कोशिश करने लगे। वैसे भी दिमाग की रफ्तार हमेशा तेज ही रहती है। उसे स्पीड का इंजन लगाने पर वह हजार गुना अधिक रफ्तार से दौड़ने लगता है। फिर एक क्षण ऐसा आता है जब दिमाग का तनाव बढ़ जाता है और पूरा इंजन टूट जाता है।.......यही कारण है जिससे मानसिक रोग यहाँ बढ़ गए हैं।"

(i) प्रस्तुत पंक्तियों के लेखक कौन है?

(क) लीलाधर मंडलोई (ख) निदा फ़ाज़ली

(ग) हबीब (घ) रवींद्र केलेकर

उत्तर: (घ) रवींद्र केलेकर

(ii) किसके जीवन की रफ्तार बढ़ गई है?

(क) तुम्हारी (ख) हमारी

(ग) रूस की (घ) चीन की

उत्तर: (ख) हमारी

(iii) हम किस देश से प्रतिस्पर्धा करने लगे?

(क) चीन से (ख) रूस से

(ग) अमेरिका से (घ) जापान से

उत्तर: (ग) अमेरिका से

(iv) दिमाग का तनाव कब बढ़ जाता है?

(क) अकेलेपन के कारण (ख) प्रतिस्पर्धा के कारण

(ग) रफ्तार के कारण (घ) उपर्युक्त सभी

उत्तर: (iv) उपर्युक्त सभी

(v) किसमें स्पीड इंजन लगाने की बात हो रही है?

(क) पैरों में (ख) दिमाग में

(ग) हाथों में (घ) पेट में

उत्तर: (ख) दिमाग में

पाठ से सम्बन्धित प्रश्नोत्तर

मौखिक प्रश्नोत्तर—

निम्नलिखित प्रश्नों के उत्तर एक-दो पंक्तियों में दीजिए—

प्रश्न 35. लेखक ने जापानियों के दिमाग में 'स्पीड' का इंजन लगने की बात क्यों कही है?

उत्तर— लेखक ने जापानियों के दिमाग में 'स्पीड' का इंजन लगने की बात इसलिए कही है क्योंकि वे अमेरिका से आगे निकलने की होड़ में तीव्र गति से प्रगति करना चाहते हैं। महीने के काम को एक दिन में पूरा करना चाहते हैं इसलिए उनका दिमाग भी तेज़ रफ़्तार से स्पीड इंजन की भाँति सोचता है।

प्रश्न 36. जापान में चाय पीने की विधि को क्या कहते हैं?

उत्तर— जापान में चाय पीने की विधि को 'चा-नो-यू' कहते हैं। इसे 'टी-सेरेमनी' भी कहा जाता है और इसमें केवल तीन लोग ही सम्मिलित होते हैं। चाय पिलाने वाले को 'चाजीन' कहा जाता है।

प्रश्न 37. जापान में जहाँ चाय पिलाई जाती है, उस स्थान की क्या विशेषता है?

उत्तर— जापान में जहाँ चाय पिलाई जाती है, उस स्थान की विशेषता है कि वह एक पर्णकुटी होती है। वह पारम्परिक रूप से सजाई गई होती है। उस छोटे-से स्थान में केवल तीन लोग ही बैठकर चाय पी सकते हैं। वहाँ अत्यन्त शान्ति और गरिमा के साथ चाय बनाई और पिलाई जाती है। उस स्थान की मुख्य विशेषता शान्ति होती है।

लिखित प्रश्नोत्तर—

(क) निम्नलिखित प्रश्नों के उत्तर (30-40) शब्दों में लिखिए—

प्रश्न 38. चाजीन ने कौन-सी क्रियाएँ गरिमापूर्ण ढंग से पूरी कीं?

उत्तर— चाजीन ने टी-सेरेमनी से जुड़ी सभी क्रियाएँ गरिमापूर्ण ढंग से कीं। अतिथियों का उठकर स्वागत करना, आराम से अँगीठी सुलगाना, चायदानी रखना, दूसरे कमरे से चाय के बर्तन लाना, उन्हें तौलिए से पोंछना व चाय को बर्तनों में डालने आदि सभी क्रियाएँ गरिमापूर्ण ढंग से पूरी कीं।

प्रश्न 39. 'टी-सेरेमनी' में कितने आदमियों को प्रवेश दिया जाता था और क्यों?

उत्तर— 'टी-सेरेमनी' में केवल तीन आदमियों को प्रवेश दिया जाता था। इसका सबसे बड़ा कारण शान्ति बनाये रखना है। यदि तीन से अधिक आदमियों को प्रवेश की अनुमति दे दी जाये तो शान्ति भंग होने की सम्भावना बढ़ जायेगी तथा 'टी-सेरेमनी' का उद्देश्य पूरा नहीं हो पाएगा।

प्रश्न 40. चाय पीने के बाद लेखक ने स्वयं में क्या परिवर्तन महसूस किया?

उत्तर— चाय पीने के बाद लेखक ने स्वयं में बहुत बड़ा परिवर्तन महसूस किया। उसे लगने लगा कि जैसे उनके दिमाग की

गति सुस्त पड़ गई हो। चाय की चुस्की के साथ धीरे-धीरे उसका दिमाग चलना भी बन्द हो गया। उसे अनुभव हुआ कि वह भूत और भविष्य दोनों की चिन्ता छोड़ वर्तमान के अनंतकाल में जी रहा हो क्योंकि भूत और भविष्य तो मिथ्या है तो सुखद शान्ति का अनुभव हो रहा था।

(ख) निम्नलिखित प्रश्नों के उत्तर (80-100) शब्दों में लिखिए—

प्रश्न 41. लेखक के मित्र ने मानसिक रोग के क्या-क्या कारण बताये? आप इन कारणों से कहाँ तक सहमत हैं?

उत्तर— लेखक के मित्र ने मानसिक रोग का कारण जापानियों द्वारा क्षमता से अधिक तेजी से काम करना बताया है। अमेरिका से आर्थिक प्रतिस्पर्धा के चलते उस देश के लोग एक महीने का काम एक दिन में करने का प्रयास करते हैं। वे लोग चलते नहीं भागते हैं, बोलते नहीं बक-बक करते हैं। इस कारण वे शारीरिक व मानसिक रूप से बीमार रहने लगे हैं। मैं इन कारणों से पूरी तरह सहमत हूँ। शरीर और मन को यदि आवश्यकता से अधिक भगाया और उपयोग किया जाये तो रोगग्रस्त होना स्वाभाविक है।

प्रश्न 42. लेखक के अनुसार सत्य केवल वर्तमान है, उसी में जीना चाहिए। लेखक ने ऐसा क्यों कहा होगा?

उत्तर— लेखक के अनुसार सत्य केवल वर्तमान है, उसी में जीना चाहिए। लेखक ने ऐसा इसलिए कहा होगा क्योंकि लेखक 'टी सेरेमनी' के क्रम में चाय की चुस्की लेते समय स्वयं वर्तमान के अनंतकाल में चला गया था। अक्सर हम भूत या भविष्य में जीते हैं। वास्तव में दोनों काल मिथ्या हैं जो समय बीत गया उसे हम संभाल नहीं सकते और जो समय आने वाला है वह भी हमारे वश में नहीं है। इस प्रकार भूत और भविष्य दोनों हमारे वश में नहीं है। सत्य केवल वर्तमान है। यदि वर्तमान अच्छा हो जायेगा तो भूत के दुःख स्वतः मिट जायेंगे तथा भविष्य की चिन्ताएँ खुद-ब-खुद मिट जायेंगी इसलिए मानव को सर्वदा वर्तमान में जीना चाहिए और उसे ही सुन्दर बनाने का प्रयास करना चाहिए।

(ग) निम्नलिखित पंक्तियों का आशय स्पष्ट कीजिए—

प्रश्न 43. हमारे जीवन की रफ़्तार बढ़ गई है। यहाँ कोई चलता नहीं बल्कि दौड़ता है। कोई बोलता नहीं, बकता है। हम जब अकेले पड़ते हैं तब अपने आपसे लगातार बड़बड़ाते रहते हैं।

उत्तर— उपर्युक्त पंक्ति का आशय यह है कि अमेरिका से आगे निकलने की स्पर्धा में जापान के लोगों के जीवन की गति इतनी तेज़ हो गई है कि वहाँ के लोग सामान्य जीवन जीने की बज़ाय असामान्य-से होते जा रहे हैं उनका व्यवहार असामान्य हो गया है। वे चलते नहीं दौड़ते हैं, बोलते नहीं बकते हैं। आगे निकलने की होड़ ने लोगों का चैन छीन लिया है और धीरे-धीरे वे मानसिक रोग के शिकार होते जा रहे हैं।

प्रश्न 44. सभी क्रियाएँ इतनी गरिमापूर्ण ढंग से कीं कि उसकी हर भंगिमा से लगता था मानो जयजयवंती के सुर गूँज रहे हों।

उत्तर— उपर्युक्त पंक्ति उस समय की है जब लेखक 'टी सेरेमनी' में भाग लेने गया था। इसका आशय यह है कि वहाँ उपस्थित चाजीन ने चाय बनाने से लेकर परोसने तक सभी काम बहुत ही सलीके से किये मानो कोई कलाकार बड़ी ही तन्मयता से सुर में गीत गा रहा हो। वहाँ की परम शान्ति तथा चाजीन द्वारा गरिमापूर्ण ढंग से काम करने का तरीका देखकर लेखक को लग रहा था जैसे उसके कानों में जयजयवंती के सुर गूँज रहे हों।

रचना और अभिव्यक्ति

भाषा-अध्ययन

प्रश्न 45. नीचे दिये गये शब्दों का वाक्यों में प्रयोग कीजिए—
व्यावहारिकता, आदर्श, सूझबूझ, विलक्षण, शाश्वत।

उत्तर— **(क) व्यावहारिकता**—व्यावहारिकता में आदर्शों को मिला देने से उसका महत्व बढ़ जाता है।

(ख) आदर्श—वर्तमान समाज में केवल आदर्श के सहारे जीवन यापन करना दुष्कर है।

(ग) सूझबूझ—जीवन के हर मोड़ पर सूझबूझ की आवश्यकता होती है।

(घ) विलक्षण—गाँधीजी विलक्षण प्रतिभा के धनी थे।

(ङ) शाश्वत—सत्य, अहिंसा और परोपकार मानव जीवन के शाश्वत मूल्य हैं।

प्रश्न 46. नीचे दिये गये द्वंद्व समास का विग्रह कीजिए—

उत्तर— (क) माता-पिता = माता और पिता

(ख) पाप-पुण्य = पाप और पुण्य

(ग) सुख-दुःख = सुख और दुःख

(घ) रात-दिन = रात और दिन

(ङ) अन्न-जल = अन्न और जल

(च) घर-बाहर = घर और बाहर

(छ) देश-विदेश = देश और विदेश।

प्रश्न 47. नीचे दिये गये विशेषण शब्दों से भाववाचक संज्ञा बनाइए—

उत्तर— (क) सफल = सफलता

(ख) विलक्षण = विलक्षणता

(ग) व्यावहारिक = व्यावहारिकता

(घ) सजग = सजगता

(ङ) आदर्शवादी = आदर्शवादिता

(च) शुद्ध = शुद्धता

प्रश्न 48. शब्दों के भिन्न-भिन्न अर्थ स्पष्ट करने के लिए उनका वाक्यों में प्रयोग कीजिए—
उत्तर, कर, अंक, नग।

उत्तर— (क) उत्तर—सभी प्रश्नों के उत्तर लिखना आवश्यक है। (जवाब)

(ख) उत्तर—हिमालय भारत की उत्तर दिशा में है। (दिशा)

(ग) कर—प्रधानाचार्य के कर-कमलों से छात्रावास का उद्घाटन किया गया। (हाथ)

(घ) कर—भारत में कर चोरी करना एक अपराध है। (टैक्स)

(ङ) अंक—नाटक का हर अंक नाट्य साहित्य का अच्छा उदाहरण है। (भाग)

(च) अंक—वार्षिक परीक्षा में सर्वाधिक अंक लाकर महेश ने अपने माता-पिता का नाम रोशन कर दिया। (नम्बर)

(छ) नग—पुखराज एक कीमती और दुर्लभ नग है। (चमकीला पत्थर)

(त) नग—नगराज हिमालय उत्तर से भारत की रक्षा करता है। (पहाड़)

प्रश्न 49. नीचे दिये गये वाक्यों को संयुक्त वाक्य में बदलकर लिखिए—

उत्तर— (क) अँगीठी सुलगाई और उस पर चायदानी रखी।

(ख) चाय तैयार हुई और उसने वह प्यालों में भरी।

(ग) बगल के कमरे में जाकर कुछ बर्तन ले आया और तौलिए से बरतन साफ किए।

प्रश्न 50. नीचे दिये गये वाक्यों से मिश्र वाक्य बनाइए—

उत्तर— (क) यह चाय पीने की एक विधि है जिसे जापानी चा-नो-यू कहते हैं।

(ख) बाहर बेढब-सा एक मिट्टी का बर्तन था जिसमें पानी भरा हुआ था।

(ग) जब चाय तैयार हुई तो उसने प्यालों में भरकर हमारे सामने रख दी।

योग्यता विस्तार

प्रश्न 51. गाँधीजी के आदर्शों पर आधारित पुस्तकें पढ़िए; जैसे—महात्मा गाँधी द्वारा रचित 'सत्य के प्रयोग' और गिरिराज किशोर द्वारा रचित उपन्यास 'गिरमिटिया'।

उत्तर— विद्यार्थी पुस्तकालय की सहायता से करेंगे।

प्रश्न 52. पाठ में वर्णित 'टी-सेरेमनी' का शब्द चित्र प्रस्तुत कीजिए।

उत्तर— 'टी-सेरेमनी' (चा-नो-यू) का आयोजन स्थल। एक छह मंजिली इमारत की छत पर दफ्ती की दीवारों वाली तथा तातमी की ज़मीन वाली सुन्दर सी पर्णकुटी। बाहर और अन्दर का वातावरण अत्यन्त शान्तिपूर्ण है। बाहर ही एक बड़े-से बेडौल मिट्टी के बर्तन में पानी रखा है। लोग यहाँ हाथ-पैर धोकर अन्दर जाते हैं। अन्दर बैठा चाय बनाकर पिलाने वाला चाजीन झुककर सलाम करता है। दो···· झो····कहकर स्वागत करता है। वह चाय बनाने के लिए अँगीठी जलाता है और बड़े ही सलीके-से बर्तन वगैरह साफ करता है। अलभ्य शान्ति होने के कारण चायदानी में उबरते पानी की आवाज साफ सुनाई दे रही है। चाय तैयार होने के बाद वह कप में दो-तीन घूँट भर ही चाय देता है जिसे लोग धीरे-धीरे चुस्कियाँ लेकर एक-डेढ़ घण्टे में पीते हैं। लेखक इस चाय को पीते हुए अनंतकाल का भाव अनुभव करता है।

परीक्षोपयोगी महत्वपूर्ण प्रश्नोत्तर

लघु उत्तरीय प्रश्न

प्रश्न 53. अधिकतर जापानी किस रोग से ग्रसित होते हैं और क्यों?

उत्तर— अधिकतर जापानियों के दिमाग में 'स्पीड' का इंजन लगा होता है फलत: वे मानसिक रोग से ग्रसित होते हैं।

प्रश्न 54. 'टी-सेरेमनी' को जापानी में क्या कहते हैं? इसका मूल उद्देश्य है?

उत्तर— 'टी-सेरेमनी' को जापानी में 'चा-नो-यू' कहते हैं। इसका मूल उद्देश्य दिमाग की 'स्पीड' को कम करना है अर्थात् शान्ति की प्राप्ति है।

प्रश्न 55. 'टी-सेरेमनी' में कितनी लोगों को प्रवेश दिया जाता है तथा क्यों?

उत्तर— 'टी-सेरेमनी' में केवल तीन लोगों को प्रवेश दिया जाता है इससे अधिक लोगों को प्रवेश देने से शान्ति भंग की सम्भावना रहती है।

प्रश्न 56. चाय पीते-पीते लेखक को क्या अनुभव हुआ?

उत्तर— चाय पीते-पीते लेखक के दिमाग की रफ़्तार धीरे-धीरे, धीमी पड़ती जा रही थी। थोड़ी देर में बिल्कुल बन्द भी हो गई। उसे लगा कि मानो वह अनंतकाल में जी रहा हो।

दीर्घ उत्तरीय प्रश्न

प्रश्न 57. 'झेन की देन' पाठ में लेखक 'जीना इसी का नाम है' किस स्थिति को कहा जाता है?

उत्तर— 'झेन की देन' पाठ में लेखक ने 'जीना इसी का नाम है' उस स्थिति को कहा है जब वह चाय पीते-पीते भूतकाल और भविष्य दोनों को मिथ्या मानकर दोनों को भूल बैठा। उसके सामने जो वर्तमान था उसी को उसने सच मान लिया था। 'टी सेरेमनी' में चाय पीते-पीते उसके दिमाग से दोनों काल इस प्रकार उड़ गये जैसे मानो उसका कोई अस्तित्व ही नहीं हो। वह अनंतकाल जितने विस्तृत वर्तमान में जी रहा था उसके दिमाग का इंजन धीरे-धीरे बन्द होने लगा था। वह अपार शक्ति का अनुभव कर रहा था उसके मानसिक विचारों की गति अत्यन्त मंद हो गई और वह अपने को तनाव मुक्त महसूस कर रहा था।

प्रश्न 58. पाश्चात्य प्रभाव से भारत में भी लोगों की गतिशीलता बढ़ गई है। 'झेन की देन' पाठ के आधार पर इसके कारण और परिणाम को लिखिए।

उत्तर— यह सत्य है कि पाश्चात्य प्रभाव से भारत में भी लोगों की

गतिशीलता बहुत अधिक बढ़ गई है। भारतीय अब गाँव से नगर, नगर से महानगर और महानगर से विदेश तक की दौड़ लगाने लगे हैं। बहुत से अधिक सुख-सुविधाएँ पाने की लालसा, भौतिकवादी सोच, अकूत धन-सम्पदा और अधिक विकसित बनने की चाहत ने भारतीयों की जिन्दगी की गतिशीलता में बेहिसाब वृद्धि ला दी है। लोगों के पास अब अपनों के लिए भी समय ही नहीं बचा है। परिणामतः यहाँ के लोगों की स्थिति भी जापानियों जैसी होती जा रही है जो चलने की जगह दौड़ रहे हैं, बोलने की जगह बक रहे हैं और इससे भी दो कदम आगे बढ़कर मनोरोगी होने लगे हैं। भारतीय अस्पतालों में मनोचिकित्सक और मानसिक रोगियों की संख्या भी बढ़ती जा रही है।

प्रश्न 59. रवीन्द्र केलेकर पाठ 'झेन की देन' से पाठकों को क्या सन्देश देना चाहते हैं? सविस्तार लिखिए।

उत्तर— रवीन्द्र केलेकर द्वारा लिखित पाठ 'झेन की देन' हमें आधुनिक और अत्यधिक व्यस्त जीवन शैली और उसके कुपरिणामों से अवगत कराता है। लेखक ने पाठ में जापानियों की व्यस्त दिनचर्या से उत्पन्न मनोरोग की चर्चा करते हुए उससे मुक्ति का उपाय भी बताया है। जापानियों की 'टी-सेरेमनी' के माध्यम से मानसिक तनाव से मुक्त होने का संकेत करते हुए यह सन्देश दिया है कि अधिक तनाव मनुष्य को विक्षिप्त बना सकता है। उस तनाव से मुक्ति का एकमात्र उपाय है—मन को शान्त रखते हुए वर्तमान में जीवन को जीना। वास्तव में मानव को भूत और भविष्य की चिन्ता छोड़ केवल वर्तमान में जीवन यापन करना चाहिए, वर्तमान ही सत्य है अन्य सब मिथ्या। जो वर्तमान के अनंतकाल को साध लेता है वह सभी भूत-भविष्य की चिन्ताओं और परेशानियों से मुक्त होकर स्वस्थ और आनंदमय जीवन व्यतीत कर सकता है।

प्रश्न 60. तनाव से मुक्ति दिलाने में झेन परंपरा की चा-नो-यू विधि किस प्रकार सहायक है?

उत्तर— तनाव से मुक्ति दिलाने में झेन परम्परा की चा-नो-यू विधि उपयोगी व सहायक होती है। टी सेरेमनी (चा-नो-यू) से तनाव से मुक्ति मिल जाती है।

वर्तमान परिवेश को तनावपूर्ण जिंदगी में कुछ समय के लिए इतर होकर नए दृष्टिकोण का विकास होता है। साथ ही अनंत काल का अनुभव कराती है।

प्रश्न 61. चा-नो-यू की पूरी प्रक्रिया का वर्णन अपने शब्दों में करते हुए लिखिए कि उसे झेन परम्परा की अनोखी देन क्यों कहा गया है?

उत्तर— चा-नो-यू जापान में चाय पीने की एक विधि है। इसमें घर की छत पर दफ़्ती की दीवारों वाली और तातामी (चटाई) की जमीन वाली एक सुंदर पर्णकुटी होती है। मिट्टी के बर्तन में भरे हुए पानी से हाथ-पैर धोए जाते हैं और तौलिये से साफ कर बैठा जाता है। 'चाजीन' सबको झुककर प्रणाम करता है। अँगीठी सुलगाकर उस पर चायदानी रखी जाती है। शांत वातावरण में चायदानी के पानी का उबाल भी सुनाई देता है। चाय तैयार होने पर उसे प्यालों में भरा जाता है। इसमें तीन आदमियों से अधिक को प्रवेश नहीं दिया जाता है। प्यालों में दो घूँट से ज्यादा चाय नहीं होती है और लोग होठों से प्याला लगाकर एक-एक बूँद चाय पीते रहते हैं। करीब डेढ़ घंटे तक चुस्कियों का यह सिलसिला चलता रहता है। इस गतिविधि से दिमाग की रफ्तार धीमी पड़ने लगती है तथा थोड़े समय बाद पूरी तरह से बंद हो जाती है। ऐसा लगता है कि सब अनंतकाल में जी रहे हों जापानियों को झेन परंपरा की यह बहुत बड़ी देन है। इससे लोग अपने व्यस्ततम जीवन में नई गति, शांति और ताजगी पा लेते हैं।

❑❑

कारतूस

लेखक—हबीब तनवीर

Chapter 17

लेखक परिचय

हिन्दी साहित्य के क्षेत्र में 'हबीब तनवीर' का नाम और व्यक्तित्व सुप्रसिद्ध है। श्री तनवीर का व्यक्तित्व बहुमुखी प्रतिभाओं से संचालित था। साहित्य में वे एक साथ सफल पटकथा लेखक, नाटककार, अभिनेता, कवि और निष्पक्ष पत्रकार के रूप में जाने जाते हैं। हबीब तनवीर का व्यक्तित्व और कृतित्व बुद्धिजीवी वर्ग में जितना स्वीकार्य था उतना ही सामान्य वर्ग के लिए भी लोकप्रिय था। उन्होंने अपनी लेखन-प्रतिभा और अभिनय कुशलता से थियेटर को नई दिशा दी है।

हबीब तनवीर का जन्म 1 सितम्बर, 1923 को मध्य प्रदेश के रायपुर (वर्तमान में छत्तीसगढ़ की राजधानी) में हुआ था। इनके बचपन का नाम हबीब अहमद खान था। बचपन से ही कविता लिखने का शौक चढ़ा। पहले 'तनवीर' ने छद्‌मनाम नाम से लिखना शुरू किया, बाद में वे इसी नाम से प्रसिद्ध हो गये। इनके पिता पेशावर से और माताजी रायपुर से थीं। अपनी प्रारम्भिक शिक्षा छत्तीसगढ़ से पूरी करने के बाद 1944 में मॉरीस कॉलेज, नागपुर से स्नातक किया। स्नातकोत्तर की पढ़ाई के लिए अलीगढ़ मुस्लिम विश्वविद्यालय में नामांकन करवाया परन्तु प्रथम वर्ष के बाद वे अपनी पढ़ाई पूरी नहीं कर पाये और सन् 1945 में वे मुम्बई चले गये जहाँ प्रोड्‌यूसर के तौर पर आकाशवाणी में नौकरी शुरू की। वहाँ रहते हुए उन्होंने हिन्दी फिल्मों के लिए गाने लिखे और कुछ फिल्मों में अभिनय भी किया। वहाँ हिन्दुस्तानी थियेटर से जुड़े। श्री तनवरी का 1959 में अपनी पत्नी मोनिका मिश्रा और छह अन्य कलाकारों के साथ मिलकर उन्होंने 'नया थियेटर' की स्थापना की। सन् 2008 में 8 जून को जब यह 'नया थियेटर' अपनी 50वीं वर्षगाँठ मना रहा था तब श्री हबीब तनवीर संसार के रंगमंच से सदा के लिए अलविदा कह गये।

प्रमुख रचनाएँ—श्री हबीब तनवीर बहुआयामी प्रतिभा के धनी थे। अनेक नाटकों के सर्जन और मंचन के साथ-साथ उन्होंने अनेक फिल्मों में कुशल अभिनय भी किया। कुछ प्रमुख नाटकों और फिल्मों के नाम इस प्रकार से हैं—नाटक—**आगरा बाजार, शतरंज के मोहरे, लाल शोहरत राय, देख रहे हैं नैन, हिरमा की अमर कहानी, मिट्टी की गाड़ी, गाँव का नाम ससुराल मोर नाम दामाद, चरनदास चोर, पोंगा पण्डित, द ब्रोकन ब्रिज, ज़हरीली हवा, राज रक्त इत्यादि। फिल्म—फुटपाथ, राही, गाँधी, ये वो मंजिल तो नहीं, हीरो हीरालाल, प्रहार, द बर्निंग सीजन, द राइजिंग : मंगल पाण्डे, ब्लैक एण्ड व्हाइट** इत्यादि।

सम्मान और पुरस्कार—हबीब तनवीर को सन् 1969 में संगीत नाटक अकादमी पुरस्कार, 1972 से 1978 तक भारतीय संसद के उच्च सदन में राज्यसभा सदस्य, सन् 1982 में 'चरणदास चोर' एडिनबर्ग इंटरनेशनल ड्रामा फेस्टीवल सम्मान, सन् 1996 में संगीत नाटक एकादमी फेलोशिप और 2002 में पद्‌मविभूषण पुरस्कार से पुरस्कृत किया गया।

पाठ परिचय

कारतूस पाठ 'हबीब तनवीर' द्वारा लिखित एकांकी है। जिसमें वज़ीर अली नामक देशभक्त की वीरता और साहस का वर्णन है। अंग्रेज इस देश में व्यापारी के वेश में आये थे। प्रारम्भ में वे केवल व्यापार ही करते रहे, लेकिन उनके इरादे केवल व्यापार करने के नहीं थे। धीरे-धीरे उनकी ईस्ट इण्डिया कम्पनी ने रियासतों पर कब्जा जमाना शुरू कर दिया। उनकी नीयत उजागर होते ही अंग्रेजों को हिन्दुस्तान से खदेड़ने के प्रयास भी शुरू हो गये। प्रारम्भ में यह प्रयास छिटपुट तरीके से होता रहा। भारत के अनेक प्रान्तों में अनेक देशभक्त वीर साहसी नौजवान थे जो अपने तरीके से अंग्रेजों का विरोध करते रहे। इन्हीं प्रयासों की एक कड़ी के रूप में इस पाठ का नायक है जिसकी वीरता से भरे कारनामों को, लेखक श्री तनवीर ने बड़े ही सलीके से लघु एकांकी के रूप में प्रस्तुत किया है।

पाठ का सारांश

प्रस्तुत पाठ अंग्रेजों के विरोध में अवध के एक वीर, साहसी और निडर युवक वज़ीर अली के कारनामों का वर्णन करता है। पूरे पाठ की कथावस्तु वज़ीर अली से प्रारम्भ होकर वज़ीर अली को जाँबाज सिपाही बताते हुए समाप्त होती है।

सन् 1799 में आसिफ़उद्दौला अवध का नवाब था। उसकी अपनी संतान न होने के कारण उसका छोटा भाई सआदत अली स्वयं को आसिफ़ उद्दौला का उत्तराधिकारी मानता था। आसिफ़उद्दौला संतान की उम्मीद छोड़ चुका था। कालान्तर में आसिफ़उद्दौला के पुत्र वज़ीर अली का जन्म हुआ। उसके जन्म के बाद सआदत अली का सपना टूट गया क्योंकि अब वज़ीर अली अपने पिता का उत्तराधिकारी हो गया था।

समय के साथ चाचा सआदत अली को वज़ीर अली से नफ़रत बढ़ती गयी और वह वज़ीर अली को किसी भी तरह अवध से बाहर भेजना चाहता था। इसी सन्दर्भ में वह अंग्रेजों को अवध की आधी जायदाद और दस लाख रुपये नकद देता है। इसके बदले में अंग्रेजों ने उसे अवध का नवाब बना दिया और सालाना तीन लाख रुपये का वजीफ़ा तय कर वज़ीर को बनारस भेज दिया।

वज़ीर अली एक जाँबाज़ सिपाही था, जो हर हाल में अंग्रेजों को देश से बाहर निकालना चाहता था इसके लिए उसने अफगानिस्तान को भारत पर हमला करने के लिए तैयार कर लिया था और अपना सैन्य बल बढ़ाने में लगा हुआ था। वज़ीर अली को बनारस भेजने के कुछ ही महीनों बाद उसे गवर्नर जनरल द्वारा कोलकाता बुलाया जाता है। वज़ीर अली को कम्पनी से चिढ़ तो थी ही और बुलाने का कारण जानने के लिए जब वह वकील के पास गया तो वकील ने भला-बुरा कह दिया। अपने अपमान का बदला लेने के लिए वज़ीर अली ने वकील का खून कर दिया और सज़ा से बचने के लिए अपने साथियों के साथ आजमगढ़ के जंगलों की ओर भाग गया। वज़ीर अली अफगानिस्तान के साथ मिलकर अवध का नवाब बनना चाहता था जिससे वह अंग्रेजों को भारत से बाहर भगा सके।

वज़ीर अली की वीरता के अंग्रेज भी कायल थे तभी कर्नल उसकी तुलना रॉबिनहुड से करते हैं। वज़ीर अली के साहस का सबसे बड़ा उदाहरण तब मिलता है जब अंग्रेजी कर्नल और लेफ्टीनेंट उसको पकड़ने के लिए कई हफ्तों से जंगल में खाक छान रहे थे और वज़ीर अली बड़ी ही निडरता से उसके खेमे में घुसकर कर्नल से दस कारतूस माँग लेता है और अपना परिचय भी दे देता है। कर्नल हक्का-बक्का रह जाता है तथा वज़ीर अली के लिए उसके मुँह से अनायास ही निकल जाता है—एक जाँबाज सिपाही।

प्रमुख पात्र—नाटक के पात्र—कर्नल, लेफ्टीनेंट, सिपाही, सवार (वज़ीर अली)

शब्द सम्पदा

गुंजाइश = सम्भावना। **खेमा** = डेरा। **शुक्रिया** = धन्यवाद। **कारनामे** = ऐसे काम जो याद रहें। **तख्त** = सिंहासन। **दावत** = आमन्त्रण। **मसलेहत** = रहस्य। **जाँबाज़** = जान की बाज़ी लगाने वाला। **कामयाब** = सफल। **जाती तौर पर** = व्यक्तिगत रूप से। **मुकर्रर** = तय करना। **तलब किया** = यदि किया। **जानिसार** = सैनिक। **हुक्मरां** = शासक। **हिफ़ाजत** = सुरक्षा। **शुब्हे** = सन्देह। **मसलेहत** = रहस्य। **मुकाम** = मंजिल। **हफ्ता** = पन्द्रह दिन का समय। **स्कीम** = योजना। **कारतूस** = पीतल और दफ्ती आदि की एक नली जिसमें गोली तथा बारूद भरी होती है। **तन्हाई** = एकान्त। **अफ़साने** = कहानियाँ। **राज़ेदिल** = रहस्य। **पैदाइश** = जन्म। **हुकूमत** = शासन। **निस्बती** = रिश्ता। **ऐश पसन्द** = भोग विलास पसन्द करने वाला। **दमखम** = शक्ति और दृढ़ता। **परवाह** = चिन्ता। **वज़ीफा** = परवरिश के लिए दी जाने वाला राशि। **तलब किया** = याद किया। **तकरीबन** = लगभग। **कारवाँ** = समूह। **गर्द** = धूल। **काफिला** = यात्रियों का समूह। **दिवार हमगोश दारश** = दीवारों के भी कान होते हैं। **लावलश्कर** = सेना का बड़ा समूह और युद्ध सामग्री। **चन्द** = कुछ। **मुमलिकत** = जायदाद, दौलत। **मुमकिन** = सम्भव।

बहुविकल्पीय प्रश्न

1. कर्नल कालिंज का खेमा जंगल में क्यों लगा हुआ था?
(क) सआदत अली को पकड़ने के लिए
(ख) आसिफउद्दौला को पकड़ने के लिए
(ग) वज़ीर अली को पकड़ने के लिए
(घ) युद्ध का अभ्यास करने के लिए

उत्तर: (ग) वज़ीर अली को पकड़ने के लिए

2. वज़ीर अली कहाँ भटक रहा है और क्यों?
(क) जंगलों में, अपनी गद्दी वापस पाने के लिए
(ख) आजमगढ़ में युद्ध करने के लिए
(ग) अफगानिस्तान में सहायता माँगने के लिए
(घ) जंगलों में सआदत अली को ढूँढ़ने के लिए

उत्तर: (क) जंगलों में, अपनी गद्दी वापस पाने के लिए

3. वज़ीर अली के जन्म से सआदत अली का कौन-सा सपना टूट गया?
(क) बादशाह बनने का सपना
(ख) अंग्रेज़ों से मित्रता करने का सपना
(ग) ऐश पसंद करने का सपना
(घ) आसिफ़उद्दौला को मारने का सपना

उत्तर: (क) बादशाह बनने का सपना

4. अवध के तख्त से हटाने के बाद वज़ीर अली बनारस कैसे पहुँचा?
(क) अंग्रेज़ों से भागकर (ख) जंगल के रास्ते
(ग) अंग्रेज़ों द्वारा भेजा गया(घ) आज़मगढ़ के रास्ते

उत्तर: (ग) अंग्रेज़ों द्वारा भेजा गया

5. कर्नल को जंगल की जिंदगी खतरनाक क्यों लगती है?
(क) जंगली जानवरों के भय के कारण
(ख) सुख-सुविधा के अभाव के कारण
(ग) युद्ध के कारण
(घ) अंग्रेज़ी सिपाहियों के भय के कारण

उत्तर: (क) जंगली जानवरों के भय के कारण

6. वज़ीर अली हिंदुस्तान पर हमला करने के लिए अफ़गानिस्तान के बादशाह को क्यों बुलाना चाहता था?
(क) हिंदुस्तान पर कब्जा करने के लिए
(ख) सआदत अली को मारने के लिए
(ग) जंगल पर कब्जा करने के लिए
(घ) अंग्रेज़ों को हिंदुस्तान से भगाने के लिए

उत्तर: (घ) अंग्रेज़ों को हिंदुस्तान से भगाने के लिए

7. पाठ में वज़ीर अली को भूत क्यों कहा गया है?
(क) पकड़ में न आने के कारण
(ख) अदृश्य रहने के कारण
(ग) वेष बदलने के कारण
(घ) डराने के कारण

उत्तर: (क) पकड़ में न आने के कारण

8. शमसुद्दौला कैसा आदमी था?

(क) अंग्रेज़ों का वफादार (ख) बहुत खतरनाक
(ग) ऐश पसंद (घ) धन का लालची

उत्तर: (ख) बहुत खतरनाक

9. अंग्रेजों ने वज़ीर अली को अवध के पद से हटाने के बदले में क्या दिया?

(क) तीन लाख रुपया सालाना वजीफ़ा
(ख) तीन लाख रुपया मासिक वजीफ़ा
(ग) वकील के कत्ल का आरोप
(घ) बनारस का नवाब बनने का अवसर

उत्तर: (क) तीन लाख रुपया सालाना वजीफ़ा

10. वज़ीर अली कंपनी के वकील के पास क्यों गया था?

(क) अपने पैसे लेने के लिए
(ख) उसका कत्ल करने के लिए
(ग) अंग्रेजी सरकार की शिकायत करने के लिए
(घ) सआदत अली की शिकायत करने के लिए

उत्तर: (ग) अंग्रेजी सरकार की शिकायत करने के लिए

11. बनारस के बाद वज़ीर अली को अंग्रेजी सरकार ने कहाँ तलब किया था?

(क) कलकत्ता (ख) आजमगढ़
(ग) गोरखपुर (घ) अफगानिस्तान

उत्तर: (क) कलकत्ता

12. वज़ीर अली ने कंपनी के वकील का कत्ल क्यों किया था?

(क) वज़ीर अली पर हमला करने के कारण
(ख) पैसे नहीं देने के कारण
(ग) अंग्रेज़ी सरकार के खिलाफ़ बातें करने के कारण
(घ) वज़ीर अली के साथ बुरा व्यवहार करने के कारण

उत्तर: (घ) वज़ीर अली के साथ बुरा व्यवहार करने के कारण

13. वज़ीर अली ने कंपनी के वकील से किस बात की शिकायत की थी?

(क) तख्त के छीन लिए जाने की शिकायत
(ख) सालाना वजीफ़ा न दिए जाने की शिकायत
(ग) कलकत्ता तलब किए जाने की शिकायत
(घ) उपर्युक्त सभी शिकायतें

उत्तर: (ग) कलकत्ता तलब किए जाने की शिकायत

14. वकील का कत्ल करने के बाद वज़ीर अली कहाँ भाग गया?

(क) आजमगढ़ (ख) कलकत्ता
(ग) बनारस (घ) अफ़गानिस्तान

उत्तर: (क) आज़मगढ़

15. आज़मगढ़ से उसे सुरक्षित किसने निकाला?

(क) टीपू सुल्तान ने
(ख) शमसुद्दौला ने
(ग) आज़मगढ़ के हुक्मरां ने
(घ) सआदत अली ने

उत्तर: (ग) आज़मगढ़ के हुक्मरां ने

16. लेफ़्टीनेंट ने सवार के बारे में क्या सोचा था?

(क) वज़ीर अली ने
(ख) वज़ीर अली का कोई आदमी है
(ग) अंग्रेजी सिपाही है
(घ) सआदत अली का आदमी है

उत्तर: (ख) वज़ीर अली का कोई आदमी है

17. वज़ीर अली को गिरफ़्तार करना सिपाहियों के लिए क्यों मुश्किल हो रहा था?

(क) वह बहुत बहादुर था
(ख) वह बहुत चालाक था
(ग) सिपाही उसकी मदद करते थे
(घ) वह भेष बदलकर रहता था

उत्तर: (क) वह बहुत बहादुर था

18. सवार कर्नल से क्या चाहता था?

(क) वज़ीर अली की गिरफ़्तारी
(ख) कुछ पैसे
(ग) कुछ कारतूस
(घ) कुछ सैनिक

उत्तर: (ग) कुछ कारतूस

19. सवार ने कर्नल को कारतूस माँगने क्या कारण बताया?

(क) वज़ीर अली की गिरफ़्तारी
(ख) आत्मरक्षा
(ग) अंग्रेज़ी सैनिकों की रक्षा
(घ) युद्ध का अभ्यास

उत्तर: (क) वज़ीर अली की गिरफ़्तारी

20. कर्नल ने सवार को क्या दिया?

(क) स्मृति चिह्न (ख) धन
(ग) कुछ सैनिक (घ) दस कारतूस

उत्तर: (घ) दस कारतूस

21. सआदत अली को तख्त पर बिठाने में अंग्रेजी सरकार का क्या मकसद था?

(क) वज़ीर अली से बदला लेना
(ख) वज़ीर अली के पिता से बदला लेना
(ग) अवध की सत्ता अपने कब्जे में करना
(घ) वज़ीर अली की हत्या करना

उत्तर: (ग) अवध की सत्ता अपने कब्जे में करना

22. कर्नल ने सवार पर नज़र रखने के लिए क्यों कहा?

(क) सवार पर विश्वास न होने के कारण
(ख) सवार पर विश्वास होने के कारण
(ग) भयभीत होने के कारण
(घ) सुरक्षित न महसूस करने के कारण

उत्तर: (क) सवार पर विश्वास न होने के कारण

23. सवार कौन था?

(क) अंग्रेजी सिपाही (ख) सआदत अली
(ग) बंगाल का नवाब (घ) वज़ीर अली

उत्तर: (घ) वज़ीर अली

24. वज़ीर अली ने कर्नल की जान क्यों बख्श दी?

(क) कर्नल के जाबाज़ होने के कारण

(ख) वज़ीर अली के जाबाज़ होने के कारण

(ग) कर्नल द्वारा दस कारतूस दिए जाने के कारण

(घ) कारतूस न होने के कारण

उत्तर: (ग) कर्नल द्वारा दस कारतूस दिए जाने के कारण

25. सवार के जाने के बाद कर्नल आश्चर्यचकित क्यों रह गया?

(क) सवार की हिम्मत देखकर

(ख) अपनी मौत देखकर

(ग) भयभीत होकर

(घ) बीमार रहने के कारण

उत्तर: (क) सवार की हिम्मत देखकर

26. कारतूस कहानी के रचनाकार का नाम बताएँ।

(क) हबीब तनवीर (ख) प्रह्लाद

(ग) मुंशी प्रेमचन्द (घ) इनमें से कोई नहीं

उत्तर: (क) हबीब तनवीर

27. हबीब तनवीर का जन्म कब हुआ ?

(क) 1923 में (ख) 1926 में

(ग) 1927 में (घ) इनमें से कोई नहीं

उत्तर: (क) 1923 में

28. हबीब तनवीर का जन्म कहाँ पर हुआ ?

(क) छत्तीसगढ़ में (ख) छत्तीसगढ़ रायपुर में

(ग) नागपुर में (घ) इनमें से कोई नहीं

उत्तर: (ख) छत्तीसगढ़ रायपुर में

29. इन्होंने स्नातक की उपाधि कहाँ से प्राप्त की ?

(क) नागपुर से (ख) उदयपुर से

(ग) भागल पुर से (घ) इनमें से कोई नहीं

उत्तर: (क) नागपुर से

30. हबीब तनवीर किस रूप में प्रसिद्ध थे ?

(क) नाटककार एवं कवि (ख) पत्रकार

(ग) निर्देशक एवं अभिनेता (घ) ये सभी

उत्तर: (घ) ये सभी

31. हबीब तनवीर की भाषा कौन-सी है ?

(क) हिन्दी

(ख) उर्दू

(ग) उर्दू फारसी मिश्रित हिन्दी

(घ) मिश्रित हिन्दी

उत्तर: (ग) उर्दू फारसी मिश्रित हिन्दी

32. कारतूस में तनवीर ने किसके चित्र को सजीव किया है ?

(क) हिन्दुस्तान के

(ख) 1799 के हिन्दुस्तान के वातावरण को

(ग) कवि हृदय को

(घ) वातावरण को

उत्तर: (ख) 1799 के हिन्दुस्तान के वातावरण को

33. पाठ के अनुसार किसके अफसाने सुनकर रॉबिनहुड के किये हुए कारनामे याद आते हैं ?

(क) गुलाम अली के (ख) सआदत अली के

(ग) वजीर अली के (घ) अली के

उत्तर: (ग) वजीर अली के

34. वजीर अली के दिल में किसके लिए नफरत थी ?

(क) किसान के लिए (ख) जमींदार के लिए

(ग) अँग्रेजों के लिए (घ) अपने लिए

उत्तर: (ग) अँग्रेजों के लिए

35. पाँच महीने किसकी हुकूमत रही ?

(क) सआदत अली की (ख) गुलाम अली की

(ग) वजीर अली की (घ) किसी की नहीं

उत्तर: (ग) वजीर अली की

गद्यांश पर आधारित बहुविकल्पीय प्रश्न

निम्नलिखित गद्यांशों को ध्यानपूर्वक पढ़कर दिए गए प्रश्नों के लिए सही विकल्प चुनिए—

36. कर्नल—जंगल की ज़िंदगी बहुत खतरनाक होती है।

लेफ़्टीनेंट—हफ़्तों हो गए यहाँ खेमा डाले हुए। सिपाही भी तंग आ गए हैं। ये वज़ीर अली आदमी है या भूत, हाथ ही नहीं लगता।

कर्नल—उसके अफ़साने सुन के रॉबिनहुड के कारनामे याद आ जाते हैं। अंग्रेजों के खिलाफ़ उसके दिल में किस कदर नफ़रत है। कोई पाँच महीने हुकूमत की होगी। मगर इस पाँच महीने में वो अवध के दरबार को अंग्रेज़ी असर से बिल्कुल पाक कर देने में तकरीबन कामयाब हो गया था।

(i) पाठ के आधार पर बताइए कि जंगल की ज़िंदगी कैसी होती है?

(क) रोमांचक (ख) खतरनाक

(ग) खुशहाल (घ) प्राकृतिक

उत्तर: (ख) खतरनाक

(ii) सिपाहियों ने जंगल में खेमा क्यों डाला हुआ था?

(क) गाँव वालों की रक्षा के लिए

(ख) शिकार करने के लिए

(ग) खतरनाक जानवर को पकड़ने के लिए

(घ) वज़ीर अली को पकड़ने के लिए

उत्तर: (घ) वज़ीर अली को पकड़ने के लिए

(iii) सिपाहियों ने जंगल में कब से खेमा डाला हुआ था?

(क) काफी दिनों से (ख) कई महीनों से

(ग) कई हफ़्तों से (घ) कुछ दिनों से

उत्तर: (ग) कई हफ़्तों से

(iv) गद्यांश में किसकी तुलना रॉबिनहुड से की गई है?

(क) वज़ीर अली की (ख) सिपाहियों की

(ग) अंग्रेज़ी हुकूमत की (घ) कर्नल की

उत्तर: (क) वज़ीर अली की

(v) पाठ के लेखक का नाम बताइए।

(क) निदा फ़ाज़ली (ख) रवींद्र केलेकर

(ग) प्रेमचंद (घ) हबीब तनवीर

उत्तर: (घ) हबीब तनवीर

37. लेफ़्टीनेंट– कर्नल कालिंज ये सआदत अली कौन है?

कर्नल–आसिफ़द्दौला का भाई है। वज़ीर अली का और उसका दुश्मन। असल में नवाब आसिफ़उद्दौला के यहाँ लड़के की कोई उम्मीद नहीं थी। वज़ीर अली की पैदाइश को सआदत अली ने अपनी मौत खयाल किया।

लेफ़्टीनेंट–मगर सआदत अली को अवध के तख्त पर बिठाने में क्या मसलेहत थी?

कर्नल–सआदत अली हमारा दोस्त है और बहुत ऐश पसंद आदमी है इसलिए हमें अपनी आधी मुमलिकत (जायदाद, दौलत) दे दी और दस लाख रुपए नगद। अब वो भी मज़े करता है और हम भी।

(i) सआदत अली कौन है?

(क) आसिफ़उद्दौला का मित्र

(ख) वज़ीर अली का चाचा

(ग) आसिफ़उद्दौला का पुत्र

(घ) वज़ीर अली का भाई

उत्तर: (ख) वज़ीर अली का चाचा

(ii) नवाब आसिफ़उद्दौला का पुत्र कौन था?

(क) वज़ीर अली (ख) सआदत अली

(ग) मुमलिकत (घ) इनमें से कोई नहीं

उत्तर: (क) वज़ीर अली

(iii) अंग्रेज़ों ने सआदत अली को गद्दी पर क्यों बिठाया?

(क) अंग्रेज़ी सरकार का मित्र होने के कारण

(ख) ऐश पसंद होने के कारण

(ग) मज़े करने के कारण

(घ) आधी जायदाद अंग्रेज़ों को देने के कारण

उत्तर: (घ) आधी जायदाद अंग्रेज़ों को देने के कारण

(iv) किसे लड़के की कोई उम्मीद नहीं थी?

(क) आसिफ़उद्दौला को (ख) वज़ीर अली को

(ग) अंग्रेज़ों को (घ) सआदत अली को

उत्तर: (क) आसिफ़उद्दौला को

(v) गद्यांश में आए शब्द 'ऐश पसंद' का समास विग्रह कर समास का नाम बताइए।

(क) ऐश को पसंद करने वाला – तत्पुरुष समास

(ख) ऐश को पसंद करता है जो – तत्पुरुष समास

(ग) ऐश और पसंद – द्वंद्व समास

(घ) ऐश की पसंद – अव्ययीभाव समास

उत्तर: (क) ऐश को पसंद करने वाला – तत्पुरुष समास

38. लेफ़्टीनेंट–सुना है ये वज़ीर अली अफ़गानिस्तान के बादशाह शाहे-ज़मा को हिंदुस्तान पर हमला करने की दावत (आमंत्रण) दे रहा है।

कर्नल–अफ़गानिस्तान को हमले की दावत सबसे पहले असल में टीपू सुल्तान ने दी फिर वज़ीर अली ने भी उसे दिल्ली बुलाया और फिर शमसुद्दौला ने भी।

लेफ़्टीनेंट–कौन शमसुद्दौला?

कर्नल–नवाब बंगाल का निस्बती (रिश्ते) भाई। बहुत ही खतरनाक आदमी है।

लेफ़्टीनेंट–इसका तो मतलब यह हुआ कि कंपनी के खिलाफ सारे हिंदुस्तान में एक लहर दौड़ गई है।

कर्नल–जी हाँ, और अगर ये कामयाब हो गई तो बक्सर और प्लासी के कारनामे धरे रह जाएँगे और कम्पनी जो कुछ लॉर्ड क्लाइव के हाथों हासिल कर चुकी है, लॉर्ड वेल्जली के हाथों सब खो बैठेगी।

लेफ़्टीनेंट–वज़ीर अली की आज़ादी बहुत खतरनाक है। हमें किसी न किसी तरह इस शख्स को गिरफ़्तार कर ही लेना चाहिए।

(i) अफ़गानिस्तान को हमले की दावत किसने दी थी?

(क) टीपू सुल्तान (ख) वज़ीर अली

(ग) शमसुद्दौला (घ) उपर्युक्त सभी

उत्तर: (क) टीपू सुल्तान

(ii) शमसुद्दौला कौन था?

(क) बंगाल के नवाब का भाई

(ख) टीपू सुल्तान का भाई

(ग) वज़ीर अली का भाई

(घ) उपर्युक्त सभी।

उत्तर: (क) बंगाल के नवाब का भाई

(iii) गद्यांश में खतरनाक किसे कहा गया है?

(क) टीपू सुल्तान (ख) वज़ीर अली

(ग) शमसुद्दौला (घ) आसिफउद्दौला

उत्तर: (ख) वज़ीर अली

(iv) अफ़गानिस्तान के बादशाह कौन थे?

(क) शाहे-ज़मा (ख) आसिफ़उद्दौला

(ग) शमसुद्दौला (घ) टीपू सुल्तान

उत्तर: (क) शाहे-ज़मा

(v) 'गिरफ़्तार' शब्द में प्रयुक्त मूल शब्द पहचानिए।

(क) गिर (ख) रफ़्तार

(ग) आर (घ) गिरफ़्त

उत्तर: (घ) गिरफ़्त

39. लेफ़्टीनेंट–सुना है वज़ीर अली जाती तौर पर भी बहुत बहादुर आदमी है।

कर्नल–बहादुर न होता तो यूँ कंपनी के वकील को कत्ल कर देता?

कर्नल–किस्सा क्या हुआ था उसको उसके पद से हटाने के बाद हमने वज़ीर अली को बनारस पहुँचा दिया और तीन लाख रुपया सालाना वज़ीफा मुकर्रर कर दिया। कुछ महीने बाद गवर्नर जनरल ने उसे कलकत्ता (कोलकाता) तलब किया।

वज़ीर अली कंपनी के वकील के पास गया जो बनारस में रहता था और उससे शिकायत की कि गवर्नर जनरल उसे कलकत्ता में क्यूँ तलब करता है। वकील ने शिकायत की परवाह नहीं की उलटा उसे बुरा-भला सुना दिया। वज़ीर अली के तो दिल में यूँ भी अंग्रेज़ों के खिलाफ़ नफरत कूट-कूटकर भरी है उसने खंजर से वकील का काम तमाम कर दिया।

लेफ़्टीनेंट—और भाग गया?

कर्नल—अपने जानिसारों समेत आज़मगढ़ की तरफ़ भाग गया। आज़मगढ़ के हुक्मरां ने उन लोगों को अपनी हिफ़ाजत में घागरा तक पहुँचा दिया। अब ये कारवाँ इन जंगलों में कई साल से भटक रहा है।

(i) लेफ़्टीनेंट ने वज़ीर अली के विषय में क्या सुना था?

(क) वह बहुत ज़ालिम है (ख) वह बहुत साहसी है

(ग) वह बहुत लालची है (घ) वह बहुत कायर है

उत्तर: (ख) वह बहुत साहसी है

(ii) गवर्नर जनरल ने वज़ीर अली को कहाँ तलब कर दिया था?

(क) बनारस (ख) कलकत्ता

(ग) आज़मगढ़ (घ) अफ़गानिस्तान

उत्तर: (ख) कलकत्ता

(iii) वज़ीर अली ने कंपनी की शिकायत किससे की?

(क) वकील से (ख) गर्वनर जनरल से

(ग) कर्नल से (घ) लेफ़्टीनेंट से

उत्तर: (क) वकील से

(iv) किसने वज़ीर अली की भागने में मदद की थी?

(क) आज़मगढ़ के जानिसारों ने

(ख) गर्वनर जनरल ने

(ग) आज़मगढ़ के राजा ने

(घ) कारवाँ ने

उत्तर: (ग) आज़मगढ़ के राजा ने

(v) 'बुरा-भला' शब्द का समास विग्रह कर समास का नाम बताइए।

(क) बुरा का भला—तत्पुरुष समास

(ख) बुरा है जो भला—कर्मधारय समास

(ग) बुरा और भला—द्वंद्व समास

(घ) बुरा में भला—अव्ययीभाव समास

उत्तर: (ग) बुरा और भला—द्वंद्व समास

40. लेफ़्टीनेंट—(जो खिड़की से बाहर देखने में मसरूफ़ था) गर्द तो ऐसी उड़ रही है जैसे कि पूरा एक काफ़िला चला आ रहा हो मगर मुझे तो एक ही सवार नज़र आता है।

कर्नल—(खिड़की के पास जाकर) हाँ एक ही सवार है। सरपट घोड़ा दौड़ाए चला आ रहा है।

लेफ़्टीनेंट—और सीधा हमारी तरफ़ आता मालूम होता है (कर्नल ताली बजाकर सिपाही को बुलाता है)

कर्नल—(सिपाही से) सिपाहियों से कहो, इस सवार पर नज़र रखें कि यह किस तरफ जा रहा है (सिपाही सलाम करके चला जाता है)

लेफ़्टीनेंट—शुब्हे की तो कोई गुंजाइश ही नहीं तेज़ी से इसी तरफ़ आ रहा है। (टापों की आवाज़ बहुत करीब आकर रुक जाती है)

सवार—(बाहर से) मुझे कर्नल से मिलना है।

गोरा—(चिल्लाकर) बहुत खूब।

सवार—(बाहर से) सी।

गोरा—(अंदर आकर) हुज़ूर सवार आपसे मिलना चाहता है।

कर्नल—भेज दो।

लेफ़्टीनेंट—वज़ीर अली का कोई आदमी होगा हमसे मिलकर उसे गिरफ़्तार करवाना चाहता होगा।

(i) लेफ़्टीनेंट ने सवार को क्या समझा था?

(क) वज़ीर अली (ख) बंगाल का नवाब

(ग) जंगल का निवासी (घ) वज़ीर अली का आदमी

उत्तर: (घ) वज़ीर अली का आदमी

(ii) कर्नल ने सिपाही को क्यों बुलाया था?

(क) सवार पर नज़र रखने के लिए

(ख) सवार के बारे में पता करने के लिए

(ग) सवार को गिरफ्तार करने के लिए

(घ) सवार को बात-चीत के लिए बुलाने के लिए

उत्तर: (क) सवार पर नज़र रखने के लिए

(iii) गर्द को देखकर लेफ़्टीनेंट ने क्या अनुमान लगाया था?

(क) काफ़िले का अनुमान

(ख) सवार का अनुमान

(ग) अंग्रेज़ी सेना का अनुमान

(घ) उपर्युक्त सभी

उत्तर: (क) काफ़िले का अनुमान

(iv) सवार किससे मिलना चाहता था?

(क) लेफ़्टीनेंट से (ख) गवर्नर जनरल से

(ग) गोरा से (घ) कर्नल से

उत्तर: (घ) कर्नल से

(v) गद्यांश में आए शब्द 'गर्द' का अर्थ बताइए।

(क) गंदगी (ख) दुख

(ग) धूल (घ) बादल

उत्तर: (ग) धूल

41. लेफ़्टीनेंट —मगर वज़ीर अली की स्कीम क्या है?

कर्नल—स्कीम ये है कि किसी तरह नेपाल पहुँच जाए। अफ़गानी हमले का इंतज़ार करे, अपनी ताकत बढ़ाए, सआदत अली को उसके पद से हटाकर खुद अवध पर कब्ज़ा करे और अंग्रेजों को हिंदुस्तान से निकाल दे।

लेफ़्टीनेंट—नेपाल पहुँचना तो कोई ऐसा मुश्किल नहीं, मुमकिन है कि पहुँच गया हो।

कर्नल—हमारी फ़ौजें और नवाब सआदत अली खाँ के सिपाही बड़ी सख्ती से उसका पीछा कर रहे हैं। हमें अच्छी तरह मालूम है कि वो इन्हीं जंगलों में है। (एक सिपाही तेज़ी से दाखिल होता है)

(i) वज़ीर अली की क्या योजना थी?

(क) नेपाल पहुँचना (ख) काफिला पर पहुँचना

(ग) अफ़गानिस्तान पहुँचना (घ) जंगलों में पहुँचना

उत्तर: (क) नेपाल पहुँचना

(ii) वज़ीर अफगानी हमले का इंतजार क्यों करना चाहता था?

(क) लड़ाई लड़ने के लिए (ख) पद से हटाने के लिए

(ग) पीछा करने के लिए (घ) ताकत बढ़ाने के लिए

उत्तर: (घ) ताकत बढ़ाने के लिए

(iii) वज़ीर अली का पीछा कौन कर रहे थे?

(क) कर्नल की फ़ौजें (ख) सिपाही

(ग) काफिला (घ) अंग्रेज

उत्तर: (क) कर्नल की फौजें

(iv) अवध पर कब्जा किसे करना था?

(क) सआदत अली (ख) अंग्रेजों

(ग) आसिफ उद्दौला (घ) वज़ीर अली

उत्तर: (क) सआदत अली

पाठ से सम्बन्धित प्रश्नोत्तर

मौखिक प्रश्नोत्तर

निम्नलिखित प्रश्नों के उत्तर एक-दो पंक्तियों में दीजिए—

प्रश्न 42. कर्नल कालिंज का खेमा जंगल में क्यों लगा हुआ था?

उत्तर— कर्नल कालिंज को यह सूचना थी कि वज़ीर अली जंगल में ही कहीं छुपा हुआ है। अत: कर्नल उसे गिरफ़्तार करने के लिए खेमा लगाये हुए था।

प्रश्न 43. वज़ीर अली से सिपाही क्यों तंग आ चुके थे?

उत्तर— हफ़्तों से डेरा डालने और ढूँढ़ने के बावजूद भी वज़ीर अली पकड़ा नहीं जा रहा था। वह हर बार सिपाहियों की आँखों में धूल झोंकने में कामयाब हो जाता। अत: सिपाही वज़ीर अली से तंग आ चुके थे।

प्रश्न 44. कर्नल ने सवार पर नज़र रखने के लिए क्यों कहा?

उत्तर— कर्नल ने सवार पर नज़र रखने के लिए इसलिए कहा, ताकि वह यह देख सके कि सवार किस दिशा की तरफ़ जा रहा है और उसकी गतिविधियों की जाँच हो सके क्योंकि वह सवार वज़ीर अली का दूत या साथी हो सकता था। धूल के उड़ने से कर्नल ने अनुमान लगाया कि लोग ज्यादा हैं और सम्भवत: वज़ीर अली को ढूँढ़ रहे हैं।

प्रश्न 45. सवार ने क्यों कहा कि वज़ीर की गिरफ़्तारी बहुत मुश्किल है?

उत्तर— सवार और कोई नहीं खुद वज़ीर अली था। उसे अपने साहस और अपनी बुद्धिमानी पर पूरा विश्वास था। वह कर्नल को डराना और भ्रम में रखना चाहता था इसलिए उसने कहा कि वज़ीर अली की गिरफ़्तारी बहुत मुश्किल है।

लिखित प्रश्नोत्तर

(क) निम्नलिखित प्रश्नों के उत्तर (30-40) शब्दों में लिखिए—

प्रश्न 46. वज़ीर अली के अफ़साने सुनकर कर्नल को रॉबिनहुड की याद क्यों आ जाती थी?

उत्तर— वज़ीर अली और रॉबिनहुड में बहुत अधिक समानता थी। वज़ीर अली भी रॉबिनहुड की तरह साहसी, निडर और बहादुर था। वह दुश्मनों को चमक देकर भागने में कुशल होने का कारण अंग्रेज़ी सरकार की पकड़ में नहीं आ रहा था। इन्हीं कारणों से वज़ीर अली की बहादुरी के अफसाने सुनकर ही कर्नल को रॉबिनहुड की याद आती थी।

प्रश्न 47. सआदत अली कौन था? उसने वज़ीर अली की पैदाइश को अपनी मौत क्यों समझा?

उत्तर— सआदत अली वज़ीर का चाचा और नवाब आसिफउद्दौला का छोटा भाई था। आसिफउद्दौला की संतान के रूप में वज़ीर अली की पैदाइश के साथ सआदत अली के नवाब बनने की सम्भावना पूरी तरह समाप्त हो गई इसलिए उसने वज़ीर अली की पैदाइश को अपनी मौत समझा।

प्रश्न 48. सआदत अली को अवध के तख्त पर बिठाने के पीछे कर्नल का क्या मकसद था?

उत्तर— सआदत अली को अवध के तख्त पर बिठाने के पीछे कर्नल का मकसद अवध की धन, सम्पत्ति और सत्ता पर अधिकार करना था। सआदत अली लोभी, आलसी, आराम पसन्द और अंग्रेजों का गुलाम था। उसने अंग्रेजों को इसके लिए आधी सम्पत्ति और दस लाख रुपये दिये थे। इस तरह सआदत अली को गद्दी पर बैठाने से उन्हें लाभ ही लाभ था।

प्रश्न 49. कम्पनी के वकील का कत्ल करने के बाद वज़ीर अली ने अपनी हिफ़ाजत कैसे की?

उत्तर— कम्पनी के वकील का कत्ल करने के बाद वज़ीर अली अपने सिपाहियों के साथ आज़मगढ़ भाग गया और वहाँ के नवाब से सहायता पाकर सुरक्षित घाघरा पहुँच गया। वह ज़ंगलों में रहकर अंग्रेज़ों से लोहा लेने के लिए अपनी शक्ति बढ़ाने लगा। इस प्रकार वज़ीर अली ने अपनी हिफाज़त की।

प्रश्न 50. सवार के जाने के बाद कर्नल क्यों हक्का-बक्का रह गया?

उत्तर— सवार के जाने के बाद कर्नल हक्का-बक्का इसलिए रह गया, क्योंकि जिस वज़ीर अली को पकड़ने के लिए वह जंगल में हफ़्तों से खेमा डाले हुआ था वही सवार के रूप में बड़ी चतुराई और निडरता से कारतूस लेने कर्नल के खेमे में आ जाता है। वज़ीर अली बहुत हिम्मत वाला व्यक्ति था जाते समय कर्नल के द्वारा नाम पूछे जाने पर बड़ी सहज़ता से अपना नाम वज़ीर अली बताकर नौ दो ग्यारह हो जाता है।

(ख) निम्नलिखित प्रश्नों के उत्तर (80-100) शब्दों में लिखिए—

प्रश्न 51. लेफ्टीनेंट को ऐसा क्यों लगा कि कम्पनी के खिलाफ सारे हिन्दुस्तान में एक लहर दौड़ गई है?

उत्तर— वज़ीर अली के बारे में बात करते हुए कर्नल ने लेफ्टीनेंट को बताया कि कम्पनी के खिलाफ युद्ध करने के लिए केवल वज़ीर अली ही नहीं बल्कि दक्षिण में टीपू सुल्तान, बंगाल में नवाब का भाई शमसुद्दौला भी तैयार बैठा है साथ ही इन लोगों ने अफ़गानिस्तान के बादशाह शाहेज़मा को आक्रमण के लिए निमन्त्रण भी दे दिया है। इन सब बातों को सुनकर लेफ्टीनेंट को लगने लगा था अंग्रेजों को भारत से हटाने के लिए चारों

ओर से प्रयास किये जा रहे हैं और कम्पनी के खिलाफ पूरे हिन्दुस्तान में लहर-सी दौड़ गई है।

प्रश्न 52. वज़ीर अली ने कम्पनी के वकील का कत्ल क्यों किया?

उत्तर— अंग्रेजों ने वज़ीर अली का वज़ीफा मुकर्रर कर बनारस भेज दिया था और समय-समय पर उसे कोलकाता तलब करता रहता था। इसी क्रम में एक बार कोलकाता बुलवाये जाने पर वह कारण पता करने के लिए बनारस में रहने वाली कम्पनी के वकील के पास गया। वकील, कारण बताने की जगह उसे भला-बुरा कहने लगा। वज़ीर अली स्वाभिमानी था तथा वह कम्पनी से नफ़रत भी करता था। फलतः क्रोध में आकर उसने वकील का कत्ल कर दिया।

प्रश्न 53. सवार ने कर्नल से कारतूस कैसे हासिल किये?

उत्तर— सवार और कोई नहीं खुद वज़ीर अली था। वह अकेला ही घोड़े पर सवार होकर बड़ी ही निडरता से अंग्रेजों के खेमे में पहुँच गया और कर्नल को दिखाया कि वह भी वज़ीर अली के खिलाफ है और उसके साथ मिलकर वज़ीर अली को गिरफ़्तार करवाना चाहता है। उसने कर्नल से अकेले में मिलने के लिए कहा। कर्नल उसकी बात मान गया और वज़ीर अली के द्वारा दस कारतूस माँगने पर उसने दे दिये। इस तरह सवार ने कर्नल को पागल बनाकर उससे कारतूस हासिल किए।

प्रश्न 54. वज़ीर अली एक जाँबाज सिपाही था, कैसे? स्पष्ट कीजिए।

उत्तर— वास्तव में वज़ीर अली एक जाँबाज सिपाही था। उसमें शौर्य और साहस कूट-कूट कर भरा हुआ था। अंग्रेजों ने उसे अवध के तख्त से हटा दिया। परन्तु उसने हिम्मत नहीं हारी। कम्पनी के वकील द्वारा अपमानित किये जाने पर वह उसके घर में घुसकर हत्या कर देता है। अंग्रेज जंगलों में महीनों तक खाक छानते रहे पर वह हाथ नहीं आया। वह निर्भयता से अंग्रेजों के खेमे में घुसकर कर्नल को चकमा देकर उससे कारतूस भी ले लेता है और अपना परिचय भी दे देता है। इन घटनाओं से प्रमाणित हो जाता है कि वज़ीर अली एक जाँबाज सिपाही था।

(ग) निम्नलिखित पंक्तियों का आशय स्पष्ट कीजिए—

प्रश्न 55. मुट्ठीभर आदमी और इतना दमखम।

उत्तर— उपर्युक्त पंक्ति कर्नल के द्वारा वज़ीर अली के सन्दर्भ में कही गई है। वज़ीर अली बहुत ही साहस और शौर्य वाला व्यक्ति है। उसकी गजब की चुस्ती-फुर्ती और कौशल को देखकर कर्नल के मुँह से अनायास इस प्रकार के भाव निकल जाते हैं। वह थोड़े से सैनिकों के साथ जंगल में रह रहा था। अंग्रेजों की पूरी फौज उसका पीछा कर रही थी फिर भी उसे पकड़ नहीं पा रही थी। उसने अंग्रेजों की नाक में दम कर दिया था।

प्रश्न 56. गर्द तो ऐसे उड़ रही है जैसे कि पूरा एक काफिला चला आ रहा हो मगर मुझे तो एक ही सवार नज़र आता है।

उत्तर— उपर्युक्त पंक्ति लेफ्टीनेंट के द्वारा सवार के सन्दर्भ में कही गई है। वह सवार खुद वज़ीर अली अंग्रेजों के खेमे में अकेला ही आ रहा था, परन्तु इतनी तेज़ी से आ रहा था और इतनी धूल उड़ रही थी कि मानो कई सैनिक एक साथ आ रहे हों। वह दृश्य एक काफिले का प्रभाव उत्पन्न कर रहा था।

रचना और अभिव्यक्ति

भाषा अध्ययन

प्रश्न 57. निम्नलिखित शब्दों का एक-एक पर्याय लिखिए—

उत्तर—

खिलाफ़	—	विरुद्ध
पाक	—	पवित्र
उम्मीद	—	आशा
हासिल	—	प्राप्त
कामयाब	—	सफ़ल
वजीफ़ा	—	छात्रवृत्ति
नफ़रत	—	घृणा
हमला	—	आक्रमण
इंतजार	—	प्रतीक्षा
मुमकिन	—	सम्भव

प्रश्न 58. निम्नलिखित मुहावरों का अपने वाक्यों में प्रयोग कीजिए—

उत्तर— **(क) आँखों में धूल झोंकना**—शरारती बच्चे शिक्षक की आँखों में धूल झोंककर नकल कर लेते हैं।

(ख) कूट-कूट कर भरना—भारतीय सैनिकों में देश भक्ति की भावना कूट-कूट कर भरी होती है।

(ग) काम तमाम कर देना—सैनिकों ने आतंकवादियों का काम तमाम कर दिया।

(घ) जान बख्श देना—युद्ध क्षेत्र में शत्रु सैनिकों की जान नहीं बख्शनी चाहिए।

(ङ) हक्का-बक्का रह जाना—अचानक पुराने मित्र को सामने देख अमित हक्का-बक्का रह गया।

प्रश्न 59. निम्नलिखित वाक्यों में कारकों को रेखांकित कर उनके नाम लिखिए—

उत्तर— (क) जंगल <u>की</u> जिन्दगी बड़ी खतरनाक होती है।
—सम्बन्ध कारक

(ख) कम्पनी <u>के</u> खिलाफ सारे हिन्दुस्तान में एक लहर दौड़ गई।
—सम्बन्ध कारक और अधिकरण कारक

(ग) वज़ीर <u>को</u> उसके पद <u>से</u> हटा दिया गया।
—कर्म कारक और अपादान कारक

(घ) फौज़ <u>के लिए</u> कारतूस <u>की</u> आवश्यकता थी।
—सम्प्रदान कारक और सम्बन्ध कारक

(ङ) सिपाही घोड़े <u>पर</u> सवार था।
—अधिकरण कारक

प्रश्न 60. नीचे दिये गये वाक्यों में 'ने' लगाकर उन्हें दुबारा लिखिए—

उत्तर— (क) घोड़ा पानी पी रहा था। — घोड़े ने पानी पिया।

(ख) बच्चे दशहरे का मेला देखने गये।— बच्चों ने दशहरे का मेला देखा।

(ग) रॉबिनहुड गरीबों की मदद करता था।— रॉबिनहुड ने गरीबों की मदद की।

(घ) देशभर के लोग उसकी प्रशंसा कर रहे थे। — देशभर के लोगों ने उसकी प्रशंसा की।

प्रश्न 61. निम्नलिखित वाक्यों में उचित विराम-चिन्ह लगाइए—

उत्तर— (क) कर्नल ने कहा, "सिपाहियो! इस पर नज़र रखो। ये किस तरफ़ जा रहा है?"

(ख) सवार ने पूछा, "आपने इस मुकाम पर क्यों खेमा डाला है? इतने लावलश्कर की क्या जरूरत है?"

(ग) खेमे के अन्दर दो व्यक्ति बैठे बातें कर रहे थे। चाँदनी छिटकी हुई थी और बाहर सिपाही पहरा दे रहे थे। एक व्यक्ति कह रहा था, "दुश्मन कभी भी हमला कर सकता है।"

परियोजना कार्य

प्रश्न 62. 'कारतूस' एकांकी का मंचन अपने विद्यालय में कीजिए।

उत्तर— हिन्दी अध्यापक/अध्यापिका की सहायता से विद्यार्थी स्वयं करेंगे।

प्रश्न 63. 'एकांकी' और 'नाटक' में क्या अन्तर है? कुछ नाटकों और एकांकियों की सूची तैयार कीजिए।

उत्तर— 'एकांकी' नाम से ही स्पष्ट है—एक + अंकी, अर्थात् एक अंक वाली। ऐसा छोटा-सा नाटक जिसमें एक अंक हो तथा जिसमें जीवन की किसी समस्या या घटना का चित्रण हो, उसे एकांकी कहते हैं इसके मंचन के लिए कम पात्रों, कम समय तथा कम साज-सज्जा की आवश्यकता होती है।

नाटक बड़ी रचना होती है। नाटक एक दृश्य-श्रव्य रचना होती है। इसमें पाँच या उससे अधिक अंक होते हैं। नाटक में एक मुख्य कहानी तथा उससे जुड़ी अन्य कहानियाँ भी हो सकती हैं। इसमें जीवन विभिन्न पहलुओं का चित्रण अनेक दृश्यों और अंकों में किया जाता है। इसके मंचन के लिए अनेक पात्रों, अधिक समय तथा ढेर सारी साज-सज्जा की आवश्यकता होती है।

कुछ प्रमुख एकांकियों के नाम—एक घूँट, गुन्नौर की रानी, पृथ्वीराज की आँखें, एक तोले अफीम की कीमत, संस्कार या भावना, सुहाग की बिन्दी इत्यादि।

कुछ प्रमुख नाटकों के नाम—चन्द्रगुप्त, अंधेर नगरी, ध्रुवस्वामिनी, अंधा युग, आषाढ़ का एक दिन, कबीरा खड़ा बाजार में, महाभोज इत्यादि।

परीक्षोपयोगी महत्वपूर्ण प्रश्नोत्तर

लघु उत्तरीय प्रश्न

प्रश्न 64. सन् 1799 में अंग्रेजों के भय को किसने लगभग समाप्त कर दिया था?

उत्तर— सन् 1799 में अंग्रेजों के भय को वज़ीर अली ने अपने 5 माह के शासन काल में ही अवध राज्य से लगभग समाप्त कर दिया था।

प्रश्न 65. वज़ीर अली कौन था? अंग्रेज उसे क्यों पकड़ना चाहते थे?

उत्तर— वज़ीर अली अवध के शासक आसिफउद्दौला का पुत्र और सआदत अली का भतीजा था। उसने पाँच माह तक अवध पर शासन भी किया। वह भारत से अंग्रेजों को भगाना चाहता था तथा उसके मन में अंग्रेजों के प्रति घृणा भरी थी। वज़ीर अली ने कम्पनी के वकील की हत्या भी कर दी थी, इसलिए अंग्रेज़ उसे पकड़ना चाहते थे।

प्रश्न 66. सआदत अली वज़ीर अली को अपना दुश्मन क्यों मानता था?

उत्तर— वज़ीर अली के जन्म के बाद सआदत अली का अवध का नवाब बनना लगभग नामुमकिन था, अतः वह वज़ीर अली को अपना दुश्मन मानता था।

प्रश्न 67. वज़ीर अली को पकड़ने के लिए अंग्रेजों द्वारा किये गये प्रयासों को लिखिए।

उत्तर— लगभग सन् 1799 के आसपास वज़ीर अली अंग्रेज़ों का सबसे बड़ा दुश्मन था। उसने अंग्रेज़ों की नाक में दम कर रखा था। अंग्रेज़ों ने भी उसे पकड़ने के लिए पूरा दम लगा रखा था। वकील की हत्या करने के बाद जब वज़ीर अली जंगलों में जा छिपा तो अंग्रेज़ सैनिक भी अपने कर्नल और लेफ़्टीनेंट के साथ वहीं जंगल में खेमा डालकर वज़ीर अली को पकड़ने का निरर्थक प्रयास कर रहे थे।

प्रश्न 68. वज़ीर अली ने अफ़गानिस्तान के शासक शाहेज़मा को भारत आने के लिए क्यों निमन्त्रित किया?

उत्तर— अफ़गानिस्तान के शासक शाहेज़मा को वज़ीर अली ने भारत आने के लिए इसलिए निमन्त्रित किया ताकि वह उसका साथ पाकर अंग्रेज़ों पर हमला कर दे। वह चाहता था कि वह शाहेज़मा के सहयोग से अंग्रेज़ों को भारत से भगा दे और फिर से अपनी खोई सत्ता हासिल कर ले।

प्रश्न 69. पाठ में बक्सर और प्लासी के सन्दर्भ में क्या कहा गया है?

उत्तर— लार्ड क्लाइव के नेतृत्व में अंग्रेज़ों ने बक्सर और प्लासी में लड़ाई जीतकर लगभग पूरे भारत पर आधिपत्य स्थापित कर लिया था। वज़ीर अली यदि अपनी योजना में कामयाब हो जाता था तो तत्कालीन वायसराय के नेतृत्व में अंग्रेज़ों की बेइज्जती हो जाती। इसी तथ्य की ओर कर्नल ने लेफ़्टीनेंट का ध्यान आकर्षित किया था।

प्रश्न 70. वज़ीर अली सआदत अली से नफरत क्यों करता था?

उत्तर— सआदत अली आराम पसन्द और अंग्रेज़ों का गुलाम था। सआदत अली और अंग्रेज़ों के आपसी तालमेल के कारण उसे दर-दर भटकना पड़ रहा था, इसलिए वज़ीर अली सआदत अली से नफ़रत करता था।

प्रश्न 71. सआदत अली को अवध की सत्ता पर बैठाने से अंग्रेजों को क्या लाभ हुआ?

उत्तर— सआदत अली कामचोर और आराम पसन्द व्यक्ति था। सआदत अली को अवध की सत्ता पर बैठाने से अंग्रेज़ों को कई लाभ हुए। सबसे पहले इसके द्वारा उसने वज़ीर अली को सामर्थ्यहीन कर दिया। साथ ही अंग्रेजों को अवध की आधी

ज़ायदाद और दौलत के अलावा दस लाख रुपये नकद भी मिले। सआदत अली कोई काम नहीं करना चाहता था, अत: अवध पर परोक्ष रूप से अंग्रेज़ों का ही शासन था।

प्रश्न 72. 'कारतूस' पाठ में सआदत अली को किस प्रकार का व्यक्ति बताया गया है?

उत्तर— सआदत अली अवध के नवाब आसिफ़उद्दौला का छोटा भाई था। आसिफउद्दौला के कोई लड़का न था। अत: सआदत अली यह मान बैठा था कि बड़े भाई के बाद वही अवध का नवाब बनेगा, परन्तु जब वज़ीर अली का जन्म हुआ तो उसके सपने चकनाचूर हो गए। सआदत अली कर्नल का दोस्त भी था। कर्नल ने उसे अपने स्वार्थ की सिद्धि के लिए अवध के तख्त पर बिठाया था। सआदत अली एक ऐश पसन्द आदमी था।

प्रश्न 73. कर्नल ने सिपाहियों से सवार पर नज़र रखने के लिए क्यों कहा?

उत्तर— कर्नल वज़ीर अली की बहादुरी और चालाकी से वाकिफ़ था। वह सवार वज़ीर अली का कोई दूत या जानकार हो सकता था। अत: उसने सिपाहियों से सवार पर नज़र रखने के लिए कहा।

दीर्घ उत्तरीय प्रश्न

प्रश्न 74. सआदत अली का चरित्र कैसा था?

उत्तर— सआदत अली का चरित्र उत्तम नहीं था। वह सत्ता का लोभी था। उसकी प्रवृत्ति षड्यन्त्रकारी थी। एक षड्यन्त्र के द्वारा ही वह अंग्रेज़ों से मिलकर वज़ीर अली को अवध के तख्त से बेदखल कर खुद नवाब बन जाता है। वह अव्वल दर्ज़े का आलसी और कामचोर है तभी तो अवध पर उसका शासन नाममात्र का रह जाता है और असली शासन अंग्रेज़ों का चलता है उसकी गुलामी और ऐश पसन्द होने की वजह से ही कर्नल उसको अपना दोस्त और वज़ीर अली को दुश्मन मानता है, इस प्रकार सआदत अली का चरित्र अनेक प्रकार के दोषों का समूह था।

प्रश्न 75. अंग्रेज़ों को भारत से बाहर निकालने के लिए वज़ीर अली की क्या योजना थी?

उत्तर— वज़ीर अली अंग्रेजों की नीयत को समझ चुका था। अंग्रेज़ केवल भारत को लूटना चाहते थे अत: वह किसी भी परिस्थिति में उनकी अधीनता स्वीकार नहीं करना चाहता था। इसके लिए वह पहले नेपाल जाना चाहता था तथा वहाँ से भारतीय शासकों के साथ अफगानिस्तान के शासक शाहेज़मा को भी भारत पर हमला करने के लिए आमन्त्रित करना चाहता था। वज़ीर अली बहुत ही साहसी और चतुर था।

प्रश्न 76. 'कारतूस' पाठ के आधार पर वज़ीर अली का चरित्र-चित्रण करें।

उत्तर— वज़ीर अली बहुत ही साहसी, वीर महत्वाकांक्षी और स्वाभिमानी शासक था। वज़ीर अली कर्नल के कैंप में घुसकर बहुत ही बुद्धिमानी से कारतूस ले आता है और अपनी परिचय भी दे देता है। अपमानित होने पर अपने स्वाभिमान को बचाने के लिए वह कम्पनी के वकील की हत्या करने में भी संकोच नहीं करता है। वज़ीर अली अपनी वीरता के कारण अन्तिम समय तक अंग्रेज़ों को देश से खदेड़ने के लिए तैयार रहता है। अपनी महत्वाकांक्षा के कारण ही वह अवध का शासक बनना चाहता है।

प्रश्न 77. लेखक हबीब तनवीर ने 'कारतूस' पाठ के द्वारा पाठकों को क्या सन्देश दिया है?

उत्तर— लेखक ने 'कारतूस' पाठ के माध्यम से आज़ादी के महत्व को बताने का सफल प्रयास किया है। साथ ही इस पाठ में लेखक ने मनुष्य को अपना स्वाभिमान नहीं खोने का भी संकेत दिया है। वज़ीर अली के माध्यम से लेखक ने पूरे पाठ में नायक को अपने स्वाभिमान और मातृभूमि की रक्षा के लिए संघर्ष करते हुए दिखाया हैं। पाठ में निहित सन्देश है कि मानव को सर्वदा अपनी मातृभूमि और स्वाभिमान की रक्षा के लिए सदैव तत्पर रहना चाहिए। हमें देशप्रेम, देशभक्ति, साहस, त्याग जैसी मानवीय मूल्य से सम्बन्धित भावनाओं का पालन दृढ़ता से करना चाहिए।

प्रश्न 78. वज़ीर अली कौन था? उसके चरित्र की क्या विशेषताएँ हैं? अपने शब्दों में सोदाहरण स्पष्ट कीजिए।

उत्तर— वज़ीर अली, नवाब आसिफ़उद्दौला का इकलौता बेटा और अवध का बादशाह था। उसे पकड़ना अंग्रेज़ों के लिए बहुत मुश्किल था, कई सालों से वे वज़ीर अली को पकड़ना चाह रहे थे, परन्तु निडरता, बहादुरी और जाँबाजी के कारण, वे वज़ीर अली को छू तक नहीं पा रहे थे।

निडरता—वज़ीर अली एक निडर सिपाही था जो अंग्रेज़ों से बहुत नफरत करता था, इसलिए उसने खुलेआम अंग्रेज़ों के वकील का कत्ल कर डाला।

बहादुर—वज़ीर अली की बहादुरी को किसी उदाहरण की आवश्यकता नहीं है। उनकी बहादुरी के किस्से अंग्रेज़ी खेमों में प्राय: ही सुने और सुनाए जाते थे। वजीर अली अपनी बहादुरी के दम पर ही अंग्रेजों के खेमे से, उनके कारतूस उन्हीं के हाथों से लेकर गया था और कर्नल देखता रह गया था।

जाँबाज सिपाही—वज़ीर अली एक जाँबाज़ अर्थात् जान की बाजी लगा देने वाला सिपाही था। वह अंग्रेज़ों को खूब छका रहा था और अपनी जान की परवाह किए बगैर कर्नल कालेज के खेमे में घुस गया था।

❑❑

हरिहर काका

Chapter 1

लेखक–मिथिलेश्वर

पाठ का सारांश

कथावाचक और हरिहर काका की उम्र में काफी अंतर होने के बावजूद वह उनका पहला मित्र था। महंत और हरिहर काका के भाई ने अपना लक्ष्य साधने के लिए हरिहर काका के साथ बुरा व्यवहार किया। हरिहर काका अनपढ़ थे पर उनको दुनिया की बेहतर समझ थी। उन्होंने अपने अनुभव से सीखा था कि सम्पत्ति छिन जाने के बाद व्यक्ति की बड़ी दुर्दशा होती है। वे अनेक लोगों के बारे में जानते थे जिनकी सम्पत्ति अपने नाम लिखवाने के बाद उनके घर वालों ने उनकी हालत कुत्ते से भी बदतर कर दी थी। इसलिए उन्होंने तय कर लिया था कि जीते जी वे अपनी जायदाद किसी के नाम नहीं लिखेंगे। ठाकुरबारी की घटना के बाद उन्हें पता चल गया कि कोई उन्हें मार नहीं सकता था, सिर्फ धमका सकता था। इसलिए उन्हें मृत्यु का भय नहीं था और उन्हें अपने भाइयों को इस बात के बारे में चुनौती भी दी थी। हरिहर काका को जब यह असलियत पता चली कि सब लोग उनकी जायदाद के पीछे पड़े हैं तो उन्हें उन सब लोगों की याद आई जिन्होंने अपने परिवार के मोह में आकर अपनी जमीन उनके नाम कर दी थी और अपने अंतिम दिन तक कष्ट भोगते रहे। वे लोग भोजन तक के लिए तरसते रहे। इसलिए उन्होंने सोचा कि ऐसा जीवन व्यतीत करने से तो एक बार मरना अच्छा है। उन्होंने तय किया कि जीते जी किसी को जमीन नहीं देंगे। वे मरने को तैयार थे। इसीलिए लेखक कहते हैं कि अज्ञान की स्थिति में मनुष्य मृत्यु से डरता है परन्तु ज्ञान होने पर मृत्यु वरण को तैयार करता है।

शब्द सम्पदा

तबियत = शरीर की स्थिति, मन की स्थिति। **यंत्रणा** = यातना, कलेश, कष्ट। **मन:स्थिति** = मन की स्थिति। **चंद** = कुछ। **आसक्ति** = लगाव। **व्यावहारिक** = व्यवहार सम्बन्धी। **वैचारिक** = विचार सम्बन्धी। **दुलार** = प्यार। **सयाना** = वयस्क। **बुद्धिमान** = समझदार। **प्रतीक्षा** = इंतजार। **फिलहाल** = अभी, इस समय। **मझधार** = बीच में (जल प्रवाह या भवसागर के मध्य में)। **विलीन** = लुप्त हो जाना। **विकल्प** = दूसरा उपाय। **उक्ति** = कथन, वाक्य। **ठाकुरबारी** = देवस्थान। **प्रचलित** = चलनसार। **जाग्रत** = जगाना। **कलेवर** = शरीर, देह, ऊपरी ढाँचा। **मनौती** = मन्नत। **परंपरा** = प्रथा, प्रणाली। **अधिकांश** = ज्यादातर। **समिति** = संस्था। **संचालन** = नियंत्रण, चलाना। **नियुक्ति** = तैनाती, लगाया गया। **विमुख** = प्रतिकूल। **चपेट** = आघात, प्रहार। **अहाता** = चारों ओर से दीवारों से घिरा हुआ मैदान। **अखंड** = निर्विघ्न। **दवनी** = गेहूँ, धान निकालने की प्रक्रिया। **अगउम** = प्रयोग में लाने से पहले देवता के लिए निकाला गया अंश। **घनिष्ठ** = अत्यधिक निकटता। **प्रवचन** = वेद, पुराण आदि का उपदेश करना। **सार्थक** = उद्देश्य वाला। **परिस्थितिवश** = परिस्थितियों के कारण। **फूटी आँखों न सुहाना** = थोड़ा भी अच्छा न लगना। **दोनों जून** = दोनों वक्त। **अलावा** = अतिरिक्त। **क्लर्की** = लिपिक, कर्मचारी। **प्रतीक्षारत** = इंतजार करना। **इत्मीनान** = तसल्ली। **व्यंजन** = अच्छा खाना। **संतोष** = तृप्ति, प्रसन्नता, हर्ष। **मशगूल** = व्यक्त। **धमाचौकड़ी** = उछल-कूद। **दालान** = बरामदा। **मोहभंग** = प्रेम की भ्रान्ति का नाश। **विस्फोट** = फूटकर बाहर निकलना। **आगमन** = आने पर। **उपलक्ष्य** = संकेत। **सराहना** = प्रशंसा। **निश्चित** = बेफिक्र। **विराजमान** = उपस्थिति। **हुमाध** = हवन में प्रयुक्त होने वाली सामग्री। **कान खड़े होना** = सावधान होना। **तत्क्षण** = उसी समय। **योग** = किस्मत। **एकांत** = खाली। **स्वार्थ** = अपना मतलब। **संकोच** = झिझक। **बैकुंठ** = स्वर्ग। **कीर्ति** = प्रसिद्धि, ख्याति। **पाँव पखारना** = पाँव धोना। **अकारथ** = अकारण। **प्रतिक्रिया** = प्रतिकार, बदला, क्रिया के विरोध में होने वाली घटना। **परिवर्तित** = बदला हुआ। **इंतजाम** = प्रबंध। **चिंतामग्न** = सोच में पड़ना। **शंकालु** = संदेह करने वाला। **बेचैन** = व्याकुल। **भावी आशंका** = भविष्य की चिंता। **मथना** = बार-बार सोचना। **पसीज** = में दया का भाव जागना। **याचना** = माँगना। **आवभगत** = सत्कार। **मुस्तैद** = कमर कस कर तैयार रहना। **श्रद्धा** = आदरपूर्ण आस्था या विश्वास। **निरंतर** = लगातार। **तथ्य** = वास्तविक घटना। **वाकिफ** = परिचित। **अवगत** = जाना हुआ। **कीर्ति** = प्रसिद्धि, ख्याति। **अचल** = गतिहीन। **समाधान** = उपाय। **प्रत्यक्ष** = जो सामने दिखाई दे। **परोक्ष** = जो सामने दिखाई न दे। **हिमायती** = तरफदारी करने वाला, पक्षपाती। **टोह** = खोज। **विलम्ब** = देर। **बय** = वसीयत। **जागरूक** = सावधान। **रहस्यात्मक** = राज की भरी हुई। **भयावनी** = डरावनी। **आच्छादित** = छाया हुआ।

बहुविकल्पीय प्रश्न

1. लेखक के साथ हरिहर काका का संबंध कैसा था?

(क) पिता और पुत्र की तरह

(ख) मित्र की तरह

(ग) शिक्षक की तरह

(घ) पड़ोसियों की तरह

उत्तर: (ख) मित्र की तरह

2. हरिहर काका के भाई उनके साथ किस प्रकार का व्यवहार करते थे?

(क) प्रेमपूर्ण व्यवहार (ख) घृणित व्यवहार
(ग) दिखावापूर्ण व्यवहार (घ) क्रोधपूर्ण व्यवहार

उत्तर: (ग) दिखावापूर्ण व्यवहार

3. 'हरिहर काका' पाठ के आधार पर बताइए कि किसी भी धार्मिक स्थान का समाज में क्या महत्व होता है?

(क) धर्म के प्रति आस्था जगाना
(ख) धार्मिक स्थान का विस्तार करना
(ग) धन इकट्ठा करना
(घ) लोगों की सेवा करना

उत्तर: (क) धर्म के प्रति आस्था जगाना

4. लेखक ठाकुरबारी क्यों जाते थे?

(क) भक्ति भावना के लिए
(ख) साधु-संतों से मिलने के लिए
(ग) घूमने के लिए
(घ) मन बहलाने के लिए

उत्तर: (घ) मन बहलाने के लिए

5. लेखक को ठाकुरबारी के साधु-संत क्यों नहीं भाते थे?

(क) भजन-कीर्तन करने के कारण
(ख) पूजा-पाठ करने के कारण
(ग) कामचोर होने के कारण
(घ) कथा वाचन करने के कारण

उत्तर: (ग) कामचोर होने के कारण

6. हरिहर काका ने ठाकुरबारी जाना बंद क्यों कर दिया है?

(क) ठाकुरबारी की असलियत जानने के कारण
(ख) अस्वस्थ रहने के कारण
(ग) घर से बाहर न निकलने के कारण
(घ) भाइयों की अनुमति न होने के कारण

उत्तर: (क) ठाकुरबारी की असलियत जानने के कारण

7. महंत लोगों को कैसे फँसाते थे?

(क) धर्म का भय दिखाकर(ख) धोखे से
(ग) ये सभी (घ) इनमें से कोई नहीं

उत्तर: (क) धर्म का भय दिखाकर

8. हरिहर काका के भाइयों ने अपनी-अपनी पत्नियों को उनकी सेवा करने की सीख क्यों दी थी?

(क) शांति बनाए रखने के लिए।
(ख) भाई की परवाह होने के कारण।
(ग) ज़मीन के लालच के कारण।
(घ) भाई से प्रेम करने के कारण

उत्तर: (ग) ज़मीन के लालच के कारण।

9. भाइयों की पत्नियों पर हरिहर काका ने क्रोध क्यों किया था?

(क) रूखा-सूखा भोजन देने के कारण
(ख) हरिहर काका को खाना न देने के कारण
(ग) घर में न आने देने के कारण
(घ) महंत को दान न देने के कारण

उत्तर: (क) रूखा-सूखा भोजन देने के कारण

10. हरिहर काका के भाइयों के परिवार के साथ लड़ाई की बात सुनकर महंत को कैसा प्रतीत हुआ?

(क) अनुचित घटना के समान
(ख) सुनहरे अवसर के समान
(ग) मज़ाक के समान
(घ) कोई असर नहीं हुआ

उत्तर: (ख) सुनहरे अवसर के समान

11. लड़ाई की बात सुनकर महंत ने क्या किया?

(क) हरिहर काका को ठाकुरबारी ले आए
(ख) हरिहर काका के क्रोध को शांत किया
(ग) हरिहर काका को उनके घर ले गए
(घ) हरिहर काका को छोड़ दिया

उत्तर: (क) हरिहर काका को ठाकुरबारी ले आए

12. ठाकुरबारी में पूजा पाठ के अलावा और क्या होता था?

(क) धन-संपत्ति धर्म के नाम पर लूटी जाती
(ख) अनैतिक गतिविधियाँ
(ग) ये सभी
(घ) इनमें से कोई नहीं

उत्तर: (क) धन-संपत्ति धर्म के नाम पर लूटी जाती।

13. महंत ने हरिहर काका का अपहरण क्यों करवाया था?

(क) हरिहर काका की ज़मीन को हथियाने के लिए
(ख) हरिहर काका की ज़मीन को भाइयों से बचाने के लिए
(ग) भाइयों की असलियत उनके सामने लाने के लिए
(घ) ठाकुरबारी की सुरक्षा के लिए

उत्तर: (क) हरिहर काका की ज़मीन को हथियाने के लिए

14. महंत ने हरिहर काका की पत्नियों की मृत्यु और पुत्र न होने का क्या कारण बताया?

(क) भाइयों का षड्यंत्र (ख) बीमारी
(ग) ठाकुरजी की कृपा (घ) पूर्वजन्म का पाप

उत्तर: (घ) पूर्वजन्म का पाप

15. हरिहर काका जब घर वापस गए तो उन्हें घर का वातावरण अच्छा लगा। इसका वास्तविक कारण क्या था?

(क) महंत की कृपा (ख) ईश्वर की कृपा
(ग) भाइयों का प्रेम (घ) ज़मीन का लालच

उत्तर: (घ) ज़मीन का लालच

16. हरिहर काका जब घर वापस गए तो उन्हें घर का वातावरण अच्छा लगा। इसका कारण वे क्या मान रहे थे?

(क) महंत की कृपा (ख) ईश्वर की कृपा
(ग) भाइयों का प्रेम (घ) ज़मीन का लालच

उत्तर: (क) महंत की कृपा

17. ठाकुरबारी से लौटने के बाद हरिहर काका के घर में किस प्रकार का बदलाव आया?

(क) सभी उनका अपमान करने लगे

(ख) सभी ने उन पर क्रोध किया

(ग) सभी उनका सम्मान करने लगे

(घ) उनसे किसी ने बात नहीं की

उत्तर: (ग) सभी उनका सम्मान करने लगे

18. हरिहर काका अपनी सम्पत्ति भाइयों के नाम क्यों नहीं करना चाहते थे?

(क) भाइयों की असलियत पता होने के कारण

(ख) महंत की नाराज़गी के भय के कारण

(ग) अलग रहने की इच्छा के कारण

(घ) ठाकुरबारी को ज़मीन दे देने के कारण

उत्तर: (क) भाइयों की असलियत पता होने के कारण

19. हरिहर काका ने मौन क्यों धारण कर लिया था?

(क) अपनों के द्वारा विश्वासघात किए जाने की पीड़ा के कारण

(ख) महंत के द्वारा विश्वासघात किए जाने की पीड़ा के कारण

(ग) ठाकुरबारी की असलियत पता चलने के कारण

(घ) ज़मीन हाथ से निकल जाने के कारण

उत्तर: (क) अपनों के द्वारा विश्वासघात किए जाने के कारण

20. इन दिनों गाँव में चर्चा का विषय क्या था?

(क) ठाकुरबारी (ख) महंत

(ग) हरिहर काका (घ) आस-पास के गाँव

उत्तर: (ग) हरिहर काका

21. हरिहर काका की ज़मीन के प्रति महंत क्यों आकर्षित था?

(क) मंदिर बनवाने के लिए

(ख) ठाकुरबारी के विकास के लिए

(ग) गाँव के विकास के लिए

(घ) धन-लालसा के कारण

उत्तर: (घ) धन-लालसा के कारण

22. गाँव में ठाकुरबारी का इतनी जल्दी इतना विकास होने का क्या कारण है?

(क) गाँव वालों के मन में धर्म के प्रति आस्था

(ख) महंत की मेहनत

(ग) ठाकुरजी की कृपा

(घ) साधु-संतों की श्रद्धा

उत्तर: (क) गाँव वालों के मन में धर्म के प्रति आस्था

23. गाँव में किस प्रकार के लोगों का यह मानना है कि ज़मीन ठाकुरबारी को मिलनी चाहिए?

(क) हरिहर काका के शुभचिंतकों का

(ख) धार्मिक प्रवृत्ति के लोगों का

(ग) पारिवारिक लोगों का

(घ) निष्पक्ष लोगों का

उत्तर: (ख) धार्मिक प्रवृत्ति के लोगों का

24. भाइयों द्वारा किए गए अत्याचार के बाद हरिहर काका ने कौन-सा निर्णय लिया?

(क) भाइयों को क्षमा करने का निर्णय

(ख) अकेले रहने का निर्णय

(ग) ठाकुरबारी में रहने का निर्णय

(घ) लेखक के साथ रहने का निर्णय

उत्तर: (ख) अकेले रहने का निर्णय

25. हरिहर काका दुनियादारी की बेहतर समझ रखते थे, क्यों?

(क) अनपढ़ होने के कारण

(ख) पढ़े-लिखे होने के कारण

(ग) अच्छे-बुरे अनुभवों के कारण

(घ) ईश्वर कृपा के कारण।

उत्तर: (ग) अच्छे-बुरे अनुभवों के कारण

26. भाइयों से अलग होने के बाद हरिहर काका की देखभाल कौन करता था?

(क) लेखक (ख) ठाकुरबारी के महंत

(ग) गाँव वाले (घ) नौकर

उत्तर: (घ) नौकर

27. हरिहर काका कहानी के लेखक कौन हैं?

(क) गुरदयाल सिंह (ख) मिथिलेश्वर

(ग) दयाल सिंह (घ) इनमें से कोई नहीं

उत्तर: (ख) मिथिलेश्वर

28. गाँव के लोग किस भय से आतंकित हैं?

(क) हरिहर काका की मृत्यु के बाद होने वाले युद्ध के भय से

(ख) ठाकुरबारी की प्रतिक्रिया के भय से

(ग) भाइयों की योजना के भय से

(घ) हरिहर काका के मौन धारण के भय से

उत्तर: (क) हरिहर काका की मृत्यु के बाद होने वाले युद्ध के भय से

29. महंत तथा हरिहर काका के भाइयों को किस बात का अफसोस हो रहा था?

(क) हरिहर काका के साथ किए गए दुर्व्यवहार का

(ख) हरिहर काका को जीवित छोड़ने का

(ग) संपत्ति हाथ न लगने का

(घ) पुलिस को बुलाने का

उत्तर: (ख) हरिहर काका को जीवित छोड़ने का

30. 'हरिहर काका' पाठ के आधार पर बताइए कि समाज में रिश्ते क्यों महत्वपूर्ण हैं?

(क) अकेलेपन से बचने के लिए

(ख) एक-दूसरे का साथ देने के लिए

(ग) स्वार्थपूर्ति के लिए

(घ) धार्मिक संस्कारों के लिए

उत्तर: (ख) एक-दूसरे का साथ देने के लिए

31. 'हरिहर काका' पाठ के आधार पर बताइए कि समाज में पारिवारिक असंतोष का मुख्य कारण क्या है?

(क) धार्मिक संस्कारों में हो रही कमी

(ख) एक-दूसरे को न देख पाना

(ग) अधिक काम करना

(घ) बुजुर्गों को सम्मान न मिलना

उत्तर: (घ) बुजुर्गों को सम्मान न मिलना

32. हरिहर काका के भाई और ठाकुरबारी के महंत में क्या समानता है?

(क) दोनों गृहस्थ हैं

(ख) दोनों की ईश्वर पर अपार श्रद्धा है

(ग) दोनों नास्तिक हैं

(घ) दोनों लालची हैं

उत्तर: (घ) दोनों लालची हैं

33. हरिहर काका किस प्रकार के व्यवहार के अधिकारी थे?

(क) सम्मानपूर्ण व्यवहार (ख) अपमानपूर्ण व्यवहार

(ग) क्रोधपूर्ण व्यवहार (घ) इनमें से कोई भी नहीं

उत्तर: (क) सम्मानपूर्ण व्यवहार

34. पाठ के अनुसार बताइए कि हरिहर काका की सम्पत्ति का वास्तविक अधिकारी कौन है?

(क) महंत (ख) हरिहर काका

(ग) ठाकुरबारी (घ) हरिहर काका के भाई

उत्तर: (ख) हरिहर काका

35. हरिहर काका की संपत्ति का उपभोग कौन कर रहा है?

(क) पुलिस के जवान

(ख) हरिहर काका के भाई

(ग) ठाकुरबारी के साधु-संत

(घ) हरिहर काका

उत्तर: (क) पुलिस के जवान

36. ठाकुरबारी के प्रति गाँव वालों के मन में क्या है ?

(क) अपार श्रद्धा (ख) घृणा

(ग) नफरत (घ) प्रेम

उत्तर: (क) अपार श्रद्धा

37. ठाकुरबारी के गाँव के लोगों ने मन्दिर कैसे बनवाया था ?

(क) पैसों से (ख) ठाकुर के पैसों से

(ग) चन्दा इकठा करके (घ) इनमें से कोई नहीं

उत्तर: (ग) चन्दा इकठा करके।

38. गाँव के लोग अपनी सफलता का श्रेय किसको देते हैं ?

(क) सरपंच को (ख) ठाकुरबारी जी को

(ग) स्वयं को (घ) इनमें से कोई नहीं

उत्तर: (ख) ठाकुरबारी जी को

39. ठाकुरबारी में लोग अपनी श्रद्ध कैसे व्यक्त करते हैं ?

(क) रुपए देकर (ख) जेवर

(ग) अन्न देकर (घ) ये सभी

उत्तर: (घ) ये सभी।

40. ठाकुरबारी के नाम पर कितने खेत हैं ?

(क) 10 बीघा (ख) 20 बीघा

(ग) 30 बीघा (घ) 2 बीघा

उत्तर: (ख) 20 बीघा

41. गाँव वालों की अपार श्रद्धा से उनकी किस मनोवृत्ति का पता चलता है ?

(क) अन्ध भक्ति (ख) अविश्वास

(ग) धार्मिक प्रवृत्ति का (घ) विश्वास की

उत्तर: (ग) धार्मिक प्रवृत्ति का।

42. महंत और हरिहर काका के भाई एक ही श्रेणी के क्यों हैं ?

(क) दोनों दुर्व्यवहार करते हैं

(ख) दोनों ने जमीन हथियाने का षड्यन्त्र किया

(ग) (क) एवं (ख) दोनों

(घ) उपर्युक्त में से कोई नहीं

उत्तर: (ग) (क) एवं (ख) दोनों

43. महंत ने हरिहर काका की किस परिस्थिति का लाभ उठाया ?

(क) पारिवारिक मजबूरी का

(ख) गरीबी का

(ग) पारिवारिक नाराजगी का

(घ) नाराजगी का

उत्तर: (ग) पारिवारिक नाराजगी का

44. महंत ने हरिहर काका को किस आधार पर ब्लैकमेल किया?

(क) भावनात्मक आधार पर(ख) परिवार के नाम पर

(ग) धर्म के नाम पर (घ) इनमें से कोई नहीं

उत्तर: (ग) धर्म के नाम पर।

गद्यांश पर आधारित बहुविकल्पीय प्रश्न

निम्नलिखित गद्यांशों को ध्यानपूर्वक पढ़कर दिए गए प्रश्नों के लिए सही विकल्प चुनिए—

45. हरिहर काका के यहाँ से मैं अभी-अभी लौटा हूँ। कल भी उनके यहाँ गया था, लेकिन न तो वह कल ही कुछ कह सके और न आज ही। दोनों दिन उनके पास मैं देर तक बैठा रहा, लेकिन उन्होंने कोई बातचीत नहीं की। जब उनकी तबीयत के बारे में पूछा तब उन्होंने सिर उठाकर एक बार मुझे देखा। फिर सिर झुकाया तो दुबारा मेरी ओर नहीं देखा। हालाँकि उनकी एक ही नजर बहुत कुछ कह गई। जिन यंत्रणाओं के बीच वह घिरे थे और जिस मन:स्थिति में जी रहे थे, उसमें आँखें ही बहुत कुछ कह देती हैं, मुँह खोलने की जरूरत नहीं पड़ती।

हरिहर काका की जिंदगी से मैं बहुत गहरे में जुड़ा हूँ। अपने गाँव में जिन चंद लोगों को मैं सम्मान देता हूँ, उनमें हरिहर काका भी एक हैं। हरिहर काका के प्रति मेरी आसक्ति के अनेक व्यवहारिक और वैचारिक कारण हैं। उनमें प्रमुख कारण दो हैं। एक तो यह कि हरिहर काका मेरे पड़ोस में रहते थे और दूसरा कारण यह कि मेरी माँ बताती है, हरिहर काका बचपन में मुझे बहुत दुलार करते थे। अपने कंधे पर बैठाकर घुमाया करते थे।

(i) लेखक किससे मिलने गए थे?

(क) माँ से (ख) हरिहर काका से

(ग) मित्र से (घ) पुजारी से

उत्तर: (ख) हरिहर काका से

(ii) लेखक द्वारा तबीयत के विषय में पूछे जाने पर हरिहर काका ने क्या किया?

(क) कमरे से बाहर चले गए

(ख) सिर उठाकर देखा

(ग) लेखक को पहचानने का प्रयास किया

(घ) अपना समाचार बताया

उत्तर: (ख) सिर उठाकर देखा

(iii) हरिहर काका के मौन का क्या कारण है?

(क) मन की स्थिति ठीक न होना

(ख) लेखक को न पहचान पाना

(ग) अत्यधिक उम्र के कारण

(घ) अपमानित होने के कारण

उत्तर: (क) मन की स्थिति ठीक न होना

(iv) लेखक किसके साथ भावनात्मक रूप से जुड़े हुए हैं?

(क) हरिहर काका से (ख) माँ से

(ग) गाँव वालों से (घ) हरिहर काका के घर से

उत्तर: (क) हरिहर काका से

(v) 'मन:स्थिति' समस्तपद का विग्रह कीजिए।

(क) मन में स्थिति (ख) मन के लिए स्थिति

(ग) मन की स्थिति (घ) मानसिक स्थिति

उत्तर: (ग) मन की स्थिति

46. हरिहर काका इस स्थिति में कैसे आ फँसे? यह कौन-सी स्थिति है? इसके लिए कौन जिम्मेवार है? यह सब बताने से पहले अपने गाँव का और खासकर अपने गाँव की ठाकुरबारी का संक्षिप्त परिचय मैं आपको दे देना उचित समझता हूँ क्योंकि उसके बिना तो यह कहानी अधूरी ही रह जाएगी। मेरा गाँव कस्बाई शहर आरा से चालीस किलोमीटर की दूरी पर है। हसनबाज़ार बस स्टैंड के पास। गाँव की कुल आबादी ढाई-तीन हजार होगी। गाँव में तीन प्रमुख स्थान हैं। गाँव के पश्चिम किनारे का बड़ा-सा तालाब। गाँव के मध्य स्थित बरगद का पुराना वृक्ष और गाँव के पूरब में ठाकुरजी का विशाल मंदिर, जिसे गाँव के लोग ठाकुरबारी कहते हैं।

गाँव में इस ठाकुरबारी की स्थापना कब हुई, इसकी ठीक-ठीक जानकारी किसी को नहीं। इस संबंध में गाँव में जो कहानी प्रचलित है वह यह कि वर्षों पहले जब यह गाँव पूरी तरह बसा भी नहीं था, कहीं से एक संत आकर इस स्थान पर झोंपड़ी बना रहने लगे। वह सुबह-शाम यहाँ ठाकुरजी की पूजा करते थे। लोगों से माँगकर खा लेते और पूजा-पाठ की भावना जागृत करते थे। बाद में लोगों ने चंदा करके यहाँ ठाकुरजी का एक छोटा-सा मंदिर बनवा दिया।

(i) गद्यांश में लेखक किसका परिचय देना चाहते हैं?

(क) हरिहर काका का (ख) ठाकुरबारी का

(ग) पूजा-पाठ का (घ) गाँव के लोगों का

उत्तर: (ख) ठाकुरबारी का

(ii) गाँव की कुल आबादी कितनी है?

(क) ढाई-तीन हजार (ख) चार-पाँच हजार

(ग) तीन हजार (घ) चार हजार

उत्तर: (क) ढाई-तीन हजार

(iii) गाँव में आए संत क्या करते थे?

(क) खेतों में काम करते थे

(ख) जमीन माँगते थे

(ग) चंदा माँगते थे

(घ) पूजा-पाठ की भावना जागृत करते थे

उत्तर: (घ) पूजा-पाठ की भावना जागृत करते थे

(iv) मंदिर कैसे बनाया गया?

(क) चंदा इकट्ठा करके (ख) संत की कमाई से

(ग) खेतों की जमीन से (घ) काम करके

उत्तर: (क) चंदा इकट्ठा करके

(v) किसके परिचय के बिना यह कहानी अधूरी है?

(क) महंत के (ख) ठाकुरबारी के

(ग) संत के (घ) गाँववालों के

उत्तर: (ख) ठाकुरबारी के

47. ठाकुरबारी का काम लोगों के अंदर ठाकुरजी के प्रति भक्तिभावना पैदा करना तथा धर्म से विमुख हो रहे लोगों को रास्ते पर लाना है। ठाकुरबारी में भजन-कीर्तन की आवाज़ बराबर गूँजती रहती है। गाँव जब भी बाढ़ या सूखे की चपेट में आता है, ठाकुरबारी के अहाते में तंबू लग जाता है। लोग और ठाकुरबारी के साधु-संत अखंड हरिकीर्तन शुरु कर देते हैं। इसके अतिरिक्त गाँव में किसी भी पर्व-त्योहार की शुरुआत ठाकुरबारी से ही होती है। होली में सबसे पहले गुलाल ठाकुरजी को ही चढ़ाया जाता है। दिवाली का पहला दीप ठाकुरबारी में ही जलता है। जन्म, शादी और जनेऊ के अवसर पर अन्न-वस्त्र की पहली भेंट ठाकुरजी के नाम की जाती है। ठाकुरबारी के ब्राह्मण-साधु व्रत-कथाओं के दिन घर-घर घूमकर कथावाचन करते हैं। लोगों के खलिहान में जब फसल की दवनी होकर अनाज की 'ढेरी' तैयार हो जाती है, तब ठाकुर जी के नाम 'अगउम' निकालकर ही लोग अनाज अपने घर ले जाते हैं।

(i) किसी भी धार्मिक स्थल का मुख्य काम क्या होता है?

(क) घर-घर घूमकर कथावाचन करना

(ख) पर्व-त्योहार मनाना

(ग) भजन-कीर्तन करना

(घ) लोगों के मन में धर्म की भावना जागृत करना

उत्तर: (घ) लोगों के मन में धर्म की भावना जागृत करना

(ii) ठाकुरबारी में अक्सर क्या होता रहता था?

(क) भजन-कीर्तन (ख) कथावाचन

(ग) साफ-सफाई (घ) पर्व-त्योहार

उत्तर: (क) भजन-कीर्तन

(iii) ठाकुरबारी के ब्राह्मण-साधु व्रत-कथाओं के दिन क्या करते थे?

(क) लोगों को धर्म के रास्ते पर लाने का काम

(ख) घर-घर जाकर साफ-सफाई

(ग) घर-घर जाकर भजन-कीर्तन

(घ) घर-घर जाकर कथावाचन

उत्तर: (घ) घर-घर जाकर कथावाचन

(iv) खेतों से जब अनाज आता तो गाँव के लोग क्या करते थे?

(क) उत्सव मनाते

(ख) ठाकुरबारी में चढ़ावा चढ़ाते

(ग) बाज़ार में ले जाते

(घ) एक जगह इकट्ठा करते

उत्तर: (ख) ठाकुरबारी में चढ़ावा चढ़ाते

(v) 'हरिकीर्तन' शब्द का समास विग्रह कर समास का नाम बताइए।

(क) हरि का कीर्तन— तत्पुरुष समास

(ख) हरि है जो कीर्तन— कर्मधारय समास

(ग) हरि और कीर्तन— द्वंद्व समास

(घ) हरि में कीर्तन— तत्पुरुष समास

उत्तर: (क) हरि का कीर्तन— तत्पुरुष समास

48. हरिहर काका चार भाई हैं। सबकी शादी हो चुकी है। हरिहर काका के अलावा सबके बाल-बच्चे हैं। बड़े और छोटे भाई के लड़के काफी सयाने हो गए हैं। दो की शादियाँ हो गई हैं। उनमें से एक पढ़-लिखकर शहर के किसी दफ़्तर में क्लर्की करने लगा है। लेकिन हरिहर काका की अपनी देह से कोई औलाद नहीं। भाइयों में हरिहर काका का नंबर दूसरा है। औलाद के लिए उन्होंने दो शादियाँ की। लंबे समय तक प्रतीक्षारत रहे। लेकिन बिना बच्चा जने उनकी दोनों पत्नियाँ स्वर्ग सिधार गईं। लोगों ने तीसरी शादी करने की सलाह दी लेकिन अपनी गिरती हुई उम्र और धार्मिक संस्कारों की वजह से हरिहर काका ने इंकार कर दिया। वह इत्मीनान और प्रेम से अपने भाइयों के परिवार के साथ रहने लगे।

(i) हरिहर काका कुल कितने भाई थे?

(क) दो भाई (ख) तीन भाई

(ग) चार भाई (घ) पाँच भाई

उत्तर: (ग) चार भाई

(ii) हरिहर काका निस्संतान क्यों थे?

(क) पत्नी की मृत्यु हो जाने के कारण

(ख) विवाह न करने के कारण

(ग) भाइयों के साथ रहने के कारण

(घ) पत्नी का त्याग करने के कारण

उत्तर: (क) पत्नी की मृत्यु हो जाने के कारण

(iii) हरिहर काका ने तीसरा विवाह क्यों नहीं किया?

(क) बढ़ती उम्र और धार्मिक संस्कारों के कारण

(ख) पत्नियों को याद करने के कारण

(ग) संतान न हो पाने के कारण

(घ) इनमें से कोई नहीं

उत्तर: (क) बढ़ती उम्र और धार्मिक संस्कारों के कारण

(iv) हरिहर काका किसके साथ रहने लगे?

(क) अपने परिवार के साथ

(ख) भाइयों के परिवार के साथ

(ग) मंदिर में

(घ) ठाकुरबारी में

उत्तर: (ख) भाइयों के परिवार के साथ

(v) हरिहर काका ने दो शादियाँ क्यों की थी?

(क) संतान न होने के कारण

(ख) परिवार की इच्छा के कारण

(ग) महंत की इच्छा के कारण

(घ) धार्मिक संस्कारों के कारण

उत्तर: (क) संतान न होने के कारण

49. हरिहर काका के परिवार के पास कुल साठ बीघे खेत हैं। प्रत्येक भाई के हिस्से पंद्रह बीघे पड़ेंगे। कृषि-कार्य पर ये लोग निर्भर हैं। शायद इसीलिए अब तक संयुक्त परिवार के रूप में ही रहते आ रहे हैं। हरिहर काका के तीनों भाइयों ने अपनी पत्नियों को यह सीख दी थी कि हरिहर काका की अच्छी तरह सेवा करें। समय पर उन्हें नाश्ता दें। किसी बात की तकलीफ न होने दें। कुछ दिनों तक वे हरिहर काका की खोज लेती रहीं। फिर उन्हें कौन पूछने वाला? 'ठहर-चौका' लगाकर पंखा झलते हुए अपने मर्दों को अच्छे-अच्छे व्यंजन खिलातीं। हरिहर काका के आगे तो बची-खुची चीज़ें आतीं। कभी-कभी तो हरिहर काका को रूखा-सूखा खाकर ही संतोष करना पड़ता।

अगर कभी हरिहर काका की तबियत खराब हो जाती तो वह मुसीबत में पड़ जाते। इतने बड़े परिवार के रहते हुए भी कोई उन्हें पानी देने वाला तक नहीं। सभी अपने कामों में मशगूल। बच्चे या तो पढ़-लिख रहे होते या धमाचौकड़ी मचाते। मर्द खेतों पर गए रहते। औरतें हाल पूछने भी नहीं आतीं। दालान के कमरे में अकेले पड़े हरिहर काका को स्वयं उठकर अपनी जरूरतों की पूर्ति करनी पड़ती। ऐसे वक्त अपनी पत्नियों को याद कर-करके हरिहर काका की आँखें भर आतीं। भाइयों के परिवार के प्रति मोहभंग की शुरुआत इन्हीं क्षणों में हुई थी।

(i) हरिहर काका के परिवार के पास कुल कितनी जमीन थी?

(क) बीस बीघा (ख) पंद्रह बीघा

(ग) पचास बीघा (घ) साठ बीघा

उत्तर: (घ) साठ बीघा

(ii) पूरा परिवार किस कार्य पर आश्रित था?

(क) खेती पर (ख) नौकरी पर

(ग) परिवार पर (घ) व्यापार पर

उत्तर: (क) खेती पर

(iii) तीनों भाइयों ने अपनी-अपनी पत्नियों को क्या सीख दे रखी थी?

(क) घर को अच्छी तरह संभालकर रखने की सीख

(ख) खेतों पर नियमित रूप से कार्य करने की सीख

(ग) हरिहर काका की सेवा करने की सीख

(घ) हरिहर काका को पैसे न देने की सीख

उत्तर: (ग) हरिहर काका की सेवा करने की सीख

(iv) तीनों भाइयों की पत्नियों ने क्या किया?

(क) पति की आज्ञा का पालन किया

(ख) हरिहर काका की सेवा नहीं की

(ग) हरिहर काका से सेवा करवाई

(घ) हरिहर काका को घर से निकाल दिया

उत्तर: (ख) हरिहर काका की सेवा नहीं की

(v) किस कारण से हरिहर काका की आँखों में आँसू आ जाते थे?

(क) भाइयों का व्यवहार देखकर

(ख) भाइयों की पत्नियों का व्यवहार देखकर

(ग) पत्नियों को याद करके

(घ) निस्संतान होने के कारण

उत्तर: (ग) पत्नियों को याद करके

50. हरिहर काका जिस वक्त यह सब बोल रहे थे, उस वक्त ठाकुरबारी के पुजारी जी उनके दालान पर ही विराजमान थे। वार्षिक हुमाध के लिए वह घी और शकील लेने आए थे। लौटकर उन्होंने महंत जी को विस्तार के साथ सारी बात बताईं। उनके कान खड़े हो गए। वह दिन उन्हें बहुत शुभ महसूस हुआ। उस दिन को उन्होंने ऐसे ही गुज़र जाने देना उचित नहीं समझा। तत्क्षण टीका-तिलक लगा, कंधे पर रामनामी लिखी चादर डाल ठाकुरबारी से चल पड़े। संयोग अच्छा था। हरिहर के दालान तक नहीं जाना पड़ा। रास्ते में ही हरिहर मिल गए। गुस्से में घर से निकलकर वह खलिहान की ओर जा रहे थे। लेकिन महंत जी ने उन्हें खलिहान की ओर नहीं जाने दिया। अपने साथ ठाकुरबारी पर लेते आए। फिर एकांत कमरे में उन्हें बैठा, खूब प्रेम से समझाने लगे—''हरिहर! यहाँ कोई किसी का नहीं है। सब माया का बंधन है। तू तो धार्मिक प्रवृत्ति का आदमी है। मैं समझ नहीं पा रहा हूँ कि तुम इस बंधन में कैसे फँस गए? ईश्वर में भक्ति लगाओ। उसके सिवाय कोई तुम्हारा अपना नहीं। पत्नी, बेटे, भाई-बंधु सब स्वार्थ के साथी हैं। जिस दिन उन्हें लगेगा कि तुमसे उनका स्वार्थ सधने वाला नहीं, उस दिन वे तुम्हें पूछेंगे तक नहीं।

(i) दालान में कौन मौजूद था?

(क) महंत (ख) ठाकुरजी

(ग) हरिहर काका (घ) पुजारी

उत्तर: (घ) पुजारी

(ii) पुजारी जी हरिहर काका के यहाँ क्यों आए थे?

(क) महंत के विषय में बात करने

(ख) वार्षिक हुमाध की सामग्री लेने

(ग) गाँव का समाचार सुनने

(घ) उपर्युक्त सभी

उत्तर: (ख) वार्षिक हुमाध की सामग्री लेने

(iii) महंत जी हरिहर काका को अपने साथ ठाकुरबारी क्यों ले आए थे?

(क) भाइयों के विरुद्ध भड़काने के लिए

(ख) पूजा-पाठ करवाने

(ग) मंदिर के दर्शन करवाने

(घ) पूजा के लिए सामग्री माँगने के लिए

उत्तर: (क) भाइयों के विरुद्ध भड़काने के लिए

(iv) हरिहर काका गुस्से में घर से निकलकर कहाँ जा रहे थे?

(क) खलिहान की ओर (ख) दालान की ओर

(ग) ठाकुरबारी की ओर (घ) गाँव की ओर

उत्तर: (क) खलिहान की ओर

(v) 'कान खड़े होना' मुहावरे का सही अर्थ बताइए।

(क) सावधान हो जाना (ख) भयभीत हो जाना

(ग) क्रोधित हो जाना (घ) उत्तेजित हो जाना

उत्तर: (क) सावधान हो जाना

51. आज कह देता हूँ, तुम अपने हिस्से का खेत ठाकुरजी के नाम पर लिख दो। सीधे बैकुंठ को प्राप्त करोगे। तीनों लोक में तुम्हारी कीर्ति जगमगा उठेगी। जब तक चाँद-सूरज रहेंगे, तब तक लोग तुम्हें याद करेंगे। ठाकुरजी के नाम ज़मीन लिख देना, तुम्हारे जीवन का महादान होगा। साधु-संत तुम्हारे पाँव पखारेंगे। सभी तुम्हारा यशोगान करेंगे। तुम्हारा यह जीवन सार्थक हो जाएगा। अपनी शेष जिंदगी तुम इसी ठाकुरबारी में गुजारना, तुम्हें किसी चीज की कमी नहीं होगी। एक माँगोगे तो चार हाज़िर की जाएँगी। हम तुम्हें सिर-आँखों पर उठाकर रखेंगे। ठाकुरजी के साथ-साथ तुम्हारी आरती भी लगाएँगे। भाई का परिवार तुम्हारे लिए कुछ नहीं करेगा। पता नहीं पूर्वजन्म में तुमने कौन-सा पाप किया था कि तुम्हारी दोनों पत्नियाँ अकालमृत्यु को प्राप्त हुईं। तुमने औलाद का मुँह तक नहीं देखा। अपना यह जन्म तुम अकारथ न जाने दो। ईश्वर को एक भर दोगे तो दस भर पाओगे। मैं अपने लिए तो तुमसे माँग नहीं रहा हूँ। तुम्हारा यह लोक और परलोक दोनों बन जाएँ, इसकी राह मैं तुम्हें बता रहा हूँ.......।''

(i) ज़मीन किसके नाम लिखने का निवेदन किया गया?

(क) ठाकुरबारी के नाम (ख) भाइयों के नाम

(ग) पुत्र के नाम (घ) पत्नियों के नाम

उत्तर: (क) ठाकुरबारी के नाम

(ii) महंत के द्वारा ठाकुरबारी के नाम ज़मीन करवाने के लिए क्या लालच दिया गया?

(क) पत्नी की प्राप्ति (ख) पुत्र की प्राप्ति

(ग) बैकुंठ की प्राप्ति (घ) ज़मीन की प्राप्ति

उत्तर: (ग) बैकुंठ की प्राप्ति

(iii) गद्यांश में किस दान को महादान कहा गया है?

(क) श्रमदान को (ख) भूमिदान को

(ग) पुत्रदान को (घ) जीवनदान को

उत्तर: (ख) भूमिदान को

(iv) कहानी में शेष जीवन कहाँ गुज़ारने को कहा गया है?

(क) ठाकुरबारी में (ख) बैकुंठ में

(ग) परलोक में (घ) घर में

उत्तर: (क) ठाकुरबारी में

(v) 'महादान' समस्तपद का विग्रह कर समास का नाम बताइए।

(क) महान के लिए दान—तत्पुरुष समास

(ख) महान है जो दान—कर्मधारय समास

(ग) महान है जो दान— बहुव्रीहि समास

(घ) महान दान— अव्ययीभाव समास

उत्तर: (ख) महान है जो दान—कर्मधारय समास

52. इधर भावी आशंकाओं को मद्देनजर रखते हुए हरिहर काका के भाई उनसे यह निवेदन करने लगे थे कि अपनी ज़मीन वे उन्हें लिख दें। उनके सिवाय उनका और अपना है ही कौन? इस विषय पर हरिहर काका ने एकांत में मुझसे काफी देर तक बात की। अंततः हम इस निष्कर्ष पर पहुँचे कि जीते-जी अपनी जायदाद का स्वामी किसी और को बनाना ठीक नहीं होगा। चाहे वो अपना भाई या मंदिर का महंत ही क्यों न हो? हमें अपने गाँव और इलाके के कुछ लोग याद आए, जिन्होंने अपनी जिंदगी में ही अपनी जायदाद अपने उत्तराधिकारियों या किसी अन्य को लिख दी थी, लेकिन इसके बाद उनका जीवन कुत्ते का जीवन हो गया। कोई उन्हें पूछने वाला नहीं रहा। हरिहर काका बिल्कुल अनपढ़ व्यक्ति हैं, फिर भी इस बदलाव को उन्होंने समझ लिया और यह निश्चय किया कि जीते जी किसी को ज़मीन नहीं लिखेंगे। अपने भाइयों को समझा दिया, मर जाऊँगा तो अपने आप मेरी ज़मीन तुम्हें मिल जाएगी। ज़मीन लेकर तो जाऊँगा नहीं। इसीलिए लिखवाने की क्या जरूरत?

(i) हरिहर काका के भाई उनसे क्या निवेदन कर रहे थे?

(क) ज़मीन का बँटवारा करने का निवेदन

(ख) ज़मीन भाइयों के नाम करने का निवेदन

(ग) भाइयों के साथ रहने का निवेदन

(घ) महंत के पास न जाने का निवेदन

उत्तर: (ख) ज़मीन भाइयों के नाम करने का निवेदन

(ii) ज़मीन के सिलसिले में हरिहर काका ने किससे सलाह ली?

(क) लेखक से (ख) भाइयों से

(ग) ठाकुरबारी के महंत से (घ) पुलिस से

उत्तर: (क) लेखक से

(iii) अंततः हरिहर काका ने ज़मीन के विषय में क्या निर्णय लिया?

(क) ज़मीन ठाकुरबारी के नाम करने का निर्णय

(ख) ज़मीन भाइयों के नाम करने का निर्णय

(ग) ज़मीन सरकार को देने का निर्णय

(घ) ज़मीन किसी को न देने का निर्णय

उत्तर: (घ) ज़मीन किसी को न देने का निर्णय

(iv) निर्णय लेते समय हरिहर काका को किसकी याद आई?

(क) भाइयों की

(ख) परिवार की

(ग) गाँव के कुछ लोगों की

(घ) महंत की

उत्तर: (ग) गाँव के कुछ लोगों की

(v) 'अनपढ़' समस्तपद का विग्रह कर समास का नाम बताइए।

(क) जो पढ़ा लिखा न हो—तत्पुरुष समास

(ख) जो पढ़ा लिखा न हो—कर्मधारय समास

(ग) जो पढ़ा लिखा न हो—द्वंद्व समास

(घ) जो पढ़ा लिखा न हो—अव्ययीभाव समास

उत्तर: (घ) जो पढ़ा लिखा न हो—अव्ययीभाव समास

53. हरिहर काका के भाई चिंता, परेशानी और दुखद आश्चर्य से घिर गए। ठाकुरबारी के साधु-संत हरिहर काका को लेकर कहाँ भाग गए? अब क्या होगा? काफी पैसे खर्च कर पुलिस को लाए थे। पुलिस के साथ आने के बाद वह अंदर ही अंदर गर्व महसूस कर रहे थे। उन्हें लग रहा था कि अब भाई को वे आसानी से घर ले जाएँगे तथा साधु-संतों को जेल भिजवा देंगे। लेकिन दोनों में से एक भी नहीं हुआ।

ठाकुरबारी के जो कमरे खुले थे, उनकी तलाशी पहले ली गई थी। बाद में जिन कमरों की चिटकिनी बंद थी, उन्हें भी खोलकर देखा गया था। एक कमरे के बाहर बड़ा-सा ताला लटक रहा था। पुलिस और हरिहर काका के भाई सब वहीं एकत्र हो गए। उस कमरे की कुंजी की माँग वृद्ध साधु से की गई तो उसने साफ कह दिया, "मेरे पास नहीं।"

जब उससे पूछा गया, "इस कमरे में क्या है?" तब उसने जवाब दिया, "अनाज है।"

पुलिस इंचार्ज अभी यह सोच ही रहे थे कि इस कमरे का ताला तोड़कर देखा जाए या छोड़ दिया जाए कि अचानक उस कमरे के दरवाजे को भीतर से किसी ने धक्का देना शुरु किया। पुलिस के जवान सावधान हो गए।

ताला तोड़कर कमरे का दरवाजा खोला गया। कमरे के भीतर हरिहर काका जिस स्थिति में मिले उसे देखकर उनके भाइयों का खून खौल उठा। उस वक्त अगर महंत, पुजारी या अन्य नौज़वान साधु उन्हें नज़र आ जाते तो वे जीते-जी उन्हें नहीं छोड़ते।

(i) हरिहर काका के भाई क्यों चिंतित थे?

(क) महंत के न मिलने के कारण

(ख) हरिहर काका के न मिलने के कारण

(ग) पुलिस द्वारा उचित कार्यवाही न किए जाने के कारण
(घ) पुलिस पर अत्यधिक पैसे खर्च करने के कारण

उत्तर: (ख) हरिहर काका के न मिलने के कारण

(ii) हरिहर काका के भाइयों को किस बात पर गर्व महसूस हो रहा था?

(क) हरिहर काका के मिल जाने के कारण
(ख) पुलिस को साथ लेकर आने के कारण
(ग) हरिहर काका का पता न चल पाने के कारण
(घ) महंत तथा साधुओं की सच्चाई पता चलने के कारण

उत्तर: (ख) पुलिस को साथ लेकर आने के कारण

(iii) पुलिस वालों को कैसे पता चला कि हरिहर काका किस कमरे में हैं?

(क) हरिहर काका द्वारा दरवाजा धकियाये जाने के कारण
(ख) वृद्ध साधु द्वारा बताए जाने के कारण
(ग) पुलिस द्वारा स्वयं पता करने के कारण
(घ) गाँव वालों की मदद के कारण

उत्तर: (क) हरिहर काका द्वारा दरवाजा धकियाये जाने के कारण

(iv) हरिहर काका की स्थिति कैसी थी?

(क) दयनीय (ख) क्रोधपूर्ण
(ग) साहसपूर्ण (घ) उपर्युक्त सभी

उत्तर: (क) दयनीय

(v) गद्यांश में उपस्थित मुहावरा 'खून खौलना' का अर्थ बताइए।

(क) भयभीत हो जाना (ख) मार डालना
(ग) अत्यंत क्रोधित होना (घ) सतर्क हो जाना

उत्तर: (ग) अत्यंत क्रोधित होना

54. हरिहर काका ने देर तक अपने बयान दर्ज कराए। उनके शब्द-शब्द से साधुओं के प्रति नफरत और घृणा व्यक्त हो रही थी। जीवन में कभी किसी के खिलाफ उन्होंने इतना नहीं कहा होगा जितना ठाकुरबारी के महंत, पुजारी और साधुओं के बारे में कहा।

अब हरिहर काका पुनः अपने भाइयों के परिवार के साथ रहने लगे थे। इस बार उन्हें दालान पर नहीं, घर के अंदर रखा गया था—किसी बहुमूल्य वस्तु की तरह सँजोकर, छिपाकर। उनकी सुरक्षा के लिए रिश्ते-नाते में जितने 'सूरमा' थे, सबको बुला लिया गया था। हथियार जुटा लिए गए थे। चौबीसों घंटे पहरे दिए जाने लगे थे। अगर किसी आवश्यक कार्यवश काका घर से गाँव में निकलते तो चार-पाँच की संख्या में हथियारों से लैस लोग उनके आगे-पीछे चलते रहते। रात में चारों तरफ से घेरकर सोते। भाइयों ने ड्यूटी बाँट ली थी। आधे लोग सोते तो आधे लोग जागकर पहरा देते रहते।

(i) हरिहर काका के मन में साधुओं के प्रति कैसी भावना थी?

(क) श्रद्धा की भावना
(ख) नफ़रत और घृणा की भावना
(ग) प्रेम की भावना
(घ) विश्वास की भावना

उत्तर: (ख) नफ़रत और घृणा की भावना

(ii) हरिहर काका कहाँ रहने लगे थे?

(क) ठाकुरबारी में (ख) दालान में
(ग) भाइयों के घर में (घ) वृद्धाश्रम में

उत्तर: (ग) भाइयों के घर में

(iii) हरिहर काका के भाई उनको अपने साथ क्यों रखने लगे थे?

(क) हरिहर काका का ध्यान रखने के लिए
(ख) हरिहर काका के बीमार रहने के कारण
(ग) आवश्यक कार्यवश
(घ) हरिहर काका की सुरक्षा के लिए

उत्तर: (घ) हरिहर काका की सुरक्षा के लिए

(iv) भाइयों ने किस प्रकार की ड्यूटी बाँट ली थी?

(क) हरिहर काका की सुरक्षा की ड्यूटी
(ख) खेतों में काम करने की ड्यूटी
(ग) हरिहर काका की सेवा की ड्यूटी
(घ) महंत पर नज़र रखने की ड्यूटी

उत्तर: (क) हरिहर काका की सुरक्षा की ड्यूटी

(v) 'ठाकुरबारी' में समास का नाम बताइए।

(क) तत्पुरुष समास (ख) कर्मधारय समास
(ग) अव्ययीभाव समास (घ) बहुव्रीहि समास

उत्तर: (क) तत्पुरुष समास

55. और अब हरिहर काका एक सीधे-सादे और भोले किसान की अपेक्षा चतुर और ज्ञानी हो चले थे। वह महसूस करने लगे थे कि उनके भाई अचानक उनको जो आदर-सम्मान और सुरक्षा प्रदान करने लगे हैं, उसकी वज़ह उन लोगों के साथ उनका सगे भाई का संबंध नहीं, बल्कि उनकी जायदाद है, अन्यथा वे उनको पूछते तक नहीं। इसी गाँव में जायदादहीन भाई को कौन पूछता है? हरिहर काका को अब सब नज़र आने लगा था! महंत की चिकनी-चुपड़ी बातों के भीतर की सच्चाई भी अब वह जान गए थे। ठाकुरजी के नाम पर वह अपना और अपने जैसे साधुओं का पेट पालता है। उसे धर्म और परमार्थ से कोई मतलब नहीं। निजी स्वार्थ के लिए साधु होने और पूजा-पाठ करने का ढोंग रचाया है। साधु के बाने में महंत, पुजारी और उनके अन्य सहयोगी लोभी-लालची और कुकर्मी हैं। छल, बल, कल, किसी भी तरह धन अर्जित कर बिना परिश्रम किए आराम से रहना चाहते हैं। अपने घृणित इरादों को छिपाने के लिए ठाकुरबारी को इन्होंने माध्यम बनाया है। एक ऐसा माध्यम जिस पर अविश्वास न किया जा सके।

(i) महंत की असलियत जानने के बाद हरिहर काका के स्वभाव में क्या अंतर आया?

(क) गृहस्थ बन गए थे
(ख) भाइयों से प्रेम करने लगे थे
(ग) चतुर और ज्ञानी हो गए थे
(घ) छल-बल करने लगे थे

उत्तर: (ग) चतुर और ज्ञानी हो गए थे

(ii) हरिहर काका के प्रति भाइयों के स्वभाव में क्या परिवर्तन आया?

(क) आदर करने लगे (ख) डराने लगे

(ग) परमार्थ करने लगे (घ) जायदादहीन कर दिया

उत्तर: (क) आदर करने लगे

(iii) भाइयों के स्वभाव में आए परिवर्तन का क्या कारण था?

(क) सगे भाई के प्रति प्रेम

(ख) महंत की बातें

(ग) जायदाद का लालच

(घ) आदर-सम्मान की भावना

उत्तर: (ग) जायदाद का लालच

(iv) हरिहर काका के समक्ष महंत और ठाकुरबारी की कौन-सी असलियत आ गई थी?

(क) पूजा-पाठ की आड़ में छिपा लालच

(ख) परमार्थ की भावना

(ग) भाइयों से बचाने की भावना

(घ) ठाकुरबारी के प्रति श्रद्धा की भावना

उत्तर: (क) पूजा-पाठ की आड़ में छिपा लालच

(v) ठाकुरबारी के महंत हरिहर काका की ज़मीन को क्यों हथियाना चाहते थे?

(क) ठाकुरबारी के विस्तार के लिए

(ख) ठाकुरजी के कल्याण के लिए

(ग) पूजा-पाठ करने के लिए

(घ) बिना परिश्रम किए आराम से रहने के लिए

उत्तर: (घ) बिना परिश्रम किए आराम से रहने के लिए

56. सुबह, दोपहर, शाम, रात गए तक यही चर्चा। लेकिन हरिहर काका साफ इनकार कर जाते। कहते—''मेरे बाद तो मेरी जायदाद इस परिवार को स्वत: मिल जाएगी इसीलिए लिखने का कोई अर्थ नहीं। महंत ने अंगूठे के जो जबरन निशान लिए हैं, उसके खिलाफ मुकदमा हमने किया ही है.......।'' भाई जब समझाते-समझाते हार गए तब उन्होंने डाँटना और दबाव देना शुरु किया। लेकिन काका इस रास्ते भी राजी नहीं हुए। स्पष्ट कह दिया कि अपनी जिंदगी में वह नहीं लिखेंगे। बस, एक रात उनके भाइयों ने वही रूप धारण कर लिया, जो रूप महंत और उनके सहयोगियों ने धारण किया था। हरिहर काका को अपनी आँखों पर विश्वास नहीं हुआ। उनके वही अपने सगे भाई, जो उनकी सेवा और सुरक्षा में तैयार रहते थे, उन्हें अपना अभिन्न समझते थे, जो उनकी नींद ही सोते और जागते थे, हथियार लेकर उनके सामने खड़े थे। कह रहे थे—''सीधे मन से कागजों पर जहाँ-जहाँ जरूरत है। अँगूठे के निशान बनाते चलो अन्यथा मारकर यहीं घर के अंदर गाड़ देंगे। गाँव के लोगों को कोई सूचना तक नहीं मिलने पाएगी।''

(i) भाइयों ने हरिहर काका पर किस प्रकार का दबाव डाला?

(क) ज़मीन अपने नाम लिखवाने का दबाव

(ख) ठाकुरबारी न जाने का दबाव

(ग) खेती न करने का दबाव

(घ) घर पर ही रहने का दबाव

उत्तर: (क) ज़मीन अपने नाम लिखवाने का दबाव

(ii) महंत ने हरिहर काका के साथ क्या किया था?

(क) मुकदमा किया

(ख) शिकायत की

(ग) जबरदस्ती अँगूठे का निशान लिया

(घ) ज़मीन भाइयों के नाम करवाने के लिए दबाव डाला

उत्तर: (ग) जबरदस्ती अँगूठे का निशान लिया

(iii) हरिहर काका ने महंत के खिलाफ क्या किया था?

(क) मुकदमा किया

(ख) डराया

(ग) गाँव में प्रवेश बंद करा दिया।

(घ) समझाया

उत्तर: (क) मुकदमा किया

(iv) हरिहर काका ने जब ज़मीन भाइयों के नाम नहीं की तो भाइयों ने उनके साथ क्या किया?

(क) घर से निकाल दिया।

(ख) जबरदस्ती ज़मीन से बेदखल कर दिया।

(ग) समझाया

(घ) हथियार लेकर सामने खड़े हो गए।

उत्तर: (घ) हथियार लेकर सामने खड़े हो गए।

(v) हरिहर काका ने भाइयों के बार-बार ज़मीन उनके नाम करने के लिए कहने पर क्या किया?

(क) ज़मीन भाइयों के नाम पर कर दी

(ख) ज़मीन ठाकुरबारी के नाम पर कर दी

(ग) भाइयों को समझाया

(घ) ज़मीन देने से इन्कार कर दिया

उत्तर: (घ) ज़मीन देने से इन्कार कर दिया

57. हरिहर काका के साथ उनके भाइयों की हाथापाई शुरु हो गई। हरिहर काका अब उस घर से निकलकर बाहर गाँव में भाग जाना चाहते थे, लेकिन उनके भाइयों ने उन्हें मजबूती से पकड़ लिया था। प्रतिकार करने पर अब वे प्रहार भी करने लगे थे। अकेले हरिहर कई लोगों से जूझ सकने में असमर्थ थे, फलस्वरूप उन्होंने अपनी रक्षा के लिए खूब जोर-जोर से चिल्लाना शुरु कर दिया। अब भाइयों को चेत आया कि मुँह तो उन्हें पहले ही बंद कर देना चाहिए था। उन्होंने तत्क्षण उन्हें पटक उनके मुँह में कपड़ा ठूँस दिया। लेकिन ऐसा करने से पहले ही काका की आवाज़ गाँव में पहुँच गई थी। टोला-पड़ोस के लोग गाँव में जुटने लगे थे। ठाकुरबारी के पक्षधरों के माध्यम से तत्काल यह खबर महंत जी तक भी चली गई थी। लेकिन वहाँ उपस्थित हरिहर काका के परिवार और रिश्ते-नाते के लोग, गाँव के लोगों

को समझा देते कि अपने परिवार का निजी मामला है, इससे दूसरों को क्या मतलब? लेकिन महंत जी ने वह तत्परता और फुरती दिखाई जो काका के भाइयों ने भी नहीं दिखाई थी। वह पुलिस की जीप के साथ आ धमके। पुलिस आने के बाद निजी मामले का सवाल खत्म हो गया। घर-तलाशी शुरु हुई। फिर हरिहर काका को उससे भी बदतर हालत में बरामद किया गया जिस हालत में ठाकुरबारी से उन्हें बरामद किया गया था।

(i) हरिहर काका के साथ किसकी हाथापाई हो रही थी?

(क) गाँव वालों की (ख) उनके भाइयों की

(ग) महंत की (घ) चोरों की

उत्तर: (ख) उनके भाइयों की

(ii) उन लोगों से बचने के लिए हरिहर काका क्या करना चाहते थे?

(क) पुलिस को बुलाना

(ख) परिवार वालों से सहायता माँगना

(ग) महंत के पास जाना

(घ) गाँव में भाग जाना

उत्तर: (घ) गाँव में भाग जाना

(iii) छूटने में स्वयं को असमर्थ पाकर हरिहर काका ने अपनी रक्षा के लिए क्या किया?

(क) सबके सामने गिड़गिड़ाए

(ख) ज़ोर-ज़ोर से चिल्लाए

(ग) पुलिस को बुलाया

(घ) महंत से मदद माँगी

उत्तर: (ख) ज़ोर-ज़ोर से चिल्लाए

(iv) हरिहर काका की मदद करने के लिए पुलिस को किसने बुलाया?

(क) महंत ने (ख) गाँव वालों ने

(ग) लेखक ने (घ) स्वयं हरिहर काका ने

उत्तर: (क) महंत ने

(v) हरिहर काका को चिल्लाते हुए देखकर भाइयों ने क्या किया?

(क) पुलिस को सूचित किया

(ख) डॉक्टर को बुलाया

(ग) मुँह में कपड़ा ठूँस दिया

(घ) मदद के लिए आगे आए

उत्तर: (ग) मुँह में कपड़ा ठूँस दिया

58. जहाँ तक मैं समझता हूँ, फिलहाल हरिहर काका पुलिस की सुरक्षा में रह जरूर रहे हैं, लेकिन वास्तविक सुरक्षा ठाकुरबारी और अपने भाइयों की ओर से ही मिल रही है। ठाकुरबारी के साधु-संत और काका के भाई इस बात के प्रति पूरी तरह सतर्क हैं कि उनमें से कोई या गाँव का कोई अन्य हरिहर काका के साथ ज़ोर-जबरदस्ती न कर पाए। साथ ही अपना सद्भाव और मधुर व्यवहार प्रकट कर पुनः उनका ध्यान अपनी ओर खींच लेने के लिए दोनों दल प्रयत्नशील हैं।

गाँव में एक नेता जी हैं, वह न तो कोई नौकरी करते हैं और न खेती-गृहस्थी, फिर भी बारहों महीने मौज़ उड़ाते रहते हैं। राजनीति की जादुई छड़ी उनके पास है। उनका ध्यान हरिहर काका की ओर जाता है। वह तत्काल गाँव के कुछ विशिष्ट लोगों के साथ उनके पास पहुँचते हैं और यह प्रस्ताव रखते हैं कि उनकी ज़मीन में 'हरिहर उच्च विद्यालय' नाम से एक हाईस्कूल खोला जाए। इससे उनका नाम अमर हो जाएगा। उनकी ज़मीन का सही उपयोग होगा और गाँव के विकास के लिए एक स्कूल मिल जायेगा। लेकिन हरिहर काका के ऊपर तो अब कोई भी दूसरा रंग चढ़ने वाला नहीं था। नेता जी भी निराश होकर लौट आते हैं।

(i) हरिहर काका को पुलिस की सुरक्षा किसने दिलवाई?

(क) भाइयों ने

(ख) महंत ने

(ग) भाई और महंत दोनों ने

(घ) नेताजी ने

उत्तर: (ग) भाई और महंत दोनों ने

(ii) हरिहर काका को सुरक्षा क्यों दी जा रही थी?

(क) ध्यान आकर्षित करने के लिए

(ख) जान बचाने के लिए

(ग) ज़मीन हासिल करने के लिए कोई जबरदस्ती न करे

(घ) सद्भाव और मधुर व्यवहार प्रकट करने के लिए

उत्तर: (ग) ज़मीन हासिल करने के लिए कोई जबरदस्ती न करे

(iii) नेताजी नौकरी न करते हुए भी किस प्रकार आर्थिक रूप से सम्पन्न थे?

(क) हरिहर काका की ज़मीन के कारण

(ख) विद्यालय खोलने के कारण

(ग) खेती-बारी करने के कारण

(घ) राजनीति में होने के कारण

उत्तर: (घ) राजनीति में होने के कारण

(iv) नेताजी हरिहर काका की ज़मीन क्यों लेना चाहते थे?

(क) विद्यालय खोलने के लिए

(ख) खेती-बारी करने के लिए

(ग) पार्टी के काम के लिए

(घ) लोगों के साथ अच्छा संबंध बनाने के लिए

उत्तर: (क) विद्यालय खोलने के लिए

(v) महंत और हरिहर काका के भाई हरिहर काका के साथ पुनः अपने संबंध को सुधारने का प्रयास क्यों कर रहे थे?

(क) अपनी गलती का पश्चाताप करने के लिए

(ख) भाई को वापस बुलाने के लिए

(ग) हरिहर काका की देखभाल करने के लिए

(घ) हरिहर काका की ज़मीन को हथियाने के लिए

उत्तर: (घ) हरिहर काका की ज़मीन को हथियाने के लिए

59. रहस्यात्मक और भयावनी खबरों से गाँव का आकाश आच्छादित हो गया है। दिन-प्रतिदिन आतंक का माहौल गहराता जा रहा है। सबके मन में यह बात है कि हरिहर कोई अमृत पीकर तो आए हैं नहीं। एक न एक दिन उन्हें मरना ही है। फिर एक भयंकर तूफान की चपेट में यह गाँव आ जाएगा। उस वक्त क्या होगा, कुछ कहा नहीं जा सकता। यह कोई छोटी लड़ाई नहीं, एक बड़ी लड़ाई है। जाने-अनजाने पूरा गाँव इसकी चपेट में आएगा ही.....। इसीलिए लोगों के अंदर भय भी है और प्रतीक्षा भी। एक ऐसी प्रतीक्षा जिसे झुठलाकर भी उसके आगमन को टाला नहीं जा सकता।

और हरिहर काका! वह तो बिल्कुल मौन हो अपनी जिंदगी के शेष दिन काट रहे हैं। एक नौकर रख लिया है, वही उन्हें बनाता-खिलाता है। उनके हिस्से की ज़मीन में जितनी फसल होती है, उससे अगर वह चाहते तो मौज की जिंदगी बिता सकते थे। लेकिन वह तो गूँगेपन का शिकार हो गए हैं। कोई बात कहो, कुछ पूछो, कोई जवाब नहीं। खुली आँखों से बराबर आकाश को निहारा करते हैं। सारे गाँव के लोग उनके बारे में बहुत कुछ कहते-सुनते हैं, लेकिन उनके पास अब कहने के लिए कोई बात नहीं।

(i) गाँव में किस प्रकार का माहौल है?

(क) तूफान का माहौल (ख) आतंक का माहौल

(ग) उल्लास का माहौल (घ) गूँगेपन का माहौल

उत्तर: (ख) आतंक का माहौल

(ii) गाँव के लोगों को किस बात की प्रतीक्षा थी?

(क) लड़ने की प्रतीक्षा

(ख) हरिहर काका के बोलने की प्रतीक्षा

(ग) हरिहर काका के मरने की प्रतीक्षा

(घ) सम्पत्ति को देने की प्रतीक्षा

उत्तर: (ग) हरिहर काका के मरने की प्रतीक्षा

(iii) हरिहर की स्थिति कैसी है?

(क) मौज की जिंदगी बिता रहे हैं

(ख) चिड़चिड़े हो गए हैं

(ग) मौन धारण कर लिया है

(घ) ईश्वर आराधना में लीन हो गए हैं

उत्तर: (ग) मौन धारण कर लिया है

(iv) हरिहर काका की देखभाल कौन करता है?

(क) उनके भाई (ख) उनका परिवार

(ग) ठाकुरबारी के महंत (घ) उनका नौकर

उत्तर: (घ) उनका नौकर

(v) 'रहस्यात्मक' समस्तपद का विग्रह कर समास का नाम बताइए।

(क) रहस्य से भरा हुआ—तत्पुरुष समास

(ख) रहस्य से भरा हुआ—अव्ययीभाव समास

(ग) रहस्य और आत्मा—द्वंद्व समास

(घ) रहस्य से भरा हुआ—कर्मधारय समास

उत्तर: (क) रहस्य से भरा हुआ—तत्पुरुष समास

पाठ से सम्बन्धित प्रश्नोत्तर

प्रश्न 60. कथावाचक और हरिहर काका के बीच क्या सम्बन्ध है और इसके क्या कारण हैं?

उत्तर— हरिहर काका और कथावाचक (लेखक) दोनों के बीच में बड़े ही मधुर एवं आत्मीय सम्बन्ध थे, क्योंकि दोनों एक गाँव के निवासी थे। हरिहर काका की कोई संतान नहीं थी इसलिए वह कथावाचक को पिता की तरह प्यार करते थे तथा उनकी देखभाल भी किया करते थे। कथावाचक गाँव के चंद लोगों का ही सम्मान करता था और उनमें हरिहर काका एक थे। इसके निम्नलिखित कारण थे—

1. हरिहर काका कथावाचक के पड़ोसी थे।
2. कथावाचक की माँ के अनुसार हरिहर काका ने उसे बचपन में बहुत प्यार किया था।
3. कथावाचक के बड़े होने पर उसकी पहली दोस्ती हरिहर काका के साथ ही हुई थी। दोनों आपस में बहुत ही खुलकर बातें करते थे अर्थात् उनके बीच दोस्ती का गहरा सम्बन्ध था।

प्रश्न 61. हरिहर काका को महंत और अपने भाई एक ही श्रेणी के क्यों लगने लगे?

उत्तर— हरिहर काका एक नि:संतान व्यक्ति थे। इसलिए महंत और उनके भाई जमीन को अपने नाम लिखवाना चाहते थे। उनके पास पन्द्रह बीघे जमीन थी। हरिहर काका के भाइयों ने पहले तो उनकी खूब देखभाल की परन्तु धीरे-धीरे उनकी पत्नियों ने काका के साथ दुर्व्यवहार करना शुरू कर दिया। महंत को जब यह पता चला तो वह बहला-फुसलाकर काका को ठाकुरबारी ले आए और उन्हें वहाँ रखकर उनकी खूब सेवा की। साथ ही उसने काका ने उनकी पन्द्रह बीघे जमीन ठाकुरबारी के नाम लिखवाने की बात की। काका ने जब ऐसा करने से मना किया तो महंत ने उन्हें मार-पीटकर जबरदस्ती कागजों पर अँगूठा लगवा दिया। इस बात पर दोनों पक्षों में जमकर झगड़ा हुआ। दोनों ही पक्ष स्वार्थी थे। वे हरिहर काका को सुख नहीं दु:ख देने पर उतारू थे। उनका हित नहीं अहित करने के पक्ष में थे। दोनों का लक्ष्य जमीन हथियाना था। इसके लिए दोनों ने ही काका के साथ छल व बल का प्रयोग किया। इसी कारण हरिहर काका को अपने भाई और महंत एक ही श्रेणी के लगने लगे।

प्रश्न 62. ठाकुरबारी के प्रति गाँव वालों के मन में अपार श्रद्धा के जो भाव हैं उससे उनकी किस मनोवृत्ति का पता चलता है?

उत्तर— ठाकुरबारी के प्रति गाँव वालों के मन में अपार श्रद्धा के जो भाव हैं, उनसे उनकी ठाकुर जी के प्रति भक्ति भावना, आस्तिकता, प्रेम तथा विश्वास का पता चलता है। वे अपने प्रत्येक कार्य की सफलता का कारण ठाकुर जी की कृपा को मानते थे।

प्रश्न 63. अनपढ़ होते हुए भी हरिहर काका दुनिया की बेहतर समझ रखते थे ? कहानी के आधार पर स्पष्ट कीजिए।

उत्तर— अनपढ़ होते हुए भी हरिहर काका दुनिया की बेहतर समझ रखते हैं। वे जानते हैं कि जब तक उनकी जमीन-जायदाद उनके पास हैं, तब तक सभी उनका आदर करते हैं। उनके भाई उनसे जमीन अपने नाम करवाने के लिए उन्हें डराते थे बाद में उन्हें समझ आया कि उनके भाई उनके जायदाद के लिए प्यार करते हैं। ठाकुरबारी के महंत उनको इसलिए समझाते हैं क्योंकि वह उनकी जमीन ठाकुरबारी के नाम करवाना चाहते हैं। उनके भाई उनका आदर-सत्कार जमीन के कारण करते हैं। हरिहर काका ऐसे कई लोगों को जानते हैं, जिन्होंने अपने जीते जी अपनी जमीन किसी और के नाम लिख दी थी। बाद में उनका जीवन नरक बन गया था। वे नहीं चाहते थे कि उनके साथ भी ऐसा हो।

प्रश्न 64. हरिहर काका को जबरन उठा ले जाने वाले कौन थे? उन्होंने उनके साथ कैसा बर्ताव किया?

उत्तर— महंत के संकेत पर ठाकुरबारी के साधु-संत हरिहर काका को उठाकर ले गए थे। पहले उन्हें समझा-बुझाकर सादे कागज पर अँगूठे का निशान लेने का प्रयास किया गया। सफलता न मिलने पर जबरदस्ती निशान लेकर हाथ-पाँव और मुँह बाँध ाकर उन्हें कमरे में बंद कर दिया गया तथा पुलिस के आने पर स्वयं नौ दो ग्यारह हो गये।

प्रश्न 65. हरिहर काका के मामले में गाँव वालों की क्या राय थी और उसके क्या कारण थे?

उत्तर— हरिहर काका के मामले में गाँव के लोगों के दो वर्ग बन गए थे। दोनों ही पक्ष के लोगों की अपनी-अपनी राय थी। आधे लोग परिवार वालों के पक्ष में थे। उनका कहना था कि काका की जमीन पर हक तो उनके परिवार वालों का बनता है। काका को अपने जमीन-जायदाद अपने भाइयों के नाम लिख देनी चाहिए, ऐसा न करना अन्याय होगा। दूसरे पक्ष के लोगों का मानना था कि महंत हरिहर की जमीन उनको मोक्ष दिलाने के लिए लेना चाहता है। काका को अपनी जमीन ठाकुरजी के नाम लिख देनी चाहिए। इससे उनका नाम और यश भी फैलेगा और उन्हें सीधे बैकुंठ की प्राप्ति होगी। इस प्रकार जितने मुँह थे उतनी बातें होने लगीं। प्रत्येक का अपना मत था इन सबका एक कारण था कि हरिहर काका विधुर थे और उनकी अपनी कोई संतान न थी जो उनका उत्तराधिकारी बनता। पन्द्रह बीघे जमीन के कारण इन सबका लालच स्वाभाविक था।

प्रश्न 66. कहानी के आधार पर स्पष्ट कीजिए कि लेखक ने यह क्यों कहा, "अज्ञान की स्थिति में ही मनुष्य मृत्यु से डरते हैं। ज्ञान होने के बाद तो आदमी आवश्यकता पड़ने पर मृत्यु को वरण करने के लिए तैयार हो जाता है।"

उत्तर— लेखक ने यह इसलिए कहा है क्योंकि अज्ञान की ही स्थिति में अर्थात् सांसारिक या नश्वर संसार के सुख की इच्छा के कारण ही मनुष्य मृत्यु से डरते हैं। जब उन्हें यह ज्ञान हो जाता है कि मृत्यु तो अटल सत्य है, क्योंकि जो इस धरती पर जन्म लेता है, उसकी मृत्यु तो निश्चित तथा जब यह शरीर जीर्ण-शीर्ण हो जाता है, तो इस मृत्यु के माध्यम से प्रभु हमें नया शरीर और नया जीवन देते हैं, तब वे मृत्यु से घबराते नहीं, डरते नहीं, बल्कि मृत्यु आने पर उसका स्वागत करते हैं, अर्थात् उसका वरण करते हैं। हरिहर काका की स्थिति में फँसा हर आदमी यही कहेगा बार-बार की मौत से तो एक बार की मौत अच्छी है।

प्रश्न 67. समाज में रिश्तों की क्या अहमियत है ? इस विषय पर अपने विचार प्रकट कीजिए।

उत्तर— आज समाज में मानवीय मूल्य तथा पारिवारिक मूल्य धीरे-धीरे समाप्त होते जा रहे हैं। ज्यादातर व्यक्ति अपने स्वार्थ के लिए रिश्ते-नाते निभाते हैं। अब रिश्तों से ज्यादा रिश्तेदार की कामयाबी और स्वार्थसिद्धि की अहमियत है। रिश्ते ही उसे अपने-पराए में अंतर करने की पहचान करवाते हैं। रिश्तों के द्वारा व्यक्ति की समाज में विशेष भूमिका निर्धारित होती है। रिश्ते ही सुख-दु:ख में काम आते हैं। यह दु:ख की बात है कि आज के इस बदलते दौर में रिश्तों पर स्वार्थ की भावना हावी होती जा रही है। रिश्तों में प्यार व बंधुत्व समाप्त हो गया है। इस कहानी में भी यदि पुलिस न पहुँचती तो परिवार वाले काका की हत्या कर देते। इंसानियत तथा रिश्तों का खून तब स्पष्ट नजर आता है जब महंत तथा परिवार वालों को काका के लिए अफसोस नहीं बल्कि उनकी हत्या न कर पाने का अफसोस है। ठीक उसी प्रकार आज रिश्तों से ज्यादा धन-दौलत को अहमियत दी जा रही है। आज लोगों के पास रिश्तों को निभाने का समय भी नहीं है।

प्रश्न 68. यदि आपके आसपास हरिहर काका जैसी हालत में कोई हो तो आप उसकी किस प्रकार मदद करेंगे?

उत्तर— यदि हमारे आसपास हरिहर काका जैसी हालत में कोई हो तो हम उसकी सहायता निम्न प्रकार से करेंगे—

1. सबसे पहले हम उसके घरवालों को समझाएंगे कि वे अपने पुनीत कर्तव्य के प्रति सचेत रहें।
2. असहाय व्यक्ति की खान-पान, रहन-सहन, वस्त्र आदि की व्यवस्था समयानुसार करें।
3. उसके परिवार के सदस्यों को समझाएँगे कि असहाय व्यक्ति की यदि तुम सहायता करोगे, तो उसका फल तुम्हें अवश्य मिलेगा अर्थात् उनकी जमीन, संपत्ति स्वत: ही तुम्हें मिल जाएगी।
4. धूर्त महंत, पुजारी, साधु आदि की रिपोर्ट पुलिस में करेंगे और पुलिस को बताएँगे कि इनकी आँखों पर लालच का चश्मा लगा हुआ है। ये असहाय व्यक्ति की जमीन पर बलपूर्वक कब्जा करना चाहते हैं।
5. भाइयों, महंत, साधु व पुजारियों की खबर मीडिया को देंगे ताकि उनका दुष्प्रचार हो सके। साथ ही सरकारी हस्तक्षेप से उन्हें अपने किए की सजा मिल सके। साथ ही हरिहर काका जैसे व्यक्ति को न्याय मिल सके।

प्रश्न 69. हरिहर काका के गाँव में यदि मीडिया की पहुँच होती तो उनकी क्या स्थिति होती? अपने शब्दों में लिखिए।

उत्तर— हरिहर काका का जिस प्रकार से धर्म और घर अर्थात् खून के रिश्तों से विश्वास उठा चुका था, उससे वे मानसिक रूप से बीमार हो गए थे। वे बिल्कुल चुप रहते थे। किसी की भी कोई बात का कोई उत्तर नहीं देते थे। वर्तमान दृष्टि से यदि देखा जाए तो आज मीडिया की अहम् भूमिका है। लोगों को सच्चाई से अवगत करना उसका मुख्य कार्य है। जन-संचार के द्वारा घर-घर में बात पहुँचाई जा सकती है। इसके द्वारा लोगों तथा समाज तक बात पहुँचाना आसान है। यदि हरिहर काका की बात मीडिया तक पहुँच जाती तो शायद स्थिति थोड़ी भिन्न होती। वे अपनी बात लोगों के सामने रख पाते और स्वयं पर हुए अत्याचारों के विषय में लोगों को जागृत करते। हरिहर काका को मीडिया ठीक प्रकार से न्याय दिलवाती। उन्हें स्वतन्त्र रूप से जीने की व्यवस्था उपलब्ध करवाने में मदद करती। जिस प्रकार के दबाव में वे जी रहे थे वैसी स्थिति मीडिया की सहायता मिलने के बाद नहीं होती।

परीक्षोपयोगी महत्वपूर्ण प्रश्नोत्तर

प्रश्न 70. हरिहर काका की किस स्थिति ने लेखक को चिंतित कर दिया?

उत्तर— इस बार जब लेखक हरिहर काका से मिलने गया और उनकी तबीयत के बारे में पूछा तो उन्होंने सिर उठाकर एक बार लेखक की ओर देखा और सिर झुका लिया। इसके बाद उन्होंने दुबारा सिर नहीं उठाया। उनकी यंत्रणा और मनोदशा के बारे में उनकी आँखों ने बहुत कुछ कह दिया पर काका कुछ बोल न सके। उनकी इस दशा ने लेखक को चिंतित कर दिया।

प्रश्न 71. गाँव वालों को ठाकुरबारी के प्रति अत्यंत घनिष्ठ सम्बन्ध है। स्पष्ट कीजिए।

उत्तर— ठाकुरबारी के साथ अधिकांश लोगों का सम्बन्ध मन और तन दोनों स्तर पर बहुत ही घनिष्ठ है। कृषि-कार्य से अपना बचा हुआ समय वे ठाकुरबारी में ही बिताते हैं। ठाकुरबारी में साधु-संतों का प्रवचन सुन और ठाकुर जी का दर्शन कर वे अपना यह जीवन सार्थक मानने लगते हैं। उन्हें यह महसूस होता है कि ठाकुरबारी में प्रवेश करते ही वे पवित्र हो जाते हैं। उनके पिछले सारे पाप अपने आप खत्म हो जाते हैं और वह ईश्वर भक्ति में मग्न हो जाते हैं।

प्रश्न 72. स्वादिष्ट पकवान की आस लगाए बैठे हरिहर काका के सामने जब रूखा-सूखा खाना परोसा गया तो उनकी क्या प्रतिक्रिया हुई?

उत्तर— भतीजे के मित्र के आने से घर में स्वादिष्ट पकवान बनाए गए थे। हरिहर काका को स्वादिष्ट पकवान मिलने की आशा थी जब उनके सामने रूखा-सूखा भोजन आया तो उन्होंने प्रतिक्रिया स्वरूप—

1. थाली उठाकर बीच आँगन में फेंक दी, जिससे सारे चावल बिखर गये।
2. गरजते हुए घर की औरतों को देख लेने की धमकी देने लगे।

अर्थात् ढंग से खाना भी नसीब नहीं होता था।

प्रश्न 73. यंत्रणाओं के बीच जी रहे हरिहर काका की तुलना लेखक ने किससे की है और क्यों?

उत्तर— यंत्रणाओं के बीच जी रहे हरिहर काका की तुलना लेखक में फँसी उस नाव से की है, जिस पर बैठे सवार चिल्लाकर भी अपनी जान की रक्षा नहीं कर सकते हैं। इसका कारण यह है कि उनकी चिल्लाहट दूर-दूर तक फैले सागर की उठती-गिरती लहरों में खोकर रह जाती है। इस तरह उसकी मदद के लिए कोई नहीं आ पाता और वह जहाज डूबकर रह जाता है। हरिहर काका भी इस दयनीय दशा से जूझ रहे थे।

प्रश्न 74. हरिहर काका के परिवार का संक्षिप्त परिचय दीजिए।

उत्तर— हरिहर काका का भरा-पूरा परिवार है। उनके चार भाई हैं। सबकी शादी हो चुकी है। हरिहर काका के अलावा सबके बच्चे हैं। बड़े और छोटे भाई के लड़के काफी सयाने हो गए हैं। दो की शादियाँ हो गई हैं। उनमें से एक पढ़-लिखकर शहर के किसी दफ्तर में क्लर्की करने लगा है, लेकिन हरिहर काका की अपनी देहर से कोई औलाद नहीं। औलाद के लिए उन्होंने दो शादियाँ कीं, लेकिन बिना बच्चा जन्मे उनकी दोनों पत्नियाँ स्वर्ग सिधार गईं।

प्रश्न 75. हरिहर काका के भाइयों द्वारा अपनी पत्नियों को क्या सीख दी गई? उनके व्यवहार में क्या बदलाव आता गया?

उत्तर— हरिहर काका के तीनों भाइयों ने अपनी पत्नियों को यह सीख दी थी कि हरिहर काका की अच्छी तरह सेवा करें। समय पर उन्हें नाश्ता-खाना दें। किसी बात की तकलीफ न होने दें। कुछ दिनों तक वे हरिहर काका की खोज-खबर लेती रहीं, फिर उन्हें कौन पूछने वाला? 'ठहर-चौका' लगाकर पंखा झलते हुए अपने मर्दों को अच्छे-अच्छे व्यंजन खिलातीं। हरिहर काका के आगे तो बची-खुची चीजें आतीं। कभी-कभी तो हरिहर काका को रूखा-सूखा खाकर ही संतोष करना पड़ता।

प्रश्न 76. अपने भाइयों के परिवार के प्रति हरिहर काका के मोहभंग की शुरुआत कैसे हुई?

उत्तर— कभी हरिहर काका की तबीयत खराब हो जाती तो वह मुसीबत में पड़ जाते। इतने बड़े परिवार के रहते हुए भी कोई उन्हें पानी देने वाला तक नहीं था। बच्चे या तो पढ़-लिख रहे होते या धमाचौकड़ी मचाते। भाई खेतों पर गए रहते और औरतें हाल पूछने भी नहीं आतीं अर्थात् वह बिना किसी सहारे के हो गये थे। दालान के कमरे में अकेले पड़े हरिहर काका को स्वयं उठकर अपनी जरूरतों की पूर्ति करनी पड़ती। ऐसे वक्त अपनी पत्नियों को याद कर-करके हरिहर काका की

आँखें भर आतीं। भाइयों के परिवार के प्रति मोहभंग की शुरुआत इन्हीं क्षणों में हुई थी।

प्रश्न 77. परिवार वालों से हरिहर काका के असंतुष्ट होने की बात महंत को कैसे पता चली? यह सुनकर महंत ने क्या किया?

उत्तर— हरिहर काका जिस वक्त घर की औरतों को खरी-खोटी सुना रहे थे, उसी वक्त ठाकुरबारी के पुजारी जी उनके दालान पर ही विराजमान थे। वार्षिक हुमाध के लिए वह घी और शकील लेने आए थे। उन्होंने लौटकर महंत जी को विस्तार के साथ सारी बात बताई। उनके कान खड़े हो गए। यह सुनकर हाथ आए अवसर का लाभ उठाने के लिए महंत जी ने टीका तिलक लगाया और कंधे पर रामनामी लिखी चादर डाल ठाकुरबारी से चल पड़े।

प्रश्न 78. हरिहर काका का दिल जीतने के लिए ठाकुरबारी के महंत जी ने क्या-क्या उपाय अपनाया?

उत्तर— हरिहर काका का दिल जीतने के लिए महंत जी ने स्वादिष्ट भोजन खिलाने और धर्म-चर्चा करने जैसे उपाय अपनाए। उन्होंने रात में हरिहर काका को भोग लगाने के लिए जो मिष्ठान और व्यंजन दिए, वैसे उन्होंने कभी नहीं खाए थे। घी टपकते मालपुए, रस बुनिया, लड्डू, छेने की तरकारी, दही, खीर.....। इन्हें पुजारी जी ने स्वयं अपने हाथों से खाना परोसा था। पास में बैठे महंत जी धर्म-चर्चा से मन में शांति पहुँचा रहे थे।

प्रश्न 79. ठाकुरबारी से लौट हरिहर काका सुखद आश्चर्य में क्यों पड़ गए?

उत्तर— ठाकुरबारी से लौट काका सुखद आश्चर्य में इसलिए पड़ गए, क्योंकि परिवार के जिन सदस्यों को उनसे बात करने की भी फुरसत न थी, वही सब अब सिर आँखों पर उठाने को तैयार थे। उनके भाइयों की पत्नियों ने उनके पैर पर माथा रख गलती के लिए क्षमा-याचना की। फिर उनकी आवभगत और जो खातिरदारी शुरू हुई, वैसी खातिरदारी किसी के यहाँ मेहमान आने पर भी नहीं होती होगी। उनकी रुचि और इच्छा के मुताबिक दोनों जून खाना-नाश्ता तैयार मिलने लगा तथा घर की महिलाएँ उनकी सेवा में तल्लीन रहती थीं।

प्रश्न 80. ''महंतों और मठाधीशों का लोभ बढ़ाने में लोगों की गहन धार्मिक आस्था का भी हाथ होता है।'' 'हरिहर काका' पाठ के आलोक में अपने विचार लिखिए।

अथवा

लोगों की गहन धार्मिक आस्था के कारण महंत और मठाधीशों में लालच एवं शोषण की प्रवृत्ति बढ़ती जाती है। इससे आप कितना सहमत हैं? स्पष्ट कीजिए।

उत्तर— लोगों की धार्मिक आस्था ज्यों-ज्यों बढ़ती है, त्यों-त्यों वे अपने हर अच्छे कार्य का श्रेय धर्म और देवालयों में विराजमान अपने आराध्य को देने लगते हैं। वे यह भूल जाते हैं कि ऐसा उनके परिश्रम के कारण हुआ है। अपनी खुशी की अभिव्यक्ति एवं अपने आराध्य के प्रति वे कृतज्ञता प्रकट करने के लिए धन, रुपये, जेबर आदि अर्पित करते हैं। उनकी इस भावना का अनुचित लाभ वहाँ उपस्थित महंत और मठाधीश उठाते हैं और धर्म का भय तथा स्वर्गलोक का मोह दिखाकर लोगों को उकसाते हैं कि वे अधिकाधिक चढ़ाव चढ़ाएँ जो प्रत्यक्ष और परोक्ष दोनों ही रूपों में उनकी स्वार्थपूर्ति, लोभ, लिप्सा एवं उदरपूर्ति का साधन बनता है। ठाकुरबारी में ज्यों-ज्यों चढ़ावा आता है त्यों-त्यों वहाँ के महंत, पुजारी एवं अन्य साधुओं का लोभ इस तरह बढ़ जाता है कि वे साधुता ही नहीं मानवता को छोड़कर हैवानियत पर उतर आते हैं। वे हरिहर काका का जमीन हड़पने के लिए मानवता को कलंकित करने से भी बाज नहीं आता हैं। इस तरह निस्संदेह मनुष्य की गहन धार्मिक भावना महंतों और मठाधीशों में लोभ, लालच और स्वार्थपरकता पैदा करती है।

प्रश्न 81. ठाकुरबारी से छुड़ाकर लाए गए हरिहर काका की सुरक्षा के लिए उनके भाइयों ने क्या-क्या प्रबंध किए?

उत्तर— ठाकुरबारी के महंत हरिहर काका को बलपूर्वक अपने साथ न ले जा सकें, इसे रोकने और उनकी सुरक्षा के लिए उनके भाइयों द्वारा अपने रिश्ते-नाते में जितने 'सूरमा' थे, सबको बुला लिया गया था। हथियार जुटा लिए गए थे। चौबीसों घंटे पहरे दिए जाने लगे थे। अगर किसी आवश्यक कार्यवश काका घर से गाँव में निकलते तो चार-पाँच की संख्या में हथियारों से लैस लोग उनके आगे-पीछे चलते रहते और रात में आधे लोग सोते तो आधे लोग जागकर पहरा देते रहते।

प्रश्न 82. ठाकुरबारी से छुड़ाकर लाए गए हरिहर काका अपने घर के किस वातावरण से अंजान थे?

उत्तर— ठाकुरबारी से छुड़ाकर लाने के बाद अपने ही घर में हरिहर काका के लिए में नया वातावरण तैयार हो रहा था। उन्हें ठाकुरबारी से जिस दिन वापस लाया गया था, उसी दिन से उनके भाई और रिश्ते-नाते के लोग समझाने लगे थे कि विधिवत अपनी जायदाद वे अपने भतीजों के नाम लिख दें। वह जब तक ऐसा नहीं करेंगे तब तक महंत की गिद्ध-दृष्टि उनके ऊपर लगी रहेगी लेकिन हरिहर काका अपनी सम्पत्ति किसी को नहीं देना चाहते थे। उनका मानना था कि मेरे बाद सम्पत्ति स्वत: ही मेरे परिवार को मिल जायेगी।

प्रश्न 83. लेखक ठाकुरबारी से घनिष्ठ सम्बन्ध क्यों न बना सका?

उत्तर— लेखक मन बहलाने के लिए कभी-कभी ठाकुरबारी में जाता था लेकिन वहाँ के साधु-संत उसे फूटी आँखों नहीं सुहाते थे। वे काम-धाम करने में कोई रुचि नहीं लेते हैं। ठाकुर जी को भोग लगाने के नाम पर दोनों जून हलवा-पूड़ी खाते हैं और आराम से पड़े रहते हैं। उन्हें अगर कुछ आता है, तो सिर्फ बात बनाना आता है। ठाकुरबारी के साधु-संतों की अकर्मण्यता और उनकी बातूनी आदतों के कारण लेखक ठाकुरबारी से अपना घनिष्ठ सम्बन्ध नहीं बना सका।

प्रश्न 84. महंत जी ने हरिहर काका का अपहरण किस तरह करवाया?

उत्तर— हरिहर काका से उनकी जमीन की वसीयत करवाने के लिए महंत जी ने उनके अपहरण का रास्ता अपनाया। इसके लिए आधी रात के आसपास ठाकुरबारी के साधु-संत और उनके पक्षधर भाला, औंडासा और बंदूक से लैस एकाएक हरिहर काका के दालान पर आ धमके। हरिहर काका के भाई इस प्रत्याशित हमले के लिए तैयार नहीं थे। इससे पहले कि वे जवाबी कार्यवाई करें और गुहार लगाकर अपने लोगों को जुटाएँ, तब तक ठाकुरबारी के लोग उनको पीठ पर लादकर चंपत हो गए।

प्रश्न 85. हरिहर काका की मृत्यु के बाद उनकी जमीन-जायदाद पर कब्जा करने के लिए उनके भाइयों ने क्या योजना बना रखी थी?

उत्तर— हरिहर काका की मृत्यु के बाद उनकी जमीन पर कब्जा करने के लिए उनके भाई ने अभी से इलाके के मशहूर डाकू बुटन सिंह से बातचीत पक्की कर ली। हरिहर के पन्द्रह बीघे खेत में से पाँच बीघे बुटन लेगा और दखल करा देगा। इससे पहले भी इस तरह के दो-तीन मामले बुटन ने निपटाए हैं। इस योजना द्वारा वे काका की जमीन पर कब्जा करना चाहते थे।

प्रश्न 86. हरिहर काका द्वारा ठाकुरबारी में रात बिताने पर उनके भाइयों पर क्या बीती?

उत्तर— हरिहर काका को लाने के लिए उनके भाई ठाकुरबारी पहुँचे पर काका का मन अशांत होने की बात कहकर महंत जी ने उन्हें वापस न जाने दिया। इससे काका के तीनों भाई रात भर सो नहीं सके। भावी आशंका उनके मन को मथती रहती। पन्द्रह बीघे खेत ! इस गाँव की उपजाऊ जमीन ! दो लाख से अधिक की सम्पत्ति ! अगर हाथ से निकल गई तो फिर वह कहीं के न रहेंगे।

प्रश्न 87. पुलिस द्वारा ठाकुरबारी के कमरे से मुक्त कराए काका ने वहाँ के महंत, पुजारी और साधुओं की किस असलियत से परिचित कराया?

उत्तर— पुलिस ने जब हरिहर काका को ठाकुरबारी के एक कमरे से निकालकर बंधन मुक्त किया और उनके मुँह में ढूँसा कपड़ा निकाला तो हरिहर काका ने ठाकुरबारी के महंत, पुजारी और साधुओं की काली करतूतों का पर्दाफाश करना शुरू किया कि वह साधु नहीं, डाकू, हत्यारे और कसाई हैं, वे उन्हें इस रूप में कमरे में बंद कर गुप्त दरवाजे से भाग गए, इसके अलावा उन्होंने कई सादे और लिखे हुए कागजों पर जबरन उनके अँगूठे के निशान लिए ताकि जमीन-जायदाद पर कब्जा कर सकें।

प्रश्न 88. हरिहर काका ने यह निश्चित क्यों किया कि वे अपनी जायदाद किसी के नाम नहीं लिखेंगे?

उत्तर— कथावाचक और हरिहर काका की उम्र में काफी अंतर होने के बावजूद वह उनका पहला मित्र था। महंत और हरिहर काका के भाई ने अपना लक्ष्य साधने वे लिए हरिहर काका के साथ बुरा व्यवहार करा। हरिहर काका अनपढ़ थे पर उनको दुनिया की बेहतर समझ थी। उन्होंने अपने अनुभव से सीखा था कि सम्पत्ति छिन जाने के बाद व्यक्ति की बड़ी दुर्दशा होती है। वे अनेक लोगों के बारे में जानते थे जिनकी सम्पत्ति अपने नाम लिखवाने के बाद उनके घर वालों ने उनकी हालत कुत्ते से भी बद्तर कर दी थी। इसलिए उन्होंने तय कर लिया था कि जीते जी वे अपनी जायदाद किसी के नाम नहीं लिखेंगे।

प्रश्न 89. हरिहर काका पाठ के किस सन्दर्भ में आपको सबसे अधिक प्रभावित किया और क्यों?

उत्तर— वैसे तो पाठ के कई प्रसंग दिल को छू लेते हैं मगर जब काका के भाइयों के द्वारा जन पर आक्रमण किया जाता है तो वह अंश क्रूरता की पराकाष्ठा को पार कर जाता है। आज समाज में रिश्तों की अहमियत खत्म होती जा रही है। स्वार्थ परमार्थ पर हावी हो रहा है। आज समाज में मानवीय मूल्य समाप्त होते जा रहे हैं और लोग स्वार्थ के लिए रिश्ते निभा रहे हैं। मानवीय भावनाओं की आज कोई कद्र नहीं है।

प्रश्न 90. हरिहर काका की दयनीय स्थिति का वर्णन अपने शब्दों में करें।

उत्तर— हरिहर काका बिल्कुल अकेले हो गए थे। उनकी स्थिति बड़ी दयनीय हो गयी थी। वे बड़े हताश उदास और निराश रहने लगे थे। एक बार तो काका का अपहरण भी कर लिया गया था। काका पूरी तरह सदमे में थे और उनके मन में रिश्तों को लेकर कड़वाहट और गुस्सा भरा हुआ था।

प्रश्न 91. हरिहर काका पाठ के माध्यम से लेखक ने संयुक्त परिवार के बारे में जो कुछ कहा क्या वह सत्य है?

उत्तर— लेखक ने संयुक्त परिवार के बारे में कुछ कहा वह सत्य है। आज संयुक्त परिवार टूटते जा रहे हैं। लोग एकाकीपन में जीने को मजबूर हो गए हैं। स्वार्थ लिप्सा के कारण प्रेम स्नेह लुप्त होता जा रहा है और रिश्ते स्वार्थ लोभ के वशीभूत निभाए जा रहे हैं। इस प्रकार के रिश्ते ज्यादा दिन नहीं चलते और उनमें बैर-भाव बढ़ता चला जाता है।

प्रश्न 92. महंत जी ने हरिहर काका की जमीन हड़पने के लिए धर्म, मोह और माया का सहारा किस तरह लिया? उनका ऐसा करना आप कितना उचित मानते हैं?

उत्तर— खलिहान की ओर जाते हुए गुस्साए हरिहर काका को महंत जी अपने साथ ठाकुरबारी ले गए और उनकी जमीन पाने के लिए धर्म, मोह और माया का सहारा लेते हुए काका को समझाते हुए कहने लगे, ''हरिहर ! यहाँ कोई किसी का नहीं है। सब माया का बंधन है। तू तो धार्मिक प्रवृत्ति का आदमी है। मैं समझ नहीं पा रहा हूँ कि तुम इस बंधन में कैसे फँस गए? ईश्वर में भक्ति लगाओ। उसके सिवाय कोई तुम्हारा अपना नहीं। पत्नी, बेटे, भाई-बंधु सब स्वार्थ के साथी हैं। जिस दिन उन्हें लगेगा कि तुमसे उनका स्वार्थ सधने वाला नहीं, उस दिन वे तुम्हें पूछेंगे तक नहीं। इसीलिए ज्ञानी, संत, महात्मा ईश्वर के सिवाय किसी और में प्रेम नहीं लगाते।'' महंत द्वारा हरिहर काका के साथ जैसा व्यवहार किया गया

उसे मैं तनिक भी उचित नहीं मानता, क्योंकि इससे महंत, काका की जमीन हड़पना चाहते थे। इसके अलावा वे काका के मन में उनके परिवार और भाइयों के प्रति दुर्भावना भी भर रहे थे।

प्रश्न 93. लोभी महंत एक ओर हरिहर काका को यश और बैकुंठ का लोभ दिखा रहा था तो दूसरी ओर पूर्व जन्म के उदाहरण द्वारा भय भी दिखा रहा था। स्पष्ट कीजिए।

उत्तर— हरिहर काका को समझाते हुए लोभी महंत कर रहा था कि तुम अपने हिस्से की जमीन ठाकुरबारी के नाम लिखकर स्वर्ग प्राप्त करोगे। तुम्हारी कीर्ति तीनों लोकों में फैल जाएगी और सूरज-चाँद के रहने तक तुम्हारा नाम अमर हो जाएगा। इससे साधु-संत भी तुम्हारे पाँव पखारेंगे। सभी तुम्हारा यशोगान करेंगे और तुम्हारा जीवन सार्थक हो जाएगा। ठाकुर जी के साथ तुम्हारी भी आरती गाई जाएगी। महंत उनसे कह रहा था कि पता नहीं पूर्वजन्म में तुमने कौन-सा पाप किया था कि तुम्हारी दोनों पत्नियाँ अकाल मृत्यु को प्राप्त हुई। तुमने औलाद का मुँह तक नहीं देखा। अपना यह जन्म तुम अकारथ न जाने दो। ईश्वर को एक भर दोगे तो दस भर पाओगे। मैं अपने लिए तो तुमसे माँग नहीं रहा हूँ। तुम्हारा यह लोक और परलोक दोनों बन जाएँ, इसकी राह तुम्हें बता रहा हूँ।

प्रश्न 94. महंत की बातें सुनकर हरिहर काका किस दुविधा में फँस गए? पाठ के आधार पर स्पष्ट कीजिए।

उत्तर— महंत की बातें सुनकर हरिहर काका अपनी जमीन किसे दें—भाइयों को या ठाकुर जी के नाम लिखें; इस दुविधा में फँस गए। वे सोचने लगे कि पन्द्रह बीघे खेत की फसल भाइयों के परिवार को देते हैं, तब तो कोई पूछता नहीं, अगर कुछ न दें तब क्या हालत होगी? उनके जीवन में तो यह स्थिति है, मरने के बाद कौन उन्हें याद करेगा? सीधे-सीधे उनके खेत हड़प जाएँगे। ठाकुर जी के नाम लिख देंगे तो पुश्तों तक लोग उन्हें याद करेंगे। अब तक वे जीवन में तो ईश्वर के लिए उन्होंने कुछ नहीं किया। अंतिम समय तो यह बड़ा पुण्य कमा लें, लेकिन यह सोचते हुए भी हरिहर काका का मुँह खुल नहीं रहा था। भाई का परिवार तो अपना ही होता है। उनको न देकर ठाकुरबारी में दे देना उनके साथ धोखा और विश्वासघात होगा।

दीर्घ उत्तरीय प्रश्नोत्तर

प्रश्न 95. 'हरिहर काका' कहानी के आधार पर बताइए कि एक महंत से समाज की क्या अपेक्षा होती है? उक्त कहानी में महंतों की भूमिका पर टिप्पणी कीजिए।

उत्तर— महंतों से कोई भी समाज यह अपेक्षा रखता है कि ये ईश्वर के दिखाए मार्ग से लोगों को अवगत कराएँ, धर्म और अधर्म की वास्तविक परिभाषा को लोगों के समक्ष लाएँ, दुःखियों और बेसहारों को मंदिर/आश्रम इत्यादि में स्थान देकर उनमें भगवान के प्रति आस्था एवं विश्वास जगाएँ।

'हरिहर काका' पाठ में महंत को धूर्त, मक्कार, चालाक, स्वार्थी एवं हिंसक प्रवृत्ति वाला बताया गया है। वह हरिहर काका को अपने जाल में फँसाने का हरसंभव प्रयास करता है। पहले समझाता-बुझाता तथा अच्छे खाने का जाल फेंकता है, फिर हरिहर काका को पिटवाने तक से बाज नहीं आता। वह एक प्रकार से महंत न होकर एक गुंडा है जो धर्मगुरु का चोला पहनकर अनैतिक कार्यों में लिप्त रहता है। वह कहीं से भी धार्मिक व्यक्ति प्रतीत नहीं होता। ठाकुरबारी में साधु-संतों का रहन-सहन, ठाठ-बाट का बात का प्रतीक था। ठाकुरबारी के साधु-संत काम-धाम करने में कोई रुचि नहीं लेते थे। वह ठाकुर जी को भोग लगाने के नाम पर दोनों समय हलवा-पूड़ी खाते थे और आराम से पड़े रहते थे। वे सिर्फ बातें बनाना जानते थे। गाँव के लोगों में ठाकुरबारी के प्रति अंधभक्ति थी। वे लोग ठाकुरबारी में प्रवचन सुनकर और ठाकुरजी के दर्शन कर अपना जीवन सार्थक मानते थे।

प्रश्न 96. हरिहर काका के साथ उनके भाइयों तथा ठाकुरबारी के महंत ने कैसा व्यवहार किया? क्या आप उसे उचित मानते हैं? कारण सहित स्पष्ट कीजिए।

उत्तर— हरिहर काका के साथ उनके भाइयों तथा ठाकुरबारी के महंत ने समस्त नैतिक मूल्यों को ठुकराकर, सभी प्रकार की मर्यादाओं को तार-तार कर धन और जमीन की लिप्सा से ग्रसित होकर अमानवीय व्यवहार किया। हाथ-पैर बाँधकर मुँह में कपड़ा ठूँस दिया तथा सादे एवं लिखे कागजों पर अंगूठे के निशान लिये गये। जमीन नाम न करने पर भाइयों द्वारा हरिहर काका को बेरहमी से पीटा गया तथा ठाकुरबारी के महंत द्वारा अपने पद की गरिमा को ध्वस्त करते हुए हरिहर काका का अपहरण करवाया गया।

हरिहर काका के भाइयों तथा ठाकुरबारी के महंत द्वारा किया गया दुर्व्यवहार किसी भी दृष्टि से उचित नहीं ठहराया जा सकता है। आज लोगों पर स्वार्थ, लोभ व धन-लिप्सा इतने भावी हो चुके हैं कि आज उन्हें इनके लिए रिश्ते-नातों व अपने पदों की मर्यादा को भुलाने में भी संकोच नहीं होता।

प्रश्न 97. ''एक ही रात में ठाकुरबारी में जो सुख-शांति और संतोष पाया, वह अपने अब तक के जीवन में हरिहर काका ने कभी नहीं पाया था।'' इस कथन के संदर्भ में सच्चे सुख-शांति और संतोष की आवश्यकता पर प्रकाश डालिए तथा बताइए कि आप काका की उस स्थिति को कहाँ तक उचित मानते हैं? और क्यों?

उत्तर— रात में हरिहर काका को भोग लगाने के लिए जो मिष्ठान और व्यंजन मिले, वैसे उन्होंने कभी भी नहीं खाए थे। घी टपकते मालपुए, रस बुनिया, लड्डू, छेने की तरकारी, दही, खीर। पुजारी जी ने स्वयं अपने हाथों से खाना परोसा था। पास में बैठे महंत जी धर्म चर्चा से मन में शांति पहुँचा रहे थे। एक ही रात में ठाकुरबारी में जो सुख-शांति और संतोष उन्होंने पाया, वह अपने अब तक के जीवन में उन्होंने नहीं पाया था।

हम काका की उस स्थिति और उस सोच को बिल्कुल उचित मानते हैं, क्योंकि अपनी पत्नी और संतान न होने के कारण उन्हें प्रतिदिन रोटी के लिए अपने भाइयों की पत्नियों पर आश्रित रहना पड़ता था और बदले में उन्हें बासी-रूखा-सूखा भोजन ही मिलता था। ऐसे में ठाकुरबारी में प्रेमपूर्वक खिलाए गए स्वादिष्ट पकवान के कारण उन्होंने ऐसा सोचा।

प्रश्न 98. हरिहर काका के जीवन के अनुभवों से हमें क्या सीख मिलती है? पाइ के आधार पर लिखिए।

उत्तर— 1. संबंधों में किसी भी प्रकार का लालच/स्वार्थ न आने देना।
2. जीते-जी किसी के नाम जायदाद न करना।
3. धार्मिक अंधविश्वास/बहकावे में न आना।
4. राजनीतिक बहकावे में न आना।
5. परिवार में एक-दूसरे के प्रति भरोसा, विश्वास कायम रखना।
6. परिवार में बाहरी हस्तक्षेप का न होना।

प्रश्न 99. हरिहर काका के जीवन में आई कठिनाइयों का मूल कारण क्या था? ऐसी सामाजिक समस्या के समाधान के क्या उपाय हो सकते हैं? लिखिए।

उत्तर— हरिहर काका के जीवन में कठिनाइयों का मूल कारण 15 बीघा जमीन थी। समाज में रिश्तों की बहुत अहमियत होती है। आज के समय में स्वार्थ और लालच बढ़ता जा रहा है। चूँकि काका के औलाद नहीं थी इसलिए समाज व उनके भाई उनके हिस्से की जमीन हड़पने की कोशिश करते थे। मंदिर के महंत ने भी जमीन हड़पने के लिए उनका अपहरण करवाकर जबरदस्ती काका के अँगूठे के निशान लिए। जायदाद के लिए उसके भाई तथा महंत उसके दुश्मन बन गये। यदि हमारे पास भी कोई ऐसी परिस्थिति का व्यक्ति है तो हमें उसके घर जाकर उनसे बातें करनी चाहिए। उसे समझाना चाहिए कि अंधविश्वास से दूर रहें। यदि हरिहर काका के घर मीडिया पहुँची होती तो वे इस स्थिति में नहीं होते। उनकी ऐसी हालत होने से पहले ही कोई समाधान निकाल लिया जाता। खबरों में आने के बाद उनके भाइयों तथा महंत आदि की हिम्मत नहीं होती कि इनके साथ दुर्व्यवहार करें। उनको जीवन जीने का आसान रास्ता मिल जाता। पुलिस की सुरक्षा में अपना जीवन खुशी से जिया जा सकता है। पारिवारिक समस्याओं को परिवार में ही सुलझाना चाहिए। साथ ही सुख-दु:ख, आपदा-विपदा में सहयोग बना रहता है।

प्रश्न 100.आप कैसे कह सकते हैं कि हरिहर काका संयुक्त परिवार के मूल्यों के प्रति एक समर्पित व प्रेरक मानव थे। पठित पाठ के आधार पर समझाइए।

उत्तर— हरिहर काका चार भाई थे। हरिहर काका की दो शादियाँ हुई थीं, परंतु उनके कोई बच्चा नहीं हुआ और उनकी दोनों बीवियाँ मर चुकी थीं। उनका परिवार एक संयुक्त परिवार था। परिवार के पास 60 बीघा जमीन थी। उस हिसाब से हरिहर काका के हिस्से में 15 बीघा जमीन आती थी। वैसे तो उनके भाइयों ने अपनी पत्नियों से कह रखा था कि वे हरिहर काका की खूब सेवा करें—पर वे इस बात का पालन नहीं करती थीं। हरिहर काका को खाने में बचाखुचा भोजन ही मिलता था। जब कभी उनकी तबियत खराब हो जाती, तो उनको कोई पानी तक नहीं पूछता था। अपने ही घर में उनके साथ बुरा व्यवहार किया जाता था, परन्तु इतना सब कुछ होने के बाद भी वह अपने भाइयों के साथ ही रहना चाहते थे। वे संयुक्त परिवार के मूल्यों के प्रति एक समर्पित व प्रेरक मानव थे। यदि वह चाहते तो अपने परिवार से अलग रहकर सुखी जीवन बिता सकते थे, परन्तु उन्हें मिल-जुलकर रहने में ही सुख की अनुभूति होती थी। उनके भाइयों ने उनकी सेवा करके उन्हें प्रभावित करना चाहा जिससे काका अपने हिस्से की जमीन उनके नाम करके उन्हें समृद्ध कर दें, परन्तु जब इससे भाइयों को कुछ प्राप्त न हुआ तो उनकी पत्नियों तथा बच्चों ने काका को जबरन घर में कैद कर लिया। उन्हें बुरी तरह मारा-पीटा और जमीन के कागजातों पर जबरदस्ती अंगूठा लगवा लिया। हरिहर काका अपने परिवार के स्वार्थ को भली-भाँति समझते थे, परन्तु फिर भी वे अपने परिवार के प्रत्येक सदस्य से अत्यंत प्रेम करते थे।

प्रश्न 101.कल्पना कीजिए कि एक पत्रकार के रूप में आप हरिहर काका के बारे में अपने समाचार-पत्र को क्या-क्या बताना चाहेंगे और समाज को उसके उत्तरदायित्व का बोध कैसे कराएंगे?

उत्तर— एक पत्रकार के रूप में हरिहर काका के बारे में अपने समाचार-पत्र को सूचित किया जाएग कि धन की लालसा में उसके सगे संबंधी उसे परेशान कर रहे हैं। अपने समाचार-पत्र में समाज की शीर्ष संस्था के पुरोधा महंत के चरित्र के बारे में विस्तार विवरण देना चाहूँगा। धन केन्द्रित मानसिकता से समाज को बचाने के लिए लोगों को अपनत्व व सौहार्द्र से भरे सामाजिक जीवन जीने के लाभ से परिचित करवाना होगा। इसके लिए नुक्कड़ नाटक के आयोजन तथा टी.वी. आदि पर घर-घर की कलह आदि को दिखाने के स्थान पर प्रेम, सौहार्द्र व भाईचारे की भावना से ओतप्रोत धारावाहकों को प्रसारण किया जाना चाहिए लोग जागरूक हों और अपनत्व के महत्व को समझते हुए अपने उत्तरदायित्व का निर्वहन कर सकें।

प्रश्न 102.महंत द्वारा हरिहर काका का अपहरण महंत के चरित्र की किस सच्चाई को सामने लाता है? ठाकुरबारी जैसी संस्थाओं से कैसे बचा जा सकता है?

उत्तर— महंत द्वारा हरिहर काका का अपहरण किए जाने से महंत के चारित्रिक पतन की सच्चाई सामने आती है। 'ठाकुरबारी' के महंत भी हरिहर काका की ज़मीन पर नज़र गढ़ाए हुए थे। जब उन्हें काका के गुस्से के बारे में पता चला तो उन्होंने

हरिहर काका को प्यार से समझाया कि वे अपनी ज़मीन 'ठाकुरबारी' के नाम लिखकर यहीं रहें। जब हरिहर काका ने अपनी ज़ायदाद किसी को भी न देने का फैसला किया तो महंत ने उसका अपहरण कर लिया और ज़बरदस्त काका के अँगूठे के निशान लगवा दिए। 'ठाकुरबारी' जैसे संस्थाओं से बचने के लिए इनसे दूर रहने की आवश्यकता है। इस प्रकार की संस्थाएँ भी आजकल लोभी और ढोंगी लोगों के नेतृत्व में आ गई हैं।

प्रश्न 103.अपने जीते जी ही अपनी धन-सम्पत्ति को हड़पने के लिए रचे जा रहे षड्यंत्र और दाँव-पेच देखकर हरिहर काका पर क्या बीती होगी, कल्पना के आधार पर लिखिए।

उत्तर— अपने जीते जी ही अपनी धन सम्पत्ति को हड़पने के लिए रचे जा रहे षड्यंत्र और दाँव-पेच देखकर हरिहर काका अत्यंत निराश और हताश हो गए थे। हरिहर काका को परिवार व ठाकुरबारी दोनों से धोखा मिला। सभी उनकी जमीन-ज़ायदाद को हड़प लेना चाहते थे। किसी को उनकी भावनाओं की कद्र नहीं थी। यह सब देखकर उनका मन बुरी तरह से आहत हो गया होगा। इसका कारण वर्तमान समय में पारिवारिक रिश्तों में स्वार्थ और लालच का बढ़ना है। उन्होंने अपने मन में अवश्य सोचा होगा कि अब परिवार में प्रेम, सेवा, त्याग, सहानुभूति जैसे मानवीय मूल्य समाप्त हो गए हैं और समाज में फैली इस समस्या के समाधान का यही उपाय है कि मानवीय मूल्यों की स्थापना होनी चाहिए।

प्रश्न 104.'हरिहर काका' कहानी के आधार पर लिखिए कि रिश्तों की नींव मजबूत बनाने के लिए गुणों की आवश्यकता है और स्पष्ट कीजिए कि ऐसा क्यों जरूरी है?

उत्तर— हरिहर काका कहानी के आधार पर रिश्तों की नींव मजबूत बनाने के लिए परिवार के सभी सदस्यों को आपसी प्रेम, स्नेह तथा बड़ों को आदर देना जैसे गुणों का होना आवश्यक है। परिवार के सदस्यों का एक-दूसरे के दुःख, सुख को समझने तथा विपरीत परिस्थितियों में एक-दूसरे का साथ देने की प्रवृत्ति होनी चाहिए। घर के वृद्ध व्यक्तियों के प्रति सम्मान व आदर की भावना होनी चाहिए। इन गुणों के चलते रिश्तों की नींव मजबूत बनी रहेगी एवं रिश्ते नहीं बिखरेंगे।

प्रश्न 105.हरिहर काका अनपढ़ थे लेकिन अपने अनुभव और विवेक से दुनिया को बेहतर समझते थे, उदाहरण सहित स्पष्ट कीजिए।

उत्तर— हरिहर काका अनपढ़ थे लेकिन अनुभव और विवेक से दुनिया से बेहतर समझते थे, क्योंकि जिंदगी में उन्हें जो अनुभव हुए, उन अनुभवों ने उनकी समझ को निखार दिया। परिवार वाले और मठाधीश दोनों ही उनके लिए काल विकराल बन जाते हैं। इन दोनों ने हरिहर काका से 15 बीघे ज़मीन हथियाने के लिए हर तरह के हथकंडे अपनाए तथा उन पर बहुत जुल्म और अत्याचार किए। इन सबके बावजूद हरिहर काका ने जीते जी अपने ज़मीन किसी के नाम नहीं खिली, क्योंकि अपनी ज़मीन इनके नाम करके वे अपना जीवन 'रमेसर की विधवा' की तरह नरक में नहीं झोंकना चाहते थे तथा न ही जीते जी कुत्ते की मौत मरना चाहते थे।

❑❑

Chapter
2

सपनों के-से दिन

लेखक–गुरदयाल सिंह

पाठ का सारांश

सपनों के-से दिन कहानी दुनिया के हर आम बच्चे की कहानी है। इस कहानी से लेखक ने उस रह छोटे-छोटे बड़े पहलू को उजागर किया है जो हम शायद नजर अंदाज कर देते हैं। लेखक ने इस कहानी को साधारण व सरल भाषा में लिखा है। यह कहानी आजादी से पहले हमारे गाँव के जीवन सोच, परिवेश, उनकी ध ारणाओं, समस्याओं आदि को उजागर करती है। यह कहानी एक गाँव के जीवन में आरंभ होती है। जहाँ बच्चों के लिए पढ़ना घर में कैद करने के समान है। इसका कारण शिक्षा का दबाव होना नहीं है अपितु शिक्षा देने वाले अध्यापकों के सख्त व्यवहार के कारण है। विद्यालय वह स्थान है जहाँ विद्यार्थी आकार व रूप पाता है। उसके उज्ज्वल भविष्य की नींव उसका विद्यालय रखता है। यहाँ दो अध्यापकों के माध्यम से कवि हमारे आगे समस्या व निवारण दोनों रखता है।

विद्यालय में एक प्रधानाचार्य शर्मा जी हैं जो नम व स्नेही स्वभाव के हैं। उनका मानना है कि बच्चों की उम्र सख्त व्यवहार करके समझना नहीं है अपितु उन्हें स्नेह वह प्रेम से समझना है। वह बच्चों के साथ सख्तपूर्ण व्यवहार व सजा देने वे सख्त विरोधी हैं। इसी कारण बच्चे उनसे प्यार करते हैं। उनकी कक्षा में पढ़ते हैं। उसके विपरीत उनके विद्यालय के दूसरे अध्यापक प्रीतम चंद हैं जो बच्चों से सख्त व्यवहार ही नहीं करते हैं अपितु उन्हें कड़ी व क्रूरपूर्ण सजा भी देते हैं। सभी बच्चे उनसे डरते हैं व उनके व्यवहार के कारण पढ़ाई से दूर भागते हैं। शर्माजी जिस दिन उनके इस तरह के व्यवहार से अवगत होते हैं, वह उनकी सेवा स्थगित कर देते हैं। यह कहानी आज के अध्यापकों को एक संदेश देती है कि बच्चों का बाल मन स्नेह देने के लिए है सख्त सजा देने के लिए नहीं।

शब्द सम्पदा

पिंडलियाँ = घुटने और टखने के बीच का पिछला मांसला भाग। **गुस्सैल** = गुस्से वाला। **ट्रेनिंग** = प्रशिक्षण। **बाल-मनोविज्ञान** = बच्चों के मन की जानकारी देने वाला ज्ञान। **परचूनिये** = राशन की दुकान वाला। **आढ़तिये** = जो किसानों की फसलों को खरीदते और बेचते हैं। **बहियाँ** = खाता। **मुनीमी** = दुकानदारी। **श्रेणी** = कक्षा। **सयाने** = समझदार। **ननिहाल** = नानी के घर। **पिछड़ा** = जो उन्नति न कर सका हो। **श्रेणी** = कक्षा। **गंदले**=गंदा, मटमैला। **दुम**=पूँछ। **सलाह**=विचार-विमर्श, परामर्श। **ढाँढ़स** = धीरज, दिलाना, हौसला देना। **हाँड़ी** = मटका। **ठिगने** = छोटे कद का। **बालिश्त** = हथेली जितना। **कतार** = पंक्ति। **घुड़की** = धमकी भरी डाँट। **ठुड्डों** = लात-घुस्से। **खाल उधेड़ना** = कड़ा दंड देना। **बहुत अधिक मारना** = पीटना। **तमगा** = पदक, मैडल। **डिसीप्लिन** = अनुशासन, गुडविल साख प्रख्याति। **सतिगुर** = सतगुरु। **फटकारना** = डाँटना। **धनाढ्य** = अधिक धन वाले। **दिलचस्पी** = रुचि। **रकम** = सम्पत्ति, दौलत। **चाव** = शौक, इच्छा। **जिक्र**= चर्चा। **हरफनमौला** = सर्वगुण सम्पन्न, हर क्षेत्र में आगे रहने वाला।

बहुविकल्पीय प्रश्न

1. बुरी तरह पिटाई होने के बाद भी अगले दिन सभी बच्चे खेलने क्यों चले आते थे?

(क) खेलना अच्छा लगने के कारण
(ख) मित्रों से बातें करने के कारण
(ग) माता-पिता के भय के कारण
(घ) एक-दूसरे से मिलने के कारण

उत्तर: (क) खेलना अच्छा लगने के कारण

2. बच्चे स्कूल क्यों नहीं जाते थे?

(क) काम में व्यस्त होने के कारण
(ख) खेल-कूद में व्यस्त होने के कारण
(ग) पढ़ाई में रूचि न होने के कारण
(घ) माता-पिता के डर के कारण

उत्तर: (ग) पढ़ाई में रूचि न होने के कारण

3. लेखक के मित्रों में से अधिकांश मित्र कहाँ से आकर मंडी में व्यापार करने लगे थे?

(क) राजस्थान और हरियाणा से
(ख) पंजाब और हरियाणा से
(ग) पंजाब और राजस्थान से
(घ) पाकिस्तान और पंजाब से

उत्तर: (क) राजस्थान और हरियाणा से

4. एक-दूसरे की भाषा न आते हुए भी खेलते समय सभी एक-दूसरे की बातें कैसे समझ जाते थे?

(क) हँसी आने के कारण
(ख) अंदाजा लगाने के कारण
(ग) भावनाओं को समझ पाने के कारण
(घ) साथ-साथ रहने के कारण

उत्तर: (ग) भावनाओं को समझ पाने के कारण

5. अगली श्रेणी में जाने पर कौन-सी बात लेखक को उत्साहित करती थी?

(क) नई पुस्तकें मिलने का ख्याल

(ख) नया सीखने की चाह

(ग) नए शिक्षकों से पढ़ने की कामना

(घ) बड़े होने का एहसास

उत्तर: (घ) बड़े होने का एहसास

6. नई कक्षा में जाने पर बच्चों का मन किस ख्याल से उदास रहता था?

(क) पुराने शिक्षकों के भय से

(ख) नए शिक्षकों के आतंक से

(ग) बड़े होने के एहसास से

(घ) पढ़ाई न कर पाने की कल्पना से

उत्तर: (क) पुराने शिक्षकों के भय से

7. लेखक की नानी लेखक से खुश क्यों रहती थी?

(क) कम बोलने के कारण(ख) वहीं रहने के कारण

(ग) कम खाने के कारण (घ) अच्छा पढ़ने के कारण

उत्तर: (ग) कम खाने के कारण

8. गर्मियों की छुट्टियों में लेखक को क्या करना सबसे अधिक आनंदित करता था?

(क) तालाब में छलांग लगाना

(ख) नानी के घर जाना

(ग) ओमा के साथ खेलना

(घ) गृहकार्य करना

उत्तर: (क) तालाब में छलांग लगाना

9. गर्मियों की छुट्टियों में लेखक को किस बात का भय रहता था?

(क) गृहकार्य पूरा न होने का भय

(ख) बीमार हो जाने का भय

(ग) घर में पिटने का भय

(घ) विद्यालय न जा पाने का भय

उत्तर: (क) गृहकार्य पूरा न होने का भय

10. ओमा कौन था?

(क) कक्षा का सबसे छोटा बच्चा

(ख) कक्षा का सबसे होनहार बच्चा

(ग) कक्षा का सबसे निडर बच्चा

(घ) सभी शिक्षकों का प्रिय विद्यार्थी

उत्तर: (ग) कक्षा का सबसे निडर बच्चा

11. ओमा की सबसे विचित्र बात क्या थी?

(क) उसके बोलने का ढंग

(ख) उसकी शक्ल-सूरत

(ग) उसका व्यवहार

(घ) उसकी पढ़ाई

उत्तर: (ख) उसकी शक्ल-सूरत

12. सभी बच्चे ओमा को रेल-बम्बा क्यों कहते थे?

(क) उसके विचित्र आवाज़ के कारण

(ख) उसकी तेज़ रफ़्तार के कारण

(ग) उसके कड़वा बोलने के ढंग के कारण

(घ) उसके विचित्र सर के कारण

उत्तर: (घ) उसके विचित्र सर के कारण

13. हेडमास्टर मदनमोहन शर्मा जी की क्या विशेषता थी?

(क) पीटी अच्छा करवाते थे

(ख) अंग्रेजी अच्छा बोलते थे

(ग) उन्हें बच्चों से प्रेम था

(घ) वे बहुत सख्त थे

उत्तर: (ग) उन्हें बच्चों से प्रेम था

14. पीटी सर का बच्चों के प्रति व्यवहार कैसा था?

(क) सख्त व्यवहार (ख) प्रेमपूर्ण व्यवहार

(ग) दयापूर्ण व्यवहार (घ) समझदारीपूर्ण व्यवहार

उत्तर: (क) सख्त व्यवहार

15. हेडमास्टर शर्मा जी बच्चों को कौन-सा विषय पढ़ाते थे?

(क) अंग्रेजी (ख) फ़ारसी

(ग) उर्दू (घ) संस्कृत

उत्तर: (क) अंग्रेजी

16. सभी बच्चे किस प्रकार विद्यालय जाया करते थे?

(क) खुशी-खुशी (ख) रोते हुए

(ग) शांतिपूर्ण (घ) भागते हुए

उत्तर: (ख) रोते हुए

17. स्कूल में बच्चों के लिए सबसे मूल्यवान क्या होता था?

(क) शर्मा जी की शाबाशी(ख) पीटी सर की शाबाशी

(ग) खेल का समय (घ) पढ़ाई करना

उत्तर: (ख) पीटी सर की शाबाशी

18. पी.टी. सर की 'शाबाश कैसी लगती थी?

(क) बहुत ही कर्कश

(ख) फौजी तमगे जैसी

(ग) खेल में प्राप्त मैडल जैसी

(घ) माँ बाप के दुलार जैसी

उत्तर: (ख) फौजी तमगे जैसी

19. पुरानी पुस्तकें और नई कापियाँ देखकर लेखक को कैसी अनुभूति होती थी?

(क) मन प्रसन्न हो उठता था

(ख) कुछ महसूस नहीं होता था

(ग) हेडमास्टर जी के प्रति कृतज्ञता की अनुभूति होती थी

(घ) मन उदास हो जाता था

उत्तर: (घ) मन उदास हो जाता था

20. शिक्षकों द्वारा दी गई पढ़ाई न कर पाने पर शिक्षक क्या करते थे?

(क) शिकायत करते थे (ख) उन्हें याद करवाते थे

(ग) प्यार से समझाते थे (घ) बर्बरतापूर्वक मारते थे

उत्तर: (घ) बर्बरतापूर्वक मारते थे

21. पीटी सर द्वारा परेड करवाए जाने पर बच्चों को कैसा महसूस होता था?

(क) रियासत के राजा

(ख) अच्छे विद्यालय के पढ़ने वाले

(ग) फ़ौज के जवान

(घ) अनुशासित विद्यार्थी

उत्तर: (ग) फ़ौज के जवान

22. उस समय नौजवानों को क्या बनने के लिए आकर्षित किया जाता था?

(क) शिक्षक (ख) सेना के जवान

(ग) ब्रिटिश पुलिस (घ) इनमें से कोई नहीं

उत्तर: (ख) सेना के जवान

23. स्काउट की परेड करते समय लेखक स्वयं को महत्वपूर्ण आदमी 'फौजी जवान' क्यों समझने लगते थे?

(क) अनुशासन के कारण (ख) वर्दी और परेड के कारण

(ग) शांत माहौल के कारण(घ) जिम्मेदारी के कारण

उत्तर: (ख) वर्दी और परेड के कारण

24. पीटी सर को किसने मुअत्तल कर दिया था?

(क) हेडमास्टर शर्मा जी ने(ख) रियासत के राजा ने

(ग) डॉक्टर साहब ने (घ) अंग्रेजी सरकार ने

उत्तर: (क) हेडमास्टर शर्मा जी ने

25. मुअत्तल होने के बाद पीटी सर अधिकांश समय क्या करते थे?

(क) नई-नई पुस्तकें पढ़ते थे

(ख) नई-नई जगह घूमने जाते थे

(ग) बच्चों से घर का काम करवाते थे

(घ) तोतों की देखभाल करते थे

उत्तर: (घ) तोतों की देखभाल करते थे

26. 'सपनों के-से-दिन' पाठ के आधार पर बताइए कि खेल-कूद बच्चों के लिए क्यों जरूरी है?

(क) शारीरिक विकास के लिए

(ख) मानसिक विकास के लिए

(ग) मानसिक शांति के लिए

(घ) बोझ कम करने के लिए

उत्तर: (क) शारीरिक विकास के लिए

27. 'सपनों के-से दिन' पाठ के आधार पर बताइए कि हेडमास्टर मदनमोहन शर्मा जी के व्यक्तित्व से हमें क्या प्रेरणा लेनी चाहिए?

(क) आत्मसमर्पण (ख) अत्याचार

(ग) अनुशासन (घ) सहृदयता

उत्तर: (घ) सहृदयता

28. 'सपनों के-से दिन' पाठ का केन्द्रीय भाव क्या है?

(क) विद्यार्थी जीवन (ख) पढ़ाई का महत्व

(ग) खेल-कूद का महत्व (घ) शिक्षकों का दायित्व

उत्तर: (क) विद्यार्थी जीवन

29. विद्यार्थियों की गलती को सुधारने का कौन-सा मार्ग उचित है?

(क) कठोर अनुशासन (ख) प्रेमपूर्ण व्यवहार

(ग) सख्ती (घ) मारपीट

उत्तर: (ख) प्रेमपूर्ण व्यवहार

30. लेखक को बचपन में पुरानी पुस्तकों से ही क्यों पढ़ना पड़ा?

(क) पुस्तकें चोरी हो जाने के कारण

(ख) दिलचस्पी न होने के कारण

(ग) धन के अभाव के कारण

(घ) पुस्तकों का अभाव होने के कारण

उत्तर: (ग) धन के अभाव के कारण

31. लेखक और उनके सहपाठियों को किस परिस्थिति में स्कूल जाना अच्छा लगता था?

(क) नई कक्षा में जाने पर (ख) नई किताबें मिलने पर

(ग) गर्मियों की छुट्टियों में (घ) परेड करते समय

उत्तर: (घ) परेड करते समय

32. लेखक और उनके साथी अपना बहादुर नेता किसे मानते थे?

(क) बड़े भाई को

(ख) पीटी सर को

(ग) ओमा को

(घ) सातवीं और आठवीं कक्षा के विद्यार्थियों को

उत्तर: (ग) ओमा को

33. बच्चों के समक्ष पीटी सर का कौन-सा नया रूप उजागर हुआ जिसे देखकर वे हैरान हो गए?

(क) तोतों के साथ प्रेमपूर्ण व्यवहार करने वाला रूप

(ख) बच्चों के साथ अमानवीय व्यवहार करने वाला रूप

(ग) अबोध बच्चों को धूप में खड़ा करने वाला रूप

(घ) छोटे बच्चों को अनुशासन में रखने वाला रूप

उत्तर: (क) तोतों के साथ प्रेमपूर्ण व्यवहार करने वाला रूप

34. दूसरे विश्वयुद्ध के समय अंग्रेज नौजवानों को सेना में भर्ती करने के लिए क्या करते थे?

(क) जबरदस्ती ले जाते थे

(ख) तरह-तरह के लालच देते थे

(ग) परेड करवाते थे

(घ) वर्दी पहनाते थे

उत्तर: (ख) तरह-तरह के लालच देते थे

35. 'सपनों के-से-दिन' पाठ के आधार पर बताइए कि शिक्षक और छात्र के बीच किस प्रकार का संबंध होना चाहिए?

(क) अनुशासित संबंध

(ख) सख्त संबंध

(ग) पढ़ने और पढ़ाने का संबंध

(घ) प्रेमपूर्ण संबंध

उत्तर: (घ) प्रेमपूर्ण संबंध

36. सपनों के से दिन के लेखक कौन हैं ?

(क) मिथिलेश्वर (ख) राही मासूम

(ग) गुरदयाल सिंह (घ) इनमें से कोई नहीं

उत्तर: (ग) गुरदयाल सिंह

37. स्कूल के पी. टी. सर का क्या नाम था ?

(क) मास्टर प्रीतम चन्द (ख) हरीश चन्द

(ग) मुकुंद लाल (घ) इनमें से कोई नहीं

उत्तर: (क) मास्टर प्रीतम चन्द

38. मास्टर प्रीतम चन्द कतारों के पीछे खड़े-खड़े क्या देखते थे?

(क) लड़कों को

(ख) कौन-सा लड़का कतार में ठीक से नहीं खड़ा

(ग) इनमें से कोई नहीं

(घ) कतार

उत्तर: (ख) कौन-सा लड़का कतार में ठीक से नहीं खड़ा

39. लड़के किसके डर से कतार में खड़े रहते ?

(क) मास्टर प्रीतम चन्द की घुड़की के डर से

(ख) मार के डर से

(ग) इनमें से कोई नहीं

(घ) घुड़की के डर से

उत्तर: (क) मास्टर प्रीतम चन्द की घुड़की के डर से

40. पी. टी. सर कौन-से मुहावरे को प्रत्यक्ष कर दिखाते थे ?

(क) खाल खींचने (ख) खाल झाड़ने

(ग) कान मरोड़ने (घ) इनमें से कोई नहीं

उत्तर: (क) खाल खींचने

41. पी. टी. सर खाल खींचने के मुहावरे को कब प्रत्यक्ष दिखाते थे ?

(क) जब कोई लड़का अपना सर हिलाता

(ख) जब कोई लड़का पिण्डली खुजलाता

(ग) इनमें से कोई नहीं

(घ) (क) एवं (ख) दोनों

उत्तर: (घ) (क) एवं (ख) दोनों

42. अब किस दण्ड पर पूरी तरह प्रतिबन्ध है ?

(क) मानसिक (ख) कोई भी दण्ड

(ग) शारीरिक दण्ड (घ) इनमें से कोई नहीं

उत्तर: (ग) शारीरिक दण्ड

43. इस पाठ के माध्यम से लेखक ने किन दिनों का वर्णन किया है ?

(क) आजादी के दिनों का

(ख) अँग्रेजों के दिनों का

(ग) अपने स्कूल के दिनों का

(घ) उपर्युक्त में से कोई नहीं

उत्तर: (ग) अपने स्कूल के दिनों का

44. बच्चों को स्कूल में अपनी पढ़ाई से अधिक क्या अच्छा लगता है ?

(क) कम्प्यूटर क्लास

(ख) जिम

(ग) अपने साथियों के साथ खेलना

(घ) उपर्युक्त में कोई नहीं

उत्तर: (ग) अपने साथियों के साथ खेलना

45. हैड मास्टर लड़के की किताबे क्यों लाकर देते थे ?

(क) उसे पढ़ने का शौक था

(ख) किताबे इकट्ठी करने का शौक था

(ग) लेखक के परिवार की आर्थिक स्थिति अच्छी नहीं थी

(घ) उपर्युक्त में से कोई नहीं

उत्तर: (ग) लेखक के परिवार की आर्थिक स्थिति अच्छी नहीं थी।

गद्यांश पर आधारित बहुविकल्पीय प्रश्न

निम्नलिखित गद्यांशों को ध्यानपूर्वक पढ़कर दिए गए प्रश्नों के लिए सही विकल्प चुनिए—

46. मेरे साथ खेलने वाले सभी बच्चों का हाल एक-सा होता, नंगे पाँव, फटी-मैली सी कच्छी और टूटे बटनों वाले कई जगह से फटे कुर्ते और बिखरे बाल। जब लकड़ी के ढ़ेर पर चढ़कर खेलते नीचे को भागते तो गिरकर कई तो जाने कहाँ-कहाँ चोट खा लेते और पहले ही फटे-पुराने कुर्ते तार-तार हो जाते। धूल भरे, कई जगह से छिले पाँव, पिंडलियाँ या लहू के ऊपर जमी रेत-मिट्टी से लथपथ घुटने लेकर जाते तो सभी की माँ-बहनें उन पर तरस खाने की जगह और पिटाई करतीं। कइयों के बाप बड़े गुस्सैल थे। पीटने लगते तो यह भी ध्यान नहीं रखते कि छोटे बच्चे के नाक-मुँह से लहू बहने लगा है या उसके कहाँ चोट लगी है। परंतु इतनी बुरी पिटाई होने पर भी दूसरे दिन फिर खेलने चले जाते। (यह बात तब ठीक से समझ आई जब स्कूल अध्यापक बनने के लिए एक ट्रेनिंग करने गया और वहाँ बाल-मनोविज्ञान का विषय पढ़ा। ऐसी बातों के बारे में तभी जान पाया कि बच्चों को खेलना क्यों इतना अच्छा लगता है कि बुरी तरह पिटाई होने पर भी खेलने चले जाते हैं।)

(i) खेलने वाले सभी बच्चों का हाल कैसा होता था?

(क) फटे कुर्ते (ख) जख्मी शरीर

(ग) रेत-मिट्टी से लथपथ (घ) उपर्युक्त सभी

उत्तर: (घ) उपर्युक्त सभी

(ii) बच्चों की ये हालत देखकर उनके माता-पिता क्या करते थे?

(क) तरस खाते थे

(ख) खूब पिटाई करते थे

(ग) डॉक्टर के पास ले जाते थे

(घ) एक-दूसरे को डाँटते थे

उत्तर: (ख) खूब पिटाई करते थे

(iii) गद्यांश के आधार पर बताइए कि उस समय के अभिभावक बच्चों को कैसे रखते थे?

(क) अनुशासित (ख) गैरजिम्मेदार

(ग) बेपरवाह (घ) ध्यान नहीं देते थे।

उत्तर: (क) अनुशासित

(iv) सज़ा पाने के बाद बच्चे क्या करते थे?

(क) नाराज़ हो जाते थे

(ख) खेलना-कूदना बंद कर देते थे

(ग) अगले दिन फिर खेलने आते थे

(घ) माता-पिता की बात मानते थे

उत्तर: (ग) अगले दिन फिर खेलने आते थे

(v) 'मनोविज्ञान' समस्तपद का विग्रह कीजिए।

(क) मन में विज्ञान (ख) मन के साथ विज्ञान

(ग) मन और विज्ञान (घ) मन के लिए विज्ञान

उत्तर: (घ) मन के लिए विज्ञान

47. मेरे साथ खेलने वाले अधिकतर साथी हमारे जैसे ही परिवार के हुआ करते। सारे मुहल्ले में बहुत से परिवार तो, हमारी तरह आसपास के गाँवों से ही आकर बसे थे। दो-तीन घर, साथ की उजड़ी-सी गली में रहने वाले लोगों के थे। हमारी सभी की आदतें भी कुछ मिलती-जुलती थीं। उनमें से अधिक तो स्कूल जाते ही न थे, जो कभी गए भी, पढ़ाई में रूचि न होने के कारण किसी दिन बस्ता तालाब में फेंक आए और फिर स्कूल गए ही नहीं, न ही माँ-बाप ने जबरदस्ती भेजा। यहाँ तक कि परचूनिये, आढ़तीये भी अपने बच्चों को स्कूल भेजना जरूरी न समझते। कभी किसी स्कूल अध्यापक से बात होती तो कहते—मास्टर जी हमने इसे क्या तहसीलदार लगवाना है। थोड़ा बड़ा हो जाए तो पंडत घनश्यामदास से लंडे पढ़वाकर बहियाँ लिखने लगा लेंगे। पंडत छह-आठ महीने में लंडे और मुनीमी का काम सिखा देगा। वहाँ तो अभी तक अलिफ-बे-जीम-च भी सीख नहीं पाया।

(i) मुहल्ले के अधिकांश लोग कहाँ से आकर बस गए थे?

(क) विलायत से (ख) शहरों से

(ग) आस-पास के गाँवों से(घ) इनमें से कोई नहीं

उत्तर: (ग) आस-पास के गाँवों से

(ii) मुहल्ले में रह रहे लोगों की आदतें कैसी थी?

(क) एक समान

(ख) अलग-अलग

(ग) पढ़े-लिखे लोगों की तरह

(घ) अनपढ़ लोगों की तरह

उत्तर: (क) एक समान

(iii) पढ़ाई के प्रति लोगों की मानसिकता कैसी थी?

(क) आवश्यक मानते थे

(ख) आवश्यक नहीं मानते थे

(ग) स्वयं भी पढ़ते थे

(घ) पढ़ने के लिए प्रेरित करते थे

उत्तर: (ख) आवश्यक नहीं मानते थे

(iv) उस समय बच्चे पढ़ने क्यों नहीं जाते थे?

(क) शिक्षक कम होने के कारण

(ख) विद्यालय कम होने के कारण

(ग) माता-पिता द्वारा मना करने के कारण

(घ) रूचि न होने के कारण

उत्तर: (घ) रूचि न होने के कारण

(v) 'मिलती-जुलती' समस्तपद का समास बताइए।

(क) तत्पुरुष समास (ख) कर्मधारय समास

(ग) द्वंद्व समास (घ) द्विगु समास

उत्तर: (ग) द्वंद्व समास

48. बचपन में घास अधिक हरी और फूलों की सुगंध अधिक मनमोहक लगती है। यह शब्द शायद आधी शती पहले किसी पुस्तक में पढ़े थे, परंतु आज तक याद हैं। याद रहने का कारण यही है कि यह वाक्य बचपन की भावनाओं, सोच-समझ के अनुकूल होगा। परंतु स्कूल के अंदर जाने से रास्ते के दोनों ओर अलियार के बड़े ढंग से कटे-छँटे झाड़ उगे थे। (जिन्हें हम डंडियाँ कहा करते) उनके नीम के पत्तों जैसे पत्तों की महक आज तक भी आँख मूंदकर महसूस कर सकता हूँ। उन दिनों स्कूल की छोटी क्यारियों में फूल भी कई तरह के उगाए जाते थे जिनमें गुलाब, गेंदा और मोतिया की दूध-सी सफेद कलियाँ भी हुआ करतीं। ये कलियाँ इतनी सुंदर और खुशबूदार होती थीं कि हम चंदू चपड़ासी से आँख बचाकर कभी-कभार एक-दो तोड़ लिया करते। उनकी बहुत तेज़ सुगंध आज भी महसूस कर पाता हूँ, परंतु यह याद नहीं कि उन्हें तोड़कर, कुछ देर सूँघकर फिर क्या किया करते। (शायद जेब में डाल लेते, माँ उसे धोने के समय निकाल कर बाहर फेंक देती या हम ही, स्कूल से बाहर आते उन्हें बकरी के मेमनों की भाँति 'चर' जाया करते)।

(i) बचपन की कुछ बातें लेखक को आज भी क्यों याद हैं?

(क) भावनाओं और सोच के अनुकूल होने के कारण

(ख) बाद में पुस्तक में पढ़ने के कारण

(ग) स्मरणशक्ति तेज़ होने के कारण

(घ) मनमोहक लगने के कारण

उत्तर: (क) भावनाओं और सोच के अनुकूल होने के कारण

(ii) बचपन में घास अधिक हरी और फूलों की सुगंध अधिक मनमोहक लगती है। यह बात लेखक को कैसे पता चली?

(क) स्वयं के अनुभव से (ख) शिक्षक से

(ग) पुस्तक से (घ) मित्र से

उत्तर: (ग) पुस्तक से

(iii) लेखक आँखें मूँदकर क्या महसूस कर सकते हैं?

(क) पढ़ाई के महत्व को

(ख) हरी-हरी घास को

(ग) विद्यालय के आँगन को

(घ) पत्तों की महक को

उत्तर: (घ) पत्तों की महक को

(iv) 'खुशबूदार' शब्द में प्रयुक्त मूल शब्द को पहचानिए।

(क) खुशबू (ख) खुश

(ग) बू (घ) दार

उत्तर: (ग) बू

(v) गद्यांश के लेखक का नाम बताइए।

(क) गुरदयाल सिंह (ख) राही मासूम रज़ा

(ग) मिथिलेश्वर (घ) शमशेर बहादुर सिंह

उत्तर: (क) गुरदयाल सिंह

49. जब अगली श्रेणी में दाखिल होते तो एक ओर तो कुछ बड़े, सयाने होने के एहसास से उत्साहित भी होते, परंतु दूसरी ओर नई, पुरानी कापियों-किताबों से जाने कैसी बास आती कि उन्हीं मास्टरों के डर से काँपने लगते जो पिछली श्रेणी में पढ़ा चुके होते।

तब स्कूल में, शुरु साल में एक-डेढ़ महीना पढ़ाई हुआ करती, फिर डेढ़-दो महीने की छुट्टियाँ शुरू हो जाया करतीं। अब तक जो बात अच्छी तरह याद है वह छुट्टियों के पहले और आखिरी दिनों का फर्क था। पहले दो-तीन सप्ताह तो खूब खेलकूद हुआ करती। हर साल ही माँ के साथ ननिहाल चले जाते। वहाँ नानी खूब दूध-दही, मक्खन खिलाती, बहुत प्यार करती। छोटा-सा पिछड़ा गाँव था परंतु तालाब हमारी मंडी के तालाब जितना ही बड़ा था। दोपहर तक तो उस तालाब में नहाते फिर नानी से जो जी में आता माँगकर खाने लगते। नानी हमारे बोलने के ढंग या कम खाने के कारण बहुत खुश होती। अपने पोतों को हमारी तरह बोलने और खाने-पीने को कहती। जिस साल ननिहाल न जा पाते, उस साल भी अपने घर से थोड़ा बाहर तालाब पर चले जाते। कपड़े उतार पानी में कूद जाते और कुछ समय बाद, भागते हुए एक रेतीले टीले पर जाकर, रेत के ऊपर लेटने लगते। गीले शरीर को गरम रेत से खूब लथपथ कर उसी तरह भागते, किसी ऊँची जगह से तालाब में छलाँग लगा देते।

(i) अगली श्रेणी में जाने पर लेखक उत्साहित क्यों होते थे?

(क) पुराने शिक्षकों को याद कर

(ख) बड़े होने के एहसास से

(ग) कठिन पढ़ाई के भय से

(घ) उपर्युक्त सभी

उत्तर: (घ) उपर्युक्त सभी

(ii) गर्मी की छुट्टी में लेखक क्या करते थे?

(क) नानी के घर जाते थे

(ख) तालाब में नहाने जाते थे

(ग) खूब खेल-कूद किया करते थे

(घ) उपर्युक्त सभी

उत्तर: (घ) उपर्युक्त सभी

(iii) नानी का व्यवहार लेखक के साथ कैसा था?

(क) नानी लेखक को बहुत प्यार करती थी

(ख) नानी लेखक से खुश नहीं थी

(ग) नानी लेखक को प्यार नहीं करती थीं

(घ) इनमें से कोई नहीं

उत्तर: (क) नानी लेखक को बहुत प्यार करती थी

(iv) लेखक जिस साल नानी के घर नहीं जा पाते थे उस साल क्या करते थे?

(क) तालाब में नहाते थे

(ख) खूब पढ़ाई किया करते थे

(ग) दादी के यहाँ जाते थे

(घ) घर पर आराम करते थे

उत्तर: (क) तालाब में नहाते थे।

(v) 'कापियों-किताबों' में समास का नाम बताइए।

(क) तत्पुरुष समास (ख) कर्मधारय समास

(ग) द्विगु समास (घ) द्वंद्व समास

उत्तर: (घ) द्वंद्व समास

50. फिर छुट्टियाँ बीतने लगतीं तो दिन गिनने लगते। प्रत्येक दिन डर बढ़ता चला जाता। खेल-कूद और तालाब में नहाना भी भूलने लगता। मास्टरों ने जो छुट्टियों में करने के लिए काम दिया होता उसका हिसाब लगाने लगते। जैसे हिसाब के मास्टर जी दो सौ से कम सवाल कभी न बताते। मन में हिसाब लगाते कि यदि दस सवाल रोज़ निकाले तो बीस दिन में पूरे हो जाएँगे। जब ऐसा सोचना शुरु करते तो छुट्टियों का एक महीना बाकी हुआ करता। एक-एक दिन गिनते दस दिन खेल-कूद में और बीत जाते। स्कूल की पिटाई का डर और बढ़ने लगता। परंतु डर भुलाने के लिए सोचते कि दस की क्या बात, सवाल तो पंद्रह भी आसानी से रोज़ निकाले जा सकते हैं। जब ऐसा हिसाब लगाने लगते तो छुट्टियाँ कम होते-होते जैसे भागने लगतीं। दिन बहुत छोटे लगने लगते। ऐसा महसूस होता जैसे सूरज भागकर दोपहरी में ही छिप जाता हो। जैसे-जैसे दिन 'छोटे' होने लगते स्कूल का भय बढ़ने लगता। हमारे कितने ही सहपाठी ऐसे भी होते जो छुट्टियों का काम करने के बजाय मास्टरों की पिटाई अधिक 'सस्ता सौदा' समझते। हम जो पिटाई से बहुत डरा करते, उन 'बहादुरों' की भाँति ही सोचने लगते। ऐसे समय हमारा सबसे बड़ा 'नेता' ओमा हुआ करता।

(i) लेखक किसके दिन गिनने लगते थे?

(क) खेल-कूद के (ख) घर वापस जाने के

(ग) छुट्टियों के (घ) पिटाई के

उत्तर: (ग) छुट्टियों के

(ii) लेखक के मन में किस बात का डर उभरने लगता था?

(क) माता-पिता का डर (ख) छुट्टियों का डर

(ग) ओमा का डर (घ) स्कूल की पिटाई का डर

उत्तर: (घ) स्कूल की पिटाई का डर

(iii) लेखक के मित्र छुट्टियों का काम करने के बजाय क्या करना 'सस्ता सौदा' समझते थे?

(क) मास्टरों की पिटाई (ख) खेतों पर काम करना

(ग) विद्यालय न जाना (घ) विद्यालय से भाग जाना

उत्तर: (क) मास्टरों की पिटाई

(iv) छुट्टियों के काम को न करने वाला सबसे बहादुर बच्चा कौन था?

(क) ओमा (ख) लेखक

(ग) बहादुर (घ) इनमें से कोई नहीं

उत्तर: (क) ओमा

(v) 'दोपहरी' समस्तपद का विग्रह कर समास का नाम बताइए।

(क) दो हैं पहर—तत्पुरुष समास

(ख) दो और पहर—द्वंद्व समास

(ग) दो पहरों का समूह—द्विगु समास

(घ) दो हैं पहर—कर्मधारय समास

उत्तर: (ग) दो पहरों का समूह—द्विगु समास

51. हमारा स्कूल बहुत छोटा था—केवल छोटे-छोटे नौ कमरे थे जो अंग्रेजी के अक्षर एच (H) की भाँति बने थे। दाईं ओर पहला कमरा हेडमास्टर श्री मदनमोहन शर्मा जी का था जिसके दरवाज़े के आगे हमेशा चिक लटकी रहती। स्कूल की प्रेयर (प्रार्थना) के समय वह बाहर आते और सीधी कतारों में कद के अनुसार खड़े लड़कों को देख उनका गोरा चेहरा खिल उठता। सारे अध्यापक, लड़कों की तरह ही कतार बाँधकर उनके पीछे खड़े होते। केवल मास्टर प्रीतम चंद 'पीटी' लड़कों की कतारों के पीछे खड़े-खड़े यह देखते थे कि कौन-सा लड़का कतार में ठीक नहीं खड़ा। उनकी घुड़की तथा ठुड्डों के भय से हम सभी कतार के पहले और आखिरी लड़के का ध्यान रखते, सीधे कतार में बने रहने का प्रयत्न करते। सीधी कतार के साथ-साथ हमें यह ध्यान भी रखना होता था कि आगे पीछे खड़े लड़कों के बीच की दूरी भी एक सी हो। सभी लड़के उस 'पीटी' से बहुत डरते थे क्योंकि उन जितना सख्त अध्यापक न कभी किसी ने देखा, न सुना था। यदि कोई लड़का अपना सिर भी इधर-उधर हिला लेता था या पाँव से दूसरी पिंडली खुजलाने लगता तो वह उसकी ओर बाघ की तरह झपट पड़ते और 'खाल खींचने' के मुहावरे को प्रत्यक्ष करके दिखा देते।

(i) हेडमास्टर साहब कब खुश हो जाते थे?

(क) मास्टर प्रीतम चंद को देखकर

(ख) आखिरी लड़के को देखकर

(ग) छोटी-छोटी कक्षाओं को देखकर

(घ) प्रार्थना के समय बच्चों को देखकर

उत्तर: (घ) प्रार्थना के समय बच्चों को देखकर

(ii) प्रार्थना के समय अन्य अध्यापक क्या करते थे?

(क) बच्चों की निगरानी

(ख) कतार में खड़े रहते

(ग) अपनी-अपनी कक्षाओं में होते।

(घ) उपर्युक्त सभी

उत्तर: (ख) कतार में खड़े रहते

(iii) प्रार्थना के समय सभी बच्चे किस प्रकार कतार में बने रहने का प्रयत्न करते थे?

(क) अगले तथा पिछले लड़के की दूरी को ध्यान में रखकर

(ख) मास्टर प्रीतम चंद की घुड़की खाकर

(ग) हेडमास्टर मदनमोहन शर्मा जी को ध्यान में रखकर

(घ) अपने सिर को हिलाकर

उत्तर: (क) अगले तथा पिछले लड़के की दूरी को ध्यान में रखकर

(iv) सभी लड़के किससे डरते थे?

(क) हेडमास्टर मदनमोहन शर्मा जी से

(ख) मास्टर प्रीतम चंद से

(ग) सभी शिक्षकों से

(घ) सख्त अध्यापकों से

उत्तर: (ख) मास्टर प्रीतम चंद से

(v) 'चेहरा खिल जाना' मुहावरे का सही अर्थ बताइए।

(क) सावधान हो जाना (ख) भयभीत हो जाना

(ग) खुश हो जाना (घ) उत्तेजित हो जाना

उत्तर: (ग) खुश हो जाना

52. परंतु हेडमास्टर शर्मा जी उसके बिल्कुल उलट स्वभाव के थे। वह पाँचवीं और आठवीं श्रेणी को अंग्रेजी स्वयं पढ़ाया करते थे। हमारे में से किसी को भी याद न था कि पाँचवीं श्रेणी में कभी भी उन्हें, किसी गलती के कारण किसी की 'चमड़ी उधेड़ते' देखा या सुना हो। (चमड़ी उधेड़ना हमारे लिए बिल्कुल ऐसा शब्द था जैसे हमारे 'सरकारी मिडिल स्कूल' का नाम।) अधिक से अधिक वह गुस्से में बहुत जल्दी-जल्दी आँखें झपकते, अपने लंबे हाथ की उल्टी उँगलियों से एक 'चपत' हमारी गाल पर मार देते तो मेरे जैसे सबसे कमज़ोर शरीर वाले भी सिर झुकाकर मुँह नीचा किए हँस देते। वह चपत तो जैसे हमें भाई भीखे की नमकीन पापड़ी जैसी मज़ेदार लगती जो तब पैसे की शायद दो आ जाया करतीं।

परंतु तब भी स्कूल हमारे लिए ऐसी जगह न थी जहाँ खुशी से भागे जाएँ। पहली कच्ची श्रेणी से लेकर चौथी श्रेणी तक, केवल पाँच-सात लड़कों को छोड़ हम सभी रोते चिल्लाते ही स्कूल जाया करते।

परंतु कभी-कभी ऐसी सभी स्थितियों के रहते स्कूल अच्छा भी लगने लगता। जब स्काउटिंग का अभ्यास करवाते समय पीटी साहब नीली-पीली झंडियाँ हाथों में पकड़ाकर वन टू थ्री कहते, झंडियाँ ऊपर-नीचे, दाएँ-बाएँ करवाते तो हवा में लहराती और फड़फड़ाती झंडियों के साथ खाकी वर्दियों तथा गले में दोरंगे रूमाल लटकाए अभ्यास किया करते।

(i) हेडमास्टर शर्मा जी का स्वभाव कैसा था?

(क) शांत स्वभाव (ख) मिला-जुला स्वभाव

(ग) क्रोधी स्वभाव (घ) प्रेमपूर्ण स्वभाव

उत्तर: (घ) प्रेमपूर्ण स्वभाव

(ii) हेडमास्टर शर्मा जी कब अपनी आँखें झपकाने लगते थे?

(क) मज़ाक करते समय (ख) क्रोध करते समय

(ग) पढ़ाते समय (घ) बातें करते समय

उत्तर: (ख) क्रोध करते समय

(iii) हेडमास्टर शर्मा जी द्वारा लगाया गया थप्पड़ बच्चों को कैसा लगता था?

(क) चमड़ी उधेड़ने के समान
(ख) फड़फड़ाती झंडियों के समान
(ग) हथौड़े के समान
(घ) नमकीन पापड़ी के समान

उत्तर: (घ) नमकीन पापड़ी के समान

(iv) किस कारण से सभी बच्चों को स्कूल जाना अच्छा लगता था?

(क) स्काउटिंग के अभ्यास के कारण
(ख) हेडमास्टर मदनमोहन शर्मा के कारण
(ग) अंग्रेजी की कक्षा के कारण
(घ) पढ़ाई करने के कारण

उत्तर: (क) स्काउटिंग के अभ्यास के कारण

(v) 'चमड़ी उधेड़ना' मुहावरे का अर्थ बताइए।

(क) क्रूरतापूर्वक पिटाई करना
(ख) मज़ाक में मारना
(ग) मज़ाक करना
(घ) असंभव कार्य करना

उत्तर: (क) क्रूरतापूर्वक पिटाई करना

53. हर वर्ष अगली श्रेणी में प्रवेश करते समय मुझे पुरानी पुस्तकें मिला करतीं। हमारे हेडमास्टर शर्मा जी एक लड़के को उसके घर जाकर पढ़ाया करते थे। वे धनाढ्य लोग थे। उनका लड़का मुझसे एक-दो साल बड़ा होने के कारण मेरे से एक श्रेणी आगे रहा। हर साल अप्रैल में जब पढ़ाई का नया साल आरम्भ होता तो शर्मा जी उसकी एक साल पुरानी पुस्तकें ले आते। हमारे घर में किसी को भी पढ़ाई में दिलचस्पी न थी। यदि नयी किताबें लानी पड़तीं (जो तब एक-दो रुपए में आ जाया करतीं) तो शायद इसी बहाने पढ़ाई तीसरी-चौथी श्रेणी में ही छूट जाती। कोई सात साल स्कूल में रहा तो एक कारण पुरानी किताबें मिल जाना भी था। कापियों, पैंसिलों, होल्डर या स्याही-दवात में भी मुश्किल से एक-दो रुपए साल भर में खर्च हुआ करते। परंतु उस जमाने में एक रुपया भी बहुत बड़ी रकम हुआ करती थी। एक रुपये में एक सेर घी आया करता और दो रुपये की एक मन (चालिस सेर) गंदम। इसी कारण, खाते-पीते घरों के लड़के ही स्कूल जाया करते। हमारे दो परिवारों में मैं पहला लड़का था जो स्कूल जाने लगा था।

(i) लेखक को पढ़ने के लिए पुस्तकें कहाँ से मिला करती थीं?

(क) बड़े भाई से (ख) मास्टर प्रीतम चंद से
(ग) हेडमास्टर शर्मा जी से (घ) माता-पिता से

उत्तर: (ग) हेडमास्टर शर्मा जी से

(ii) लेखक के घर में पढ़ाई के प्रति परिवार वालों की क्या मानसिकता थी?

(क) पढ़ाई के प्रति जागरूक नहीं थे
(ख) पढ़ाई के प्रति जागरूक थे
(ग) पढ़ाई पर अत्यधिक खर्च करते थे
(घ) स्वयं पढ़ाते थे

उत्तर: (क) पढ़ाई के प्रति जागरूक नहीं थे

(iii) लेखक द्वारा पढ़ाई कर पाने की मुख्य वजह क्या थी?

(क) माता-पिता के द्वारा पढ़ाया जाना
(ख) कक्षा में अव्वल आना
(ग) मुफ्त में किताबों का मिल जाना
(घ) हेडमास्टर शर्मा जी द्वारा पढ़ाया जाना

उत्तर: (ग) मुफ्त में किताबों का मिल जाना

(iv) उस समय किस प्रकार के लोग पढ़ाई कर पाते थे?

(क) केवल शिक्षक का परिवार
(ख) धनाढ्य परिवार के लोग
(ग) गाँव के सभी लोग
(घ) इनमें से कोई नहीं

उत्तर: (ख) धनाढ्य परिवार के लोग

(v) 'हेडमास्टर' समस्तपद का विग्रह कर समास का नाम बताइए।

(क) हेड है जो मास्टर—तत्पुरुष समास
(ख) हेड है जो मास्टर—कर्मधारय समास
(ग) हेड और मास्टर—द्वंद्व समास
(घ) जो हेड हो—अव्ययीभाव समास

उत्तर: (ख) हेड है जो मास्टर—कर्मधारय समास

54. परंतु किसी भी नई श्रेणी में जाने का ऐसा चाव कभी भी महसूस नहीं हुआ जिसका जिक्र कुछ लड़के किया करते। अजीब बात थी कि मुझे नई कापियों और पुरानी पुस्तकों में से ऐसी गंध आने लगती कि मन बहुत उदास होने लगता था। इसका ठीक-ठीक कारण तो कभी समझ में नहीं आया परंतु जितनी भी मनोविज्ञान की जानकारी है, इस अरूचि का कारण यही समझ में आया कि आगे की श्रेणी की कुछ मुश्किल पढ़ाई और नए मास्टरों की मार-पीट का भय ही कहीं भीतर जमकर बैठ गया था। सभी तो नए न होते थे परंतु दो-तीन हर साल ही वह होते जोकि छोटी श्रेणी में नहीं पढ़ाते थे। कुछ ऐसी भी भावना थी कि अधिक अध्यापक एक साल में ऐसी अपेक्षा करने लगते कि जैसे हम 'हरफनमौला' हो गए हों। यदि उनकी आशाओं पर पूरे नहीं हो पाते तो कुछ तो जैसे 'चमड़ी उधेड़ देने को तैयार रहते', इन्हीं कुछ कारणों से केवल किताबों-कापियों की गंध से ही नहीं, बाहर के बड़े गेट से दस-पंद्रह गज दूर स्कूल के कमरों तक रास्ते के दोनों ओर जो अलियार के झाड़ उगे थे उनकी गंध भी मन उदास कर दिया करती।

(i) लेखक का मन उदास क्यों होने लगता था?

(क) मनोविज्ञान की जानकारी होने के कारण
(ख) ठीक-ठीक कारण कभी समझ में नहीं आने के कारण
(ग) कापियों और पुस्तकों में से गंध आने के कारण
(घ) भीतर भय बैठ जाने के कारण

उत्तर: (ग) कापियों और पुस्तकों में से गंध आने के कारण

(ii) लेखक को कापियों और किताबों से क्यों अरूचि होती थी?

(क) मुश्किल पढ़ाई के भय के कारण

(ख) मास्टरों की मार-पीट के कारण

(ग) उपर्युक्त दोनों

(घ) इनमें से कोई नहीं

उत्तर: (ग) उपर्युक्त दोनों

(iii) शिक्षकों की अपेक्षाओं पर खरे न उतरने पर विद्यार्थियों के साथ क्या किया जाता था?

(क) मार-पीट की जाती थी

(ख) परेड करवाई जाती थी

(ग) विद्यालय से बाहर निकाल दिया जाता था

(घ) धूप में खड़ा कर दिया जाता था

उत्तर: (क) मार-पीट की जाती थी

(iv) लेखक के मन में किस बात का भय घर कर बैठा था?

(क) किताबों की गंध का भय

(ख) शिक्षकों की मार-पीट का भय

(ग) छोटी श्रेणी में पढ़ने का भय

(घ) नई श्रेणी में जाने का भय

उत्तर: (ख) शिक्षकों की मार-पीट का भय

(v) 'मनोविज्ञान' समस्तपद का समास-भेद बताइए।

(क) तत्पुरुष समास (ख) कर्मधारय समास

(ग) अव्ययीभाव समास (घ) बहुव्रीहि समास

उत्तर: (क) तत्पुरुष समास

55. परंतु स्कूल एक-दो कारणों से अच्छा भी लगने लगा था। मास्टर प्रीतमचंद जब हम स्काउटों को परेड करवाते तो लेफ्ट-राइट की आवाज़ या मुँह में ली व्हिसल से मार्च कराया करते। फिर राइट टर्न या लेफ्ट टर्न या अबाउट टर्न कहने पर छोटे-छोटे बूटों की एड़ियों पर दाएँ-बाएँ या एकदम पीछे मुड़कर बूटों की ठक-ठक करते। अकड़कर चलते तो लगता जैसे हम विद्यार्थी नहीं, बहुत महत्वपूर्ण 'आदमी' हों—फौजी जवान।

दूसरे विश्व-युद्ध का समय था, परंतु हमारी नाभा रियासत का राजा अंग्रेजों ने 1923 में गिरफ्तार कर लिया था और तमिलनाडु में कोडाएकेनाल में ही, जंग शुरु होने से पहले उसका देहांत हो गया था। उस राजा का बेटा, कहते थे अभी विलायत में पढ़ रहा था। इसलिए हमारे देसी रियासत में भी अंग्रेज की ही चलती थी फिर भी राजा के न रहते, अंग्रेज हमारी रियासत के गाँवों से 'जबरन' भर्ती नहीं कर पाया था। लोगों को फौज में भर्ती करने के लिए जब कुछ अफसर आते तो उनके साथ कुछ नौटंकी वाले भी हुआ करते। वे रात को खुले मैदान में शामियाने लगाकर लोगों को फौज के सुख-आराम, बहादुरी के दृश्य दिखाकर आकर्षित किया करते। उनका एक गाना अभी भी याद है। कुछ मसखरे, अजीब सी वर्दियाँ पहने और अच्छे, बड़े फौजी बूट पहने गाया करते।

(i) लेखक को विद्यालय जाना अच्छा क्यों लगता था?

(क) स्काउट की परेड करने के कारण

(ख) दूसरे विश्व-युद्ध का समय आने के कारण

(ग) नाभा रियासत में रहने के कारण

(घ) फौज के सुख-आराम की कल्पना करने के कारण

उत्तर: (क) स्काउट की परेड करने के कारण

(ii) स्काउट की परेड करते समय लेखक स्वयं को क्या समझने लगते थे?

(क) महत्वपूर्ण शिक्षक (ख) फौजी जवान

(ग) रियासत का राजा (घ) महत्वपूर्ण विद्यार्थी

उत्तर: (ख) फौजी जवान

(iii) लोगों को फौज में कौन भर्ती करवाना चाहता था?

(क) नौटंकी वाला (ख) विद्यालय के शिक्षक

(ग) मास्टर प्रीतम चंद (घ) अंग्रेजी सरकार

उत्तर: (घ) अंग्रेजी सरकार

(iv) लोगों को फौज में भर्ती करवाने के लिए किस प्रकार आकर्षित किया जाता था?

(क) नौटंकी दिखाकर (ख) किताबें पढ़ाकर

(ग) पैसे देकर (घ) जबरदस्ती डराकर

उत्तर: (क) नौटंकी दिखाकर

(v) मास्टर प्रीतमचंद स्काउटों को परेड करवाते समय क्या करते थे?

(क) पिटाई (ख) व्हिसल की आवाज़

(ग) बूट की आवाज़ (घ) उपर्युक्त सभी

उत्तर: (ख) व्हिसल की आवाज़

56. कभी-कभी हमें भी महसूस होता कि हम भी फौजी जवानों से कम नहीं। धोबी की धुली वर्दी और पालिश किए बूट और जुराबों को पहने जब हम स्काउटिंग की परेड करते तो लगता हम फौजी ही हैं।

मास्टर प्रीतमचंद को स्कूल के समय में कभी भी हमने मुस्कुराते या हँसते न देखा था। उनका ठिगना कद, दुबला-पतला परंतु गठीला शरीर, माता के दागों से भरा चेहरा और बाज़-सी तेज़ आँखें, खाकी वर्दी, चमड़े के चौड़े पंजों वाले बूट—सभी कुछ ही भयभीत करने वाला हुआ करता। उनके बूटों की ऊँची एड़ियों के नीचे भी खुरियाँ लगी रहतीं, जैसे ताँगे के घोड़े के पैरों में लगी रहती हैं। अगले हिस्से में, पंजों के नीचे मोटे सिरों वाले कील ठुके होते। यदि वह सख्त जगह पर भी चलते तो खुरियों और कीलों के निशान वहाँ भी दिखाई देते। हम ध्यान से देखते, इतने बड़े और भारी-भारी बूट पहनने के बावजूद उनके टखनों में कहीं मोच तक नहीं आती थीं। (उनको देखकर हम यदि घरवालों से बूटों की माँग करते तो माँ-बाप यही कहते कि टखने टेढ़े हो जाएँगे, सारी उमर सीधे न चल पाओगे।)

(i) धोबी की धुली वर्दी और पालिश किए बूट पहनकर जब लेखक स्काउटिंग की परेड करते तो उन्हें कैसा महसूस होता था?

(क) धोबी की तरह

(ख) पुलिस के जवान की तरह

(ग) मास्टर प्रीतमचंद की तरह

(घ) फौज के जवान की तरह

उत्तर: (घ) फौज के जवान की तरह

(ii) बच्चों ने मास्टर प्रीतमचंद का कौन-सा रूप पहले कभी नहीं देखा था?

(क) मुस्कराता या हँसता रूप
(ख) चिल्लाता हुआ रूप
(ग) क्रोधित रूप
(घ) सख्त रूप

उत्तर: (क) मुस्कराता या हँसता रूप

(iii) मास्टर प्रीतमचंद को देखकर बच्चे कैसा महसूस करते थे?

(क) उत्साहित (ख) उत्तेजित
(ग) भयभीत (घ) सम्मानित

उत्तर: (ग) भयभीत

(iv) मास्टर प्रीतमचंद की कौन-सी चीज़ से बच्चे आकर्षित होते थे?

(क) बाज़ सी तेज़ आँखें
(ख) चेचक के दाग से भरा चेहरा
(ग) ठिगना कद
(घ) चमड़े के चौड़े पंजों वाला बूट

उत्तर: (घ) चमड़े के चौड़े पंजों वाला बूट

(v) 'भयभीत' समस्तपद का विग्रह कर समास का नाम बताइए।

(क) भय से भीत—तत्पुरुष समास
(ख) भय है जो भीत—कर्मधारय समास
(ग) भय और भीत—द्वंद्व समास
(घ) भय में भीत— तत्पुरुष समास

उत्तर: (क) भय से भीत—तत्पुरुष समास

57. मास्टर प्रीतमचंद से हमारा डरना तो स्वभाविक था, परंतु हम उनसे नफरत भी करते थे। कारण तो उसका मारपीट था। हम सभी को (जो मेरी उम्र के हैं) वह दिन नहीं भूल पाया जिस दिन वह हमें चौथी श्रेणी में फ़ारसी पढ़ाने लगे थे। हमें उर्दू का तो तीसरी श्रेणी तक अच्छा अभ्यास हो गया था परंतु फ़ारसी तो अंग्रेजी से भी मुश्किल थी। अभी हमें पढ़ते एक सप्ताह भी न हुआ होगा कि प्रीतमचंद ने हमें एक शब्द रूप याद करने को कहा और आदेश दिया कि कल इसी घंटी में जबानी सुनेंगे। हम सभी घर लौटकर, रात देर तक उसी शब्द-रूप को बार-बार याद करते रहे परंतु केवल दो-तीन ही लड़के थे जिन्हें आधी या कुछ अधिक शब्द-रूप याद हो पाया। दूसरे दिन बारी-बारी सबको सुनाने के लिए कहा तो एक भी लड़का न सुना पाया। तभी मास्टर जी गुर्राए—सभी कान पकड़ो।

(i) बच्चे मास्टर प्रीतमचंद से नफरत क्यों करते थे?

(क) फ़ारसी पढ़ाने के कारण
(ख) ठीक से न पढ़ाने के कारण
(ग) मारपीट करने के कारण
(घ) अधिक पढ़ाने के कारण

उत्तर: (ग) मारपीट करने के कारण

(ii) मास्टर प्रीतमचंद बच्चों को कौन-सा विषय पढ़ाते थे?

(क) उर्दू (ख) फ़ारसी
(ग) अंग्रेजी (घ) संस्कृत

उत्तर: (ख) फ़ारसी

(iii) मास्टर प्रीतमचंद ने बच्चों को क्या याद करने को कहा था?

(क) फ़ारसी की कविता (ख) अंग्रेजी के शब्द-रूप
(ग) गणित के सवाल (घ) फ़ारसी के शब्द-रूप

उत्तर: (घ) फ़ारसी के शब्द-रूप

(iv) गृहकार्य न कर पाने के कारण बच्चों को क्या सज़ा मिली?

(क) कान पकड़ने को कहा गया
(ख) खड़ा कर दिया गया
(ग) पिटाई की गई
(घ) विद्यालय से निकाल दिया गया

उत्तर: (क) कान पकड़ने को कहा गया

(v) 'मारपीट' समस्तपद का समास-भेद बताइए।

(क) तत्पुरुष समास (ख) द्वंद्व समास
(ग) द्विगु समास (घ) अव्ययीभाव समास

उत्तर: (ख) द्वंद्व समास

58. पीठ ऊँची करके कान पकड़ने से, तीन-चार मिनट में ही टाँगों में जलन होने लगती थी। मेरे जैसे कमजोर तो टाँगों के थकने से कान पकड़े हुए ही गिर पड़ते। जब तक मेरी और हरबंस की बारी आई तब तक हेडमास्टर शर्मा जी अपने दफ्तर में आ चुके थे। जब हमें सज़ा दी जा रही थी तो उसके कुछ समय पहले शर्मा जी, स्कूल के पूरब की ओर बने सरकारी हस्पताल में डॉक्टर कपलाश से मिलने गए थे। वह दफ्तर के सामने की ओर चले आए। आते ही जो कुछ उन्होंने देखा वह सहन नहीं कर पाए। शायद यह पहला अवसर था कि वह पीटी प्रीतमचंद की उस बर्बरता को सहन कर पाये बहुत उत्तेजित हो गए थे। ह्वाट आर यू डूइँग, इज इट दा वे टू पनिश दा स्टूडेंट्स ऑफ फोर्थ क्लास? स्टाप इट ऐट वन्स।

हमें तब अंग्रेजी नहीं आती थी, क्योंकि उस समय पाँचवी श्रेणी से अंग्रेजी पढ़ानी शुरु की जाती थी। परंतु हमारे स्कूल के सातवीं-आठवीं श्रेणी के लड़कों ने बताया था कि शर्मा जी ने कहा था—क्या करते हैं? क्या चौथी श्रेणी को सज़ा देने का यह ढंग हैं? इसे फौरन बंद करो।

(i) मास्टर प्रीतमचंद ने बच्चों को क्या सज़ा दी थी?

(क) सीधे खड़े रहने की सज़ा
(ख) विद्यालय से बाहर निकल जाने की सज़ा
(ग) अंग्रेजी बोलने की सज़ा
(घ) पीठ ऊँची करके कान पकड़ने की सज़ा

उत्तर: (घ) पीठ ऊँची करके कान पकड़ने की सज़ा

(ii) मास्टर प्रीतमचंद द्वारा दी गई सज़ा का बच्चों पर क्या प्रभाव पड़ा?

(क) विद्यालय में मज़ाक उड़ाया जाने लगा।
(ख) टाँगों में जलन होने लगी
(ग) अस्पताल ले जाया गया
(घ) बच्चे बेहोश होने लगे

उत्तर: (ख) टाँगों में जलन होने लगी

(iii) सज़ा से पहले हेडमास्टर शर्मा जी कहाँ गए थे?
(क) शिक्षक से मिलने गए थे
(ख) विद्यालय का निरीक्षण करने गए थे
(ग) डॉक्टर से मिलने गए थे
(घ) अपने घर गए थे

उत्तर: (ग) डॉक्टर से मिलने गए थे

(iv) बच्चों को सज़ा मिलता देखकर हेडमास्टर शर्मा जी की क्या प्रतिक्रिया हुई?
(क) क्रोधित हो गए (ख) नज़रअंदाज कर गए
(ग) मुस्कराने लगे (घ) हँसने लगे

उत्तर: (क) क्रोधित हो गए

(v) उस समय अंग्रेजी किस कक्षा से पढ़ानी शुरू की जाती थी?
(क) दूसरी (ख) तीसरी
(ग) चौथी (घ) पाँचवी

उत्तर: (घ) पाँचवी

59. फिर जब प्रीतमचंद कई दिन स्कूल नहीं आए तो यह बात सभी मास्टरों की जुबान पर थी कि हेडमास्टर शर्मा जी ने उन्हें मुअत्तल करके अपनी ओर से आदेश लिखकर, मंजूरी के लिए हमारी रियासत की राजधानी, नाभा भेज दिया है। वहाँ हरजीलाल नाम के 'महकमाए-तालीम' के डायरेक्टर थे जिनसे ऐसे आदेश की मंजूरी आवश्यक थी। उस दिन के बाद यह पता होते हुए भी कि पीटी प्रीतमचंद को जब तक नाभा से डायरेक्टर 'बहाल' नहीं करेंगे तब तक वह स्कूल में कदम नहीं रख सकते, जब भी फ़ारसी की घंटी बजती तो हमारी छाती धक्-धक् करती फटने को आती। परंतु जब तक शर्मा जी स्वयं या मास्टर नौहरिया राम जी कमरे में फ़ारसी पढ़ाने न आ जाते, हमारे चेहरे मुर्झाए रहते।

(i) प्रीतमचंद कई दिनों तक स्कूल क्यों नहीं आए?
(क) छुट्टियाँ दीं जाने के कारण
(ख) मुअत्तल किए जाने के कारण
(ग) शर्मिंदा होने के कारण
(घ) बीमार रहने के कारण

उत्तर: (ख) मुअत्तल किए जाने के कारण

(ii) हरजीलाल कौन थे?
(क) महकमाए-तालीम के डायरेक्टर
(ख) नाभा के डायरेक्टर
(ग) विद्यालय के डायरेक्टर
(घ) नाभा के रियासतदाद

उत्तर: (क) महकमाए-तालीम के डायरेक्टर

(iii) हेडमास्टर शर्मा जी ने अपने आदेश की मंजूरी के लिए आवेदन कहाँ भेजा था?
(क) फ़ारसी के हेड ऑफिस में
(ख) विद्यालय में
(ग) अंग्रेजी दफ़्तर में
(घ) नाभा में

उत्तर: (घ) नाभा में

(iv) मास्टर प्रीतमचंद बच्चों को कौन-सा विषय पढ़ाया करते थे?
(क) फ़ारसी (ख) अंग्रेजी
(ग) गणित (घ) सभी विषय

उत्तर: (क) फ़ारसी

(v) किसके डर से बच्चों के चेहरे मुर्झाए रहते थे?
(क) हेडमास्टर शर्मा जी के डर से
(ख) मास्टर नौहरिया राम जी के डर से
(ग) मास्टर प्रीतमचंद के डर से
(घ) नाभा के डायरेक्टर के डर से

उत्तर: (ग) मास्टर प्रीतमचंद के डर से

60. कई सप्ताह तक पीटी मास्टर स्कूल नहीं आए। पता चला कि बाज़ार में एक दुकान के ऊपर उन्होंने जो छोटी-छोटी खिड़कियों वाला चौबारा किराए पर ले रखा था, वहीं आराम से रह रहे थे। कुछ सातवीं-आठवीं के विद्यार्थी हमें बताया करते कि उन्हें मुअत्तल होने की रत्ती भर भी चिंता नहीं थी। पहले की तरह ही आराम से पिंजरे में रखे दो तोतों को दिन में कई बार, भिगोकर रखे बादामों की गिरियों का छिलका उतारकर उन्हें खिलाते उनसे बातें करते रहते हैं। उनके वे तोते हमने भी कई बार देखे थे। (हम उन बड़े लड़कों के साथ उनके चौबारे में गए थे जो लड़के पीटी साहब के आदेश पर उनके घर का काम करने जाया करते) परंतु हमारे लिए यह चमत्कार ही था कि जो प्रीतमचंद बिल्ला मार-मारकर हमारी चमड़ी तक उधेड़ देते वह अपने तोतों से मीठी-मीठी बातें कैसे कर लेते थे? क्या तोतों को उनकी दहकती, भूरी आँखों से भय न लगता था।

(i) पीटी मास्टर प्रीतमचंद स्कूल क्यों नहीं आते थे?
(क) बीमार रहने के कारण
(ख) छुट्टी लेने के कारण
(ग) मुअत्तल कर दिए जाने के कारण
(घ) तोतों की देखभाल करने के कारण

उत्तर: (ग) मुअत्तल कर दिए जाने के कारण

(ii) मास्टर प्रीतमचंद कहाँ रह रहे थे?
(क) दुकान के ऊपर चौबारे में
(ख) दुकान में
(ग) अपने गाँव वाले मकान में
(घ) विद्यालय में

उत्तर: (क) दुकान के ऊपर चौबारे में

(iii) पीटी मास्टर अपने तोतों को क्या खिलाया करते थे?
(क) अनाज के दाने (ख) बादाम की गिरियाँ
(ग) मूँगफली के दाने (घ) ताजे-ताजे फल

उत्तर: (ख) बादाम की गिरियाँ

(iv) बच्चों के लिए क्या हैरानी का विषय था?
(क) बच्चों का पीटी सर के घर जाना।
(ख) पीटी सर का बाज़ार के चौबारे में रहना।

(ग) पीटी सर का विद्यालय न आना।

(घ) पीटी सर का तोतों से मीठी बातें करना।

उत्तरः (घ) पीटी सर का तोतों से मीठी बातें करना।

(v) 'सप्ताह' समस्तपद का विग्रह कर समास का नाम बताइए।

(क) सात के लिये दिन—तत्पुरुष समास

(ख) सात दिन—अव्ययीभाव समास

(ग) सात और दिन—द्वंद्व समास

(घ) सात दिनों का समाहार—द्विगु समास

उत्तरः (घ) सात दिनों का समाहार—द्विगु समास

पाठ से सम्बन्धित प्रश्नोत्तर

प्रश्न 61. कोई भी भाषा आपसी व्यवहार में बाधा नहीं बनती पाठ के किस अंश से यह सिद्ध होता है?

उत्तर— कोई भी भाषा आपसी व्यवहार में बाधा नहीं बनती, पाठ से इस अंश से यह सिद्ध होता है कि हमारे आधे से अधिक साथी राजस्थान तथा हरियाणा से आकर मंडी में व्यापार या दुकानदारी करते थे। जब वे छोटे थे तो उनकी बोली हमें बहुत कम समझ आती थी, इसलिए उनके कुछ शब्द सुनकर हमें हँसी आती थी, लेकिन खेलते समय सभी एक-दूसरे की बात समझ लेते थे। इससे सिद्ध हो जाता है कि कोई भाषा आपसी व्यवहार में बाधक नहीं होती।

प्रश्न 62. पीटी साहब की 'शाबाश' फौज के तमगों-सी क्यों लगती थी? स्पष्ट कीजिए।

उत्तर— पीटी साहब प्रीतमचंद बहुत कड़क इंसान थे। उन्हें किसी ने न हँसते देखा, न किसी की प्रशंसा करते। सभी छात्र उनसे भयभीत रहते थे। वे मार-मारकर बच्चों की चमड़ी तक उधेड़ देते थे। छोटे-छोटे बच्चे यदि थोड़ा-सा भी अनुशासन भंग करते तो वे उन्हें कठोर सजा देते थे। ऐसे कठोर स्वभाव वाले पीटी साहब बच्चों के द्वारा गलती न करने पर अपनी चमकीली आँखें हल्के से झपकाते हुए उन्हें शाबाश करते थे। इसलिए पीटी मास्टर से मिली गुड़ उन्हें अन्य अध्यापकों से मिली गुड से मूल्यवान प्रतीत होती थी। उनकी यह शाबाश बच्चों को फौज के सारे तमगों को जीतने के समान लगती थी।

प्रश्न 63. नई श्रेणी में जाने और नई कापियों और पुरानी किताबों से आती विशेष गंध से लेखक का बालमन क्यों उदास हो उठता था?

उत्तर— नयी श्रेणी में जाकर लेखक का बालमन इसलिए उदास हो जाता था, क्योंकि उसे किताबें अन्य लड़कों द्वारा पढ़ी हुई ही पढ़नी पड़ती थीं। उसके लिए पुरानी किताबों का प्रबंध हेडमास्टर साहब कर देते थे, क्योंकि लेखक के परिवार की आर्थिक स्थिति अच्छी नहीं थी, जबकि अन्य बच्चे नई कक्षा में नई किताबें खरीदते थे। इसलिए लेखक का बालमन नई कॉपियों तथा पुरानी किताबों से आती विशेष गंध से उदास हो उठता था।

प्रश्न 64. स्काउट परेड करते समय लेखक अपने को महत्वपूर्ण 'आदमी' फौजी जवान क्यों समझने लगता था?

उत्तर— लेखक गुरदयाल सिंह फौजी बनना चाहता था। उसने फुटबूट और शानदार वर्दी पहने लेफ्ट-राइट करते फौजी जवानों की परेड को देखा था। इसी कारण स्काउट परेड के समय धोबी की धुली वर्दी, पॉलिस किए बूट तथा जुराबों को पहन वह स्वयं को फौजी जवान ही समझता था। स्काउट परेड में जब पीटी मास्टर लेफ्ट-राइट की आवाज या मुँह की सीटी बजाकर मार्च करवाया करते थे तथा उनके राइट टर्न या लेफ्ट टर्न या अबाउट टर्न कहने पर लेखक अपने छोटे-छोटे बूटों की एड़ियों पर दाएँ-बाएँ या एक कदम पीछे मुड़कर बूटों की ठक-ठक की आवाज करते हुए स्वयं को विद्यार्थी न समझकर एक महत्वपूर्ण फौजी समझने लगता था।

प्रश्न 65. हेडमास्टर शर्मा जी ने पीटी साहब को क्यों मुअत्तल कर दिया?

उत्तर— पी.टी. साहब चौथी कक्षा को फारसी भी पढ़ाते थे। एक दिन बच्चे उनके द्वारा दिया गया शब्द-रूप रट कर नहीं आएगा। इस पर उन्होंने बच्चों को पीठ ऊँची करके क्रूरतापूर्ण ढंग से मुर्गा बनने का आदेश दिया, तो उस समय वहाँ हेडमास्टर साहब आ गए। यह दृश्य देखकर हेडमास्टर उत्तेजित हो उठे इसी कारण उन्होंने पी.टी. साहब को मुअत्तल कर दिया।

प्रश्न 66. लेखक के अनुसार उन्हें स्कूल खुशी से भागे जाने की जगह न लगने पर भी कब और क्यों उन्हें स्कूल जाना अच्छा लगने लगा?

उत्तर— 'सपनों के-से दिन' पाठ के लेखक गुरदयाल सिंह के अनुसार उन्हें तथा उनके साथियों को बचपन में स्कूल जाना अच्छा नहीं लगाया था। चौथी कक्षा तक कुछ लड़कों को छोड़कर अन्य सभी साथी रोते-चिल्लाते हुए स्कूल जाया करते थे। स्कूल में धोबी पिटाई तथा मास्टरों की डाँट फटकार के कारण स्कूल उन्हें एक नीरस व भयानक स्थान प्रतीत होता था, जिसके प्रति उनके मन में एक भय-सा बैठ गया था। इसके बावजूद कई बार ऐसी स्थितियाँ आती थीं जब उन्हें स्कूल जाना अच्छा भी लगता था। वह मौका तब आता था जब उनके पी.टी. सर स्काउटिंग का अभ्यास करवाते थे। वे पढ़ाई-लिखाई के स्थान पर लड़कों के हाथों में नीली-पीली झंडियाँ पकड़ा देते थे, वे वन-टू-थ्री करके इन झंडियों को ऊपर-नीचे करवाते थे। हवा में लहराती बड़ी अच्छी लगती थीं। अच्छा काम करने पर पी.टी. सर की शाबाशी भी मिलती थी, तब यही कठोर पी.टी. सर बच्चों को बड़े अच्छे लगते थे। ऐसे अवसर पर स्कूल आना अच्छा व सुखद प्रतीत होता था।

प्रश्न 67. लेखक अपने छात्र जीवन में स्कूल से छुट्टियों में मिले काम को पूरा करने के लिए क्या-क्या योजनाएँ बनाया करता था और उसे पूरा न कर पाने की स्थिति में किसकी भाँति 'बहादुर' बनने की कल्पना किया करता था?

उत्तर— लेखक अपने छात्र जीवन में स्कूल से छुट्टियों में मिले काम को पूरा करने के लिए तरह-तरह की योजनाएँ बनाया करता था। जैसे—हिसाब के मास्टर जी द्वारा दिए गए 200 सवालों को पूरा करने के लिए लेखक योजना बनाता। रोज दस सवाल निकाले जाने पर 20 दिन में पूरे हो जाएँगे, लेकिन खेल-कूद में छुट्टियाँ भागने लगतीं, तो मास्टर जी की पिटाई कर डर सताने लगता। फिर लेखक रोज के 15 सवाल पूरे करने की योजना बनाता, तब उसे छुट्टियाँ भी बहुत कम लगने लगतीं और दिन बहुत छोटे लगने लगते तथा स्कूल का भय भी बढ़ने लगता। ऐसे में लेखक पिटाई से डरने के बावजूद भी उन लोगों की भाँति बहादुर बनने की कल्पना करने लगता, तो छुट्टियों में काम पूरा करने की बजाय मास्टर जी से पिटना भी अधिक बेहतर समझते थे।

प्रश्न 68. पाठ में वर्णित घटनाओं के आधार पर पी.टी. सर की चारित्रिक विशेषताओं पर प्रकाश डालिए।

उत्तर— पाठ के आधार पर हम यह कह सकते हैं कि पी.टी. सर प्रीतमचंद बहुत सरल अध्यापक थे। उनके व्यक्तित्व की विशेषताएँ निम्न प्रकार हैं—

1. **बाह्य व्यक्तित्व**-पी.टी. सर अर्थात् प्रीतमचंद ठिगने कद के थे, उनका शरीर दुबला-पतला पर गठीला था। उनका चेहरा चेचक के दागों से भरा था। उनकी आँखें बाज की तरह तेज थीं। वे खाकी वर्दी, चमड़े के पंजों वाले बूट पहनते थे। उनके बूटों की ऊँची एड़ियों के नीचे खुरियाँ लगती रहती थीं। बूटों के अगले हिस्से में पंजों के नीचे मोटी सिरों वाले कील ठुके रहते थे।

2. **आंतरिक व्यक्तित्व—**

(i) **कुशल अध्यापक**—प्रीतमचंद एक कुशल अध्यापक थे। वे चौथी श्रेणी के बच्चों को फारसी पढ़ाया करते थे। वे मौखिक अभिव्यक्ति एवं याद करने पर बल दिया करते थे। वे छात्रों को दिन-रात एक करके पढ़ाई करने की शिक्षा दिया करते थे।

(ii) **कुशल प्रशिक्षक—**वे कुशल प्रशिक्षक थे। वे छात्रों को स्काउट और गाइड की ट्रेनिंग दिया करते थे। वे छात्रों को विभिन्न रंग की झंडियाँ पकड़ाकर हाथ ऊपर-नीचे करके अच्छी ट्रेनिंग दिया करते थे। उनके इस प्रशिक्षण कार्य से छात्र सदा प्रसन्न रहा करते थे। वे उस पर छात्रों द्वारा सही काम करने पर शाबाशी भी देते थे।

(iii) **कठोर अनुशासन प्रिय—**प्रीतमचंद अनुशासन प्रिय होने के कारण कठोर अनुशासन बनाए रखते थे। वे छात्रों को भयभीत रखते थे। यदि कोई लड़का अपना सिर इधर-उधर हिला लेता था तो वे उस पर बाघ की तरह झपट पड़ते थे। प्रार्थना करते समय भी वह अनुशासनहीन छात्रों को दंडित करते थे। अगर कोई छात्र कतार से बाहर या टेढ़ा-मेढ़ा हो जाता था तो भी समझाने के बजाय कठोर दण्ड देते थे।

(iv) **कोमल हृदयी—**प्रीतम चंद बाहर से कठोर किन्तु अंदर से कोमल थे। उन्होंने अपने घर में तोते पाल रखे थे, वे उनसे बात करते थे और उन्हें भीगे हुए बादाम भी खिलाया करते थे। इसके अलावा वे छात्रों द्वारा सही काम किए जाने पर उन्हें शाबाशी भी देते थे।

प्रश्न 69. विद्यार्थियों को अनुशासन में रखने के लिए पाठ में अपनाई गई युक्तियों और वर्तमान में स्वीकृत मान्यताओं के सम्बन्ध में अपने विचार प्रकट कीजिए।

उत्तर— विद्यार्थियों को अनुशासन में रखने के लिए पाठ में अपनाई युक्तियाँ इस प्रकार से हैं—पी.टी. साहब बल्ला मार-मारकर बच्चों की चमड़ी तक उधेड़ देते थे। तीसरी-चौथी कक्षाओं के बच्चों से थोड़ा-सा भी अनुशासन भंग हो जाता, तो उन्हें कठोर सजा मिलती थी ताकि वे विद्यार्थी के जीवन में अनुशासन की नींव दृढ़ बना सकें। इसके साथ-साथ विद्यार्थियों को प्रोत्साहित तथा उत्साहित करने के लिए उन्हें 'शाबाशी' भी दी जाती थी लेकिन वर्तमान में स्वीकृत मान्यताएँ इसके विपरीत हैं। शिक्षकों को आज विद्यार्थियों को पीटने का अधिकार नहीं है इसलिए विद्यार्थी निडर होकर अनुशासनहीनता की ओर बढ़ रहे हैं, क्योंकि आज पहले की भाँति विद्यार्थी शिक्षकों से डरते नहीं हैं। इसके लिए विद्यालय और माता-पिता दोनों जिम्मेवार हैं। बच्चों में अनुशासन का विकास करने के लिए उन्हें शारीरिक व मानसिक यातना देना उचित नहीं। उन्हें प्रेमपूर्वक नैतिक मूल्य सिखाए जाने चाहिए, जिनसे उनमें स्वानुशासन का विकास हो सके।

प्रश्न 70. बचपन की यादें मन को गुदगुदाने वाली होती हैं विशेषकर स्कूली दिनों की। अपने अब तक के स्कूली जीवन की खट्टी-मीठी यादों को लिखिए।

उत्तर— बचपन की ओर विशेषकर स्कूली जीवन की खट्टी-मीठी यादें मन को गुदगुदाती रहती हैं। ये यादें सभी को निजी होती हैं। मेरी भी कुछ ऐसी यादें मेरे साथ हैं। मैं जब नवीं कक्षा में पढ़ती थी मेरी माँ किसी कारणवश बाहर गई थीं। इसलिए मैं बिना गृहकार्य किए और बिना लंच किए स्कूल पहुँची। पहले तो अध्यापिका से खूब डाँट पड़ी, फिर आधी छुट्टी में मुझे अध्यापिका ने खिड़की के पास खड़ा पाया तो डाँट लगा दी। अगले पीरियड में मुझे बहुत बेचैनी हुई कि अध्यापिका मेरे बारे में क्या सोच रही होंगी, मैं अध्यापिका कक्षा में उनसे मिलने गई। उन्हें देखते ही मेरा रोना छूट गया। उन्होंने रोने का कारण पूछा तो मैंने रोते-रोते उन्हें कारण बताया कि मेरी माता जी घर पर नहीं हैं उन्होंने मुझे सांत्वना दी फिर मुझे अपने डिब्बे से खाना खिलाया। आज भी मैं इस घटना को याद करती हूँ तो अध्यापिका के प्रति भाव-विभोर हो उठती हूँ।

प्रश्न 71. अभिभावक बच्चों को खेलकूद में ज्यादा रुचि लेने पर रोकते हैं और समय बर्बाद न करने की नसीहत देते हैं। बताइए—

(क) खेल आपके लिए क्यों जरूरी है?

(ख) आप कौन-से ऐसे नियम-कायदों को अपनाएँगे जिससे अभिभावकों को आपके खेल पर आपत्ति न हो?

उत्तर— (क) खेल प्रत्येक उम्र के बच्चे के लिए जरूरी हैं। खेल की बच्चे के शारीरिक-मानसिक विकास में अहम् भूमिका होती है। खेल, बच्चे की सोच को विस्तृत तथा विकसित करते हैं। इससे बच्चें में सामूहिक रूप से काम करने की भावना का संचार होता है। बच्चे में प्रतिस्पर्धा तथा प्रतियोगिता हेतु आगे बढ़ने की होड़ और दौड़ में भाग की इच्छा पैदा होती है। खेलों में भाग लेने से बच्चे को अपना तथा अपने देश का नाम रोशन करने का सुअवसर प्राप्त होता है। अत: लेख मानसिक तथा शारीरिक विकास दोनों के लिए अत्यन्त जरूरी है।

(ख) मैं अपने अभिभावकों के लिए वही नियम और कायदों को अपनाऊँगा, जिनसे उनकी भावनाओं को ठेस न पहुँचे इसलिए मैं समय पर खेलूँगा और समय पर खेलकर वापस आऊँगा। खेलने के साथ पढ़ाई पर भी पूरा ध्यान दूँगा। मैं खेलने में उतना ही समय खर्च करूँगा, जितना आवश्यक होगा अर्थात् मैं केवल वही नियम और कायदे अपनाऊँगा, जिनसे मेरे अभिभावकों को सुख-शांति मिलेगी।

परीक्षोपयोगी महत्वपूर्ण प्रश्नोत्तर

प्रश्न 72. 'सपनों के से दिन' पाठ में पी.टी. सर की किन चारित्रिक विशेषताओं का उल्लेख किया गया है? वर्तमान शिक्षा व्यवस्था में स्वीकृत मान्यताओं और पाठ में वर्णित युक्तियों के सम्बन्ध में अपने विचार जीवन मूल्यों की दृष्टि से व्यक्त कीजिए।

उत्तर— पी.टी. सर का नाम प्रीतमचंद था। उनका चेहरा दागों से भरा था। उनकी आँखें बाज-सी तेज थीं। वे बड़े कठोर स्वभाव के थे। उन्हें किसी ने स्कूल के समय में मुस्कराते नहीं देखा था।

बाह्य विशेषताएँ—

1. उनका कद ठिगना और बदन गठीला था। वे खाकी वर्दी पहने रहते थे। उनके पैरों में चमड़े के चौड़े वाले बूट होते थे।
2. प्रीतमचंद पढ़ाने के प्रति बहुत सचेत रहते थे। पाठ में याद न करने पर बर्बरता की हद तक सजा देते थे। उनके इसी रूप ने उन्हें नौकरी से मुअत्तल करा दिया।
3. स्काउटिंग की परेड कराते समय उनका रूप लड़कों को बहुत अच्छा लगता था। तब वे सामान्य व्यवहार से हटकर, लड़कों को उत्साहित करते हुए शाबासी देते थे।
4. अंत में उनहें एक नरमदिल व्यक्ति के रूप में दर्शाया गया है जो नौकरी से निकाले जाने पर दु:खी नहीं थे और प्रेमपूर्वक अपने तोतों को बादाम की गिरियाँ खिलाते थे। पाठ में बताया गया कि स्कूल में अनुशासन बनाए रखने के लिए छात्रों को भयभीत अवस्था में रखा जाता था। पाठ याद न करने पर उन्हें मुर्गा बना दिया जाता था। इस तरह की सजा देना अत्यंत बर्बरतापूर्ण है। वर्तमान समय में शारीरिक दण्ड और भयपूर्ण वातावरण में छात्रों को पढ़ाने पर पूर्ण प्रतिबन्ध लगाया गया है। ऐसी शारीरिक सजाओं पर प्रतिबंध लगाना बिल्कुल उचित है।

प्रश्न 73. 'सपनों के से दिन' कहानी के आधार पर पी. टी. साहब के व्यक्तित्व की दो विशेषताएँ बताते हुए लिखिए कि स्काउट परेड करते समय लेखक स्वयं को महत्वपूर्ण आदमी, एक फौजी जवान क्यों समझता था?

उत्तर— 'सपनों के से दिन' कहानी के आधार पर पी.टी. साहब के व्यक्तित्व की दो विशेषताएँ हैं—प्रथम पी.टी. सर बहुत ही अनुशासनप्रिय और कठोर स्वभाव के थे। उन्हें स्कूल में कभी भी किसी ने मुस्कुराते हुए नहीं देखा था। सुबह की प्रार्थना सभा में किसी लड़के द्वारा सिर इधर-उधर हिलाने पर वे शेर की तरह झपट पड़ते थे और खाल खींचने के मुहावरे को भी चरितार्थ कर देते थे। द्वितीय—पी.टी. साहब पक्षियों से बहुत प्रेम करते थे। उन्होंने अपने घर में दो तोतों को पाल रखा था। अवकाश के समय पिंजरे में रखे उन दो तोतों को बादाम आदि खिलाते थे। इससे पक्षियों के प्रति उनका अनुराग झलकता है।

पी.टी. साहब जैसे कठोर और अनुशासित अध्यापक के निर्देशन में स्काउट परेड करते समय लेखक साफ-सुथरे धोबी के धुले कपड़े, पॉलिस किए हुए बूट, जुराबों को पहन कर जब ठक-ठक करके चलता था तो वह अपने आपको महत्त्वपूर्ण आदमी और फौजी से कम नहीं समझते थे। उनके मन में इस प्रकार फौजी बनने की इच्छा होती थी।

प्रश्न 74. बच्चों की यह स्वाभाविक विशेषता होती है कि खेल ही उन्हें सबसे अच्छा लगता है। 'सपनों के-से-दिन' नामक पाठ के आधार पर स्पष्ट कीजिए।

उत्तर— 'सपनों के-से दिन' नामक पाठ से ज्ञात होता है कि लेखक और उसके बचपन के साथी मिल-जुलकर खेलते थे। खेल-खेल में जब उन्हें चोट लग जाती थी और धूल एवं रक्त जमे कई जगह से छिले पाँव लेकर घर जाते थे तो सभी की माँ-बहनें और बाप उन पर तरस खाने की जगह बुरी तरह से पिटाई करते थे, फिर भी वे अगले दिन खेलने चले जाते थे। इससे स्पष्ट होता है कि बच्चों को खेलना सबसे अधिक अच्छा लगता है।

प्रश्न 75. लेखक के बचपन के समय बच्चे पढ़ाई में रुचि नहीं लेते थे—स्पष्ट कीजिए।

उत्तर— अपने बचपन के दिनों में लेखक जिन बच्चों के साथ खेलता था, उनमें अधिकांश तो स्कूल जाते ही नहीं थे और जो कभी गए भी वे पढ़ाई में अरुचि होने के कारण किसी दिन अपना बस्ता तालाब में फेंककर आ गए और स्कूल गए ही नहीं। उनका सारा ध्यान खेलने में रहता था। इससे स्पष्ट है कि लेखक के बचपन के दिनों में बच्चे पढ़ाई में रुचि नहीं लेते थे।

प्रश्न 76. लेखक के बचपन में बच्चों के न पढ़ पाने के लिए अभिभावक अधिक जिम्मेदार थे। इससे आप कितना सहमत हैं?

उत्तर— लेखक के बचपन में अधिकांश अभिभावक अपने बच्चों को स्कूल भेजने का प्रयास नहीं करते थे। परचूनिये और आढ़तिये जैसे करोबारी भी अध्यापक से कहते थे कि मास्टर जी, हमने इसे कौन-सा तहसीलदार लगवाना है थोड़ा बड़ा हो जाए तो पंडित घनश्याम दास से मुनीमी का काम सिखा देंगे। स्कूल में अभी तक यह कुछ भी नहीं सीख पाया है। इससे स्पष्ट है कि बच्चों की पढ़ाई न हो पाने के लिए अभिभावक अधिक जिम्मेदार थे।

प्रश्न 77. गर्मी की छुट्टियों के पहले और आखिरी दिनों में लेखक ने क्या अंतर बताया है?

उत्तर— लेखक ने बताया है कि तब गर्मी की छुट्टियाँ डेढ़-दो महीने की हुआ करती थीं। छुट्टियों के शुरू के दो-तीन सप्ताह तक बच्चे खूब खेल-कूद करते थे। वे सारा समय खेलने में बिताया करते थे। छुट्टियों के आखिरी पन्द्रह-बीस दिनों अध्यापकों द्वारा दिए गए कार्य को पूरा करने का हिसाब लगाते थे और कार्य पूरा करने की योजना बनाते हुए उन छुट्टियों को भी खेलकूद में बिता देते थे। यह योजना बनाते हुए बच्चे अपना कार्य पूरा नहीं करते थे।

प्रश्न 78. लेखक ने 'सस्ता सौदा' किसे कहा है और क्यों?

उत्तर— लेखक ने 'सस्ता सौदा' उस समय के मास्टरों द्वारा की जाने वाली पिटाई को कहा है। इसका कारण यह है कि उस समय के अध्यापक गर्मी की छुट्टियों के लिए दो सौ सवाल दिया करते थे। बच्चे इसके बारे में तब सोचते जब उनकी छुट्टियाँ पन्द्रह-बीस बचती। वे सोचते थे कि एक दिन में दस सवाल करने पर भी बीस दिन में पूरा हो जाएगा। दस दिन छुट्टियाँ और बीतने पर वे बीस सवाल प्रतिदिन पूरा करने की बात सोचते, पर काम न करते। अंत में मास्टरों की पिटाई को सस्ता सौदा समझकर उसे ही स्वीकार कर लेते थे।

प्रश्न 79. लेखक ने सातवीं कक्षा तक की जो पढ़ाई की उसमें स्कूल के हैडमास्टर शर्मा जी का योगदान अधिक था। स्पष्ट कीजिए।

अथवा

लेखक की पढ़ाई में हैडमास्टर शर्मा जी का योगदान स्पष्ट कीजिए।

उत्तर— लेखक को याद है कि उस समय पूरे साल की किताबें एक या दो रुपये में आ जाती थीं फिर भी अभिभावक पैसों की कमी के कारण नहीं दिला पाते थे। ऐसी स्थिति में उसकी पढ़ाई भी तीसरी-चौथी में छूट जाती, परन्तु के हैडमास्टर जो किसी अमीर परिवार के बच्चे को पढ़ाने जाते थे, उसकी पुरानी किताबें प्रतिवर्ष लेखक को दे दिया करते थे। इससे लेखक ने सातवीं तक की पढ़ाई कर ली। इस तरह उसकी पढ़ाई में हैडमास्टर शर्मा जी का विशेष योगदान था।

प्रश्न 80. पी.टी. मास्टर प्रीतमचंद को देखकर बच्चे क्यों डरते थे?

उत्तर— पी.टी. मास्टर प्रीतमचंद को स्कूल के समय में कभी भी हमने मुस्कुराते या हँसते न देखा था। उनका ठिगना कद, दुबला-पतला परन्तु गठीला शरीर, माता के दागों से भरा चेहरा और बाज-सी तेज आँखें, खाकी वर्दी, चमड़े के चौड़े पंजों वाले बूट सभी कुछ ही भयभीत करने वाला हुआ करता। उनका ऐसा व्यक्तित्व बच्चों के मन में भय पैदा करता और वे डरते थे। पी.टी. मास्टर बच्चों को मुर्गा भी बना देते थे।

प्रश्न 81. लेखक और उसके साथी प्रीतमचंद की दी गई सजा वाला कौन-सा दिन आजीवन नहीं भूल सके?

अथवा

फारसी की कक्षा में मास्टर प्रीतमचंद ने किस तरह शारीरिक दण्ड दिया जो बच्चों को आजीवन याद रहा?

उत्तर— मास्टर प्रीतमचंद बच्चों को चौथी कक्षा में फारसी पढ़ाते थे। बच्चों को फारसी, अंग्रेजी से भी कठिन लगती थी। एक सप्ताह बाद ही प्रीतमचंद ने बच्चों को शब्द रूप याद करके आने और उसे जबानी सुनाने को कहा पर कठिन होने के कारण कोई भी लड़का न सुना सका। यह देख प्रीतमचंद को गुस्सा आया और उन्होंने बच्चों को मुर्गा बना दिया। उनके द्वारा लड़कों को मुर्गा बनाने का ढंग बड़ा ही कष्टदायी होता था। उनके द्वारा दिया गया यह शारीरिक दण्ड बच्चे आजीवन नहीं भूल सके।

प्रश्न 82. हैडमास्टर ने प्रीतम चंद के विरुद्ध क्या कार्यवाही की?

उत्तर— हैडमास्टर शर्मा जी ने देखा कि प्रीतमचंद छात्रों को मुर्गा बनवाकर शारीरिक दण्ड दे रहे हैं तो वे क्रोधित हो उठे। उन्होंने इसे तुरंत रोकने का आदेश दिया। उन्होंने प्रीतमचंद के निलंबन का आदेश रियासत की राजधानी नाभा भेज दिया। वहाँ के शिक्षा विभाग के डायरेक्टर हरजीलाल के आदेश की मंजूरी मिलना आवश्यक था तब तक प्रीतमचंद स्कूल नहीं आ सकते थे।

प्रश्न 83. प्रीतमचंद के निलंबन के बाद भी बच्चों के मन में उनका डर किस तरह समाया था?

उत्तर— विद्यालय के लड़के पी.टी. मास्टर प्रीतमचंद की पिटाई से इतने डरे हुए थे कि यह पता होते हुए भी कि पी.टी. मास्टर प्रीतमचंद को जब तक नाभा से डायरेक्टर 'बहाल' नहीं करेंगे तब तक वह स्कूल में कदम नहीं रख सकते, जब भी

फारसी की घंटी बजती तो बच्चों की छाती धक्-धक् करती फटने को आती। परन्तु जब तक शर्मा जी स्वयं या मास्टर नौहरिया राम जी कमरे में फारसी पढ़ाने न आ जाते, उनके चेहरे मुरझाए रहते। इस तरह उनका डर बच्चों के मन में जमकर बैठ चुका था।

प्रश्न 84. लेखक ने अपने विद्यालय को हरा-भरा बनाने के लिए किए गए प्रयासों का वर्णन किया है इससे आपको क्या प्रेरणा मिलती है?

उत्तर— लेखक के विद्यालय में अंदर जाने के रास्ते के दोनों ओर अलियार के बड़े ढंग से कटे-छँटे झाड़ उगे थे। उसे उनके नीम जैसे पत्तों की गंध अच्छी लगती थी। इसके अलावा उन दिनों क्यारियों में कई तरह के फूल उगाए जाते थे। इनमें गुलाब, गेंदा और मोतिया की दूध-सी कलियाँ होती थीं जिनकी महक बच्चों को आकर्षित करती थी। ये फूलदार पौधे विद्यालय की सुंदरता में वृद्धि करते थे। इससे हमें यह प्रेरणा मिलती है कि हमें भी अपने विद्यालय को स्वच्छ बनाते हुए हरा-भरा बनाने का प्रयास करना चाहिए। हमें तरह-तरह के पौधे लगाकर उनकी देखभाल करनी चाहिए और विद्यालय को हरा-भरा बनाने में अपना योगदान देना चाहिए।

प्रश्न 85. लेखक और उसके साथियों द्वारा गर्मी की छुट्टियाँ बिताने का ढंग आजकल के बच्चों द्वारा बिताई जाने वाली छुट्टियों से किस तरह अलग होता था?

उत्तर— लेखक और उसके साथी गर्मी की छुट्टियाँ खेलकूद कर बिताते थे। वे घर से कुछ दूर तालाब पर चले जाते, कपड़े उतार पानी में कूद जाते और कुछ समय बाद, भागते हुए एक रेतीले टीले पर जाकर, तेल के ऊपर लेटने लगते। गीले शरीर को गरम रेत से खूब लथपथ कर उसी तरह भागते, किसी ऊँची जगह से तालाब में छलाँग लगा देते। रेत को गंदले पानी से साफ कर फिर टीले की ओर भाग जाते।

याद नहीं कि ऐसा, पाँच-दस बार करते या पन्द्रह-बीस बार करते हुए आनंदित होते। आजकल के बच्चों द्वारा ग्रीष्मावकाश पूरी तरह अलग ढंग से बिताया जाता है। अब तालाब न रहने से वहाँ नहाने का आनंद नहीं लिया जा सकता। बच्चे घर में रहकर लूडो, चेस, वीडियो गेम, कम्प्यूटर पर गेम जैसे इंडोर गेम खेलते हैं। वे टी.वी. पर कार्टून और फिल्में देखकर अपना समय बिताते हैं। कुछ बच्चे माता-पिता के साथ ठण्डे स्थानों पर पर्वतीय स्थानों की सैर के लिए जाते हैं।

प्रश्न 86. मास्टर प्रीतमचंद को स्कूल से क्यों निलंबित कर दिया गया? निलंबन के औचित्य और उस घटना से उभरने वाले जीवन-मूल्यों पर विचार कीजिए।

उत्तर— मास्टर प्रीतमचंद सख्त अध्यापक थे। वे छात्रों की जरा-सी गलती देखते ही उनकी पिटाई कर देते थे। वे छात्रों को फारसी पढ़ाते थे। छात्रों को पढ़ाते हुए अभी एक सप्ताह भी न बीता था कि प्रीतमचंद ने उन्हें शब्द रूप याद करके आने को कहा। अगले दिन जब कोई भी छात्र शब्द रूप न सुना सका तो उन्होंने सभी को मुर्गा बनवा दिया और पीठ ऊँची करके खड़े होने के लिए कहा। इसी समय हैडमास्टर साहब वहाँ आ गए। उन्होंने प्रीतमचंद को ऐसा करने से तुरंत रोकने के लिए कहा और उन्हें निलंबित कर दिया।

प्रीतमचंद का निलंबन उचित ही था, क्योंकि बच्चों को इस तरह फारसी क्या कोई भी विषय नहीं पढ़ाया जा सकता है। शारीरिक दण्ड देने से बच्चों को ज्ञान नहीं दिया जा सकता है। इससे बच्चे दब्बू हो जाते हैं। उनके मन में अध्यापकों और शिक्षा के प्रति भय समा जाता है। इससे पढ़ाई में उनकी रुचि समाप्त हो जाती है।

प्रश्न 87. 'सपनों के-से दिन' पाठ में हैडमास्टर शर्मा जी की, बच्चों को मारने-पीटने वाले अध्यापकों के प्रति क्या धारणा थी? जीवन-मूल्यों के संदर्भ में उसके औचित्य पर अपने विचार लिखिए।

उत्तर— 'सपनों के-से दिन' पाठ में वर्णित हैडमास्टर शर्मा जी बच्चों से प्यार करते थे। वे प्रेम, अपनत्व, पुरस्कार आदि के माध्यम से बच्चों को अनुशासित रखते हुए उन्हें पढ़ाने के पक्षधर थे। वे गलती करने वाले छात्र की भी पिटाई करने के पक्षधर न थे। जो अध्यापक बच्चों को मारने-पीटने या शारीरिक दण्ड देने का तरीका अपनाते थे, उनके प्रति उनकी धारणा अच्छी न थी। ऐसे अध्यापकों के विरुद्ध वे कठोर कदम उठाते थे। ऐसे अध्यापकों को स्कूल में आने से रोकने के लिए वे उनके निलंबन तक की सिफारिश कर देते थे। हैडमास्टर शर्मा जी का ऐसा करना पूरी तरह उचित था, क्योंकि बच्चों के मन से शिक्षा का भय निकालने के लिए मारपीट जैसे तरीके को बच्चों से कोसों दूर रखा जाना चाहिए। मारपीट के भय से अनेक बच्चे स्कूल छोड़ देते हैं तो बहुत-से डरे-सहमे कक्षा में बैठे रहते हैं और पढ़ाई के नाम पर किसी तरह दिन बिताते हैं। ऐसे बच्चों के मन में अध्यापकों के सम्मान के नाम पर घृणा भर जाती है।

प्रश्न 88. 'सपनों के-से दिन' पाठ के आधार पर बताइए कि बच्चों को खेलकूद में अधिक रुचि लेना अभिभावकों को अप्रिय क्यों लगता था? पढ़ाई के साथ खेलों का छात्र जीवन में क्या महत्व है और इससे किन जीवन-मूल्यों की प्रेरणा मिलती है?

उत्तर— 'सपनों के-से दिन' पाठ में जिस समय का वर्णन हुआ है उस समय अधिकांश अभिभावक अनपढ़ थे। वे निरक्षर होने के कारण शिक्षा के महत्त्व को नहीं समझते थे। इतना ही नहीं वे खेलकूद को समय गँवाने से अधिक कुछ नहीं मानते थे। अपनी इसी सोच के कारण, बच्चे खेलकूद में जब चोटिल हो जाते और कई जगह छिला पाँव लिए आते तो उन पर रहम करने की जगह वे उनकी पिटाई करते। वे शारीरिक विकास और जीवन-मूल्यों के उन्नयन में खेलों की भूमिका को नहीं समझते थे, इसलिए बच्चों को खेलकूद में रुचि लेना उन्हें अप्रिय लगता था।

छात्रों के लिए पढ़ाई के साथ-साथ खेलों का भी विशेष महत्व है। ये खेलकूद एक ओर हमारे शारीरिक और मानसिक विकास के लिए आवश्यक हैं, तो दूसरी ओर सहयोग की भावना, पारस्परिकता, सामूहिकता, मेल-जोल रखने की भावना, हार-जीत को समान समझना, त्याग, प्रेम-सद्भाव जैसे जीवन-मूल्यों को उभारते हैं तथा उन्हें मजबूत बनाते हैं। इन्हीं जीवन-मूल्यों को अपनाकर व्यक्ति अच्छा इंसान बनता है।

प्रश्न 89. आज जब शिक्षा के साथ-साथ खेलकूद को भी महत्व दिया जाने लगा है तब भी आपको अनेक अभिभावक ऐसे मिल जायेंगे जो अपने बच्चों पर खेलने कूदने की पाबंदी लगाते हैं और उन्हें कूदने में समय बर्बाद न करने की नसीहत देते हैं। आप विद्यार्थी जीवन में खेल को कितना जरूरी मानते हैं?

उत्तर— कुछ अभिभावक आज के समय में भी खेलने-कूदने को समय की बर्बादी मानते हैं। इसका प्रमुख कारण यह है कि बच्चे खेलकूद में इतने रम जाते हैं कि पढ़ाई करना ही छोड़ देते हैं। खेलने के बाद वे इतना थक जाते हैं किताब हाथ में लेते ही उन्हें नींद आने लगती है। इस प्रकार के पढ़ाई में पीछे रह जाते हैं। मैं शिक्षा के साथ-साथ पढ़ाई को भी महत्वपूर्ण मानती हूँ। शिक्षा का उद्देश्य केवल मानसिक विकास करना ही नहीं बल्कि सर्वांगीण विकास करना है। खेलकूद से शारीरिक विकास भी होता है और मानसिक विकास भी होता है। अत: खेलकूद भी परम आवश्यक है।

प्रश्न 90. विद्यार्थी जीवन में अनुशासन का क्या महत्व है? विद्यार्थियों को अनुशासन में रखने के लिए पाठ सपनों के-से दिन में अपनाई गयी युक्तियों और वर्तमान में स्वीकृत मान्यताओं के सम्बन्ध में अपने विचार प्रकट कीजिए।

उत्तर— विद्यार्थी का अर्थ है विद्या ग्रहण करने वाला अनुशासन का अर्थ है नियमों के अनुसार चलना और स्वयं पर नियन्त्रण रखना। ज्ञान प्राप्त करने के लिए स्वयं को नियमों में बाँधना आवश्यक है। अत: विद्यार्थी को अनुशासन में रहना चाहिए। विद्यार्थी जीवन पर ही हमारा भविष्य टिका होता है लेकिन डरा धमका कर अनुशासन में छात्रों को ज्यादा देर तक नहीं रखा जा सकता है। प्यार, प्रेम और स्नेह से छात्रों को नियमों में रखा जा सकता है और पढ़ाई के प्रति प्रेम उत्पन्न किया जा सकता है।

प्रश्न 91. लेखक को स्कूल जाने के नाम से उदासी क्यों आती थी? 'सपनों के से दिन' पाठ के आधार पर स्पष्ट कीजिए। आपको स्कूल जाना कैसा लगता है? और क्यों?

उत्तर— लेखक को स्कूल जाने के नाम से उदासी इसलिए आती थी, क्योंकि वहाँ वह खुशी से नहीं जाते थे। पहली कच्ची श्रेणी से चौथी श्रेणी तक लेखक के साथ केवल पाँच-सात लड़कों को छोड़कर सभी लड़के रोते व चिल्लाते हुए ही स्कूल जाया करते थे। इसका कारण गृहकार्य समय पर पूरा न होना, पाठ याद न होना और उनके मन में बैठा प्रीतमचंद का कड़क स्वभाव भी था। मुझे स्कूल जाना बहुत अच्छा लगता है क्योंकि मेरे वहाँ कई मित्र व अच्छे-अच्छे शिक्षक हैं, जिनके मार्गदर्शन द्वारा मैं अपने जीवन में सफलता लाऊँगा।

❑❑

टोपी शुक्ला

Chapter 3

लेखक–राही मासूम रज़ा

पाठ का सारांश

टोपी शुक्ला कहानी दो अलग-अलग धर्मों से जुड़े बच्चों की है। इस कहानी में एक बच्चे और एक बूढ़ी दादी के बीच प्यार को दिखाया गया है। टोपी शुक्ला और इफ़्फ़न एक-दूसरे के बहुत पुराने और गहरे मित्र थे। दोनों एक-दूसरे के बिना अधूरे थे। टोपी शुक्ला हिन्दू धर्म को मानता था, वहीं उसके दोस्त इफ़्फ़न और उसकी दादी मुस्लिम धर्म से थे और दोनों के दिलों में प्यार की प्यास थी। लेकिन जब भी टोपी शुक्ला अपने दोस्त इफ़्फ़न के घर जाता था तो वह दादी के पास ही बैठता। इफ़्फ़न की बूढ़ी दादी की मीठी बोली उसके मन को बहुत भाती थी। दादी पहले रोज़ टोपी शुक्ला की अम्मी के बारे में पूछती थी और फिर उसे रोज कुछ खाने को देती थी। टोपी शुक्ला को बूढ़ी दादी का हर शब्द गुड की डेली से लगता था। इसीलिए दोनों का रिश्ता बहुत ही खास और गहरा था। इफ़्फ़न की दादी जितना उसे प्यार करती थीं तउना ही टोपी शुक्ला को भी करती थीं, ना ही उससे कम, ना ही उससे ज्यादा। वहीं एक दिन ऐसा हुआ जब बूढ़ी दादी की मृत्यु हो गयी उसके बाद टोपी शुक्ला को ऐसा लगने लगा कि उसकी जिंदगी में दादी की छत्रछाया ही नहीं रही और उसको अपने दोस्त इफ़्फ़न का घर खाली लगने लगा। इस कहानी को पढ़ने के बाद हमें यह सीख मिलती है कि प्यार किसी धर्म और जात को नहीं देखता, बस हो जाता है।

शब्द सम्पदा

घपला = गड़बड़। **पैगम्बर** = पैगाम देने वाला। **डेवलपमेंट** = विकास। **परम्पराएँ** = रीति रिवाज़। **अटूट** = जिसे तोड़ा न जा सके। **मौवली** = इस्लाम धर्म का आचार्य। **काफ़िर** = गैर मुस्लिम। **वसीयत** = अपनी मृत्यु से पहले ही अपनी सम्पत्ति या उपभोग की वस्तुओं को लिखित रूप से विभाजित कर देना। **करबला** = इस्लाम का एक पवित्र स्थान। **नमाजी** = नियमित रूप से नमाज पढ़ने वाला। **सदका** = एक टोटका। **पाबंद** = नियम, वचन आदि का पालन करने वाला। **छठी** = जन्म के छठे दिन का स्नान/पूजन/उत्सव। **जश्न** = उत्सव/खुशी का जलसा। **नाक-नक्शा** = रूप रंग। **हाँडियाँ** = मिट्टी को एक छोटा गोलाकार बर्तन। **मियाँ-पति = कस्टोडियन** = जिस सम्पत्ति पर किसी का मालिकाना हक न हो उसका संरक्षण करने वाला विभाग। **बीजू पेड़** = गुठली की सहायता से उगाया गया पेड़। **बेशुमार** = बहुत सारी। **बाज़ी** = बड़ी बहिन। **कचहरी** = न्यायालय। **भुकीं-चुभी** = चेहरा। **दाज** = बराबरी। **पाक** = पवित्र। **परवरदिगार** = परमेश्वर। **मुलुक** = देश। **अमावट** = पके आम के रस को सुखाकर बनाई गई मोटी परत। **तिलवा** = तिल के बने व्यंजन। **चुभलाना** = मुँह में कोई खाद्य पदार्थ रखकर उसे जीभ से बार-बार हिलाकर इधर-उधर करना, गजब मुसीबत। **चौका** = चार वस्तुओं का समूह। **डोलन** = हिलने। **लफ़्ज** = शब्द। **परमिट** = अनुमति जो सरकार द्वारा अधिकारिक तौर पर लिखित रूप में दी जाती है। **दुर्गति** = बुरी दशा। **कटाई** = पिटाई। **घिन्न** = नरफरत। **असलियत** = सच्ची बात। **चुगलखोर** = शिकायत करने वाला। **बदन** = शरीर। **वास्ते** = तुम्हारी। **सकत्यो** = सकता। **फ़िकर** = चिंता। **सन्नाटा** = शांति। **पुरसा** = सहानुभूति। **आत्म-इतिहास** = जीवन के इतिहास। **तबादला** = बदली, स्थानांतरण । **मशहूर** = प्रसिद्ध। **क्लम्ज़ी** = भद्दा। **अकड़** = घमंड। **उतरन** = किसी के द्वारा पहनकर उतारे हुए वे पुराने कपड़े जिनका उपयोग अब वह न करता हो। **बदतमीज़ी** = अपमान। **आसमान सिर पर उठाना** = बहुत अधिक शोर मचाना। **गाउदी** = मूर्ख, मन्दबुद्धि। **दर्जे** = कक्षा। **सित्तम** = उदाहरण। **गीली मिट्टी का लौंदा** = मिट्टी का पिण्ड। **बरस** = साल। **इम्तिहान** = परीक्षा। **पारसाल** = आने वाला साज। **तमाम** = सभी। **सन्नाटा** = शांति। **नजरे बंद** = जो किसी स्थान पर निगरानी के लिए रखा गया हो और जिसे निश्चित सीमा से बाहर जाने की आज्ञा न हो।

बहुविकल्पीय प्रश्न

1. टोपी का पहला दोस्त कौन था?

(क) कलेक्टर के बेटे (ख) इफ़्फ़न

(ग) इफ़्फ़न की दादी (घ) टोपी की दादी

उत्तरः (ख) इफ़्फ़न

2. टोपी और इफ़्फ़न की दोस्ती के माध्यम से लेखक क्या संदेश देना चाहते हैं?

(क) मानवता का

(ख) धार्मिक भिन्नता का

(ग) बच्चों की मानसिकता का

(घ) भाषा की भिन्नता का

उत्तरः (क) मानवता का

3. लेखक ने ऐसा क्यों कहा है कि इफ़्फ़न टोपी की कहानी का महत्वपूर्ण अंग है?

(क) अलग भाषा बोलने के कारण

(ख) समान उम्र का होने के कारण

(ग) अलग धर्म का होने के कारण

(घ) सबसे पहला मित्र होने के कारण

उत्तर: (घ) सबसे पहला मित्र होने के कारण

4. इफ़्फ़न की दादी लखनऊ में आने के बाद किसके लिए तरसती थी?

(क) मायके के वातावरण के लिए

(ख) माता-पिता से मिलने के लिए

(ग) अपनी भाषा बोलने के लिए

(घ) मित्रों से मिलने के लिए

उत्तर: (क) मायके के वातावरण के लिए

5. इफ़्फ़न सबसे अधिक किससे प्यार करता था?

(क) टोपी से (ख) अम्मी से

(ग) अब्बू से (घ) दादी से

उत्तर: (घ) दादी से

6. टोपी सबसे अधिक किससे प्यार करता था?

(क) अपनी दादी से (ख) इफ़्फ़न की दादी से

(ग) अपनी माँ से (घ) अपने भाई से

उत्तर: (ख) इफ़्फन की दादी से

7. टोपी को दादी की कौन-सी बात सबसे अच्छी लगती थी?

(क) दादी का खाना (ख) दादी का घर

(ग) दादी की भाषा (घ) दादी की कहानी

उत्तर: (ग) दादी की भाषा

8. इफ़्फ़न की दादी टोपी को किसकी तरह लगती थी?

(क) अपनी दादी की तरह (ख) अपनी माँ की तरह

(ग) अपनी नानी की तरह (घ) अपनी तरह

उत्तर: (ख) अपनी माँ की तरह

9. खाने की मेज़ पर सभी टोपी को बुरा-भला क्यों कहने लगे?

(क) खाना न खाने के कारण

(ख) दादी से बदतमीजी करने के कारण

(ग) खाना गिरा देने के कारण

(घ) 'अम्मी' शब्द कहने के कारण

उत्तर: (घ) 'अम्मी' शब्द कहने के कारण

10. 'अम्मी' शब्द पर टोपी के घरवालों की क्या प्रतिक्रिया हुई?

(क) सभी क्रोधित हुए

(ख) सभी ने उसे बहुत मारा

(ग) उसे खाना नहीं दिया गया

(घ) कुछ नहीं कहा

उत्तर: (क) सभी क्रोधित हुए

11. टोपी इफ़्फ़न से अपनी दादी क्यों बदलना चाहता था?

(क) अपनी दादी से नफ़रत करने के कारण

(ख) इफ़्फ़न से अधिक प्यार होने के कारण

(ग) दादी को इफ़्फ़न से अधिक प्यार करने के कारण

(घ) इफ़्फ़न के साथ रह पाने के कारण

उत्तर: (क) अपनी दादी से नफरत करने के कारण

12. इफ़्फ़न की दादी की मृत्यु के बाद टोपी को घर कैसा लग रहा था?

(क) भरा हुआ (ख) शांत

(ग) अशांत (घ) खाली

उत्तर: (घ) खाली

13. इफ़्फ़न की दादी के साथ टोपी का स्नेहपूर्ण संबंध किस भाव को दर्शाता है?

(क) साम्प्रदायिक भाव को (ख) धार्मिक भेद-भाव को

(ग) निस्वार्थ प्रेमभाव को (घ) जातिगत भेद-भाव को

उत्तर: (ग) निस्वार्थ प्रेमभाव को

14. 'टोपी शुक्ला' पाठ के आधार पर बताइए कि मित्रता के लिए आवश्यक गुण क्या है?

(क) निस्वार्थ भाव (ख) वर्ग की समानता

(ग) जाति की समानता (घ) आर्थिक समानता

उत्तर: (क) निस्वार्थ भाव

15. टोपी की पढ़ाई में बाधक तत्व क्या थे?

(क) पढ़ाई के प्रति उसकी अरूचि

(ख) उसके मित्र

(ग) घरेलू समस्याएँ

(घ) मानसिक कमज़ोरी

उत्तर: (ग) घरेलू समस्याएँ

16. 'टोपी शुक्ला' पाठ के आधार पर बताइए कि कक्षा में फ़ेल होने वाले विद्यार्थियों के साथ किस प्रकार का व्यवहार किया जाता है?

(क) व्यंग्य किया जाता है

(ख) मदद की जाती है

(ग) समानतापूर्ण व्यवहार किया जाता है

(घ) सम्मान दिया जाता है

उत्तर: (क) व्यंग्य किया जाता है

17. 'टोपी शुक्ला' पाठ के आधार पर बताइए कि कक्षा में फ़ेल होने वाले विद्यार्थियों के साथ किए गए अनुचित व्यवहार का उन पर क्या प्रभाव पड़ता है?

(क) शिक्षकों का ध्यान जाता है

(ख) पढ़ाई में मन लगने लगता है

(ग) हीन भाव की उत्पत्ति होती है

(घ) नए मित्र बनने लगते हैं

उत्तर: (ग) हीन भाव की उत्पत्ति होती है

18. दस अक्टूबर सन् पैंतालिस का दिन टोपी के लिए क्या महत्व रखता है?

(क) नए कलेक्टर आए थे

(ख) पिताजी चुनाव में खड़े हुए थे
(ग) इफ़्फ़न की दादी मर गई थी
(घ) पहला मित्र खो गया था

उत्तर: (घ) पहला मित्र खो गया था

19. दस अक्टूबर सन् पैंतालिस के दिन टोपी ने क्या कसम खाई थी?

(क) ऐसे लड़के से दोस्ती नहीं करेगा जिसके पिता का तबादला होता हो
(ख) अपनी दादी से कभी बात नहीं करेगा
(ग) परीक्षा में अव्वल आएगा
(घ) नए कलेक्टर के बच्चों से कभी दोस्ती नहीं करेगा

उत्तर: (क) ऐसे लड़के से दोस्ती नहीं करेगा जिसके पिता का तबादला होता हो।

20. इफ़्फ़न के घर सन्नाटा क्यों था?

(क) पिता के तबादले के कारण
(ख) दादी की मृत्यु के कारण
(ग) टोपी की भाषा के कारण
(घ) टोपी के 'अम्मी बोलने के कारण'

उत्तर: (ख) दादी की मृत्यु के कारण

21. 'टोपी शुक्ला' कहानी में कथाकार ने समाज में व्याप्त किस समस्या का उल्लेख किया है?

(क) अव्यवस्थित पढ़ाई (ख) धार्मिक भेदभाव
(ग) बालश्रम (घ) आर्थिक भेदभाव

उत्तर: (ख) धार्मिक भेदभाव

22. नए कलेक्टर के बच्चों के साथ टोपी की दोस्ती क्यों नहीं हो सकी?

(क) टोपी की इच्छा न होने के कारण
(ख) कलेक्टर के बच्चों में घमंड होने के कारण
(ग) दादी के मना करने के कारण
(घ) कुत्ते के काटने के कारण

उत्तर: (ख) कलेक्टर के बच्चों में घमंड होने के कारण

23. लेखक नामो के चक्कर को अजीब क्यों मानता है?

(क) क्यूंकि नाम से किसी का स्वरूप नहीं बदलता
(ख) क्यूंकि नाम सभी भाषा में होते हैं
(ग) क्यूंकि नाम नाम होते हैं
(घ) इनमें से कोई नहीं

उत्तर: (क) क्यूंकि नाम से किसी का स्वरूप नहीं बदलता

24. टोपी पहली बार फ़ेल क्यों हुआ था?

(क) टाइफ़ाइड होने के कारण
(ख) घर के काम में व्यस्त होने के कारण
(ग) पिताजी के चुनाव प्रचार के कारण
(घ) इफ़्फ़न तथा दादी की याद आने के कारण

उत्तर: (ख) घर के काम में व्यस्त होने के कारण

25. दूसरी बार टोपी के फ़ेल होने का क्या कारण था?

(क) टाइफ़ाइड होना
(ख) घर के काम में व्यस्त होना
(ग) पिताजी का चुनाव प्रचार करना
(घ) इफ़्फ़न तथा दादी की याद आना

उत्तर: (क) टाइफ़ाइड होना

26. इफ़्फ़न को अपनी दादी की सबसे अच्छी बात क्या लगती थी?

(क) मीठी शक्कर देना (ख) टोपी को प्यार करना
(ग) पूरबी बोली बोलना (घ) कहानियाँ सुनाना

उत्तर: (घ) कहानियाँ सुनाना

27. टोपी को इफ़्फ़न की दादी की सबसे अच्छी बात क्या लगती थी?

(क) मीठी शक्कर देना (ख) टोपी को प्यार करना
(ग) पूरबी बोली बोलना (घ) कहानियाँ सुनाना

उत्तर: (ग) पूरबी बोली बोलना

28. मुन्नी बाबू ने टोपी को रिश्वत क्यों दी थी?

(क) झूठ बोलने के लिए
(ख) इफ़्फ़न से दोस्ती करने के लिए
(ग) कबाब खाने के लिए
(घ) कबाब खाने की बात घर में किसी को न बताने के लिए

उत्तर: (घ) कबाब खाने की बात घर में किसी को न बताने के लिए

29. टोपी को इफ़्फ़न का घर खाली क्यों लगने लगा था?

(क) अपनी दादी न होने के कारण
(ख) इफ़्फ़न की दादी के न होने के कारण
(ग) घर के लोगों के बाहर जाने के कारण
(घ) किसी से बात न करने के कारण

उत्तर: (ख) इफ़्फ़न की दादी के न होने के कारण

30. टोपी को अपनी दादी और इफ़्फ़न के अब्बू में क्या समानता नज़र आई?

(क) भाषा की समानता (ख) व्यवहार की समानता
(ग) आर्थिक समानता (घ) शक्ल की समानता

उत्तर: (क) भाषा की समानता

31. मेज़ पर खाना खाते समय सभी लोग टोपी को आश्चर्य से क्यों देखने लगे?

(क) बैंगन का भर्ता अधिक खाने के कारण
(ख) अम्मी शब्द बोलने के कारण
(ग) कबाब खाने के कारण
(घ) दादी से बदतमीजी करने के कारण

उत्तर: (ख) अम्मी शब्द बोलने के कारण

32. इफ़्फ़न के घर जाने पर टोपी उसकी अम्मी और बाजी के पास क्यों नहीं बैठता था?

(क) मज़ाक उड़ाए जाने के कारण

(ख) भाषा समझ नहीं आने के कारण

(ग) घृणा की दृष्टि से देखने के कारण

(घ) जल्दी चले जाने के कारण

उत्तर: (क) मज़ाक उड़ाए जाने के कारण

33. डॉक्टर भृगु नारायण शुक्ला को जब टोपी तथा इफ़्फ़न की दोस्ती के बारे में पता चला तो उन्होंने क्या किया?

(क) टोपी को डाँटा

(ख) टोपी की पिटाई की

(ग) टोपी को शाबाशी दी

(घ) उसकी दोस्ती का लाभ उठाया

उत्तर: (घ) उसकी दोस्ती का लाभ उठाया

34. रहीम कबाबची की दुकान पर कबाब किसने खाई थी?

(क) टोपी ने (ख) इफ़्फ़न ने

(ग) मुन्नी बाबू ने (घ) भैरव ने

उत्तर: (ग) मुन्नी बाबू ने

35. तीसरे वर्ष नवीं की कक्षा में पास होने पर सभी घरवालों की टोपी के प्रति क्या प्रतिक्रिया हुई?

(क) मज़ाक उड़ाया (ख) प्रशंसा की

(ग) क्रोधित हुए (घ) प्रोत्साहित किया

उत्तर: (क) मज़ाक उड़ाया

36. टोपी शुक्ला कहानी का लेखक कौन है ?

(क) गुरदयाल सिंह (ख) खुशवंत सिंह

(ग) राही मासूम रजा (घ) इनमें से कोई नहीं

उत्तर: (ग) राही मासूम रज़ा

37. टोपी को बचपन में कहाँ से प्यार मिलता था?

(क) अपने मित्र की दादी माँ से

(ख) अपने परिवार की नौकरानी से

(ग) (क) एवं (ख) दोनों से

(घ) इनमें से कोई नहीं

उत्तर: (घ) इनमें से कोई नहीं

38. टोपी का पहला मित्र कौन था ?

(क) इफ़्फ़न (ख) उसकी माताजी

(ग) उनकी नौकरानी (घ) इनमें से कोई नहीं

उत्तर: (क) इफ़्फ़न

39. किसके पास रहते हुए टोपी स्वयं को कभी अकेला नहीं समझता था ?

(क) नौकरानी के पास (ख) इफ्फन के पास

(ग) किसी के पास नहीं (घ) इनमें से कोई नहीं

उत्तर: (ख) इफ़्फ़न के पास

40. टोपी कौन-सी कक्षा में दो बार फेल हुआ ?

(क) आठवीं (ख) दसवीं

(ग) नौवीं कक्षा में (घ) इनमें से कोई नहीं

उत्तर: (ग) नौवीं कक्षा में

41. टोपी की किस बात से घर में बवाल खड़ा हो गया था ?

(क) नौवीं कक्षा में फेल होने से

(ख) माताजी को अम्मी बुलाने से

(ग) किसी बात से नहीं

(घ) दोस्तों के साथ खेलने से

उत्तर: (ख) माताजी को अम्मी बुलाने से

42. इफ्फन की दादी अपने पीहर क्यों जाना चाहती थी ?

(क) खुली हवा में साँस लेने के लिए

(ख) दूध दही और घी खाने के लिए

(ग) (क) एवं (ख) दोनों से

(घ) उपर्युक्त में से कोई नहीं

उत्तर: (ग) (क) एवं (ख) दोनों से

43. टोपी शुक्ला पाठ का मुख्य पात्र कौन है ?

(क) टोपी (ख) इफ़्फ़न

(ग) इफ़्फ़न की दादी (घ) नौंकरानी

उत्तर: (क) टोपी।

44. टोपी शुक्ला पाठ का मूल भाव क्या है ?

(क) बचपन की मासूमियत और प्रेम भाव में अपनापन दर्शाना

(ख) बचपन की लड़ाइयाँ दिखाना

(ग) इनमें से कोई नहीं

(घ) प्रेम भाव

उत्तर: (क) बचपन की मासूमियत और प्रेम भाव में अपनापन दर्शाना।

45. टोपी को अपनी दादी सुभद्रा अच्छी क्यों नहीं लगती ?

(क) क्योंकि सुन्दर नहीं है (ख) लड़ती है

(ग) डाँटती रहती है (घ) इनमें से कोई नहीं

उत्तर: (ग) डाँटती रहती है

गद्यांश पर आधारित बहुविकल्पीय प्रश्न

निम्नलिखित गद्यांशों को ध्यानपूर्वक पढ़कर दिए गए प्रश्नों के लिए सही विकल्प चुनिए—

46. इफ़्फ़न के बारे में कुछ जान लेना इसलिए जरूरी है कि इफ़्फ़न टोपी का पहला दोस्त था। इस इफ़्फ़न को टोपी ने सदा इफ़्फ़न कहा। इफ़्फ़न ने इसका बुरा माना। परंतु वह इफ़्फ़न पुकारने पर बोलता रहा। इसी बोलते रहने में उसकी बड़ाई थी। यह नामों का चक्कर भी अजीब होता है। उर्दू और हिंदी एक ही भाषा, हिंदवी के दो नाम हैं। परंतु आप खुद देख लीजिए कि नाम बदल जाने से कैसे-कैसे घपले हो रहे हैं। नाम कृष्ण हो तो उसे अवतार कहते हैं और मुहम्मद हो तो पैगंबर। नामों के चक्कर में पड़कर लोग यह भूल गए कि दोनों ही दूध देने वाले जानवर चराया करते थे। दोनों ही पशुपति, गोबरधन और ब्रज कुमार थे। इसलिए तो कहता हूँ कि टोपी के बिना इफ़्फ़न और इफ़्फ़न के बिना टोपी न केवल यह कि अधूरे हैं बल्कि बेमानी हैं। इसलिए इफ़्फ़न के घर चलना जरूरी है। यह देखना जरूरी है कि उसकी आत्मा के आँगन में कैसी हवाएँ चल रही हैं और परंपराओं के पेड़ पर कैसे फल आ रहे हैं।

(i) कथाकार ने इफ़्फ़न के बारे में जानना जरूरी क्यों कहा है?

(क) टोपी द्वारा गलत नाम बुलाए जाने के कारण

(ख) धर्म अलग-अलग होने के कारण

(ग) टोपी का पहला दोस्त होने के कारण

(घ) इफ़्फ़न के बुरा मानने के कारण

उत्तर: (ग) टोपी का पहला दोस्त होने के कारण

(ii) टोपी की किस बात का इफ़्फ़न बुरा मानता था?

(क) नाम का गलत उच्चारण करना

(ख) खूब पिटाई करना

(ग) अलग धर्म का होना

(घ) उर्दू न बोलना

उत्तर: (क) नाम का गलत उच्चारण करना

(iii) मुहम्मद कौन थे?

(क) इफ़्फ़न का दोस्त

(ख) टोपी का दोस्त

(ग) इफ़्फ़न और टोपी दोनों का दोस्त

(घ) पैगंबर

उत्तर: (घ) पैगंबर

(iv) कृष्ण और मुहम्मद में क्या समानता बताई गई है?

(क) दोनों दूध देने वाले जानवर चराते थे

(ख) दोनों ने गोवर्धन पर्वत उठाया था

(ग) दोनों ही टोपी के दोस्त थे

(घ) दोनों ने चक्र धारण किया था

उत्तर: (क) दोनों दूध देने वाले जानवर चराते थे

(v) इफ़्फ़न के घर चलना क्यों जरूरी है?

(क) टोपी की पहचान के लिए

(ख) घरवालों से मिलने के लिए

(ग) परंपराओं को जानने के लिए

(घ) दादी से मिलने के लिए

उत्तर: (ग) परंपराओं को जानने के लिए

47. इफ़्फ़न की कहानी भी बहुत लंबी है। परंतु हम लोग टोपी की कहानी कह-सुन रहे हैं। इसलिए मैं इफ़्फ़न की पूरी कहानी नहीं सुनाऊँगा बल्कि केवल उतनी ही सुनाऊँगा जितनी टोपी की कहानी के लिए जरूरी है।

मैंने इसे ज़रूरी जाना कि इफ़्फ़न के बारे में आपको कुछ बता दूँ क्योंकि इफ़्फ़न आपको इस कहानी में जगह-जगह दिखाई देगा। न टोपी इफ़्फ़न की परछाई है और न इफ़्फ़न टोपी की। ये दोनों दो आज़ाद व्यक्ति हैं। इन दोनों व्यक्तियों का डेवलपमेंट एक-दूसरे से आज़ाद तौर पर हुआ। इन दोनों को दो तरह की घरेलू परंपराएँ मिलीं। इन दोनों ने जीवन के बारे में अलग-अलग सोचा। फिर भी इफ़्फ़न टोपी की कहानी का एक अटूट हिस्सा है। यह बात बहुत महत्वपूर्ण है कि इफ़्फ़न टोपी की कहानी का एक अटूट हिस्सा है।

मैं हिंदू-मुस्लिम भाई-भाई की बात नहीं कर रहा हूँ। मैं यह बेवकूफ़ी क्यों करूँ! क्या मैं रोज़ अपने बड़े या छोटे भाई से कहता हूँ कि हम दोनों भाई-भाई हैं? यदि मैं नहीं कहता तो क्या आप कहते हैं? हिंदू-मुसलमान अगर भाई-भाई हैं तो कहने की जरूरत नहीं। यदि नहीं हैं तो कहने से क्या फर्क पड़ेगा। मुझे कोई चुनाव तो लड़ना नहीं है।

(i) लेखक किसकी कहानी कह रहे हैं?

(क) टोपी की

(ख) इफ़्फ़न की

(ग) टोपी और इफ़्फ़न दोनों की

(घ) इनमें से कोई नहीं

उत्तर: (क) टोपी की

(ii) कहानी का अटूट हिस्सा क्या है?

(क) टोपी (ख) इफ़्फ़न

(ग) डेवलपमेंट (घ) घरेलू परंपराएँ

उत्तर: (ख) इफ़्फ़न

(iii) कहानी में किसका व्यक्तित्व आज़ाद है?

(क) टोपी का

(ख) इफ़्फ़न का

(ग) टोपी और इफ़्फ़न दोनों का

(घ) हिंदू का

उत्तर: (ग) टोपी और इफ़्फ़न दोनों का

(iv) लेखक यहाँ इफ़्फ़न की पूरी कहानी क्यों नहीं कहना चाहते?

(क) भाई-भाई होने के कारण

(ख) डेवलपमेंट न होने के कारण

(ग) जगह-जगह दिखाई न देने के कारण

(घ) आवश्यक न होने के कारण

उत्तर: (घ) आवश्यक न होने के कारण

(v) 'हिंदू-मुसलमान' समस्तपद का भेद बताइए।

(क) तत्पुरुष समास (ख) कर्मधारय समास

(ग) द्वंद्व समास (घ) द्विगु समास

उत्तर: (ग) द्वंद्व समास

48. मैं तो एक कथाकार हूँ और एक कथा सुना रहा हूँ। मैं टोपी और इफ़्फ़न की बात कर रहा हूँ। ये इस कहानी के दो चरित्र हैं। एक का नाम बलभद्र नारायण शुक्ला है और दूसरे का नाम सय्यद जरगाम मुरतुज़ा। एक को टोपी कहा गया और दूसरे को इफ़्फ़न।

इफ़्फ़न के दादा और परदादा बहुत प्रसिद्ध मौलवी थे। काफ़िरों के देश में पैदा हुए। काफ़िरों के देश में मरे। परंतु वसीयत करके मरे कि लाश करबला ले जाई जाए। उनकी आत्मा ने इस देश में एक साँस तक न ली। उस खानदान में जो पहला हिंदुस्तानी बच्चा पैदा हुआ वह बढ़कर इफ़्फ़न का बाप हुआ। जब इफ़्फ़न के पिता सय्यद मुरतुजा हुसैन मरे तो उन्होंने यह वसीयत नहीं की कि उनकी लाश करबला ले जाई जाए। वह एक हिंदुस्तानी कब्रिस्तान में दफन किए गए।

(i) टोपी का असली नाम क्या है?

(क) सय्यद जरगाम मुरतुज़ा

(ख) बलभद्र नारायण शुक्ला

(ग) सय्यद मुरतुज़ा हुसैन

(घ) इफ़्फ़न

उत्तर: (ख) बलभद्र नारायण शुक्ला

(ii) इफ़्फ़न का पूरा नाम क्या है?

(क) सय्यद जरगाम मुरतुज़ा

(ख) बलभद्र नारायण शुक्ला

(ग) सय्यद मुरतुज़ा हुसैन

(घ) टोपी शुक्ला

उत्तर: (क) सय्यद जरगाम मुरतुज़ा

(iii) इफ़्फ़न के दादा तथा परदादा की क्या वसीयत थी?

(क) लाश हिंदुस्तान में दफ़न हो

(ख) इफ़्फ़न प्रसिद्ध मौलवी बने

(ग) इफ़्फ़न का जन्म हिंदुस्तान में हो

(घ) लाश करबला में दफ़न हो

उत्तर: (घ) लाश करबला में दफ़न हो

(iv) इफ़्फ़न के पिता कौन थे?

(क) सय्यद जरगाम मुरतुज़ा

(ख) बलभद्र नारायण शुक्ला

(ग) सय्यद मुरतुज़ा हुसैन

(घ) टोपी शुक्ला

उत्तर: (ग) सय्यद मुरतुज़ा हुसैन

(v) सय्यद मुरतुज़ा हुसैन की लाश कहाँ दफ़नाई गई?

(क) करबला के कब्रिस्तान में

(ख) हिंदुस्तान के कब्रिस्तान में

(ग) घर के आंगन में

(घ) मस्ज़िद में

उत्तर: (ख) हिंदुस्तान के कब्रिस्तान में

49. इफ़्फ़न की परदादी भी बड़ी नमाज़ी बीबी थीं। करबला, नजफ़, खुरासान, काजमैन और जाने कहाँ की यात्रा कर आई थीं। परंतु जब कोई घर से जाने लगता तो वह दरवाजे पर पानी का एक घड़ा जरूर रखवातीं और माश का सदका भी ज़रूर उतरवातीं। इफ़्फ़न की दादी भी नमाज़-रोज़े की पाबंद थी परंतु जब इकलौते बेटे को चेचक निकली तो वह चारपाई के पास एक टाँग पर खड़ी हुई और बोलीं, ''माता मोरे बच्चे को माफ करद्यो।'' पूरब की रहने वाली थीं। नौ या दस बरस की थीं जब ब्याह कर लखनऊ आईं, परंतु जब तक जिंदा रहीं पूरबी बोलती रहीं। लखनऊ की उर्दू ससुराली थी। वह तो मायके की भाषा को गले लगाए रहीं क्योंकि इस भाषा के सिवा इधर-उधार कोई ऐसा नहीं था जो उनके दिल की बात समझता। जब बेटे की शादी के दिन आए तो गाने-बजाने के लिए उनका दिल फड़का परंतु मौलवी के घर गाना-बजाना भला कैसे हो सकता था! बेचारी दिल मसोसकर रह गईं। हाँ इफ़्फ़न की छठी.......पर उन्होंने जी भरकर जश्न मना लिया।

(i) इकलौते बेटे की बीमारी पर इफ़्फ़न की दादी ने किसकी शरण ली?

(क) मौलवी साहब की (ख) पीर की

(ग) हकीम की (घ) देवी माता की

उत्तर: (घ) देवी माता की

(ii) इफ़्फ़न की दादी कौन सी बोली बोलती थीं?

(क) हिंदी (ख) उर्दू

(ग) पूरबी (घ) पश्चिमी

उत्तर: (ग) पूरबी

(iii) इकलौते बेटे की शादी में इफ़्फ़न की दादी क्या करना चाहती थी?

(क) गाना-बजाना (ख) पूजा-पाठ

(ग) नमाज़ (घ) देवी माँ का स्मरण

उत्तर: (क) गाना-बजाना

(iv) इफ़्फ़न के जन्म पर दादी ने क्या किया था?

(क) दिल मसोसकर रह गईं

(ख) जश्न मनाया था

(ग) गरीबों को खाना खिलाया

(घ) मस्जिद में नमाज़ पढ़ा

उत्तर: (ख) जश्न मनाया था

(v) 'चारपाई' में समास का नाम बताइए।

(क) तत्पुरुष समास (ख) कर्मधारय समास

(ग) द्विगु समास (घ) द्वंद्व समास

उत्तर: (ग) द्विगु समास

50. बात यह थी कि इफ़्फ़न अपनी दादा के मरने के बाद पैदा हुआ था। मर्दों और औरतों के इस फ़र्क को ध्यान में रखना जरूरी है क्योंकि इस बात को ध्यान में रखे बगैर इफ़्फ़न की आत्मा का नाक-नक्शा समझ में नहीं आ सकता।

इफ़्फ़न की दादी किसी मौलवी की बेटी नहीं थीं बल्कि एक जमींदार की बेटी थीं। दूध-घी खाती हुई आई थीं परंतु लखनऊ आकर वह उस दही के लिए तरस गईं जो घी पिलाई हुई काली हाँडियों में असामियों के यहाँ से आया करता था। बस मायके जातीं तो लपड़-शपड़ जी भर के खा लेतीं। लखनऊ आते ही उन्हें फिर मौलविन बन जाना पड़ता। अपने मियाँ से उन्हें यही तो एक शिकायत थी कि वक्त देखें न मौका, बस मौलवी ही बने रहते हैं।

ससुराल में उनकी आत्मा सदा बेचैन रही। जब मरने लगीं तो बेटे ने पूछा कि लाश करबला जाएगी या नजफ़, तो बिगड़ गईं। बोलीं, ''ए बेटा जउन तूँ से हमरी लाश न सँभाली जाए त हमरे घर भेज दिहो।''

(i) इफ़्फ़न का जन्म कब हुआ था?

(क) दादी की मृत्यु के बाद

(ख) दादा की मृत्यु के बाद

(ग) दादी के मायके जाने पर

(घ) दादा के मौलवी बनने के बाद

उत्तर: (ख) दादा की मृत्यु के बाद

(ii) इफ़्फ़न की दादी किसकी बेटी थी?

(क) जमीनदार की बेटी (ख) मौलवी की बेटी

(ग) शिक्षक की बेटी (घ) असामी की बेटी

उत्तर: (क) जमीनदार की बेटी

(iii) इफ़्फ़न की दादी को अपनी इच्छाओं को मारना क्यों पड़ता था?

(क) ज़मीनदार की बेटी होने के कारण

(ख) मौलवी की बेटी होने के कारण

(ग) असामी की बेटी होने के कारण

(घ) मौलवी की बीवी होने के कारण

उत्तर: (घ) मौलवी की बीवी होने के कारण

(iv) ससुराल में वे सदा असहज क्यों महसूस करती थीं?

(क) इच्छानुसार न जी पाने के कारण

(ख) धन के अभाव के कारण

(ग) पति न होने के कारण

(घ) बीमार रहने के कारण

उत्तर: (क) इच्छानुसार न जी पाने के कारण

(v) मरते समय दादी से उनके बेटे ने क्या पूछा था?

(क) वसीयत के विषय में

(ख) मरने के समय के विषय में

(ग) लाश को दफनाने के स्थान के विषय में

(घ) अंतिम इच्छा के विषय में

उत्तर: (ग) लाश को दफनाने के स्थान के विषय में

51. वह बनारस के 'फातमैन' में दफ़न की गईं क्योंकि मुरतुज़ा हुसैन की पोस्टिंग उन दिनों वहीं थी। इफ़्फ़न स्कूल गया हुआ था। नौकर ने आकर खबर दी कि बीबी का देहांत हो गया। इफ़्फ़न की दादी बीबी कही जाती थीं। इफ़्फ़न तब चौथे में पढ़ता था और टोपी से उसकी मुलाकात हो चुकी थी।

इफ़्फ़न को अपनी दादी से बड़ा प्यार था। प्यार तो उसे अपने अब्बू, अपनी अम्मी, अपनी बाजी और छोटी बहन नुज़हत से भी था परंतु दादी से वह ज़रा ज़्यादा प्यार किया करता था। अम्मी तो कभी-कभार डाँट मार लिया करती थीं। बाजी का भी यही हाल था। अब्बू भी कभी-कभार घर को कचहरी समझकर फैसला सुनाने लगते थे। नुज़हत को जब मौका मिलता उसकी कापियों पर तसवीरें बनाने लगती थीं। बस एक दादी थी जिन्होंने कभी उसका दिल नहीं दुखाया। वह रात को भी उसे बहराम डाकू, अनार परी, बारह बुर्ज, अमीर हमज़ा, गुलबकावली, हातिमताई, पंच फुल्ला रानी की कहानियाँ सुनाया करती थीं।

(i) इफ़्फ़न की दादी को कहाँ दफ़न किया गया था?

(क) बनारस में (ख) करबला में

(ग) पाकिस्तान में (घ) नजफ में

उत्तर: (क) बनारस में

(ii) इफ़्फ़न को दादी की मृत्यु का समाचार किसने दिया था?

(क) टोपी ने (ख) अब्बू ने

(ग) नुज़हत ने (घ) नौकर ने

उत्तर: (घ) नौकर ने

(iii) नुज़हत कौन थी?

(क) इफ़्फ़न की अम्मी

(ख) इफ़्फ़न की बाजी

(ग) इफ़्फ़न की छोटी बहन

(घ) दादी की कहानी की पात्र

उत्तर: (ग) इफ़्फ़न की छोटी बहन

(iv) इफ़्फ़न अपनी दादी से सबसे अधिक प्यार क्यों करता था?

(क) दूसरों की डाँट से बचाने के कारण

(ख) कभी दिल न दुखाने के कारण

(ग) इफ़्फ़न की कापियों को बचाने के कारण

(घ) टोपी से मुलाकात करवाने के कारण

उत्तर: (ख) कभी दिल न दुखाने के कारण

(v) दादी की कौन-सी बात इफ़्फ़न को अच्छी लगती थी?

(क) कहानी सुनाना (ख) खाना खिलाना

(ग) अब्बू को डाँटना (घ) तस्वीरें बनाना

उत्तर: (क) कहानी सुनाना

52. यही बोली टोपी के दिल में उतर गई थी। इफ़्फ़न की दादी उसे अपनी माँ की पार्टी की दिखाई दीं। अपनी दादी से तो उसे नफरत थी, नफरत। जाने कैसी भाषा बोलती थीं। इफ़्फ़न के अब्बू और उसकी भाषा एक थी।

वह जब इफ़्फ़न के घर जाता तो उसकी दादी ही के पास बैठने की कोशिश करता। इफ़्फ़न की अम्मी और बाजी से वह बातचीत करने की कभी कोशिश ही न करता। वे दोनों अलबत्ता उसकी बोली पर हँसने के लिए उसे छेड़तीं परंतु जब बात बढ़ने लगती तो दादी बीच-बचाव करवा देतीं–''तैं काहे को जाथै उन सभन के पास मुँह पिटावे को झाड़ू मारे। चल इधिर आ..'' वह डाँटकर कहतीं। परंतु हर शब्द शक्कर का खिलौना बन जाता। अमावट बन जाता तिलवा बन जाता.... और वह चुपचाप उनके पास चला जाता।

''तोरी अम्माँ का कर रहीं....'' दादी हमेशा यहीं से बात शुरु करतीं। पहले तो वह चकरा जाता कि यह अम्माँ क्या होता है। फिर वह समझ गया कि माताजी को कहते हैं।

(i) किसकी बोली टोपी को अच्छी लगती थी?

(क) इफ़्फ़न की अम्माँ की (ख) इफ़्फ़न की दादी की

(ग) अपनी दादी की (घ) इफ़्फ़न के अब्बू की

उत्तर: (ख) इफ़्फ़न की दादी की

(ii) दादी से बातें करके टोपी को किसकी याद आई?

(क) इफ़्फ़न की (ख) अपनी दादी की

(ग) अपनी माँ की (घ) अपने पिताजी की

उत्तर: (ग) अपनी माँ की

(iii) इफ़्फ़न के घर जाकर टोपी कभी उसकी अम्मी और बाजी से बात क्यों नहीं करता था?

(क) अम्मी और बाजी के पास समय न होने के कारण

(ख) अपरिचित होने के कारण

(ग) भाषा समझ में न आने के कारण

(घ) अम्मी और बाज़ी द्वारा मज़ाक उड़ाने के कारण

उत्तर: (क) अम्मी और बाज़ी के पास समय न होने के कारण

(iv) टोपी को इफ़्फ़न की दादी की डाँट कैसी लगती थी?

(क) शहद के समान मीठी

(ख) करेले के समान कड़वी

(ग) अपनी दादी के समान

(घ) चिंताजनक

उत्तर: (क) शहद के समान मीठी

(v) दादी अक्सर टोपी से क्या पूछती थी?

(क) आने का कारण (ख) पिताजी के बारे में

(ग) माँ के बारे में (घ) इफ़्फ़न के बारे में

उत्तर: (ग) माँ के बारे में

53. "राम राम राम!" रामदुलारी घिन्ना के दो कदम पीछे हट गईं। टोपी मुन्नी की तरफ़ देखने लगा। क्योंकि असलियत यह थी कि टोपी ने मुन्नी बाबू को कबाब खाते देख लिया था और मुन्नी बाबू ने उसे एक इकन्नी रिश्वत की दी थी। टोपी को यह मालूम था परंतु वह चुगलखोर नहीं था। उसने अब तक मुन्नी बाबू की कोई बात इफ़्फ़न के सिवा किसी और को नहीं बताई थी।

"तूँ हम्में कबाब खाते देखे रह्यो?"

"ना देखा रहा ओह दिन?" मुन्नी बाबू ने कहा।

"तो तुमने उसी दिन क्यों नहीं बताया?" सुभद्रादेवी ने सवाल किया।

"इ झुट्ठा है दादी!" टोपी ने कहा।

उस दिन टोपी बहुत उदास रहा। वह अभी इतना बड़ा नहीं हुआ था कि झूठ और सच के किस्से में पड़ता—और सच्ची बात तो यह है कि वह इतना बड़ा कभी नहीं हो सका। उस दिन तो वह इतना पिट गया था कि उसका सारा बदन दुख रहा था। वह बस लगातार एक ही बात सोचता रहा कि अगर एक दिन के वास्ते वह मुन्नी बाबू से बड़ा हो जाता तो समझ लेता उनसे। परंतु मुन्नी बाबू से बड़ा हो जाना उसके बस में तो था नहीं। वह मुन्नी बाबू से छोटा पैदा हुआ था और उनसे छोटा ही रहा।

(i) मुन्नी बाबू की कौन-सी असलियत टोपी को पता थी?

(क) मुन्नी बाबू का झूठ बोलना

(ख) मुन्नी बाबू का कबाब खाना

(ग) मुन्नी बाबू का चुगलखोर होना

(घ) मुन्नी बाबू का न पढ़ना।

उत्तर: (ख) मुन्नी बाबू का कबाब खाना

(ii) मुन्नी बाबू ने टोपी को क्या दिया था?

(क) पुराने कपड़े (ख) कबाब

(ग) रिश्वत (घ) पुरानी किताबें

उत्तर: (ग) रिश्वत

(iii) उस दिन टोपी उदास क्यों था?

(क) कबाब न खाने के कारण

(ख) दादी द्वारा डाँट खाने के कारण

(ग) झूठा इल्ज़ाम लगाए जाने के कारण

(घ) कबाब खाने के कारण

उत्तर: (ग) झूठा इल्ज़ाम लगाए जाने के कारण

(iv) कौन-सी बात टोपी के वश में नहीं थी?

(क) कबाब खाना

(ख) मुन्नी बाबू से बड़ा होना

(ग) दादी को नज़रअंदाज़ करना

(घ) पिटाई न खाना

उत्तर: (ख) मुन्नी बाबू से बड़ा होना

(v) 'रामदुलारी' समस्तपद का विग्रह कर समास का नाम बताइए।

(क) राम की दुलारी—तत्पुरुष समास

(ख) राम है जो दुलारी—कर्मधारय समास

(ग) राम और दुलारी—द्वंद्व समास

(घ) राम में दुलारी—अव्ययीभाव समास

उत्तर: (क) राम की दुलारी—तत्पुरुष समास

54. ठीक उसी वक्त नौकर आया और पता चला कि इफ़्फ़न की दादी मर गईं। इफ़्फ़न चला गया। टोपी अकेला रह गया। वह मुँह लटकाए हुए जिमनेजियम में चला गया। बूढ़ा चपरासी एक तरफ बैठा बीड़ी पी रहा था। वह एक कोने में बैठकर रोने लगा। शाम को वह इफ़्फ़न के घर गया तो वहाँ सन्नाटा था। घर भरा हुआ था। रोज़ जितने लोग हुआ करते थे उससे ज्यादा ही लोग थे। परंतु एक दादी के न होने से टोपी के लिए घर खाली हो चुका था। जबकि उसे दादी का नाम तक नहीं मालूम था। उसने दादी के हज़ार कहने के बाद भी उनके हाथ की कोई चीज़ नहीं खाई थी। प्रेम इन बातों का पाबंद नहीं होता। टोपी और दादी में एक ऐसा ही संबंध हो चुका था। इफ़्फ़न के दादा जीवित होते तो वह भी इस संबंध को बिल्कुल उसी तरह न समझ पाते जैसे टोपी के घरवाले न समझ पाए थे। दोनों अलग-अलग अधूरे थे। एक ने दूसरे को पूरा कर दिया था। एक ने दूसरे की प्यास बुझा दी थी। दोनों अपने घरों में अजनबी और भरे घर में अकेले थे। दोनों ने एक-दूसरे का अकेलापन मिटा दिया था। एक बहत्तर बरस की थी और दूसरा आठ साल का।

(i) नौकर क्यों आया था?

(क) इफ़्फ़न को दादी से मिलवाने

(ख) टोपी को अपने साथ ले जाने

(ग) इफ़्फ़न की दादी की मृत्यु का समाचार देने

(घ) इफ़्फ़न को स्कूल पहुँचाने

उत्तर: (ग) इफ़्फ़न की दादी की मृत्यु का समाचार देने

(ii) टोपी क्यों रोने लगा था?

(क) इफ़्फ़न की दादी के मरने का समाचार सुनकर

(ख) अपनी दादी के मरने का समाचार सुनकर

(ग) घरवालों द्वारा झूठा इल्ज़ाम लगने के कारण

(घ) बूढ़े चपरासी को देखकर

उत्तर: (क) इफ़्फ़न की दादी के मरने का समाचार सुनकर

(iii) दादी के न होने से टोपी को इफ़्फ़न के घर जाकर कैसा महसूस हो रहा था?

(क) खाली (ख) अधिक भीड़

(ग) चहल-पहल (घ) सामान्य

उत्तर: (क) खाली

(iv) टोपी दुखी होकर जिमनेजियम में क्यों चला गया था?

(क) शिक्षक से मार खाकर

(ख) बूढ़े चपरासी को बीड़ी पीता हुआ देखकर

(ग) दादी की मृत्यु का समाचार सुनकर

(घ) इफ़्फ़न को जाता हुआ देखकर

उत्तर: (ग) दादी की मृत्यु का समाचार सुनकर

(v) पाठ के लेखक का नाम बताइए।

(क) राही मासूम रज़ा (ख) निदा फाज़ली

(ग) मिथिलेश्वर (घ) गुरदयाल सिंह

उत्तर: (क) राही मासूम रज़ा

55. पेट में सात सुइयाँ भुकीं तो टोपी के होश ठिकाने आए। और फिर उसने कलेक्टर साहब के बँगले का रुख नहीं किया। परंतु प्रश्न यह खड़ा हो गया कि फिर आखिर वह करे क्या? घर में ले-देकर बूढ़ी नौकरानी सीता थी जो उसका दुख दर्द समझती थी। तो वह उसी के पल्लू में चला गया और सीता की छाया में जाने के बाद उसकी आत्मा भी छोटी हो गई। सीता को घर के सभी छोटे-बड़े डाँट लिया करते थे। टोपी को भी घर के सभी छोटे-बड़े डाँट लिया करते थे इसलिए दोनों एक-दूसरे से प्यार करने लगे।

''टेक मत किया करो बाबू!'' एक रात जब मुन्नी बाबू और भैरव का दाज करने पर वह बहुत पिटा तो सीता ने उसे अपनी कोठरी में ले जाकर समझाना शुरु किया।

(i) टोपी के होश कब ठिकाने आए?

(क) सीता के पास जाने के बाद

(ख) कलेक्टर साहब के घर न जाने पर

(ग) पिटने के बाद

(घ) सुइयाँ लगने के बाद

उत्तर: (घ) सुइयाँ लगने के बाद

(ii) टोपी को कौन समझता था?

(क) दादीजी (ख) माताजी

(ग) भैरव (घ) सीता

उत्तर: (घ) सीता

(iii) घर में टोपी की पिटाई क्यों हुई?

(क) सीता से मिलने के कारण

(ख) मुन्नी बाबू और भैरव की बराबरी करने के कारण

(ग) कलेक्टर साहब के घर जाने के कारण

(घ) पढ़ाई न करने के कारण

उत्तर: (ख) मुन्नी बाबू और भैरव की बराबरी करने के कारण

(iv) सीता टोपी को कोठरी में क्यों लेकर गई?

(क) समझाने के लिए (ख) खाना खिलाने के लिए

(ग) पिटाई करने के लिए (घ) सुई चुभाने के लिए

उत्तर: (क) समझाने के लिए

(v) सीता और टोपी एक दूसरे को क्यों समझते थे?

(क) समान व्यवहार होने के कारण

(ख) समान उम्र होने के कारण

(ग) समान दुख होने के कारण

(घ) समान सोच के कारण

उत्तर: (ग) समान दुख होने के कारण

56. बात यह हुई कि जाड़ों के दिन थे। मुन्नी बाबू के लिए कोट का नया कपड़ा आया। भैरव के लिए भी नया कोट बना। टोपी को मुन्नी बाबू का कोट मिला। कोट बिल्कुल नया था। मुन्नी बाबू को पसंद नहीं आया था। फिर भी बना तो था उन्हीं के लिए। था तो उतरन। टोपी ने वह कोट उसी वक्त दूसरी नौकरानी केतकी के बेटे को दे दिया। वह खुश हो गया। नौकरानी के बच्चे को दे दी जाने वाली चीज़ वापस तो ली नहीं जा सकती थी, इसलिए तय हुआ कि टोपी जाड़ा खाए।

''हम जाड़ा-ओड़ा ना खाएँगे। भात खाएँगे।'' टोपी ने कहा।

''तुम जूते खाओगे।'' सुभद्रादेवी बोलीं।

''आपको इहो ना मालूम की जूता खाया ना जात पहिना जात है।''

''दादी से बदतमीजी करते हो।'' मुन्नी बाबू ने बिगड़कर कहा।

''त का हम इनकी पूजा करें।''

फिर क्या था! दादी ने आसमान सिर पर उठा लिया। रामदुलारी ने उसे पीटना शुरु किया।

(i) टोपी को मुन्नी बाबू का पुराना कोट क्यों मिला था?

(क) कोट पुराना होने के कारण

(ख) कोट पसंद न आने के कारण

(ग) कोट छोटा होने के कारण

(घ) कोट फट जाने के कारण

उत्तर: (ख) कोट पसंद न आने के कारण

(ii) टोपी ने कोट का क्या किया?

(क) स्वीकार कर लिया।

(ख) नौकरानी के बच्चे को दे दिया।

(ग) छोटे भाई भैरव को दे दिया।

(घ) केतकी को दे दिया।

उत्तर: (ख) नौकरानी के बच्चे को दे दिया।

(iii) टोपी के लिए कौन-सी सज़ा निर्धारित की गई?

(क) दुबारा कोट न देने की सज़ा

(ख) नौकरानी से कोट लेकर पहनने की सज़ा

(ग) मारने की सज़ा

(घ) खाना न देने की सज़ा

उत्तर: (क) दुबारा कोट न देने की सज़ा

(iv) टोपी को किसके साथ बदतमीजी करने की सज़ा दी गई?

(क) मुन्नी बाबू से (ख) नौकरानी से

(ग) माताजी से (घ) दादी से

उत्तर: (घ) दादी से

(v) रामदुलारी ने टोपी को क्यों मारा?

(क) मुन्नी के साथ बहस करने के लिए

(ख) दादी के साथ बदतमीजी करने के लिए

(ग) माँ के साथ बदतमीज़ी करने के लिए

(घ) नौकरानी को कोट देने के लिए

उत्तर: (ख) दादी के साथ बदतमीजी करने के लिए

57. सीता ने तो बड़ी आसानी से कह दिया कि वह दसवें में पहुँच गया है, परंतु यह बात इतनी आसान नहीं थी। दसवें में पहुँचने के लिए उसे बड़े पापड़ बेलने पड़े। दो साल तो वह फेल ही हुआ। नवें में तो वह सन् उनचास ही में पहुँच गया था, परंतु दसवें में वह सन् बावन में पहुँच सका।

जब वह पहली बार फ़ेल हुआ तो मुन्नी बाबू इंटरमीडिएट में फर्स्ट आए और भैरव छठे में। सारे घर ने उसे ज़बान की नोक पर रख लिया। वह बहुत रोया। बात यह नहीं थी कि वह गाउदी था। वह काफी तेज़ था परंतु उसे कोई पढ़ने ही नहीं देता था। वह जब पढ़ने बैठता मुन्नी बाबू को कोई काम निकल आता या रामदुलारी को कोई ऐसी चीज़ मँगवानी पड़ जाती जो नौकरों से नहीं मँगवाई जा सकती थी—यह सब कुछ न होता तो पता चलता कि भैरव ने उसकी कापियों के हवाई जहाज़ उड़ा डाले हैं। दूसरे साल उसे टाइफ़ाइड हो गया। तीसरे साल वह थर्ड डिवीज़न में पास हो गया। यह थर्ड डिवीज़न कलंक के टीके की तरह उसके माथे से चिपक गया।

(i) सीता ने कौन सी बात बड़ी आसानी से कह दी थी?

(क) टोपी के थर्ड डिवीज़न में पास करने की बात

(ख) टोपी के टाइफ़ाइड होने की बात

(ग) टोपी के फ़ेल होने की बात

(घ) टोपी के दसवीं कक्षा में होने की बात

उत्तर: (घ) टोपी के दसवीं कक्षा में होने की बात

(ii) टोपी को नवीं से दसवीं कक्षा में पहुँचने में कितने वर्षों का समय लग गया था?

(क) दो वर्ष (ख) तीन वर्ष

(ग) चार वर्ष (घ) पाँच वर्ष

उत्तर: (ख) तीन वर्ष

(iii) टोपी के फेल होने का क्या कारण था?

(क) पढ़ने का समय न होना

(ख) पढ़ाई में कमज़ोर होना

(ग) खेलने में अधिक समय व्यर्थ करना

(घ) उपर्युक्त सभी

उत्तर: (क) पढ़ने का समय न होना

(iv) दसवीं कक्षा में पहुँचने के लिए टोपी को क्या करना पड़ा था?

(क) घर का काम करना पड़ा

(ख) लोगों की बातें सुननी पड़ी

(ग) कड़ी मेहनत करनी पड़ी

(घ) घर वालों की डाँट सुननी पड़ी

उत्तर: (ग) कड़ी मेहनत करनी पड़ी

(v) 'पापड़ बेलना' मुहावरे का सही अर्थ बताइए।

(क) लोगों की बातें सुनना

(ख) खूब पढ़ाई करना

(ग) कठिन परिश्रम करना

(घ) व्यस्त रहना।

उत्तर: (ग) कठिन परिश्रम करना

58. परंतु हमें उसकी मुश्किलों को भी ध्यान में रखना चाहिए। सन् उनचास में टोपी अपने साथियों के साथ था। वह फ़ेल हो गया। साथी आगे निकल गए। वह रह गया। सन् पचास में उसे उसी दर्जे में उन लड़कों के साथ बैठना पड़ा जो पिछले साल आठवें में थे।

पीछे वालों के साथ एक ही दर्जे में बैठना कोई आसान काम नहीं है। उसके दोस्त दसवें में थे। वह उन्हीं से मिलता, उन्हीं के साथ खेलता। अपने साथ हो जाने वालों में से किसी के साथ उसकी दोस्ती न हो सकी। वह जब भी क्लास में बैठता उसे अपना बैठना अजीब लगता। उस पर सितम यह हुआ कि कमज़ोर लड़कों को मास्टर जी समझाते तो उसकी मिसाल देते—

"क्या मतलब है साम अवतार (या मुहम्मद अली?) बलभद्र की तरह इसी दर्जे में टिके रहना चाहते हो क्या?" यह सुनकर सारा दर्जा हँस पड़ता। हँसने वाले वे होते जो पिछले साल आठवें में थे।

(i) टोपी अपने साथियों से पीछे क्यों हो गया?

(क) झगड़ा हो जाने के कारण

(ख) परीक्षा न दे पाने के कारण

(ग) कक्षा में फ़ेल होने के कारण

(घ) साथ न बैठने के कारण

उत्तर: (ग) कक्षा में फ़ेल होने के कारण

(ii) टोपी के लिए क्या करना मुश्किल हो रहा था?

(क) छोटे बच्चों के साथ कक्षा में बैठना

(ख) अपने दोस्तों से बिछड़ना

(ग) पढ़ाई करना

(घ) सबके साथ दोस्ती करना

उत्तर: (क) छोटे बच्चों के साथ कक्षा में बैठना

(iii) टोपी के प्रति बच्चों का व्यवहार कैसा था?

(क) सभी उसके मित्र थे

(ख) सभी उससे बात नहीं करते थे

(ग) सभी उसका मज़ाक उड़ाते थे

(घ) सभी उसके साथ सामान्य व्यवहार करते थे

उत्तर: (ग) सभी उसका मज़ाक उड़ाते थे

(iv) सभी शिक्षक बच्चों को किसका उदाहरण देते थे?

(क) बलभद्र का (ख) साम अवतार का

(ग) कमज़ोर लड़कों का (घ) मुहम्मद अली का

उत्तर: (क) बलभद्र का

(v) मास्टर जी द्वारा टोपी पर व्यंग्य किये जाने पर बाकी विद्यार्थी क्या प्रतिक्रिया देते?

(क) विरोध करते (ख) हँस पड़ते

(ग) साथ में मज़ाक उड़ाते (घ) इनमें से कोई नहीं

उत्तर: (ख) हँस पड़ते

59. कोई उसका दोस्त नहीं रह गया था। आठवें वाले दसवें में थे। सातवें वाले उसके साथ! उनके बीच में वह अच्छा-खासा बूढ़ा दिखाई देता था।

वह अपने भरे-पूरे घर ही की तरह अपने स्कूल में भी अकेला हो गया था। मास्टरों ने उसका नोटिस लेना बिल्कुल ही छोड़ दिया था। कोई सवाल किया जाता और जवाब देने के लिए वह भी हाथ उठाता तो कोई मास्टर उससे जवाब ना पूछता। परंतु जब उसका हाथ उठता ही रहा तो एक दिन अंग्रेजी साहित्य के मास्टर साहब ने कहा—"तीन बरस से यही किताब पढ़ रहे हो, तुम्हें तो सारे जवाब ज़बानी याद हो गए होंगे! इन लड़कों को अगले साल हाई स्कूल का इम्तहान देना है। तुमसे पारसाल पूछ लूँगा।" टोपी इतना शर्माया कि उसके काले रंग पर लाली दौड़ गई। और जब तमाम बच्चे खिलखिलाकर हँस पड़े तो वह बिल्कुल मर गया। जब वह पहली बार नवें में आया था तो वह भी इन्हीं बच्चों की तरह बिल्कुल बच्चा था।

(i) टोपी किन लोगों के समक्ष बूढ़ा दिखाई देता था?

(क) सातवीं कक्षा के बच्चों के समक्ष

(ख) अपने घरवालों के समक्ष

(ग) अपने दोस्तों के समक्ष

(घ) शिक्षकों के समक्ष

उत्तर: (क) सातवीं कक्षा के बच्चों के समक्ष

(ii) टोपी अपने स्कूल में भी अकेला क्यों हो गया था?

(क) कक्षा से निकाल दिए जाने के कारण

(ख) कक्षा में अनुपस्थित रहने के कारण

(ग) दोस्तों से झगड़ा करने के कारण

(घ) कक्षा में फ़ेल होने के कारण

उत्तर: (घ) कक्षा में फ़ेल होने के कारण

(iii) किस कारण टोपी को कक्षा में शर्म आई?

(क) शिक्षकों के द्वारा मज़ाक उड़ाए जाने के कारण

(ख) शिक्षकों द्वारा पिटाई करने के कारण

(ग) कक्षा में जवाब न दे पाने के कारण

(घ) परीक्षा न दे पाने के कारण

उत्तर: (क) शिक्षकों के द्वारा मज़ाक उड़ाए जाने के कारण

(iv) "जब उसका हाथ उठता ही रहा तो एक दिन अंग्रेजी साहित्य के मास्टर साहब ने पूछा।"—रचना के आधार पर वाक्य-भेद बताइए।

(क) सरल वाक्य (ख) संयुक्त वाक्य

(ग) मिश्र वाक्य (घ) सामान्य वाक्य

उत्तर: (ग) मिश्र वाक्य

(v) उपर्युक्त गद्यांश किस पाठ से लिया गया है?

(क) बचपन के दिन (ख) सपनों के-से-दिन

(ग) टोपी शुक्ला (घ) टोपी इफ़्फ़न

उत्तर: (ग) टोपी शुक्ला

60. फिर उसी दिन अब्दुल वहीद ने रिसेज़ में वह तीर मारा कि टोपी बिल्कुल बिलबिला उठा। वहीद क्लास का सबसे तेज़ लड़का था। मॉनीटर भी था। और सबसे बड़ी बात यह है कि वह लाल तेल वाले डॉक्टर शरफ़ुद्दीन का बेटा था।

उसने कहा, "बलभद्दर! अबे तो हम लोगन में का घुसता है। एड्थ वालन से दोस्ती कर। हम लोग तो निकल जाएँगे, बाकी तुहें त उन्हीं सभन के साथ रहे को हुइहै।"

यह बात टोपी के दिल के आर-पार हो गई और उसने कसम खाई कि टाइफ़ाइड हो या टाइफ़ाइड का बाप, उसे पास होना है। परंतु बीच में चुनाव आ गए।

डॉक्टर भृगु नारायण नीले तेल वाले खड़े हो गए। अब जिस घर में कोई चुनाव के लिए खड़ा हो गया हो उसमें कोई पढ़-लिख कैसे सकता है!

वह तो जब डॉक्टर साहब की जमानत ज़ब्त हो गईं तब घर में जरा सन्नाटा हुआ और टोपी ने देखा कि इम्तहान सिर पर खड़ा है।

वह पढ़ाई में जुट गया। परंतु ऐसे वातावरण में क्या कोई पढ़ सकता था? इसलिए उसका पास ही हो जाना बहुत था।

(i) कौन-सी बात टोपी के दिल को दुखी कर गई?

(क) डॉक्टर साहब की जमानत ज़ब्त होना

(ख) टाइफ़ाइड होना

(ग) घर वालों द्वारा काम करवाना

(घ) अब्दुल वहीद का ताना मारना

उत्तर: (घ) अब्दुल वहीद का ताना मारना

(ii) अब्दुल वहीद कौन था?

(क) क्लास का सबसे तेज़ लड़का

(ख) क्लास का मॉनीटर

(ग) डॉक्टर शरफ़ुद्दीन का बेटा

(घ) उपर्युक्त सभी

उत्तर: (घ) उपर्युक्त सभी

(iii) परीक्षा की तैयारी करते समय टोपी को किस प्रकार की परेशानी हुई?

(क) टाइफ़ाइड नामक बीमारी

(ख) डॉक्टर भृगु नारायण का चुनाव में खड़ा होना

(ग) क्लास के बच्चों द्वारा परेशान किया जाना

(घ) शिक्षकों द्वारा अपमानित करना

उत्तर: (ख) डॉक्टर भृगु नारायण का चुनाव में खड़ा होना

(iv) अब्दुल वहीद के द्वारा अपमानित किए जाने पर टोपी ने क्या किया?

(क) परीक्षा में पास होने का निश्चय किया

(ख) किसी से बात न करने का निश्चय किया

(ग) विद्यालय न जाने का निश्चय किया

(घ) अब्दुल वहीद को सबक सिखाने का निश्चय किया

उत्तर: (क) परीक्षा में पास होने का निश्चय किया

(v) चुनाव में खड़े होने पर डॉक्टर भृगु नारायण पर कौन-सी मुसीबत आई?

(क) टोपी पढ़ नहीं पाया (ख) टोपी फ़िर से फ़ेल हो गया

(ग) टोपी पास हो गया (घ) जमानत ज़ब्त हो गई

उत्तर: (घ) जमानत ज़ब्त हो गई

पाठ से सम्बन्धित प्रश्नोत्तर

निम्नलिखित प्रश्नों के उत्तर दीजिए—

प्रश्न 61. इफ़्फ़न टोपी शुक्ला की कहानी का महत्वपूर्ण हिस्सा किस तरह से है?

उत्तर— इफ़्फ़न और टोपी शुक्ला दोनों गहरे दोस्त थे। एक-दूसरे के बिना अधूरे थे परन्तु दोनों की आत्म में प्यार की प्यास थी। इफ़्फ़न तो अपने मन की बात दादी को या टोपी को कहकर हल्का कर लेता था परन्तु टोपी के लिए इफ़्फ़न और उसकी दादी के अलावा कोई नहीं था। अतः वास्तव में टोपी की कहानी का अटूट हिस्सा है। इफ़्फ़न के घर से टोपी को जो आदर्श मिले, वह उन आदर्शों को नहीं भुला सकता था।

प्रश्न 62. इफ़्फ़न की दादी अपने पीहर क्यों जाना चाहती थी?

उत्तर— इफ़्फ़न की दादी मौलवी की बेटी न होकर जमींदार की बेटी थी। वह वहाँ दूध, घी, दही खाती थी। लखनऊ आकर वह इसके लिए तरस गई क्योंकि वहाँ उसे मौलविन बनकर रहना पड़ता था। इसलिए उन्हें पीहर जाना अच्छा लगता था।

प्रश्न 63. इफ़्फ़न की दादी अपने बेटे की शादी में गाने-बजाने की इच्छा पूरी क्यों नहीं कर पाई?

उत्तर— दादी का विवाह मौलवी परिवार में हुआ था वहाँ गाना बजाना पसंद नहीं किया जाता था। इसलिए बेचारी अपने बेटे की शादी में मसोस कर रह गई।

प्रश्न 64. 'अम्मी' शब्द पर टोपी के घरवालों की क्या प्रतिक्रिया हुई?

उत्तर— 'अम्मी' शब्द को सुनते ही सबकी नजरें टोपी पर पड़ गई क्योंकि वह उर्दू का शब्द था और टोपी हिन्दू था। इस शब्द को सुनकर जैसे परम्पराओं की दीवारें डोलने लगीं। घर में सभी हैरान थे, माँ ने डाँटा, दादी गरजी और टोपी की जमकर पिटाई हुई और उसे इफ़्फ़न के घर जाने से भी मना कर दिया गया।

प्रश्न 65. दस अक्टूबर सन् पैंतालीस का दिन टोपी के जीवन में क्या महत्व रखता है?

उत्तर— दस अक्टूबर सन् पैंतालीस को इफ़्फ़न के पिता का तबादला हो गया और वे सपरिवार चले गए। टोपी, अपने प्रिय दोस्त के चले जाने से बहुत दु:खी हुआ। उसने कसम खाई कि वह कोई ऐसा दोस्त नहीं बनाएगा जिसकी बदली हो जाये, एक तो इफ़्फ़न की दादी जिसे वह बहुत प्यार करता था वह नहीं रहीं फिर इफ़्फ़न चला गया तो यह दिन उसके लिए महत्वपूर्ण दिन बन गया।

प्रश्न 66. टोपी ने इफ़्फ़न से दादी बदलने की बात क्यों कहीं?

उत्तर— इफ़्फ़न की दादी टोपी को बहुत प्यार करती थी। उनकी मीठी-मीठी बोली उसे तिल के लड्डू या शक्कर गुड़ जैसी लगती थी। टोपी की माँ भी ऐसा ही बोलती थी परन्तु उसकी दादी उसे बोलने नहीं देती थी। उधर इफ़्फ़न के दादा जी व अम्मी को उनकी बोली पसंद नहीं थी। अतः इफ़्फ़न की दादी और टोपी की माँ दोनों एक स्वर की महिलाएँ थीं। यही सोचकर टोपी ने दादी बदलने की बात की क्योंकि इफ़्फ़न की दादी कड़े स्वभाव की महिला थी।

प्रश्न 67. पूरे घर में इफ़्फ़न को अपनी दादी से विशेष स्नेह क्यों था?

उत्तर— इफ़्फ़न की दादी उसे बहुत प्यार करती थी, इस तरह से उसकी सहायता करती थी। उसके अब्बू-अम्मी उसे डाँटते थे, उसकी बाजी और नुज़हत भी उसको परेशान करती थी। दादी उसको रात में अनार परी, बहराम डाकू, अमीर हमला, गुलब काबजी, हातिमताई जैसी अनेक कहानियाँ सुनाती थीं। इसी कारण वह अपनी दादी से प्यार करता था। इफ़्फ़न की दादी कभी इफ़्फ़न को नहीं डाँटती थी।

प्रश्न 68. इफ़्फ़न की दादी के देहान्त के बाद टोपी को इफ़्फ़न का घर खाली सा क्यों लगा?

उत्तर— इफ़्फ़न की दादी जितना प्यार इफ़्फ़न को करती उतना ही टोपी को भी करती थी, टोपी से अपनत्व रखती थी। उसे भी कहानियाँ सुनाती थी, उसकी माँ का हाल चाल पूछती। उनकी मृत्यु के बाद टोपी को ऐसा लगा मानो उस पर से दादी की छत्रछाया ही खत्म हो गई है इसलिए टोपी को इफ़्फ़न की दादी की मृत्यु के बाद उसका घर खाली सा लगा।

प्रश्न 69. ''टोपी और इफ़्फ़न की दादी अलग-अलग मजहब और जाति के थे पर एक अनजान अटूट रिश्ते से बँधे थे।'' इस कथन के आलोक में अपने विचार लिखिए।

उत्तर— टोपी हिन्दू धर्म का था और इफ़्फ़न की दादी मुस्लिम। परन्तु जब भी टोपी इफ़्फ़न के घर जाता दादी के पास ही बैठता। उनकी मीठी पूरबी बोली उसे बहुत अच्छी लगती थी। दादी पहले अम्मा का हाल-चाल पूछतीं। दादी उसे रोज कुछ न कुछ खाने को देती परन्तु टोपी खाता नहीं था। फिर भी उनका हर शब्द उसे गुड़ की डली सा लगता था। इसलिए उनका रिश्ता अटूट था।

प्रश्न 70. टोपी नवीं कक्षा में दो बार फेल हो गया बताइए—

(क) ज़हीन होने के बावजूद भी कक्षा में दो बार फेल के क्या कारण थे?

(ख) एक ही कक्षा में दो-दो बार बैठने से टोपी को किन भावनात्मक चुनौतियों का सामना करना पड़ा?

(ग) टोपी की भावात्मक परेशानियों को मद्देनजर रखते हुए शिक्षा व्यवस्था में आवश्यक बदलाव सुझाइए।

उत्तर— (क) टोपी बहुत ज़हीन (बुद्धिमान) था परन्तु दो बार फ़ेल हो गया क्योंकि पहली बार जब भी वह पढ़ने बैठता मुन्नी बाबू को कोई न कोई काम निकल आता या रामदुलारी कोई ऐसी चीज मँगवाती जो नौकर से नहीं मँगवाई जा सकती। इस तरह वह फेल हो गया। दूसरे साल उसे मियादी बुखार हो गया था और पेपर नहीं दे पाया इसलिए फेल हो गया था।

(ख) पहली बार एक कक्षा में छोटे बच्चों के साथ बैठना पड़ा। दूसरे साल सातवीं के बच्चों के साथ बैठना पड़ा था। इसलिए उसका कोई दोस्त नहीं बन पाया था। अध्यापक भी बच्चों को न पढ़ने के कारण फेल होने का उदाहरण टोपी का नाम लेकर देते थे, उसका मज़ाक उड़ाते थे। मास्टर भी उसे नोटिस नहीं करते थे। उससे कोई उत्तर नहीं पूछते बल्कि कहते अगले साल पूछ लेंगे या कहते इतने सालों में तो आ गया होगा। इस तरह सभी उसे भावनात्मक रूप से आहत करते थे। फिर अंत में इन चुनौतियों को स्वीकार कर उसने सफलता प्राप्त की।

(ग) बच्चे फेल होने पर भावनात्मक रूप से आहत होते हैं और मानसिक संतुलन बिगड़ जाता है। वे शर्म महसूस करते हैं। इसके लिए विद्यार्थी के पुस्तकीय ज्ञान को ही न परखा जाए बल्कि उसके अनुभव व अन्य कार्य कुशलता को भी देखकर उसे प्रोत्साहन देने के लिए शिक्षा व्यवस्था में बदलाव किया जा सकता है।

प्रश्न 71. इफ़्फ़न की दादी के मायके का घर कस्टोडियन में क्यों चला गया?

उत्तर— कस्टोडियन पर जाना अर्थात् सरकारी कब्जा होना। दादी के पीहर वाले जब पाकिस्तान में रहने लगे तो भारत में उनके घर की देखभाल करने वाला कोई नहीं रहा। इस पर मालिकाना हक भी न रहा। इसलिए वह घर सरकारी कब्जे में चला गया।

परीक्षोपयोगी महत्वपूर्ण प्रश्नोत्तर

प्रश्न 72. घर वालों के मना करने पर भी टोपी का लगाव इफ़्फ़न के घर और उसकी दादी से क्यों था? दोनों के अनजान, अटूट रिश्ते के बारे में मानवीय मूल्यों की दृष्टि से अपने विचार लिखिए।

उत्तर— टोपी को इफ़्फ़न से और इफ़्फ़न को दादी से जो प्रेम था, वह अकथनीय था। उसे जितना प्रेम वहाँ मिला, उसे अपने घर में नहीं मिला। यही कारण है कि घरवालों के मना करने पर भी टोपी का लगाव इफ़्फ़न के घर और उसकी दादी से था। इफ़्फ़न की दादी ने तो जैसे उसके कोमल मन में गहरा स्थान पा लिया था। यह प्रेम ही तो था, जिसने न धर्म को देखा, न उम्र को, बस हृदय को देखा और जीवन में आत्मसात हो गया। प्रेम ऐसा भाव है जिसमें व्यक्ति जाति-पाँति, धर्म, ऊँच-नीच, बड़े-छोटे के सभी बंधनों को भूल जाता है। मानवीय मूल्यों में प्रेम सबसे सुंदर भाव है। प्रेम किसी जाति-पाँति, ऊँच-नीचे बड़े-छोटे का गुलाम नहीं होता। हमारे बीच में प्रेम विभिन्न रूपों में विद्यमान है। जैसे—माता-पिता का संतान से, भाई का भाई और बहन से, बहन का बहन और भाई से, चाचा-चाची, बुआ या मामा-मामी का अपने भतीजे-भतीजियों-भांजों से, गुरु का शिष्य से, बड़ों का छोटों से, एक मित्र का दूसरे मित्र से, मनुष्य का पशु-पक्षियों से, प्रिय का प्रियतमा से, पति का पत्नी से, दादा-दादी या नाना-नानी का अपने नाती-पोतों से, भक्त का भगवान से, भूखे इन्सान को रोटी से, पड़ोसी का पड़ोसी से रहता है। ये सभी रूप प्रेम का ही हैं। इसलिए कहा गया है—

"प्रेम न देखे जात-पात, न उमर का फासला।"

प्रश्न 73. 'टोपी शुक्ला' कहानी हमें क्या संदेश देती है? भारतीय समाज के लिए यह कैसे लाभकारी हो सकता है? तर्क सहित उत्तर दीजिए।

उत्तर— टोपी शुक्ला कहानी हमें हमारी परम्परा सभ्यता के अनुसार भारत की विविधता में एकता को जोड़ने का संदेश देती है। जाति और धर्म से ऊपर उठकर एक साथ रहने का संदेश देती है। इन्सान में इन्सानियत होनी चाहिए। धर्म-जाति भगवान ने नहीं बनाई। यह हमने बनाई है। हमें परस्पर सांप्रदायिक सौहार्द्र बनाये रखना चाहिए धर्म कोई मायने नहीं रखता। व्यक्ति का व्यवहार सम्मानजनक होना चाहिए। पाठ के अनुसार हिन्दू-मुस्लिम के बीच की खाई को बढ़ाया गया है जो गलत है। बच्चों के प्यार में कोई धर्म आड़े नहीं आता दोनों एक दूसरे से बेइंतहा प्यार करते हैं। दोनों एक दूसरे पर जान देते हैं मित्रता और आत्मीयता-जाति और भाषा के बंधनों से परे होते हैं। लेकिन हमारी पुरानी रंजिश ने इस दोनों को मिलने नहीं दिया जो हमारे समाज के लिए लाभकारी नहीं है और न ही हो सकते हैं। मिल-जुलकर रहना हमारी परम्परा नहीं है। संगठित व शक्तिशाली समाज, राष्ट्र निर्माण में सहायक है। यह साम्प्रदायिक विवाद को रोकने तथा सहिष्णुता बढ़ाने में भी सहायक है।

प्रश्न 74. इफ़्फ़न और टोपी शुक्ला की मित्रता भारतीय समाज के लिए किस प्रकार प्रेरक है? जीवन-मूल्यों की दृष्टि से लगभग 150 शब्दों में उत्तर दीजिए।

उत्तर— टोपी और इफ़्फ़न की कहानी, राही मासूम रज़ा के उपन्यास 'टोपी शुक्ला का एक अंश है'। लेखक ने इस कहानी का आधार दो बच्चों को बनाया है। एक हिन्दू परिवार से संबंध रखने वाला है—टोपी, दूसरा है—इफ़्फ़न, जो मुस्लिम परिवार से संबंध रखता है। दोनों में गहरी मित्रता है। दोनों एक-दूसरे के सुख-दु:ख बाँटते हैं। टोपी इफ़्फ़न के घर भी जाता है।

टोपी को इफ़्फ़न की दादी से बेहद लगाव है, जबकि उसे अपनी दादी बिल्कुल अच्छी नहीं लगती। जिस स्नेह और अपनेपन को वह अपने घर में ढूँढ़ता था, वह उसे इफ़्फ़न के घर, उसकी दादी से मिलता था। जब इफ़्फ़न की दादी का देहांत हुआ तो वह बहुत उदास हो गया। उसने कहा तेरी दादी की जगह मेरी दादी क्यों नहीं मर गई। उस दिन दोनों खूब रोए। टोपी और इफ़्फ़न की मित्रता ऐसी थी कि दोनों को एक-दूसरे के बगैर चैन नहीं मिलता था।

उन्होंने यह सिद्ध कर दिया था कि मित्रता की भावना को मजहब और जाति की दीवारों में कैद नहीं किया जा सकता। आज समाज में टोपी और इफ़्फ़न जैसी मित्रता की बहुत अधिक आवश्यकता है। बच्चों में उत्पन्न प्रेम और अपनेपन का आधार मजहब या सम्पन्न परिवार के लोग नहीं होते। यह भी सच है कि कोई व्यक्ति मनुष्य पहले है, वह हिन्दू या मुसलमान बाद में है। टोपी और इफ़्फ़न की मित्रता से हमें प्रेरणा मिलती है कि ऐसी सच्ची मित्रता साम्प्रदायिक भावना, तनाव और झगड़ों को समाप्त करने में उपयोगी सिद्ध हो सकती है। ऐसी मित्रता समाज में मौजूद मजहब की दीवारों को भी तोड़ सकती है।

प्रश्न 75. टोपी और इफ़्फ़न के व्यक्तित्व की विशेषताएँ बताइये।

उत्तर— टोपी और इफ़्फ़न अच्छे गहरे दोस्त थे, किन्तु दोनों के व्यक्तित्व का निर्माण अलग-अलग ढंग से हुआ था। दोनों के व्यक्तित्व के संस्कार, रीति परम्पराएँ सब भिन्न-भिन्न थे। जीवन के विषय में दोनों की सोच अलग-अलग थी परन्तु इन सबके परे दोनों एक दूसरे की परछाईं थे और दोनों में अटूट प्यार था।

प्रश्न 76. टोपी और इफ़्फ़न की दादी के प्यार का क्या रहस्य था?

उत्तर— दादी और इफ़्फ़न दोनों अलग-अलग और अधूरे थे। दोनों प्रेम के प्यासे थे। मौलवियों की ससुराल होने के कारण दादी को वह सब कुछ नहीं मिला जो वह चाहती थी। टोपी भी घर में अकेलापन महसूस करता था। दोनों मिले तो दोनों को एक-दूसरे में अपनापन मिला।

प्रश्न 77. टोपी शुक्ला पाठ के माध्यम से किन जीवन मूल्यों को उजागर किया गया है?

उत्तर— इसके माध्यम से देश, जाति, मजहब आदि के बंधनों से अधिक प्रेम को महत्व दिया गया है। मनुष्य-मनुष्य के बीच प्रेम के सम्बन्ध धर्म और मजहब से कहीं अधिक श्रेष्ठ हैं।

प्रश्न 78. टोपी के साथ उसके घरवालों और साथियों का व्यवहार कैसा था?

उत्तर— उसके साथी उसको ताना दिया करते थे और बड़ों का व्यवहार भी उसके साथ भावनात्मक नहीं था। मास्टर जी उसकी उपेक्षा करते थे और उसकी बात पर ध्यान नहीं देते थे, जिसके कारण टोपी के दिलो-दिमाग पर गहरा असर पड़ा।

प्रश्न 79. जाति और मजहब की दीवारें आपके लिए क्या मायने रखती हैं?

उत्तर— जाति और मजहब की दीवारें इंसान को कभी सुखी और शांतिपूर्ण तरीके से जीने नहीं देती हैं। मज़हब की दीवारें सदैव हमारे सामने व्यर्थ की चुनौतियों को खड़ी करती हैं और बैर-भाव बढ़ाती हैं।

प्रश्न 80. जीवन मूल्यों के आधार पर इफ़्फ़न और टोपी शुक्ला के सम्बन्धों की समीक्षा कीजिए।

उत्तर— इफ़्फ़न और टोपी शुक्ला अलग-अलग मजहब के होते हुए भी एक दूसरे से प्रेमरूपी अटूट बंधन में बंधे हुए थे। टोपी की दोस्ती पहले-पहल इफ़्फ़न के साथ ही हुई थी। इफ़्फ़न के बिना टोपी शुक्ला की कहानी को समझा नहीं जा सकता है। अतः इस तरह इफ़्फ़न, टोपी शुक्ला की कहानी का महत्वपूर्ण हिस्सा है। मित्रता में अगर आत्मीयता न हो तो वह दोस्ती नहीं स्वार्थ कहलाता है। एक दोस्त ही होता है जिसे हम अपने माँ-पिता के बाद ज्यादा मानते हैं। जिसके बिना हमारी जिंदगी अधूरी होती है, अगर उसी मित्रता को जाति और भाषा के कारण नहीं मानेंगे तो हम मानव नहीं चंडाल होंगे। कृष्ण और सुदामा की मित्रता आज भी चर्चित है क्योंकि उनकी दोस्ती में कभी कोई भेद किसी न किया ही नहीं। सुदामा के आने की खुशी में कृष्ण ने अपने आंसू से ही सुदामा के पाँव धो डाले थे। वास्तव में दोस्ती ऐसी हो जिसे देखकर सब लोग आपकी दोस्ती को पाने के लिए तरसे।

प्रश्न 81. लेखक अपने आप में टोपी को किस प्रकार देखता है?

उत्तर— टोपी कोई और नहीं हमारा एक प्रतिबिम्ब है। मुझे ऐसा लगा कि मैं अपनी कहानी पढ़ रहा हूँ। मुझे ऐसा लगा कि अभी मेरे जीवन के 24 वर्ष ही बीते हैं और मेरी जीवनी लिख दी गयी है। दोस्तों कभी न कभी, कहीं न कहीं 'टोपी शुक्ला' हमारे अन्तःमन में जिन्दा है लेकिन हमें दिखाई नहीं देता। सच, यह हर एक भारतीय पर ऐसा कटाक्ष है जो समय-समय पर राह चलते, बस में, ट्रेन में, जनसभा में, घर में, पड़ोस में, चाय की दुकान पर, ऊँचे-ऊँचे मकानों में और हर स्थान पर टोपी शुक्ला को देखता है या खुद एक टोपी शुक्ला बन जाता है। आज भी कोई ऐसे हिन्दूवादी और मुस्लिमवादी मिल जायेंगे जो ऐसे बयान देते हैं जो बड़े ही बेतुके होते हैं। आज आजादी के 60 सालों बाद भी भारत 'टोपी शुक्ला' के भारत जैसा ही दिखता है बदला है तो बस रहन-सहन, ऊँचे-ऊँचे आकाश को छूती इमारतें, बड़े-बड़े विश्वविद्यालय, कम्प्यूटर, टेलीविजन लेकिन इंसान जैसा 60 साल पहले था, वैसा ही आज भी है।

प्रश्न 82. व्यंग्य-प्रधान शैली में लिखा गया यह उपन्यास आज के हिन्दू-मुस्लिम सम्बन्धों को पूरी सच्चाई के साथ पेश करते हुए हमारे आज के बुद्धिजीवियों के सामने एक प्रश्न चिह्न खड़ा करता है कैसे?

उत्तर— 'आधा गाँव' के ख्याति प्राप्त रचनाकार की यह एक अत्यन्त प्रभावपूर्ण और मर्म पर चोट करने वाली कहानी। टोपी शुक्ला ऐसे हिन्दुस्तानी नागरिक का प्रतीक है जो मुस्लिम लीग की दो राष्ट्रवाली थ्योरी और भारत विभाजन के बावजूद आज भी अपने को विशुद्ध भारतीय समझता है—हिन्दू-मुस्लिम या शुक्ला, गुप्त, मिश्रा जैसे संकुचित अभिधानों को वह नहीं मानता। ऐसे स्वजनों से उसे घृणा है जो वेश्यावृत्ति करते हुए ब्राह्मणपना बचाकर रखते हैं, पर स्वयं उससे इसलिए घृणा करते हैं कि वह मुस्लिम मित्रों का समर्थक और हामी है। अन्त में टोपी शुक्ला ऐसे ही लोगों से कम्प्रोमाइज नहीं कर पाता और आत्महत्या कर लेता है। व्यंग्य-प्रधान शैली में लिखा गया। यह उपन्यास आज के हिन्दू-मुस्लिम सम्बन्धों को पूरी सच्चाई के साथ पेश करते हुए हमारे आज के बुद्धिजीवियों के सामने एक प्रश्न चिन्ह खड़ा करता है।

प्रश्न 83. अपने वे होते हैं जो अपनापन देते हैं इस कथन की पुष्टि कीजिए।

उत्तर— यह कथन बिल्कुल सही है। इफ़्फन के घर में उसके प्रति सबका व्यवहार कभी-कभी कठोर हो जाता था। उसकी बहन नुज़हत भी कभी-कभी उसकी किताबों पर तस्वीर बनाने लगती थी जिससे वह परेशान हो जाता था। किसी से उसे अपनापन नहीं मिलता था। एक दादी ही ऐसी थी जो उसको भरपूर प्यार देती थी उसकी भावनाओं को समझती थी। अत: लेखक का कथन सही है कि अपने तो वह होते हैं जो हमें अपनापन देते हैं।

प्रश्न 84. टोपी ने दुबारा कलेक्टर साहब के बंगले की ओर रुख क्यों नहीं किया?

उत्तर— टोपी ने दुबारा कलेक्टर साहब के बंगले की ओर रुख नहीं किया क्योंकि नए कलेक्टर साबह के बेटों ने टोपी को अपने कुत्ते से कटवा दिया था और टोपी को पेट में चौदह इंजेक्शन लगवाने पड़े तथा कलेक्टर के बेटों ने टोपी को मारा भी था। उनमें इंसानियत, दया, प्रेम की भावना नहीं थी इसीलिए टोपी ने दुबारा बंगले की ओर रुख नहीं किया।

प्रश्न 85. 'टोपी शुक्ला' पाठ के माध्यम से किन जीवन मूल्यों को बताया गया है? लेखक के विचारों से आप कितना सहमत या असहमत हैं?

उत्तर— 'टोपी शुक्ला' पाठ के माध्यम से लेखक ने मज़हब, जाति, देश आदि के बंधनों से अधिक प्रेम के बंधन को अधिक मजबूत बताया है। लेखक का मानना है कि मनुष्य के बीच सम्बन्धों का आधार प्रेम है न कि परिवार मज़हब, जाति या देश। इफ़्फन के दादी और टोपी दो अलग-अलग मज़हबों से थे किन्तु फिर भी एक-दूसरे के दिल के करीब थे। हम लेखक के विचारों से पूरी तरह सहमत हैं। मानव सम्बन्धों की नींव सात्विक प्रेम पर टिकी है न कि परिवार, मज़हब जाति या देशों की सीमाओं पर।

प्रश्न 86. समाज में समरसता बनाए रखने के लिए टोपी और इफ़्फ़न जैसे पात्रों का होना आवश्यक है—तीन तर्क देकर पुष्टि कीजिए।

उत्तर— समाज में समरसता बनाए रखने के लिए टोपी और इफ़्फ़न में समरसता बनाए रखने के लिए टोपी और इफ़्फ़न जैसे पात्रों का होना आवश्यक है। इसके लिए सबसे पहला तर्क यह दिया जा सकता है कि मित्रता में कभी भी जाति व धर्म का बंधन नहीं होता है। सभी को प्रेम व सौहार्द्र से मिलकर सभी त्यौहारों व उत्सव में भाग लेना चाहिए। दूसरा तर्क यह दिया जा सकता है कि मित्रता का संबंध पारिवारिक व सामाजिक स्तर के भेद से परे होता है। मित्रता सामाजिक सौहार्द्र में सहायक होती है। तीसरा तर्क यह दिया जा सकता है कि दोनों की मित्रता में हैसियत, रीति-रिवाज और आयु की समस्या का बंधन नहीं था। इन सबसे यह भी पता चलता है कि प्रेम किसी बात का पाबंद नहीं होता तथा मित्रता में जाति, धर्म बाधा उत्पन्न नहीं कर सकते। हमेशा सभी धर्मों का सम्मान करना चाहिए ताकि समाज में परस्पर भाईचारा कायम हो सके।

❑❑

खण्ड ‘ख’

लेखन

अनुच्छेद लेखन

Chapter 1

किसी एक विषय पर संयमित, सटीक तथा संक्षिप्त भाषा में उस विषय में सन्दर्भ में सभी बिंदुओं को लिखित रूप में स्पष्ट कर देना ही अनुच्छेद लेखन है। इसमें लेखक एक विषय पर एक ही अनुच्छेद में सीमित शब्दों का प्रयोग कर अपने विचारों को व्यक्त करता है। अनुच्छेद लेखन में लेखन के लेखक कौशल की परख होती है। विषय वस्तु को विस्तार से वर्णन करना सुगम होता है पर विषद विषय के सभी पक्षों को कम शब्दों और एक अनुच्छेद में वर्णन करना ही कौशल है। किसी विषय पर अनुच्छेद लेखन से पहले निम्न तथ्यों को ध्यान में रखना आवश्यक है—

(क) अनुच्छेद में व्यक्त विचार विषय से ही सम्बन्धित होने चाहिए।
(ख) भावों की अभिव्यक्ति में स्वाभाविकता होनी चाहिए।
(ग) अनुच्छेद में व्यक्त विचार तथ्यपरक होने चाहिए।
(घ) अनुच्छेद लेखन में कठिन शब्दों का प्रयोग कम-से-कम करना चाहिए।
(ङ) अनुच्छेद लेखन में व्यक्त विचार परस्पर सुसम्बद्ध होने चाहिए।
(च) अनुच्छेद में व्यक्त विचारों में आदि, मध्य और अन्त का होना अनिवार्य है।

अभ्यास हेतु संकेत बिन्दुओं के आधार पर अनुच्छेद लेखन के उदाहरण—

1. ऐसी बानी बोलिए, मन का आपा खोए

संकेत बिन्दु— • भूमिका, • मधुर वाणी का महत्व, • मित्रता और शुत्रता, • मधुर वाणी से लाभ, • उपसंहार।

संत कवि कबीर के अनुसार ''ऐसी वाणी बोलिए मन का आप खोए, औरन को शीतल करै आपहुँ शीतल होए।'' यथार्थ में वाणी की मधुरता से सभी को मित्र और कर्कश वाणी से शत्रु बनाया जा सकता है। सभी शास्त्रों और धर्म ग्रन्थों में वाणी के महत्व को दर्शाया गया है। एक बार एक शिष्य ने गुरु से पूछा, 'सदैव प्रसन्न रहने के लिए क्या करना चाहिए।' गुरु जी ने कहा, 'अपनी वाणी से अमृत बिखेरते रहो। सभी से प्रेम करो, निश्चित ही सभी से प्रेम पाते रहोगे। इससे प्रसन्नता मिलेगी। विनम्र स्वभाव और मीठी वाणी का हर तरह की सफलता में योगदान रहता है, इसलिए मनुष्य को हमेशा मीठी वाणी बोलनी चाहिए। वाणी में इतनी शक्ति होती है कि मीठा बोलने वाले की मिर्ची भी बिक जाती है और कड़वा बोलने वाले का शहद भी नहीं बिकता है। मीठे वचनों में इतनी शक्ति और आकर्षण होता है कि पराया आदमी भी मित्र व हितैषी बन जाता है, जबकि कटु वचन बोलने वाला भाई-बांधवों और मित्रों को भी दुश्मन बना लेता है। नीतिशास्त्र में कहा गया है, 'झूठ बोलना, कटु बोलना, असंगत बात कहना, अहंकारयुक्त शब्द बोलना, निंदा करना आदि वाणी के ऐसे दोष हैं, जिनसे मनुष्य पग-पग पर संकट में पड़ता है। अत: एक-एक शब्द सोच-समझकर बोलना चाहिए।' विभिन्न वेदों और शास्त्रों में भी वाणी संयम को सर्वश्रेष्ठ तप कहा गया है। विदुर नीति में कहा गया है, ''असंयमपूर्ण बोलने की अपेक्षा मौन रहना श्रेयस्कर है।'' (मौनं सर्वार्थ साधनम्) इस प्रकार सत्य और धर्मयुक्त वचन ही सर्वदा प्रयोग करना चाहिए।

2. सफलता की कुंजी-परिश्रम

संकेत बिन्दु— • भूमिका, • सफलता का महत्व, • परिश्रम का महत्व, • आलस सबसे बड़ा अवगुण, • उपसंहार।

जीवन में सफल होना अनेक साधनों पर निर्भर करता है। सफल जीवन के सभी साधनों में सर्वाधिक महत्वपूर्ण परिश्रम है। परिश्रम का मानव जीवन में बहुत बड़ा महत्व है। जीवन के लिए यह किसी आभूषण से कम नहीं है। इसे अपनाने वाले व्यक्ति का जीवन सफलताओं का पर्याय बन जाता है। परिश्रम 'कामधेनु' के समान होता है, जिसके आगे कोई इच्छा अधूरी नहीं रहती। परिश्रमी व्यक्ति मार्ग में आई बाधाओं से हार नहीं मानता, बल्कि उनका सामना करते हुए परिश्रमी स्वभाव से उन पर जीत हासिल करता है, ऐसा व्यक्ति अपने जीवन के एक-एक पल का आनन्द उठाता है, उसके इस गुण से उसे समाज में मान-सम्मान प्राप्त होता है। इसके विपरीत एक अकर्मण्य/आलसी व्यक्ति अपने इसी दुर्गुण के कारण सदैव सफलता के लिए तरसता रहता है, उसका जीवन कष्टों से परिपूर्ण होता है और सफलता के अभाव में वह अपने जीवन में छोटी-छोटी सुविधाओं के लिए तरस जाता है। समाज में ऐसे व्यक्ति को कोई आदर नहीं देता। चींटी, मधुमक्खी जैसे लघु जीव भी मनुष्य को परिश्रमी बनने की प्रेरणा देते हैं। संसार के सफल व्यक्तियों के उदाहरण देखिए, उनकी सफलता का मूलमन्त्र यही 'परिश्रम' है। इस कारण यदि व्यक्ति को अपने जीवन के एक-एक पल का आनन्द उठाना है, तो उसे परिश्रम से मुँह नहीं मोड़ना चाहिए क्योंकि कहा भी गया है—''सकल पदारथ हैं जग माहीं। कर्महीन नर पावत नाहीं।''

3. हिन्दी भाषा का बढ़ता परिवेश

संकेत बिन्दु— • भूमिका, • हिन्दी के अनेक रूप, • राजभाषा के रूप में हिन्दी, • विश्वभाषा के रूप में, • उपसंहार।

निजी भाषा उन्नति अहै, सब उन्नति कौ मूल। बिनु निज भाषा ज्ञान के, मिटे न हिय को सूल। भारतेन्दु संस्कृत भाषा से निस्सृत हिन्दी भाषा में अनेक रूपों में प्रचलित है—राजभाषा, जनभाषा, लोकभाषा, मातृभाषा, सम्पर्कभाषा और संचारभाषा आदि। हर स्वतन्त्र राष्ट्र की अपनी एक भाषा होती है जो उसका गौरव होती है और उस राष्ट्र की पहचान होती है। हिन्दी भी भारत की पहचान है। स्वतन्त्रता प्राप्ति से पूर्व यह निर्णय लिया गया था कि स्वतन्त्रता प्राप्ति के बाद भारत की राजभाषा हिन्दी होगी। स्वतन्त्र भारत की संविधान सभा ने 14 सितम्बर,

1949 को ही हिन्दी को भारत संघ की राजभाषा के रूप में मान्यता दे दी। हिन्दी देश के कोने-कोने में बोली जाती है। उत्तर प्रदेश, बिहार, मध्य प्रदेश, राजस्थान, हरियाणा, हिमाचल प्रदेश और दिल्ली आदि राज्यों की यह मातृभाषा और राजभाषा है। पंजाब, गुजरात, महाराष्ट्र और अण्डमान निकोबार में इसे द्वितीय भाषा का दर्जा दिया गया है। शेष प्रान्तों में यह सम्पर्क भाषा के रूप में प्रयोग की जाती है। वर्तमान में विश्व के अनेक विश्वविद्यालयों में हिन्दी का पठन-पाठन हो रहा है। भारत या भारत से बाहर हिन्दी में अनेक समाचार-पत्र और पत्रिकाएँ प्रकाशित हो रही हैं। इस प्रकार हिन्दी का प्रचार-प्रसार भारत और भारत से बाहर द्रुत गति से हो रहा है।

4. परोपकार

संकेत बिन्दु— • भूमिका, • परोपकार का अर्थ, • परोपकार का महत्व, • परोपकार सबसे बड़ा गुण, • उपसंहार।

'परोपकार— पुण्याय पापाय पर पीडनम्।' हमारी सम्पूर्ण भारतीय संस्कृति अपने समग्र रूप में इन्हीं दोनों सिद्धान्तों पर टिकी हुई है। यहाँ 'परोपकार' शब्द दो शब्दों 'पर और उपकार' से मिलकर बना है, जिसका अर्थ होता है—दूसरों के हित के लिए किया गया कार्य। जब कोई व्यक्ति समर्पण भाव से किसी अन्य के हित को ध्यान में रखकर कार्य करता है, उसका वह कार्य 'परोपकार' के अन्तर्गत आता है। इतिहास इस बात का साक्षी है कि किन महापुरुषों के नाम आज मुख से लेने पर पवित्रता का अनुभव होता है, उन्होंने अपना सम्पूर्ण जीवन जन-कल्याण में निस्वार्थ भाव से लगाया है। महर्षि दधीचि ने परोपकार हेतु जहाँ सहर्ष अपनी हड्डियों का दान किया, तो वहीं राजा शिवि ने कबूतर की रक्षा के लिए अपना अंग-अंग काटकर चढ़ा दिया। महात्मा गाँधी, मदर टेरेसा, नेल्सन मंडेला, बाबा आम्टे आदि ने तो 'परोपकार' को अपने जीवन का अभिन्न अंग बनाया। सत्य ही है कि परोपकार करने वाले व्यक्ति को इससे आत्मिक सन्तुष्टि प्राप्त होती है तथा उनके कार्यों से मानवता भी फलती-फूलती है। निश्चित ही परोपकार इस संसार में मानवता को सुख पहुँचाने वाला सबसे बड़ा धर्म है। अत: हमें भी परोपकार के पथ पर चलकर मानवता के उत्थान में अपना जीवन समर्पित कर देने का संकल्प लेना चाहिए। जीवन का वास्तविक आनन्द परोपकार में ही है। सच्चा सुख दूसरों का भला करने में है।

5. समाज में बढ़ती अराजकता

संकेत बिन्दु— • भूमिका, • अराजकता के कारण, • अराजकता के प्रकार, • समाधान, • उपसंहार।

मनुष्य एक सामाजिक प्राणी है। समाज का उत्थान या पतन उसमें रहने वाले मनुष्यों की प्रवृत्ति पर निर्भर करता है। वर्तमान समाज में अराजकता अपने चरम पर व्याप्त है। समाज में व्याप्त अराजकता का प्रमुख कारण है मनुष्य की स्वार्थ-लोलुपता एवं असन्तोष की प्रवृत्ति। ऐसे व्यक्ति बुराइयों में लिप्त होते हैं तथा समाज को दूषित करते हैं। इन्हीं व्यक्तियों से समाज में अराजकता का विस्तार होता है। आधुनिक समाज में अराजकता अनेक रूपों में विद्यमान है। समाज में व्याप्त चोरी, डकैती, लूट-खसोट, हत्याएँ, महिलाओं से छेड़छाड़, रिश्वतखोरी आदि सभी अराजकता के ही रूप हैं। अराजकता को दूर करना यदि असम्भव नहीं तो कठिन अवश्य है पर सभी लोगों के सामूहिक प्रयास से इसे समाप्त किया जा सकता है। किसी एक व्यक्ति विशेष या वर्ग से नहीं अपितु समाज के समस्त वर्गों के लोगों को उसका विरोध करना होगा। हमें उन्हें रोकने के नये उपाय खोजने होंगे तथा कानून के नियमों को और भी अधिक सख्त बनाना होगा ताकि इनसे भली-भाँति निपटा जा सके। सभी असामाजिक तत्वों का सामाजिक रूप से बहिष्कार भी इस दिशा में एक उत्तम उपाय बन सकता है। हमारे इस प्रयास में समाचार-पत्र एवं पत्रिकाएँ, चलचित्र, दूरदर्शन एवं संचार के अन्य माध्यम भी प्रमुख भूमिका निभा सकते हैं। तब वह दिन दूर नहीं जब हम एक सुसंस्कृत, उन्नत एवं गौरवशाली समाज का गठन कर सकेंगे।

6. भारतीय किसान और कृषि

संकेत बिन्दु— • भूमिका, • किसानों का महत्व, • किसानों की बदहाली, • समस्याओं का समाधान, • उपसंहार।

भारतीय किसान भारतवासियों के लिए अन्नदाता हैं, उनके पालक हैं। वह धरती की छाती को फाड़कर, हल चलाकर अन्न उपजाता है किन्तु उसके परिश्रम का फल व्यापारी लूट ले जाता है। भारत में कृषि और किसानों की हालात दिनों-दिन बदतर होती जा रही है। जिसके कारण अनेक किसान आत्महत्या तक करने पर मजबूर होते जा रहे हैं। भारत में बहुत-से लघु उद्योग हैं जिसे किसान आसानी से काम कर सकते हैं। इसके लिए सरकार को जागरूक होना चाहिए। कभी खराब बीजों की वजह, कभी फसलों की कम कीमत, कभी खराब मौसम और कभी सरकार को गलत नीतियों को दोहरी मार से किसानों की बुरी दुर्दशा हो जाती है। किसानों की दुर्दशा को ध्यान में रखते हुए सरकार को किसानों के कर्ज माफ कर देने चाहिए तथा किसानों के लिए सरकार को लघु उद्योग लगाने की व्यवस्था करनी चाहिए। साथ ही कृषि को व्यावहारिक बनाने के लिए अनुबन्ध कृषि को लघु उद्योग लगाने की व्यवस्था करनी चाहिए। साथ ही कृषि को व्यावहारिक बनाने के लिए अनुबन्ध कृषि को एक विकल्प के रूप में अपनाने पर जोर देना चाहिए। ताकि, किसानों के जीवन को सही दिशा दिया जा सके। भारतीय किसान बड़े परिश्रमी हैं। वह गर्मी-सर्दी तथा वर्षा की परवाह किये बिना ही अपने कार्य में जुटे रहते हैं। जेठ की दोपहरी, वर्षा ऋतु की उमड़ती-घुमड़ती काली मेघ-मालाएँ तथा शीत ऋतु की हाड़ कँपा देने वाली वायु उसे अपने कर्तव्य से रोक नहीं पाती। अभाव और विवशता के बीच ही वह जन्म लेता है तथा इसी दशा में मृत्यु को प्राप्त हो जाता है। धन्य है, अन्नदाता भारतीय किसान।

7. स्वच्छ भारत अभियान

संकेत बिन्दु— • भूमिका, • स्वच्छता अभियान की शुरुआत, • आवश्यकता, • उपाय, • उपसंहार।

स्वच्छ भारत अभियान एक राष्ट्रीय स्वच्छता मुहिम है, जो भारत सरकार द्वारा संचालित किया जा रहा है। यह एक बड़ा आन्दोलन है, जिसके तहत भारत को पूर्णत: स्वच्छ बनाने का संकल्प लिया गया है। इस मिशन को 2 अक्टूबर, 2014 को बापू के (145वें जन्म दिवस) जन्मदिवस के शुभ अवसर पर आरम्भ किया गया है और 2 अक्टूबर, 2019 (बापू के 150वें जन्म दिवस) तक पूरा करने का लक्ष्य रखा

गया है। स्वच्छ भारत का सपना महात्मा गाँधी के द्वारा देखा गया था, जिसके सन्दर्भ में गाँधीजी ने कहा 'स्वच्छता स्वतन्त्रता से ज्यादा जरूरी है।' स्वच्छ भारत अभियान के एक राष्ट्रव्यापी सफाई अभियान के रूप में प्रधानमन्त्री नरेन्द्र मोदी द्वारा शुरू की गई महान स्वच्छता अभियान है। भौतिक, मानसिक, सामाजिक और बौद्धिक कल्याण के लिए भारत के लोगों में इसका स्वच्छता के महत्व का अहसास होना बेहद आवश्यक है। यह सही मायनों में भारत की सामाजिक स्थिति को बदलने के लिए बहुत उपकारक है। इस अभियान को सफल बनाने के लिए भारत में हर घर में शौचालय हो तथा खुले में शौच प्रवृत्ति को भी खत्म करने की आवश्यकता है। हाथ के द्वारा की जाने वाली साफ-सफाई की व्यवस्था का जड़ से उखाड़ना जरूरी है। नगर-निगम के कचरे का पुनर्चक्रण और दुबारा इस्तेमाल, सुरक्षित समापन, वैज्ञानिक तरीके से मल प्रबन्धन को लागू करना अत्यावश्यक है। पूरे भारत में साफ-सफाई की सुविधा को विकसित करने के लिए निजी क्षेत्रों की हिस्सेदारी बढ़ाना होगा। ग्रामीण व शहरी क्षेत्रों में जीवन की गुणवत्ता में सुधार स्वच्छता के द्वारा ही आ सकता है। वास्तव में बापू के सपनों को सच करने के लिए स्वच्छता आन्दोलन को सफल बनाना आवश्यक है।

8. मन के हारे हार है मन के जीते जीत

संकेत बिन्दु— • भूमिका, • आत्मशक्ति का महत्व, • आशावादी दृष्टिकोण, • समस्याओं पर विजय, • उपसंहार।

मनुष्य का जीवन चक्र अनेक प्रकार की विविधताओं से भरा होता है जिसमें सुख-दुःख, आशा-निराशा तथा जय-पराजय के अनेक रंग समाहित होते हैं। वास्तविक रूप में मनुष्य की हार और जीत उसके मनोयोग पर आधारित होती है। मन के योग से उसकी विजय अवश्यम्भावी है परन्तु मन के हारने पर निश्चय ही उसे पराजय का मुँह देखना पड़ता है। मनुष्य की समस्त जीवन प्रक्रिया का संचालन उसके मस्तिष्क द्वारा होता है। मन का सीधा सम्बन्ध मस्तिष्क से है। मन में हम जिस प्रकार के विचार धारण करते हैं हमारा शरीर उन्हीं विचारों के अनुरूप ढल जाता है। हमारा मन-मस्तिष्क यदि निराशा व अवसादों से घिरा हुआ है तब हमारा शरीर भी उसी के अनुरूप शिथिल पड़ जाता है। हमारी समस्त चेतना विलीन हो जाती है। दूसरी ओर यदि हम आशावादी हैं और हमारे मन में कुछ पाने व जानने की तीव्र इच्छा हो तथा हम सदैव भविष्य की ओर देखते हैं तो हम इन सकारात्मक विचारों के अनुरूप प्रगति की ओर बढ़ते जाते हैं। कर्मवीर व्यक्ति कठिन परिस्थितियों में भी वे जीत के लिए निरन्तर संघर्ष करते रहते हैं और अन्त में विजयश्री उन्हें अवश्य मिलती है। इसलिए हमें भी भाग्य पर नहीं अपितु कर्म में आस्था रखनी चाहिए। जिससे हम अपने मनोबल तथा दृढ़ इच्छा-शक्ति से असम्भव को भी सम्भव कर सकें।

9. मेरे जीवन का लक्ष्य

संकेत बिन्दु— • भूमिका, • मेरा लक्ष्य, • अनगिनत विकल्प, • प्राप्त करने के उपाय, • उपसंहार।

'पूर्व चलने के बटोही पंथ का निर्माण कर लें— हरिवंशराय बच्चन। जो व्यक्ति अपने लक्ष्य का निर्धारण सोच-समझ कर सकता है वह अपने लक्ष्य को अवश्य प्राप्त करता है। अर्जुन को जैसे चिड़िया की आँख ही दिख रही थी क्योंकि वही उसका लक्ष्य था। सारी इन्द्रियाँ एकाग्रचित्त करके जब उन्होंने बाण चलाया तो वे लक्ष्य बेधने में सफल हुए। जीवन का लक्ष्य बहुत सोच-समझकर प्रारम्भ से ही तय करना चाहिए तभी सफलता प्राप्त होती है। जो बार-बार अपना लक्ष्य बदलते रहते हैं, वे अवश्य ही असफल हो जाते हैं। मधुशाला में बच्चनजी कहते हैं, 'राह पकड़ तू एक चला चल पा जायेगा, मधुशाला।' हर व्यक्ति के सामने अनगिनत लक्ष्य रहते हैं। कोई डॉक्टर बनना चाहता है, कोई इंजीनियर, कोई शिक्षक बनाना चाहता है, तो कोई फ़ौजी अफसर। व्यक्ति यदि प्रारम्भ से ही अपना लक्ष्य निर्धारित कर ले तो एकाग्रचित्त होकर उस लक्ष्य की प्राप्ति हेतु प्रयत्नशील हो जाता है और अन्ततः अपना लक्ष्य पा लेता है। मैंने अपने जीवन का लक्ष्य शिक्षक बनना निर्धारित किया है। शिक्षक बनकर मैं देश की भावी पीढ़ी का मार्गदर्शन कर सकूँगा और उनका चारित्रिक विकास कर देश को अच्छा नागरिक देकर देश सेवा में योगदान दे सकूँगा। इससे औरों के समान मुझे भी आत्मसन्तोष तथा गर्व प्राप्त होगा।

10. स्वच्छता ही सेवा है

संकेत बिन्दु— • भूमिका, • स्वच्छता का महत्व, • स्वच्छता के आधार, • स्वच्छता की आवश्यकता, • उपसंहार।

स्वच्छता सेवा का ही प्रतिरूप है। इसमें समष्टि या व्यष्टि के भाव से कार्य नहीं किया जाता अपितु आनन्द, सुख और सन्तोष का भाव समाहित है। यह सेवा स्व की हो या पर की यह ध्येय नहीं है पर स्वच्छता का भाव सर्वत्र विद्यमान रहना चाहिए, स्वच्छता ही सेवा है और सेवा ईश्वर का प्रतिरूप है। स्वच्छता के तीन आधार हैं—व्यक्ति, समाज और राष्ट्र ये तीनों परस्परावलम्बी है। जिस समाज का व्यक्ति अन्तर्बाह्य जितना अधिक शुद्ध, स्वच्छ और सुदृढ़ होगा वह राष्ट्र उतना ही अधिक विकसित होगा। यह प्रसन्नता का विषय है कि वर्तमान में सरकार द्वारा स्वच्छता अभियान को बड़े ही प्रभावशाली तरीके से पूरे भारत में चलाया जा रहा है। उत्तर भारत से आसमुद्र स्वच्छता का एक सुखद परिवर्तन दिख रहा है और अनुभव किया जा सकता है कि अब भारत बदल रहा है। परिवर्तन विकास का सूचक है 'स्वच्छता ही सेवा है।' इसे राष्ट्र के विकास के उद्घोष के रूप में स्वीकार कर लोगों को जागरूक बनाये रखने की आवश्यकता है। समाज और सामाजिकों के दिलों में यह बात बैठाने की आवश्यकता है कि स्वच्छता ही सेवा है और यह सेवा हम स्वयं ही कर सकते हैं।

11. मेरे सपनों का विद्यालय

संकेत बिन्दु— • भूमिका, • विद्यालय का स्वरूप, • वातावरण, • समाज निर्माण में सहयोग, • उपसंहार।

विद्यालय का तात्पर्य विद्यालय का आलय है जहाँ ज्ञान की गंगा अनवरत प्रवाहित होती रहती है। प्राचीन काल में जो ज्ञान केन्द्र थे और आज को विद्यालयों के स्वरूप में बहुत बड़ा परिवर्तन आ गया है। मेरे सपनों के विद्यालय का स्वरूप कुछ इस प्रकार से होगा जहाँ न केवल शास्त्रीय ज्ञान दिया जायेगा अपितु विद्यार्थी के सर्वांगीण विकास पर बल दिया जायेगा। विद्यार्थियों को शिक्षा के साथ-साथ खेलकूद, रहन-सहन,

विज्ञान, कला के क्षेत्र में भी ज्ञान प्रदान किया जायेगा। सभी विषय के उच्च शिक्षित एवं जानकार शिक्षक विद्यालय में तैनात होंगे। विद्यालय में उचित पुस्तकालय होगा जो इंटरनेट के माध्यम से भी जुड़ा होगा। परम्परागत शिक्षा प्रणाली के साथ-साथ इन्फॉर्मेशन टेक्नोलॉजी, इंटरनेट, कम्प्यूटर, प्रोजेक्टर आदि का भी भरपूर उपयोग किया जायेगा। मेरे सपनों के विद्यालय का भवन हवादार और स्वच्छ होगा। विद्यालय के चारों ओर सफेद रंग किया जायेगा जिससे मन को शान्ति मिलती रहेगी है। विद्यालय के आगे दो बगीचे होंगे जिसमें तरह-तरह के फूलों के पौधे लगे हुए जो देखने में सुन्दर लगते हों। विद्यालय में एक बड़ा खेल का मैदान होगा जहाँ विद्यार्थियों की कबड्डी, खो-खो, बैडमिंटन, हॉकी, क्रिकेट आदि खेलना सिखाया जायेगा। विद्यालय में एक कैंटीन और जल की भी पर्याप्त व्यवस्था होगी जहाँ खाना भी खाया जा सकेगा। विद्यालय का वातावरण सहज, शैक्षिक, रचनात्मक, प्रेरणादायी एवं अनुशासित हो तो किसी भी लक्ष्य को प्राप्त किया जा सकता है। मेरे सपनों के विद्यालय में भी यही परिवेश होगा। इस प्रकार मेरे सपनों का विद्यालय उच्च कोटि के नागरिक तैयार करके देगा जिससे देश का भविष्य समुज्ज्वल हो सकेगा और विश्व-पटल पर भारत विश्व गुरू बनकर स्थापित होगा।

12. सच्ची मित्रता

संकेत बिन्दु— • भूमिका, • मित्रता का महत्व, • सच्चे मित्रों की पहचान, • बुरे मित्रों की पहचान, • मित्र का सही चुनाव, • उपसंहार।

'मैत्री की सुखद छाया, शीतल हो जाती है काया—दिनकर।' मित्रता का शाब्दिक अर्थ है कि एक ऐसी पवित्र भावना जो हमें अपने मित्र के प्रति होती है। जब एक व्यक्ति दूसरे व्यक्ति का शुभचिन्तक हो अर्थात् परस्पर एक-दूसरे के हित की कामना तथा एक-दूसरे के सुख, उन्नति और समृद्धि के लिए प्रयत्नशील हों, तो इसे ही मित्रता कहा जाता है। मित्रता सिर्फ सुख के क्षणों की कामना ही नहीं करती, दु:ख के पलों में भी ढाल बनकर साथ देती है। लेकिन मित्रता करने के लिए मित्र का सही चुनाव बहुत ही आवश्यक है। मनुष्य को सच्चे व झूठे मित्र में पहचान करना आना चाहिए। एक झूठा मित्र हमेशा अपने स्वार्थ के लिए मित्रता करता है जबकि सच्चा मित्र दयालु, सहनशील और प्रेम करने वाला होता है। हमें सच्चे मित्र की परख हमेशा संकट में ही होती है। हमारे मित्र तो कई होते हैं लेकिन कुछ मित्र तो भले दिनों के मित्र होते हैं और कुछ बुरे दिनों के होते हैं। आज हमारे पास धन, सम्पत्ति है तो हमारे मित्रों की संख्या बहुत तेजी से बढ़ने लगती है। ये हमारे सच्चे मित्र नहीं होते। बुरे दिनों में हमारा साथ देने वाले मित्र ही हमारे सच्चे मित्र होते हैं। हमारा सच्चा मित्र हमारी सफलता से कभी भी ईर्ष्या नहीं करता। हमारी सफलता हमारे मित्र के लिए सबसे बड़ी खुशी होती है। वह हमारी सफलता को दिल से मानता है। सच्चा मित्र लम्बे समय तक मित्रता निभाता है। किसी समस्या को आने पर हमेशा मदद के लिए तैयार रहता है, कभी निराश नहीं करता। इस प्रकार सच्ची मित्रता एक अनमोल रत्न है अत: इसे कभी विखंडित नहीं होने देना चाहिए।

13. आधुनिक युग की महिलाएँ

संकेत बिन्दु— • जीवन शैली, • महिलाओं की समस्या, • जीवन शैली, • कामकाजी महिलाओं की समस्या, • सहयोग की अपेक्षा, • उपसंहार।

'यत्र नार्यस्तु पूज्यन्ते रमन्ते तत्र देवता:।' भारत में प्राचीनकाल से ही यह परम्परा रही है कि यहाँ महिलाओं को समाज में विशिष्ट आदर एवं सम्मान दिया जाता है। यहाँ उनकी सुरक्षा व इज्जत का खास ध्यान रखा जाता है। भारतीय संस्कृति में महिलाओं को देवी का दर्जा दिया जाता है। अगर हम इक्कीसवीं सदी की बात करें तो महिलाएँ हर कार्यक्षेत्र में पुरुषों के साथ कंधे-से-कंधा मिलाकर काम कर रही हैं, चाहे वह राजनीति, बैंक, विद्यालय, खेल, पुलिस, रक्षा क्षेत्र, खुद का कारोबार हो या आसमान में उड़ने की अभिलाषा हो। लेकिन भारत के महानगरों में अब महिलाएँ पूर्णरूप से सुरक्षित भी नहीं हैं। बेशक हम उनको एक देवी का दर्जा देते हैं लेकिन उनके साथ बहशीपन करते हुए हिचकिचाते भी नहीं। आज महिलाओं के संरक्षण हेतु केन्द्र और राज्य सरकारों ने कानून बनाकर उनकी सुरक्षा के व्यापक उपाय किये हैं। महिलाओं को अत्याचार से बचाने के लिए प्रत्येक राज्य में महिला आयोग गठित किये गये हैं। अशिक्षित महिलाएँ स्वयं के लिए आवाज उठाने में पूरी तरह से समर्थ नहीं हो पातीं, उन्हें शिक्षित करना व आत्मनिर्भर बनाना भी आवश्यक है। आज के समय भी महिलाएँ आकाश को छू रही हैं पर उनके प्रतिशत बहुत ही कम है। हम सबको मिलकर इस प्रतिशत को बढ़ाने के लिए प्रयास करना होगा तभी समाज का सर्वाधिक विकास सम्भव हो सकेगा।

14. पर्यावरण संकट-प्लास्टिक

संकेत बिन्दु— • भूमिका, • प्लास्टिक की आवश्यकता, • प्लास्टिक के उपयोग से हानि, • प्लास्टिक से पर्यावरण की हानि, • उपसंहार।

प्लास्टिक एक रासायनिक पदार्थ है जिसे मिट्टी सैकड़ों वर्षों में भी गला नहीं पाती है। यह जहाँ कहीं भी मिट्टी या पानी के आस-पास होता है उस जगह को अनुर्वर बना देता है। वर्तमान में जहाँ एक ओर प्लास्टिक के प्रयोग ने जिन्दगी सुविधाजनक बनाई है वहीं दूसरी ओर उस सुविधा ने पर्यावरण की दृष्टि से कितनी बड़ी मुश्किलें पैदा कर दी हैं इसका अनुमान लगाना भी सम्भव नहीं है। प्लास्टिक कचरा पर्यावरण के लिए गम्भीर संकट बन चुका है। प्लास्टिक कचरे का रिसाइकिल करना सुगम नहीं होता है। पर्यावरण की दृष्टि से जहाँ बेहतर तकनीक वाली रिसाइकिलिंग इकाइयाँ नहीं लगी होती हैं वहीं रिसाइकिलिंग के दौरान पैदा होने वाले विषैले धुएँ से वायु प्रदूषण फैलता है। प्लास्टिक का कचरा नालियों और सीवरेज व्यवस्था को बिगाड़ता है। नदियों में भी इनकी वजह से बहाव का असर पड़ता है। पानी के दूषित होने से मछलियों और अन्य जलचरों की मौत तक हो जाती है। नदियों के जरिए यह कचरा समुद्र में भी पहुँच कर जल प्रदूषण फैला रहा है। कूड़े में पड़ी प्लास्टिक थैलियों को खाकर आवारा पशुओं को बड़ी तादाद में मौतें हो रही हैं। प्लास्टिक कचरे के पर्यावरण से बचने के लिए जनमानस को जागरूक किया जाना चाहिए। इसके लिए जन-आन्दोलन

चलाया जाना अब अति आवश्यक जान पड़ता है। आजकल व्यापारीजन अपने व्यापार को बढ़ावा देने के लिए बेधड़क प्लास्टिक का प्रयोग कर रहे हैं अत: उन्हें भी इस सन्दर्भ में जागरूक और सावधान करने की आवश्यकता है। यदि सब परस्पर निश्चय कर लें तो प्लास्टिक का प्रयोग सुगमता से निषेध हो सकता है।

15. पर्यावरण की जान-वृक्ष

संकेत बिन्दु—• भूमिका, • पर्यावरण का महत्व, • वृक्षों का महत्व, • पर्यावरण से वृक्ष का सम्बन्ध, • उपसंहार।

वृक्ष पर्यावरण के लिए सुरक्षा कवच है। यथार्थ में वृक्ष पर्यावरण की जान है। वृक्ष के अभाव में स्वस्थ पर्यावरण की कल्पना असम्भव है। वृक्ष प्रकृति की सबसे अनमोल कृति है। वैज्ञानिक अनुसंधान ने सिद्ध कर दिया है कि पृथ्वी पर जीवन तभी सम्भव हो पाया है जब यहाँ वृक्ष मौजूद हैं। पृथ्वी की अनोखी एवं मनमोहक छटा का कारण पृथ्वी पर पाये जाने वाले वृक्षों एवं पौधों की सैकड़ों प्रजातियाँ हैं। वृक्ष वायुमण्डल में जीवन के आधार हैं। वृक्षों का हमारे पारिस्थितिक तन्त्र को नियन्त्रित करने में महत्वपूर्ण योगदान है। वृक्षों से जहाँ भोजन हेतु फल-फूल प्राप्त होते हैं वहीं जलावन तथा भवन निर्माण और साज-सज्जा के लिए लकड़ियाँ प्राप्त होती हैं। वन से हमें जड़ी-बूटियाँ तथा शुद्ध हवा मिलती है। पर्यावरण को प्रदूषण मुक्त करने के लिए वृक्ष से बड़ा उपकारक तत्व नहीं है। वृक्ष अनेक जीव-जन्तुओं का आश्रय-स्थल है। विकास के नाम पर वर्तमान में लोग वृक्षों को समूल नष्ट कर रहे हैं। अत: इसकी रक्षा के लिए सरकार, स्वयं-सेवी संगठन तथा अनेक संस्थाओं की ओर से सकारात्मक प्रयास किया जा रहा है। इस दिशा में व्यक्तिगत रूप से सहयोग किये जा रहे हैं। विश्वास है लोग समय के साथ वृक्षों के महत्व को स्वीकार कर इन्हें अपना सच्चा मित्र मानेंगे।

16. आत्मविश्वास : एक दिव्यगुण

संकेत बिन्दु—• भूमिका, • आत्मविश्वास का अर्थ, • आत्मविश्वास का महत्व, • सबसे बड़ा गुण, • उपसंहार।

आत्मविश्वास मनुष्य के लिए एक ऐसा दिव्य गुण है जिस पर वह आरूढ़ हो देवत्व को प्राप्त कर सकता है। 'आत्मविश्वास' शब्द दो शब्दों 'आत्म और विश्वास' से बना है जिसका अर्थ है स्वयं पर किया गया भरोसा अर्थात् अपनी शक्ति तथा सामर्थ्य पर किया गया विश्वास। अत: इसमें कोई दो मत नहीं कि आत्मविश्वास एक दिव्य गुण है तथा इसके द्वारा बड़े-से-बड़े संकट का सामना करके व्यक्ति प्रतिकूल परिस्थितियों को अपने अनुकूल बना लेता है। आत्मविश्वास व्यक्ति को आशावादी बनाता है, जिससे उसके अन्दर धैर्य, त्याग, आत्मबल, सहिष्णुता आदि गुणों का समावेश हो जाता है तथा जिसमें यदि कभी उसके जीवन में संकट के पल आते भी हैं, तो उसके आत्मविश्वास के समक्ष नतमस्तक हो जाते हैं। बछेन्द्री पाल के आत्मविश्वास ने उन्हें एवरेस्ट की चोटी पर पहुँचाया है, तो सचिन के आत्मविश्वास ने उन्हें 'क्रिकेट -जगत्' का देवता बनाया है। इतिहास के पन्नों में लिखे स्वर्णिम नामों में चमक होती है—आत्मविश्वास की। जीवन के आसमान पर प्रखर सूर्य बनकर चमकना हो, उसे स्वयं की शक्ति को पहचानकर स्वयं पर भरोसा रखना चाहिए क्योंकि इस दिव्य गुण के सहारे उसका तेजस्वी बनना निश्चित है। सत्य ही कहा है 'मन के हारे हार है और मन के जीते जीत।''

17. भारतीय पर्व

संकेत बिन्दु—• भूमिका, • पर्वो की आवश्यकता, • पर्वों का महत्व, • उपसंहार।

भारत को पर्वों का देश कहा जाता है। भारतीय जनमानस में पर्व कुछ इस प्रकार से घुल-मिल गये हैं कि इसके अभाव में भारतीय जीवन सूना-सा लगने लगता है। पर्व मानव जीवन की नीरसता को दूर कर उसमें आनन्द भरने का काम करता है। मनुष्य को अपने जीवनकाल में अनेक प्रकार के कर्तव्यों और दायित्वों का निर्वहन करना पड़ता है। इन परिस्थितियों में पर्व उसके जीवन में सुखद परिवर्तन लाते हैं तथा उसमें हर्ष, उल्लास और नवीनता का संचार करते हैं। पर्व सामाजिक मान्यताओं, परम्पराओं व पूर्व के रीति-रिवाज़ों पर आधारित होते हैं। जिस प्रकार प्रत्येक समुदाय, जाति व धर्म की अपनी-अपनी परम्पराएँ होती हैं उसी प्रकार इन पर्वों को मनाने की परम्पराएँ होती हैं। वर्षा ऋतु के समाप्त होते ही दीवाली की तैयारी प्रारम्भ हो जाती थी। विजयादशमी का पर्व जिस प्रकार असत्य पर सत्य की तथा अधर्म पर धर्म की विजय का सन्देश देता है। रंगों का पर्व होली हमें सन्देश देता है कि हम आपसी कटुता को भुलाकर शत्रुओं से भी स्नेह करें। ईसाइयों का पर्व क्रिसमस संसार से पाप और दुराचार के अन्धकार को दूर करने का सन्देश देता है तो मुसलमानों की ईद आपसी सौहार्द्र और बन्धुत्व का सन्देश देती है। इस प्रकार सभी पर्वों के पीछे सामाजिक सद्भाव का महान् उद्देश्य और सुदृढ़ परम्पराएँ निहित होती हैं। इन पर्वों का सबसे बड़ा सन्देश आपसी वैमनस्य को भुलाकर परस्पर सहयोग और प्रेम के भाव से जीवन-यापन का है। इस प्रकार पर्व आवालवृद्ध नई चेतना लाकर सबको जीवन्त बनाये रखने का कार्य करता है।

18. समाचार-पत्र : संचार का सुलभ तन्त्र

संकेत बिन्दु—• भूमिका, • समाचार-पत्र की उपयोगिता, • समाचार-पत्र की आवश्यकता, • सुलभ साधन,• उपसंहार।

आज भी प्राय: हर शिक्षित भारतीय घरों में सुबह-सुबह चाय के साथ-साथ समाचार-पत्र की बेचैनी से प्रतीक्षा रहती है। समाचार-पत्र मानव की प्रगति का इतिहास दिखाने वाला संचार का सबसे सस्ता, विश्वसनीय और अति महत्वपूर्ण साधन है। इसका इतिहास बहुत पुराना है। यह संसार के एक देश में बैठे लोगों को दूसरे देशों से जोड़ता है। वर्तमान में संचार के क्षेत्र में वैज्ञानिकों ने अद्भुत सफलताएँ अर्जित की हैं, परन्तु समाचार-पत्र का महत्व आज भी उसी रूप में विद्यमान है। कम्प्यूटर के आविष्कार के बाद इस क्षेत्र में प्रतिदिन नये आयाम स्थापित हो रहे हैं। समाचार-पत्रों की प्रिंटिंग हो या खबरों का आदान प्रदान हो अब घण्टों का काम मिनटों में हो रहा है। समाचार-पत्र केवल खबरों का आदान-प्रदान ही नहीं करता अपितु इसके द्वारा विविध प्रकार के ज्ञान का संचार भी हो रहा है। अनेक प्रतियोगिताओं की तैयारी में इससे बहुत ही सहायता मिलती है। समाचार-पत्रों का नियमित अध्ययन करने से भाषा ज्ञान भी पूर्ण होता है। अब तो संसार की प्रमुख भाषाओं में समाचार-पत्रों का प्रकाशन होने लगा है। लोग जब तक सुबह समाचार-पत्र के मुख्य पृष्ठ का अवलोकन नहीं कर लेते हैं तब तक घर से निकलना मुनासिब नहीं समझते हैं। समाचार-पत्रों में

प्रकाशित सूचनाएँ सबसे विश्वस्त होती है। इस लिए समाचार-पत्र का महत्व सार्वकालिक है।

19. महिला सशक्तीकरण

संकेत बिन्दु—• भूमिका, • सशक्तीकरण का अर्थ, • महिला सशक्तीकरण के सन्दर्भ में, • सशक्तीकरण के उपाय, • उपसंहार।

सशक्तीकरण शब्द का अर्थ होता है बल प्रदान करना दूसरे शब्दों में कहा जाये तो इस शब्द का शाब्दिक अर्थ होगा सभी दृष्टिकोणों से अच्छी तरह मजबूत करना। महिला सशक्तीकरण के सन्दर्भ इसका अर्थ और भी व्यापक हो जाता है। सदा से महिला और पुरुष समाज के समान महत्व वाले दो स्तम्भ रहे हैं। पितृसत्तात्मक समाज और दकियानूसी विचारधाराओं के कारण महिलाओं की स्थिति अच्छी नहीं रही है। परिणामत: समाज का अपेक्षित विकास नहीं हो पाया है। यदि समाज को विकास के शिखर पर देखना है तो महिलाओं को समान रूप से अवसर प्रदान कर उन्हें शैक्षिक, आर्थिक, मानसिक और शारीरिक सभी दृष्टिकोणों से मजबूत बनाना होगा। नारी सबला है और सबला रहेगी इस विचारधारा को प्रसारित करना होगा। महिलाओं को भी अपनी निजी स्वतन्त्रता और स्वयं के फैसले लेने के लिए अवसर उपलब्ध कराना आवश्यक है। परिवार में महत्वपूर्ण अवसरों पर केवल पुरुष सदस्यों के निर्णयों का स्वीकार्य होना, अधिक जिम्मेदारी वाले कार्यों को पुरुष वर्ग द्वारा किया जाना महिलाओं के अन्दर हीन भाव उत्पन्न कर उन्हें कमजोर बनाता है। अत: महिलाओं को पुरुषों के समान अवसर और उन्हें निर्णय की स्वतन्त्रता देकर उनके अन्दर आत्मविश्वास पैदा करना ही महिला सशक्तीकरण है।

20. महानगरीय जीवन

संकेत बिन्दु—• भूमिका, • महानगरीय जीवन का प्रभाव, • व्यस्ततम जीवन, • शान्ति का अभाव दिखावा अधिक, • सकारात्मक भाव तथा नैतिक मूल्यों की आवश्यकता, • उपसंहार।

महानगरीय जीवन अनेक रूपों में मनुष्य के लिए किसी वरदान से कम नहीं है, परन्तु वहीं दूसरी ओर यह त्रासदी अथवा अभिशाप भी है। महानगरों का गतिशील जीवन भौतिक सुख-सुविधाओं की चकाचौंध से भरा हुआ है। खेलकूद मनोरंजन अथवा व्यवसाय आदि के लिए यहाँ सभी संसाधन उपलब्ध होते हैं। व्यक्ति में छिपी प्रतिभा को विकसित करने हेतु यहाँ सकारात्मक वातावरण प्राप्त होता है। महानगरीय जीवन में समस्त भौतिक संसाधनों की चकाचौंध देखी जा सकती है पर इस चकाचौंध में जीवन मूल्यों का निरन्तर पतन हो रहा है। लोगों में प्रेम, भाईचारा, सद्भाव, सहानुभूति, दया तथा ममता आदि के भाव निरन्तर लुप्त होते जा रहे हैं जिसके फलस्वरूप चोरी, डकैती, हत्याएँ मार-काट एवं अन्य अपराधों में दिन-प्रतिदिन वृद्धि हो रही है। इसका सबसे बड़ा कारण लोगों की तेज़ रफ़्तार से भागती हुई जिन्दगी है। महानगरीय जीवन की सबसे बड़ी कमी आपसी दिखावे की प्रतिस्पर्धा है। सब-के-सब एक होड़ में लगे हुए रहते हैं। धन और सम्मान की झूठी लालसा उन्हें पतन की गहराई तक ले जाती है। इस प्रकार की अतृप्त इच्छाएँ उन्हें अभिशप्त जीवन जीने के लिए भी बाध्य कर देती हैं। इस प्रकार हम देखते हैं कि महानगरीय जीवन सिक्के के दो पहलुओं की भाँति वरदान और अभिशाप का सम्मिश्रण है। यदि महानगरीय जीवन को स्वर्ग-सम बनाना है तो आपसी सकारात्मक प्रतिस्पर्धा को बढ़ाना होगा तथा मानवीय मूल्यों के आधार पर जीवन को जीना होगा।

21. बीता समय फिर नहीं लौटता

संकेत बिन्दु—• भूमिका, • समय का महत्व, • समय पालन से लाभ, • समय का सदुपयोग, • उपसंहार।

समय की चोटी को पकड़ो—किसी ने सच ही कहा है, तात्पर्य कि समय को पूर्व से ही पहचानकर उसकी तैयारी कर लो। संसार में जितने भी महापुरुष हुए हैं सभी ने एक स्वर के महत्व को स्वीकार कर अपने जीवन के प्रत्येक पल का सही उपयोग किया है। यदि धन नष्ट हो जाये, उसे दुबारा प्राप्त किया जा सकता है। किसी कारणवश मान-सम्मान होने पर पुन: प्रयत्न करके, अच्छे कार्य करके उसे दुबारा प्राप्त किया जा सकता है। समय हाथ से चला जाये तो लाख प्रयत्न करके भी उसे फिर से प्राप्त नहीं किया जा सकता है। समय के महत्व को देखते हुए ही अंग्रेजी में एक कहावत प्रसिद्ध है—टाइम इज़ गोल्ड। प्राय: असफल व्यक्तियों से सुना जाता है कि उसे समय ही नहीं मिला नहीं तो वह सफल अवश्य होता। वास्तव में ऐसे व्यक्ति आलसी होते हैं। उनके पास समय को उचित तरीके से उपयोग करने की कोई सही योजना नहीं होती है। यदि हम इतिहास पलटकर देखें तो पायेंगे कि प्रत्येक सफल व्यक्ति अपना प्रत्येक कार्य निर्धारित समयानुसार करते हैं। जो एक क्षण का अपव्यय कर लेता है उसे विद्या प्राप्त नहीं हो सकती है। अत: विद्यार्थियों को चाहिए कि वे अपने अध्ययन के लिए समुचित समय-तालिका का निर्धारण कर उसे कठोरता से पालन करें, तभी वे सफल हो सकते हैं—क्षण: त्यागे कुतो विद्या।

22. भारत का राष्ट्रीय ध्वज

संकेत बिन्दु—• भूमिका, • राष्ट्रीय ध्वज, • ध्वज का स्वरूप, • राष्ट्रीय ध्वज का महत्व, • उपसंहार।

भारतवर्ष विविधताओं का देश है। यहाँ विभिन्न जातियों, धर्मों और संस्कृतियों को मानने वाले लोग निवास करते हैं। भारत का ध्वज भी अपने अनेक रंगों से मिश्रित होकर अपने-आप में अनेक भावों को समाहित किये हुआ है। राष्ट्रीय ध्वज हर राष्ट्र के गौरव का प्रतीक होता है। 'तिरंगा' भारत का राष्ट्रीय ध्वज है। हमारे राष्ट्र के झण्डे में तीन रंग हैं इसलिए इसे तिरंगा कहते हैं। झण्डे में तीन रंगों की पट्टियाँ हैं। जिनका आकार समान है। झण्डे के सबसे ऊपर केसरिया रंग है जो वीरता और शौर्य को प्रकट करता है। बीच का हिस्सा सफेद रंग का है जो पवित्रता, त्याग एवं सादगी का प्रतीक है। नीचे के भाग का हरा रंग हमारे देश की हरी-भरी धरती और सम्पन्नता को दर्शाता है। ध्वज की मध्य सफेद पट्टी पर अशोक चक्र बना है। नीले रंग के अशोक चक्र में 24 पंक्तियाँ हैं। अशोक चक्र धर्म, विजय एवं प्रगति का द्योतक है। हमारी स्वतन्त्रता की लड़ाई में तिरंगे की एक मुख्य भूमिका रही। 15 अगस्त, 1947 को स्वतन्त्रता प्राप्त करने के बाद यह हमारा राष्ट्रीय ध्वज बना। राष्ट्रीय ध्वज का सम्मान करना प्रत्येक नागरिक का पावन कर्तव्य है। राष्ट्रीय ध्वज का अपमान दण्डनीय अपराध है। लहराता हुआ तिरंगा प्रत्येक भारतीय को राष्ट्र-प्रेम की भावना से ओत-प्रोत कर उसे एकता, समानता और लहराता हुआ सूत्र में बाँध देता है। भारत का राष्ट्रीय ध्वज भारत की शान का प्रतीक है जिसे लहराता हुआ देखकर भारतीय का सिर गर्व से ऊँचा हो जाता है।

23. शिक्षा का क्षेत्र

संकेत बिन्दु—• भूमिका, • शिक्षा की आवश्यकता, • शिक्षा की व्यापकता, • शिक्षा का व्यापक क्षेत्र, • उपसंहार।

अपनी व्यापकता के बाद भी आज बदलते समय में शिक्षा का क्षेत्र सिमटता जा रहा है। आज की शिक्षा पुस्तकीय ज्ञान, विचार तक ही सिमट कर रह गई है जबकि मनुष्य के जीवन की आवश्यकताएँ, अपेक्षाएँ पुस्तकीय ज्ञान से कहीं अधिक हैं। यह अत्यन्त दुःख का विषय है कि अब शिक्षा का अर्थ सिर्फ परीक्षा पास करना रह गया है। डिग्री प्राप्त करने हेतु दी गई परीक्षा में उत्तीर्ण होने के लिए पुस्तकीय ज्ञान अनिवार्य है जबकि हम यह जानते हैं कि पुस्तकीय ज्ञान सीमित क्षेत्र और सीमित समय के लिए ही होता है। जीवन के अन्य क्षेत्रों में सफल होने के लिए पुस्तकीय ज्ञान नहीं बल्कि व्यावहारिक ज्ञान का होना आवश्यक होता है अतः पुस्तकीय ज्ञान के अतिरिक्त विद्यार्थियों को, स्वास्थ्य, संस्कार, संस्कृति एवं रोजगारपरक शिक्षा भी दी जानी चाहिए जो उसे आत्मनिर्भर और व्यवहारकुशल नागरिक भी बना सके। भविष्य में इस तथ्य पर गहराई से विचार कर शिक्षा के स्वरूप को और अधिक विस्तृत और उपयोगी बनाये जाने की आवश्यकता पर बल दिया जाना चाहिए। पुस्तकीय ज्ञान तक सिमटी शिक्षा पुस्तकों के साथ छूटते ही हम भूल जाते हैं। मस्तिष्क में सदैव के लिए बैठ जाने वाली व्यावहारिक शिक्षा में हमें जीवन के प्रत्येक उतार-चढ़ाव में सहायता करती है। अतः हमें पुस्तकों से बाहर निकल कर अपने आस-पास की दुनिया, देश-विदेश की जानकारी, सामाजिक समस्याओं, और समाधानों की जानकारी, सद्भावना, समरसता, परोपकार आदि के गुणों को भी अपनाना चाहिए जिससे हमारा और समाज का वास्तविक विकास हो सकेगा और हम विश्व की प्रगति में अपना सहयोग दे सकेंगे। और 'या शिक्षा सा विमुक्ताएँ' की सूक्ति चरितार्थ हो सकेगी।

24. भारत-विविध ऋतुओं का संगम

संकेत बिन्दु—• भूमिका, • ऋतुओं का संगम, • ऋतुओं का परिचय, • विविध ऋतुओं से लाभ, • उपसंहार।

भारत की संस्कृति को गहनता से परखा जाये तो यह विविध ऋतुओं का संगम है। इसीलिए भारत को ऋतुओं का देश कहा जाता है। मौसम की जितनी विविधताएँ भारत में हैं अन्यत्र दुर्लभ हैं। इस देश के बारह महीनों की छह ऋतुओं से हम सब परिचित हैं। प्रत्येक मास में ये ऋतुएँ जीवन का अलग-सा अनुभव प्रदान कर हमारे जीवन को रसमय बनाती हैं। ज्येष्ठ आषाढ़ का महीना ग्रीष्म ऋतु के आगमन का सूचक है। इस महीने में सूरज अपना प्रचण्ड रूप दिखलाता है। सूर्य की तीव्र आक्रमण से राहत वर्षा ऋतु में मिलती है। श्रावण भाद्रपद में वर्षा ऋतु अपनी निराली छवि दिखाती है। आकाश काले घने बादलों से घिर जाता है। शरद् ऋतु आश्विन कार्तिक के महीनों में अपने स्वच्छ निर्मल रूप से प्रवेश करता है। दशहरा और दीपावली इस ऋतु के प्रमुख त्योहार हैं। शरद ऋतु का मौसम अधिक सुखदायक होता है। मार्गशीर्ष से पौष तक हेमन्त ऋतु का आधिक्य रहता है। आयुर्वेद इस ऋतु को स्वस्थ ऋतु का मौसम अधिक सुखदायक होता है। मार्गशीर्ष से पौष तक हेमन्त ऋतु का आधिक्य रहता है। आयुर्वेद इस ऋतु को स्वस्थ ऋतु मानता है। धीरे-से शिशिर का संकेत कर हेमन्त अपने अगले अध्याय की प्रतीक्षा में लुप्त हो जाती है। शिशिर ऋतु अपने मिश्रित गुणों के कारण वन्दनीय है, शीत ऋतु में दिन छोटे व रात लम्बी होती हैं। क्रिसमस इस मौसम का विशिष्ट त्योहार है। शिशिर अपने अन्तिम चरण में संक्रान्ति पर्व के साथ पुनः आगमन की प्रतीक्षा में सो जाता है। वस्तुतः ये ऋतुएँ अपनी अनोखी रूपरेखा से मानव को हमेशा जीवन्त बनाये रखती हैं और प्रकृति की विभिन्न छटाओं से मानव मन को मुग्ध कर उसे ऊर्जावान कर देती है।

25. सत्संगति का महत्व

संकेत बिन्दु—• भूमिका, • सत्संगति का अर्थ, • सत्संगति की आवश्यकता, • सत्संगति लाभ, • उपसंहार।

'संसर्गजा दोषगुणाः भवन्ति'—संसर्ग से दोष गुण बन जाते हैं। 'सत्संगति' शब्द दो शब्दों से मिलकर बना है—'सत्' और संगति अर्थात्-अच्छी संगति। सत्पुरुषों के साथ निवास जिनके विचार अच्छी दिशा की ओर ले जायें सत्संगति कहलाती है। मनुष्य जिस वातावरण में अपना अधिक समय व्यतीत करता है उसका प्रभाव उस पर अनिवार्य रूप से पड़ता है। मनुष्य ही नहीं पशुओं एवं वनस्पतियों पर भी इसका असर होता है। मांसाहारी पशु को यदि शाकाहारी प्राणी के साथ रखा जाये तो उसकी आदतों में स्वयं ही परिवर्तन हो जायेगा। यही नहीं मनुष्य को भी यदि अधिक समय तक मानव से दूर पशु-संगति में रखा जाये तो वह भी शनैः-शनैः मनुष्य-स्वभाव छोड़कर पशु-प्रवृत्ति को ही अपना लेगा। सत्संगति के अनेक लाभ हैं। सत्संगति मनुष्य को सन्मार्ग की ओर अग्रसर करती है। सत्संगति व्यक्ति को उच्च सामाजिक स्तर प्रदान करती है विकास के लिए सुमार्ग की ओर प्रेरित करती है बड़ी-से-बड़ी कठिनाइयों का सफलतापूर्वक सामना करने की शक्ति प्रदान करती है ओर सबसे बढ़कर व्यक्ति को स्वाभिमान प्रदान करती है। सत्संगति के प्रभाव से पापी पुण्यात्मा और दुराचारी सदाचारी हो जाते हैं। अंगुलिमाल ने महात्मा बुद्ध की संगति में आने से हत्या, लूटपाट के कार्य को छोड़कर सदाचार के मार्ग को अपनाया। संतों के प्रभाव से आत्मा के मलिन भाव दूर हो जाते हैं तथा वह निर्मल बन जाता है। सत्संगति एक प्राणवायु है जिसके संसर्ग मात्र से मनुष्य सदाचरण का पालक बन जाता है। 'सठ सुधरहिं सत्संगति पाई। पारस परस कुधातु सुहाई'—तुलसीदास की इस पंक्ति से सत्संगति का महत्व स्वतः सिद्ध हो जाता है।

26. कम्प्यूटर : लाभ या हानि

संकेत बिन्दु—• भूमिका, • कम्प्यूटर की आवश्यकता, • कम्प्यूटर शिक्षा आवश्यकता, • कम्प्यूटर का व्यापक क्षेत्र, • लाभ, • उपसंहार।

वर्तमान में कम्प्यूटर हमारी रोजमर्रा की जिन्दगी में परम आवश्यकता बन चुकी है। कम्प्यूटर के अभाव में दैनिक जीवन के बहुत सारे कार्यों का सम्पादन असम्भव-सा हो गया है। मनुष्य ने विज्ञान के द्वारा अनेक शक्तियाँ, सुख-सुविधाएँ तथा चमत्कारी उपकरणों का आविष्कार किया है जिसमें कम्प्यूटर अत्यधिक और अद्भुत है। यह ऐसा इलेक्ट्रॉनिक मस्तिष्क है जिसने अपनी अनगिनत विशेषताओं के बल पर जीवन के प्रत्येक क्षेत्रों में अपनी उपस्थिति रखती है। विज्ञान और इंजीनियरिंग के क्षेत्र में गणित की जटिल तथा विस्तृत गिनतियाँ,

विमानों पनडुब्बियों, शत्रु के निश्चित ठिकानों पर सटीक हमला करने वाली मिसाइलें कम्प्यूटर द्वारा ही संचालित होती हैं। अन्तरिक्ष तथा दूर संचार के क्षेत्र में कम्प्यूटर ने क्रान्ति ला दी है। चिकित्सा के क्षेत्र में कम्प्यूटरीकृत मशीनों के द्वारा चिकित्सा विज्ञान नई ऊँचाइयों को छू रहा है। जीवन के प्रत्येक क्षेत्र में आज कम्प्यूटर ने क्रान्ति ला दी है। चिकित्सा के क्षेत्र में कम्प्यूटरीकृत मशीनों के द्वारा चिकित्सा विज्ञान नई ऊँचाइयों को छू रहा है। जीवन के प्रत्येक क्षेत्र में आज कम्प्यूटर का उसकी उपयोगिता के कारण व्यापक रूप से प्रयोग हो रहा है। मनोरंजन के रूप में कम्प्यूटर आज घर-घर में पहुँच चुका है। इतने सारे लाभ के साथ इसकी कुछ हानियाँ भी हैं। इसके अधिक प्रयोग से स्वास्थ्य पर प्रतिकूल प्रभाव पड़ता है। कम्प्यूटर में स्थित जानकारियाँ अवांछित लोगों के पास चली जायें तो अनर्थ हो सकता है। कम्प्यूटर पर इन्टरनेट की सुविधा उपलब्ध होने के साथ ही यह ज्ञान का भण्डार बन गया है। छात्रों के लिए यह वरदान साबित हो रहा है। कम्प्यूटर के द्वारा वे सुगमता से गूढ़ ज्ञान को प्राप्त करने में सक्षम हो जाते हैं। कम्प्यूटर के कारण प्रत्येक क्षेत्र में विकास की गति दस गुनी से लेकर हज़ार गुनी तक बढ़ी है। कम्प्यूटर को विज्ञान की अद्भुत देन माना जाता है। आवश्यकता कम्प्यूटर के प्रयोग में अत्यधिक सावधानी बरतने की है। यदि बुद्धिमत्ता के साथ इसका प्रयोग किया गया तो यह वरदान है।

27. यदि मैं वृक्ष होता

संकेत बिन्दु—• भूमिका, • वृक्षों का महत्व, • परोपकारी जीवन, • पर्यावरण का अपरिहार्य अंग, • उपसंहार।

वृक्षों का जीवन अत्यंत परोपकारी होता है। वृक्ष जीवित अवस्था में तो प्राणियों की सहायता करते ही हैं मृत्यु के बाद भी उपयोगी हैं। यदि मैं वृक्ष होता तो मेरा जीवन भी केवल परोपकार के लिए ही होता है। मैं भी अन्य वृक्षों की तरह प्रकृति के सौन्दर्य एवं ऐश्वर्य का साक्षी होता है। मेरे ऊपर चिड़ियों का घर होता और मेरी सुबह उनकी मधुर चहचहाट प्रारम्भ होती। मेरी छाया में थके हुए पथिक और जीव-जन्तु विश्राम कर अपनी थकान मिटाते। और मेरे मीठे फलों को खाकर सन्तुष्ट होते। जैसा कि हम जानते हैं कि वृक्षों का असंख्य समूह ही वन का निर्माण करता है। वनों का हमारे पारिस्थितिक तन्त्र को नियन्त्रित करने में अहम् योगदान है। वनों से जहाँ भोजन हेतु फल-फूल प्राप्त होते हैं वहाँ जलावन तथा भवन निर्माण के लिए लकड़ियाँ प्राप्त होती हैं। वन से हमें जड़ी बूटियाँ तथा सबसे महत्वपूर्ण शुद्ध हवा मिलती है। वन बनकर मैं प्रकृति के सौन्दर्य को पुन: वापस लाने में सहयोग करता और मानवीय सभ्यता को बचाने में सहायता करता। वैज्ञानिकों सहित लोगों में भी पर्यावरण के प्रति जागरूकता आई है। मैं भी पर्यावरण को उसी रूप में लाने के प्रयासों का भागी बनता। अत: यदि मैं भी वृक्ष होता तो समस्त जीवों के हितार्थ उपयोग में आता। मुझे मेरे नामों से तो कोई नहीं जानता लेकिन जिसके भी आँगन व बगीचे में मैं होता उसकी खुशी का मैं कारण बनता। मैं अपने शरीर के प्रत्येक भाग से मानव की सहायता कर अपने को कृतार्थ समझता।

28. व्यायाम का महत्व

संकेत बिन्दु—• भूमिका, • व्यायाम का महत्व, • व्यायाम के विविध रूप, • व्यायाम से लाभ, • उपसंहार।

शरीरमाद्यं खलु धर्म साधनम्—वेद वाक्य है। वेद वाक्य अकाट्य होता है। स्वस्थ शरीर में ही स्वस्थ मस्तिष्क का निवास है। शरीर को चिकित्सा के बिना ही स्वस्थ रखने के लिए व्यायाम सबसे उत्तम साधन है। मानव शरीर एक मशीन की तरह है। जिस प्रकार एक मशीन को काम में न लाने पर वह ठप पड़ जाती है, उसी तरह यदि शरीर का भी उचित संचालन न किया जाये तो उसमें कई तरह के विकार आने लगते हैं। व्यायाम शरीर के संचालन का एक अच्छा तरीका है। यह शरीर को उचित दशा और दिशा में रखने में सहायता करता है। व्यायाम के लिए अनेक प्रकार के आसनों की व्यवस्था की गई है। कुछ लोग दौड़ लगाते हैं तो कुछ दण्ड-बैठक करते हैं। बच्चे खेलकूद कर अपना व्यायाम करते हैं। बुजुर्ग सुबह-शाम तेज़ चाल से टहलकर अपना व्यायाम करते हैं। नवयुवकों में व्यायाम शालाओं में जाकर व्यायाम करने की प्रवृत्ति पाई जाती है। व्यायाम चाहे किसी भी प्रकार का हो, इससे बहुत लाभ होता है। शरीर में ताज़गी आती है तथा यह सुगठित बन जाता है। व्यायाम करने के लिए सुबह का समय सबसे उत्तम होता है। प्रात:काल में सूर्योदय से पूर्व जगकर व्यायाम करने से तन तथा मन दोनों स्वस्थ तथा नियन्त्रित रहता है। सुबह की वायु स्वच्छ व स्वास्थ्य के लिए लाभकारी होती। अत: प्रत्येक को व्यायाम के प्रति कटिबद्ध होकर बीमारियों से शरीर को दूर रखना चाहिए।

29. हमारी मेट्रो

संकेत बिन्दु—• भारत की प्रगति का नमूना, • लोकप्रियता के कारण, • मेट्रो का विस्तार।

महानगरों का जीवन बहुत जटिल होता है। इसके निवासियों को रोज लंबी दूरियाँ तय करनी पड़ती हैं। इसके लिये मेट्रो रेल का आविष्कार हुआ। मेट्रो रेल यह लोगों को सफर करने के लिए बहुत अत्याधुनिक साधन है। दिल्ली की जनसंख्या को देखकर मेट्रो की शुरुआत की है। लोगों को इसकी सुविधा मिलने से धन, समय और श्रम की बचत होने लगी। इसकी वज़ह से सड़क यातायात कम हो गया।

देश में मेट्रो की शुरुआत अटल बिहारी बाजपेयी ने 24 दिसंबर 2002 को की थी। मेट्रो रेल महानगरों के यातायात का तीव्रतम साधन है। इसके मार्ग सुरक्षित तथा अबाधित हैं इनके मार्ग में कहीं कोई रेलवे फाटक या अन्य अवरोध नहीं आता। इसलिए मेट्रो रेल हर दो-तीन मिनट बाद आती है और यात्रियों को अपने लक्ष्य तक ले जाती है यह आधुनिक साज-सज्जा से युक्त है। मेट्रो के कारण सड़क के वाहनों की कमी हो गई एवं प्रदूषण भी कुछ हद तक सीमित हो गया।

मेट्रो रेल के अंदर पूर्ण रूप से साफ-सफाई की जाती है। यह पूरी तरह से वातानुकूलित होती है। इसमें सभी आसानी से सफर कर पाते हैं। बस की तरह धूल और भीड़ नहीं होती। मेट्रो अन्य वाहनों से सस्ती पड़ती है। इसमें सी.सी.टी.वी. कैमरे होते हैं। यात्रियों की सुरक्षा का पूरा इंतजाम होता है। इस रेल में सफर करने वालों को टोकन या स्मार्ट कार्ड का प्रयोग करना पड़ता है। भारत में कलकत्ता, दिल्ली, मुंबई, जयपुर, हैदराबाद, लखनऊ, बेंगलुरु और चेन्नई में मेट्रो ट्रेनें चलती हैं।

30. अनुशासन क्यों?

संकेत बिन्दु—• अर्थ, • आवश्यकता, • प्रभाव।

''उत्तम स्वास्थ्य का आनन्द पाने के लिए, परिवार में खुशी लाने के लिए और सबको शान्ति प्रदान करने के लिए सबसे पहले अनुशासित बनने और अपने मस्तिष्क पर नियन्त्रण प्राप्त करने की आवश्यकता है।'' भगवान बुद्ध द्वारा सम्पूर्ण जगत् को दिए गए इस सन्देश में अनुशासन को महिमा मण्डित किया गया है। 'अनुशासन' शब्द 'शासन' में 'अनु' उपसर्ग के जुड़ने से बना है, इस तरह अनुशासन का शाब्दिक अर्थ है—शासन के पीछे चलना। प्राय: माता-पिता एवं गुरुजनों के आदेशानुसार चलना ही अनुशासन कहलाता है, किन्तु यह अनुशासन के अर्थ को सीमित करने जैसा है। व्यापक रूप से देखा जाए, तो स्वशासन अर्थात् आवश्यकतानुरूप स्वयं को नियन्त्रण में रखना भी अनुशासन ही है। अनुशासन के व्यापक अर्थ में, शासकीय कानून के पालन से लेकर सामाजिक मान्यताओं का सम्मान करना ही नहीं, बल्कि स्वस्थ रहने के लिए, स्वास्थ्य नियमों का पालन करना भी सम्मिलित है।

इस तरह, सामान्य एवं व्यावहारिक रूप से व्यक्ति जहाँ रहता है। वहाँ के नियम, कानून एवं सामाजिक मान्यताओं के अनुरूप आचरण एवं व्यवहार करना ही अनुशासन कहलाता है। यदि कहीं अनुशासनहीनता व्याप्त है, तो कहीं-न-कहीं इसमें अच्छे शासन का अभाव भी ज़िम्मेदार होता है। यदि परिवार के मुखिया का शासन सही नहीं है। तो परिवार में अव्यवस्था व्याप्त रहेंगी। यदि किसी स्थान का प्रशासन सही नहीं है तो वहाँ अपराध का ग्राफ स्वाभाविक रूप से ऊपर ही रहेगा। यदि राजनेता कानून का पालन नहीं करेंगे, तो जनता से इसके पालन की उम्मीद नहीं की जा सकती।

यदि खेल के मैदान में कैप्टन अनुशासित नहीं रहेगा तो टीम के अन्य सदस्यों से अनुशासन की आशा करना व्यर्थ है और यदि टीम अनुशासित नहीं है, तो उसकी पराजय से उसे कोई नहीं बचा सकता है। इसी तरह, यदि देश की सीमा पर तैनात सैनिकों का कैप्टन अनुशासित न हो, तो उसकी सैन्य टुकड़ी कभी अनुशासित नहीं हर सकती। परिणामस्वरूप देश की सुरक्षा निश्चित रूप से खतरे में पड़ जाएगी। **राष्ट्रपिता महात्मा गाँधी** के शब्दों में, ''अनुशासन के बिना न तो परिवार चल सकता है और न संस्था न राष्ट्र ही'' सचमुच यदि कर्मचारीगण अनुशासित न हों, तो वहाँ भ्रष्टाचार का बोल-बाला हो जाता। अनुशासन के अभाव में किसी भी समाज में अराजकता व्याप्त हो जाती है। अत: अनुशासन किसी भी समाज की मूलभूत आवश्यकता है। अनुशासन न केवल व्यक्तिगत हित बल्कि सामाजिक हित के दृष्टिकोण से भी अनिवार्य है।

31. सत्यमेव जयते

संकेत बिन्दु—• भाव, • झूठ के पाँव नहीं होते, • सत्य ही परम धर्म।

'सत्यमेव जयते' का अर्थ है सत्य की ही विजय होती है। यह सूक्ति-वाक्य मुंडकोपनिषद् से उद्धृत है। इस वाक्य का सर्वप्रथम प्रयोग भारत के महान सम्राट अशोक ने अपने राजचिन्ह के रूप में किया था। भारत को लंबे संघर्ष के बाद आज़ादी मिली, आज़ादी के समय के जो भारतीय विचारक, समाज सुधारक और महान स्वतन्त्रता सेनानी थे, उन्होंने 'सत्यमेव जयते' को राष्ट्रीय आदर्श वाक्य के रूप में अपनाया। वास्तव में सत्य की सदैव ही विजय होती है। कहावत भी है कि झूठ के पाँव नहीं होते अर्थात् झूठ कभी भी स्थायी नहीं होता है। सत्य को जीतने में भले ही समय लगे परंतु झूठ कभी भी सत्य से आगे नहीं आता। सत्य कमजोर पड़ सकता है परन्तु हार नहीं सकता अर्थात् सत्य के आगे लाखों झूठ के आडंबर अपने पैर अड़ाए पर सत्य रूपी धर्म का आश्रय लेकर सत्य के मार्ग का आजीवन अनुसरण करता है उसका जीवन सफल हो जाता है। भारत की अनेक महान विभूतियों ने सत्य मार्ग का अनुसरण कर अपने जीवन को धन्य कर लिया है।

32. लड़का-लड़की एक समान

संकेत बिन्दु—• ईश्वर की देन, • भेदभाव के कारण, • दृष्टिकोण कैसे बदलें।

लड़का-लड़की जब होगा एकसमान, तब भारत बनेगा महान। वास्तव में लड़कों और लड़कियों के प्रति हमारे देश में समान रूप से व्यवहार नहीं किया जाता है। नगरीय क्षेत्र में कुछ हद तक समानता है भी परंतु ग्रामीण क्षेत्रों में लड़का-लड़की में आकाश-पाताल का अंतर समझा जाता है। निरक्षरता, लिंग गलत व्याख्या, महिलाओं के प्रति पुरुष की भावना, चेतना की कमी आदि लैंगिक समानता को सुनिश्चित करने में हमारी असफलता के लिए जिम्मेदार है। हमारे देश में महिलाओं को नये प्रतिबंधों का सामना करना पड़ता है। कुछ परिवारों में लिंग भेदभाव के परिणामस्वरूप वे शिक्षा से वंचित हैं। समाज और राष्ट्र के विकास के लिए हमें लड़कियों के प्रति अपने दृष्टिकोण को बदलना चाहिए। महिलाओं को ठीक से शिक्षित और नियोजित किया जाना चाहिए। उन्हें समाज के विभिन्न क्षेत्रों में उचित सम्मान और क्षमता दी जानी चाहिए।

33. शिक्षक-शिक्षार्थी सम्बन्ध

संकेत बिन्दु—• संबंधों की परंपरा, • वर्तमान समय में आया अंतर, • हमारा कर्तव्य।

भारत में शिक्षक और शिक्षार्थी के मध्य सदियों से पवित्र संबंध रहा है। शिक्षक को देवता से ऊपर का दर्जा दिया गया है। ''गुरु गोविंद दोऊ खड़े काके लागूँ पायँ, बलिहारी गुरु आपने गोविंद दियो बताय।'' माता-पिता शिक्षक पर पूर्ण विश्वास कर अपनी संतान को विद्यालय भेजते हैं। जहाँ शिक्षक अपनी पूरी क्षमता से शिक्षार्थी को शिक्षित करता है। सच्चा शिक्षक शिक्षार्थी की समस्त सफलता और असफलता का श्रेय अपने ऊपर लेता है। समय की गतिशीलता के कारण शिक्षक शब्द का अर्थ, महत्व और कर्तव्य सभी परिवर्तित होते चले गए। पहले जहाँ गुरु सदैव शिष्य के साथ रहता था वहीं आज वह शिक्षक बन मात्र कुछ घंटे ही शिक्षार्थी के साथ रहता है। आज शिक्षक का कार्य मात्र शिक्षा भर देना रह गया है। कक्षा में जाकर अपनी कुर्सी पर बैठकर कर जब वह अध्यापन करता है तो उस समय न तो वह इस ओर ध्यान देता है कि क्या उसका छात्र उसकी बात को समझ रहा है और न ही छात्र ऐसा आवश्यक मानता है कि वह पूरी तरह से शिक्षक के ज्ञान से लाभान्वित हो सके। वर्तमान परिवेश में हमारा कर्तव्य बनता है कि शिक्षक और शिक्षार्थी परस्पर मित्रवत् व्यवहार रखें। आज का युग विज्ञान का युग है जहाँ सिद्धान्तों पर तर्क हावी हो रहा है। ऐसे वातावरण में आज के शिक्षक के सामने कठिन चुनौतियाँ हैं।

अभ्यास-प्रश्न

दिए गए संकेत-बिन्दुओं के आधार पर अनुच्छेद लिखें—

1. कम्प्यूटर : आज की आवश्यकता

• प्रस्तावना • विश्व की तीसरी आँख • कम्प्यूटर की उत्पत्ति • संरचना • कम्प्यूटर के लाभ एवं हानियाँ • उपसंहार

2. भारतीय गाँव और नगर

• नगर और गाँव की तुलना • गाँव के सुख • गाँव के दु:ख • संरचना • नगरों के दु:ख • निष्कर्ष

3. लड़का-लड़की एक समान, दोनों से ही घर की शान

• लड़का-लड़की दोनों ईश्वर की देन • प्रकृति का संतुलन आवश्यक • आज का मनुष्य-समाज पुरुष प्रधान • पुरुषों को अधिक स्वतन्त्रता • स्त्रियों को हीन दृष्टि से देखा जाना

4. समय का महत्व

• समय का अवसर कभी ठहरते • समय का सदुपयोग कैसे •समय के दुरुपयोग के परिणाम • समय का सदुपयोग करने वालों के कुछ उदाहरण • सफलता समय की दासी है।

5. आज की बचत कल का सुख

• भूमिका • बचत का अर्थ और महत्त्व • बूँद-बूँद से घड़ा भरता है • बचत के लिए उपाय • उपसंहार।

6. **मेरा प्रिय खेल**

• भूमिका • खेल और स्वास्थ्य • खेल प्रिय क्यों है • निष्कर्ष

7. **पर्यटन एवं दर्शनीय स्थल**

• पर्यटन का अर्थ • विकास का सूत्रधार • पर्यटन—एक उद्योग • पर्यटन के लाभ • पर्यटन—एक शौक।

8. **मेरी प्रिय पुस्तक**

• प्रस्तावना • पुस्तक का नाम और लेखक • विषय • प्रिय होने का कारण • पुस्तक का आधार • पुस्तक के सम्बन्ध में सम्मतियाँ।

अभ्यास हेतु अन्य अनुच्छेद

1. मेरे सपनों का भारत
2. इक्कीसवीं सदी का भारत
3. सहशिक्षा
4. आँखों देखी किसी घटना का वर्णन
5. साँच बराबर तप नहीं
6. मन के हारे हार है, मन के जीते जीत
7. प्रातःकालीन व्यायाम/सैर
8. इंटरनेट की दुनिया
9. महँगाई की समस्या
10. भारत की सांस्कृतिक एकता
11. भारत और भारत के पड़ोसी देश
12. नये युग का भारत
13. फैशन और विद्यार्थी
14. आज की शिक्षा प्रणाली
15. पुस्तकालय
16. मेरी सर्वाधिक प्रिय ऋतु
17. राजनीति और भ्रष्टाचार
18. साँच को आँच नहीं
19. गुरु-शिष्य सम्बन्ध
20. आधुनिक संसाधन : वरदान या अभिशाप

पत्र लेखन

Chapter 2

पत्र-लेखन एक महत्वपूर्ण कला है। यह कला जन-सामान्य के जन-जीवन से सम्बन्धित है। यद्यपि आज संचार के कई साधन उपलब्ध हैं, परन्तु पत्र-लेखन का अपना अलग ही महत्व है। आज भी सरकारी कामकाज के लिए पत्र लिखने की आवश्यकता होती है।

पत्र दो प्रकार के होते हैं—

औपचारिक पत्र	अनौपचारिक पत्र
औपचारिक पत्र उन व्यक्तियों को लिखे जाते हैं जिनसे हमारा कोई व्यक्तिगत परिचय नहीं होता। इसमें तथ्यों और सूचनाओं को अधिक महत्व दिया जाता है। यह पत्र नियमों में बँधे होते हैं। इसके अन्तर्गत आवेदन-पत्र, शिकायती-पत्र, सम्पादक को पत्र, व्यावसायिक पत्र तथा अन्य सरकारी कार्यालयों आदि के पत्र आते हैं।	जिन व्यक्तियों से हमारा निजी सम्बन्ध होता है, उन्हें अनौपचारिक पत्र लिखे जाते हैं। ऐसे पत्र परिवार के सदस्यों, मित्रों, सगे-सम्बन्धियों आदि को लिखे जाते हैं।

पत्र लिखने में निम्नलिखित मुख्य बिन्दुओं पर ध्यान देना अनिवार्य है—

☞ पत्र की भाषा सरल, सटीक तथा सुलझी हुई होनी चाहिए।

☞ पत्र लिखने वाले का नाम, पता सब कुछ साफ अक्षरों में लिखा जाना चाहिए।

☞ संबोधन के लिए उचित सम्मानजनक शब्दों का प्रयोग होना चाहिए।

☞ बड़ों को सम्बोधित करते समय आदरणीय, पूज्यनीय इत्यादि शब्दों का प्रयोग करना चाहिए।

☞ व्यापारिक पत्र, प्रार्थना-पत्र, शिकायत-पत्र इत्यादि में महोदय, महोदया, माननीय एवं माननीया शब्दों का प्रयोग करना चाहिए।

☞ यदि ज्ञात हो तो पिन कोड अवश्य लिखना चाहिए।

पत्रों का आरम्भ और समापन

1. अनौपचारिक पत्र

सम्बन्ध	सम्बोधन	अभिवादन	समापन
माता-पिता, दादा-दादी, बड़े भाई-बहन, आचार्य, शिक्षक, मित्र, सखी, छोटा भाई/बहन	पूज्य, पूज्या, आदरणीय, प्रिय मित्र, सुहृदय प्रिय	सादर चरण स्पर्श, सादर प्रमाण, नमस्ते, सुभाशीष, स्नेह	आपका प्रिय पुत्र, पौत्र, स्नेहाभिलाषी, कृपाकांक्षी, तुम्हारा अभिन्न मित्र, तुम्हारा अग्रज, शुभेच्छु

2. औपचारिक पत्र

सम्बन्ध	सम्बोधन	समापन
प्रधानाचार्य/ प्रधानाचार्या, डाकपाल, जलबोर्ड अधिकारी, विद्युत अधिकारी	मान्यवर, श्रीमान, महोदय, महोदया आदि।	आपका आज्ञाकारी शिष्य, भवदीय, विनीत, प्रार्थी आदि।

औपचारिक पत्र चार प्रकार के होते हैं—

1. आवेदन पत्र
2. व्यावसायिक पत्र
3. सरकारी पत्र
4. अव्यावसायिक संस्थाओं के साथ पत्राचार

1. **आवेदन पत्र**—आवेदन पत्रों के माध्यम से उच्चाधिकारी को आवेदक अपनी दशा सूचित करता है साथ ही किसी प्रकार की मदद के लिए प्रार्थना करता है। इन पत्रों की निम्नलिखित विशेषताएँ हैं—

➡ विनम्रता व शिष्टता का प्रदर्शन।

➡ अनावश्यक विचार पर ध्यान न देते हुए अपनी बात संक्षेप में करनी चाहिए।

➡ पूर्णता का विशेष ध्यान रखा जाना चाहिए। कोई भी महत्वपूर्ण बात छूटनी नहीं चाहिए।

➡ आवेदन पत्र तथ्यों पर आधारित होने चाहिए।

2. **व्यावसायिक पत्र**—व्यापारियों को सामान की खरीद के लिए लिखे जाने वाले पत्र व्यावसायिक पत्र कहलाते हैं। विभिन्न व्यावसायिक संगठनों के बीच होने वाला पत्र व्यवहार इसी वर्ग में आता है। व्यावसायिक संस्थान अपने ग्राहकों की शिकायतें दूर करने, अपने नए माल की जानकारी आदि देने के लिए व्यावसायिक पत्रों का प्रयोग करते हैं। जैसे—

➡ उपभोक्ता

➡ व्यापारिक संस्थान

➡ बैंक, बीमा कम्पनी

➡ सरकारी कार्यालय अथवा गैर-सरकारी कार्यालय

व्यावसायिक पत्रों की विशेषताएँ—

➡ स्पष्टता

➡ पूर्णता

➡ संक्षिप्तता

- सद्भावना
- शिष्टता
- प्रभावोत्पादकता

3. **सरकारी पत्र**—सरकारी पत्रों को शासकीय पत्राचार भी कहते हैं। सरकारी पत्राचार निम्न विभागों व व्यक्तियों के मध्य होता है।

- विभिन्न सरकारी विभाग
- सरकार व विभिन्न संस्थाएँ
- सरकार तथा सरकार के बाहर के लोगों के मध्य

4. **अव्यावसायिक संस्थाओं के मध्य पत्राचार**—वे सभी संस्थाएँ जो व्यावसायिक कार्यों में संलग्न नहीं हैं। उनके द्वारा भेजे जाने वाले पत्र या उनके द्वारा किसी व्यक्ति को लिखे जाने वाले पत्र या उनके द्वारा किसी व्यक्ति को लिखे जाने वाले पत्र इस वर्ग में आते हैं। धार्मिक, साहित्यिक तथा आध्यात्मिक क्रियाकलापों से सम्बन्धित अनेक संस्थाएँ जैसे सनातन धर्म समाज, आर्यसमाज, हिन्दी-साहित्य सम्मेलन, पतंजलि योग पीठ, भारतीय हिन्दी परिषद् आदि इसी वर्ग में आते हैं। इस प्रकार की स्वैच्छिक संस्थाओं के पत्राचार को संस्थागत पत्राचार भी कहा जाता है।

औपचारिक पत्र (आवेदन पत्र)

1. अपने विद्यालय के प्रधानाचार्य को स्थानांतरण प्रमाण-पत्र के लिए आवेदन-पत्र लिखिए।

सेवा में

श्रीमान प्रधानाचार्य

डी. ए. वी. विद्यालय

सेक्टर-14

रोहिणी, नई दिल्ली

दिनांक—24 अक्टूबर, 20XX

विषय—स्थानांतरण प्रमाण-पत्र हेतु

महोदय,

सविनय निवेदन है कि मैं आपके विद्यालय में कक्षा दसवीं 'अ' का छात्र हूँ। मेरे पिताजी का स्थानांतरण आगरा हो गया है। हमारा समस्त परिवार अब आगरा जा रहा है। मैं भी अपने परिवार के साथ आगरा जा रहा हूँ और वहीं से अपनी आगे की पढ़ाई करूँगा। मुझे वहाँ नए विद्यालय में प्रवेश करने के लिए इस विद्यालय से स्थानांतरण पत्र की आवश्यकता है। अतः आपसे अनुरोध है कि आप मुझे स्थानांतरण पत्र, संलग्न चरित्र प्रमाण-पत्र शीघ्रातिशीघ्र जारी करने की कृपा करें।

धन्यवाद

आपका आज्ञाकारी छात्र

नीरज सलूजा

कक्षा—दसवीं 'अ'

अनुक्रमांक—5

आवेदन

2. प्रधानाचार्य को कक्षा में किए गए अमानवीय व्यवहार के लिए क्षमा-याचना प्रार्थना पत्र लिखिए।

सेवा में,

श्रीमान प्रधानाचार्य महोदय

रा. उ. मा. विद्यालय

पश्चिम विहार, नई दिल्ली

दिनांक: 13 जून, 20XX

विषय—अमानवीय व्यवहार के लिए क्षमा-याचना हेतु

माननीय महोदय,

सविनय निवेदन है कि मैं आपके विद्यालय में दसवीं कक्षा का छात्र हूँ। मैंने अपनी कक्षा के दो सहपाठियों के साथ मिलकर शरारत की एवं कमरे का फर्नीचर तोड़ डाला। इन दोनों सहपाठियों के साथ मिलकर मेरी अक्ल पर पर्दा पड़ गया। मुझे ऐसा नहीं करना चाहिए था। अब मैं बहुत पछता रहा हूँ। कक्षा अध्यापिका जी ने मुझसे 500 रुपये दण्ड (जुर्माना) स्वरूप माँगे हैं। मेरे पिताजी एक गरीब आदमी हैं। वह यह दण्ड राशि नहीं दे पाएँगे। मैं आपसे प्रार्थना करता हूँ कि मुझे इस बार क्षमा कर दिया जाए। मैं आश्वस्त करता हूँ कि मैं दोबारा कोई बुरा काम नहीं करूँगा। मुझे एक अवसर प्रदान करने की कृपा करें। आपकी अति कृपा होगी।

धन्यवाद

आपका आज्ञाकारी शिष्य

सुभाष गुप्ता

कक्षा—दसवीं 'ब'

शिकायती/सुझाव

3. चोरी की रिपोर्ट के लिए थाना प्रभारी को पत्र लिखिए।

सेवा में,

श्रीमान थाना-प्रभारी जी

थाना पहाड़गंज, नई दिल्ली

दिनांक—25 दिसम्बर, 20XX

विषय—चोरी की रिपोर्ट लिखवाने के लिए थाना-अधिकारी को पत्र।

मान्यवर महोदय,

सविनय निवेदन है कि गत रात हमारे पड़ोस में श्री मोहनलाल मक्कड़ के घर में चोरी हो गई है। वे किसी विवाह समारोह में सम्मिलित होने के लिए जम्मू गए हुए थे, इस अवसर का लाभ उठाते हुए चोरों ने उनके घर को निशाना बनाया एवं घर का ताला तोड़कर कीमती सामान ले गए। प्रातःकाल उनके घर का दरवाजा टूटा हुआ था एवं घर का सारा सामान बिखरा पड़ा था। उनके घर में किसी असामाजिक तत्व द्वारा और हानि न हो, इसके लिए हम आपका ध्यान इस ओर आकर्षित रहे हैं। अतः आपसे अनुरोध है कि घटनास्थल का निरीक्षण करके उचित कार्यवाही करें।

धन्यवाद

भवदीय

मंत्री

मोहल्ला सुधार कमेटी

शिकायती/सुझाव पत्र

4. मोहल्ले की सफाई के लिए नगर निगम के स्वास्थ्य अधिकारी को पत्र लिखिए।

सेवा में,
श्रीमान स्वास्थ्य अधिकारी
दिल्ली नगर निगम
अशोक नगर, नई दिल्ली
दिनांक—25 फरवरी, 20XX
विषय—मोहल्ले की सफाई के सम्बन्ध में पत्र।
माननीय महोदय,
इस पत्र के माध्यम से मैं आपका ध्यान अपने क्षेत्र अशोक नगर की ओर आकर्षित कराना चाहता हूँ। इस क्षेत्र से कई पत्र आपके विभाग में भेजे जा चुके हैं, परन्तु शायद सम्बन्धित अधिकारियों ने उन्हें बिना पढ़े ही रद्दी की टोकरी में डाल दिया। इस क्षेत्र में सफाई कर्मचारी अपने कर्त्तव्य का पालन नहीं कर रहे हैं। स्थान-स्थान पर कूड़े के ढेर लगे हैं। पन्द्रह दिन से सफाई कर्मचारी नहीं आए हैं। मोहल्ले का वातावरण दूषित हो गया है। चारों ओर मच्छर व मक्खियों का साम्राज्य पनप रहा है, दुर्गन्ध से उठना-बैठना, खाना-पीना सब दुश्वार हो गया है। सड़कों पर नालियों का पानी आ रहा है, जिससे आने-जाने में भी अब असुविधा हो रही है। यदि अब सफाई न हुई तो महामारी फैलने की आशंका है। अत: आपसे प्रार्थना है कि यहाँ जल्द से जल्द सफाई कर्मचारी भेजने का प्रबन्ध करें, इसके लिए हम सदा आपके आभारी रहेंगे।
भवदीय
डी. एन. शर्मा (मंत्री)
अशोक नगर, नई दिल्ली

शिकायती/सुझाव पत्र

5. निकटस्थ डाकघर को पत्र लिखकर सूचित कीजिए कि पहली जून से 30 जून तक आपकी डाक डाकघर में ही सँभाली जाए, क्योंकि उन दिनों आप घर पर नहीं होंगे।

सेवा में
डाक अधीक्षक
'पावरा' डाकघर
जोधपुर
दिनांक—25 मई, 20XX
विषय—डाकपाल को सूचना हेतु पत्र।
महोदय
प्रार्थना है कि मैं 65 लक्ष्मीनगर, पावरा 'बी' रोड का निवासी हूँ। मैं अपने परिवार के साथ शहर से बाहर 1 जून से 30 जून तक के लिए जा रहा हूँ/रही हूँ। अत: आपसे अनुरोध है कि उक्त दिनों में यदि कोई भी हमारी डाक आपके डाकघर में आए तो उसे वहीं सुरक्षित रखने का कष्ट करें। मैं वापस आकर स्वयं अपनी डाक ले लूँगा। आपका अति आभार रहेगा।
धन्यवाद
कमलेश कुमार
65 लक्ष्मीनगर,
पावरा 'बी' रोड, जोधपुर

आवेदन पत्र (नौकरी के लिए)

6. अपनी योग्यताओं का विवरण देते हुए प्राथमिक शिक्षक के पद के लिए अपने जिले के शिक्षा-अधिकारी का आवेदन-पत्र लिखिए।

सेवा में,
जिला शिक्षा अधिकारी
उदयपुर, (राज.)
दिनांक—2 अप्रैल, 20XX
विषय—प्राथमिक शिक्षक के पद के लिए आवेदन-पत्र।
मान्यवर,
रोजगार समाचार 'दिनांक 16/4/20XX के माध्यम से यह ज्ञात हुआ कि आपके अधीन प्राथमिक शिक्षकों के कुछ स्थान रिक्त हैं तथा उनके लिए आवेदन-पत्र आमन्त्रित किए गए हैं। मैं भी इसी पद के लिए अपना आवेदन-पत्र सेवा में प्रस्तुत कर रही हूँ। मेरी शैक्षणिक योग्यताएँ, अनुभव तथा अन्य विवरण निम्नलिखित हैं—
मैंने उदयपुर विश्वविद्यालय में स्नातक की उपाधि द्वितीय श्रेणी में उत्तीर्ण की है।
मैंने राजस्थान माध्यमिक शिक्षा बोर्ड से 1997 में इण्टरमीडिएट की परीक्षा भी द्वितीय श्रेणी में उत्तीर्ण की है।
मैंने राजस्थान माध्यमिक शिक्षा बोर्ड से ही वर्ष 1995 में हाईस्कूल की परीक्षा प्रथम श्रेणी में उत्तीर्ण की है।
मैंने राजकीय शिक्षक प्रशिक्षण केन्द्र उदयपुर (राज.) से बेसिक टीचर कोर्स वर्ष 2002 में सफलतापूर्वक पूरा किया है। (STC) इस परीक्षा में भी अच्छे अंक प्राप्त किए।
मैं जुलाई 2008 से डी. ए. वी. हायर सैकेण्डरी स्कूल, उदयपुर में प्राथमिक शिक्षिका के पद पर कार्यरत हूँ।
मैंने अपने विद्यार्थी जीवन में सांस्कृतिक कार्यक्रमों में भाग लेकर कई पुरस्कार भी प्राप्त किए हैं। मैं 36 वर्षीय स्वस्थ महिला हूँ।
आशा है कि आप मुझे सेवा का एक अवसर प्रदान करेंगे। मैं आपको विश्वास दिलाती हूँ कि मैं चयन किये जाने के पश्चात् अपने कर्त्तव्यों का पूर्ण निष्ठा के साथ पालन करूँगी। आवेदन पत्र के साथ प्रमाण-पत्रों के प्रतिरूप संलग्न है।
धन्यवाद
प्रार्थी
अनिता कुमारी
अबस नगर
दूरभाष सं. : 0000000000

आवेदन

7. विद्यालय में एक संगीत-सम्मेलन करने की अनुमति देने हेतु अपने प्रधानाचार्य से अनुरोध कीजिए।

सेवा में,
प्रधानाचार्य,
सर्वोदय बाल विद्यालय
जनकपुरी, दिल्ली

दिनांक—8 अप्रैल 20XX

विषय—संगीत सम्मेलन करने की अनुमति हेतु।

महोदय,

सविनय निवेदन है कि हम 14 सितम्बर को हिन्दी दिवस के अवसर पर एक संगीत सम्मेलन का आयोजन करना चाहते हैं। इसमें विद्यार्थी एवं अध्यापक-अध्यापिकाएँ अपनी-अपनी प्रतिभा का प्रदर्शन करेंगे। इस अवसर पर अन्य ख्याति प्राप्त संगीतकारों को भी आमन्त्रित किया जाएगा।

कृपया आप हमें अनुमति प्रदान करें कि हम अपने संगीत सम्मेलन के लिए संगीतकारों को आमन्त्रित करें।

इस संगीत सम्मेलन में विद्यालय के संगीत के शिक्षक एवं शिक्षिका भी अपना पूर्ण सहयोग प्रदान करेंगे।

धन्यवाद!

आपका आज्ञाकारी शिष्य

राजीव

विद्यालय छात्र प्रमुख

सम्पादक

8. विद्यालयों में योग-शिक्षा का महत्व बताते हुए किसी समाचार-पत्र के सम्पादक को पत्र लिखिए।

सेवा में,

सम्पादक महोदय

दैनिक जागरण,

सेक्टर 20

नोएडा, गौतमबुद्ध नगर

दिनांक—1 मार्च 20XX

विषय—योग-शिक्षा का महत्व हेतु।

महोदय,

जन-जन की आवाज, जन-जन तक पहुँचाने के लिए कटिबद्ध आपके पत्र के माध्यम से मैं विद्यालय में योग-शिक्षा के महत्व को बताना चाहती हूँ।

योग शिक्षा के माध्यम से विद्यार्थी स्वास्थ्य के प्रति जागरूक होंगे। योग शिक्षा उनके स्वास्थ्य के लिए लाभप्रद है।

योग के माध्यम से वे अपने शरीर की नकारात्मक ऊर्जा बाहर निकाल सकते हैं। जिससे सकारात्मक ऊर्जा को ग्रहण कर, वह स्वयं को ऊर्जावान महसूस कर सकते हैं। योग के द्वारा कई लाइलाज बीमारियों को भी जड़ से समाप्त किया जा सकता है। यह हमारे स्वास्थ्य के लिए जीवनदायिनी औषधि की भाँति है। आप अपने समाचार-पत्र के माध्यम से पाठकों को योग-शिक्षा ग्रहण करने के लिए आग्रह करें।

सधन्यवाद !

भवदीया

नीतू

आगरा।

शिकायती पत्र

9. अपने क्षेत्र में जलभराव की समस्या की ओर ध्यान आकृष्ट करते हुए स्वास्थ्य अधिकारी को एक पत्र लिखिए।

सेवा में,

स्वास्थ्य अधिकारी

आगरा नगर निगम

आगरा

दिनांक—2 अगस्त, 20XX

विषय—जलभराव की समस्या हेतु।

महोदय,

मैं लोहामंडी क्षेत्र की निवासी हूँ तथा आपका ध्यान अपने क्षेत्र में जलभराव से हो रही समस्याओं की ओर आकर्षित करना चाहती हूँ। वर्षा ऋतु के पश्चात् जगह-जगह सड़कों पर जलभराव हो गया जिसके कारण मच्छरों का प्रकोप बढ़ गया है साथ ही आने-जाने वालों की गाड़ियाँ पानी चले जाने के कारण खराब हो जाती हैं तथा वे दुर्घटना के शिकार हो जाते हैं। जलभराव से संपूर्ण क्षेत्र में दुर्गंध फैल रही है। ऐसा नहीं है कि हमारे क्षेत्र में सफाई कर्मचारी नहीं आते अपितु वे नियमित रूप से अपने कर्तव्यों का निर्वाहन नहीं करते तथा वे उस जलभराव की समस्या का समाधान नहीं करते हैं। कई बार मौखिक रूप से क्षेत्रीय सफाई निरीक्षक से भी कहा गया तथा लिखित रूप में भी इसकी चर्चा की, परन्तु किसी के कान पर जूँ तक नहीं रेंगी। वर्षा से पानी का भराव गंदी नालियों और सफाई न होने के कारण पूरे क्षेत्र में मलेरिया के फैलने की भी सम्भावना बढ़ गई है। यह चिंता का विषय है।

अत: आपसे अनुरोध है कि लोहामण्डी क्षेत्र के निवासी की इस समस्या के समाधान के लिए संबंधित अधिकारियों तथा कर्मचारियों को उचित निर्देश देने की कृपा करें। जिससे कि पूरा क्षेत्र इस जलभराव की समस्या से बच सके।

मुझे आशा है कि आप हमारे क्षेत्र की सफाई करवाने के लिए तुरंत आवश्यक कार्यवाही करेंगे।

भवदीय

अ ब स

10. किसी महिला के साथ बस में हुए अभद्र व्यवहार को रोकने में बस कंडक्टर के साहस कर्तव्यपरायणता की प्रशंसा करते हुए परिवहन विभाग के प्रबंधक को पत्र लिखिए।

सेवा में,

प्रबंधक,

दिल्ली परिवहन विभाग

दिल्ली—110001

दिनांक—10 जनवरी, 20XX

विषय—बस कंडक्टर के प्रशंसनीय व्यवहार हेतु।

महोदय,

इस पत्र द्वारा मैं आपको आपकी बस के एक कंडक्टर के प्रशंसनीय व्यवहार से अवगत करा रहा हूँ। मैं विकासपुरी का निवासी हूँ तथा प्रतिदिन 860 नं. की रूट बस से गाँधीनगर जाता हूँ। गत 20 अप्रैल की बात है, मैं गाँधीनगर से 860 नं. की बस से सायंकाल लगभग 7.00 बजे

अपने घर लौट रहा था कि मोतीनगर के बस स्टॉप से कुछ मनचले बस में चढ़ गए। उन्होंने बस में बैठी एक महिला यात्री के साथ छेड़खानी तथा अभद्र व्यवहार किया। बस कंडक्टर ने साहस के साथ उन युवकों का सामना किया और बहादुरी से उन्हें धरदबोचा। यात्रियों के सहयोग से बस कंडक्टर उन युवकों को पुलिस स्टेशन में ले गया। जहाँ पुलिस अधिकारी ने बस कंडक्टर के साहस एवं कर्त्तव्यपरायणता के प्रशंसनीय व्यवहार की सराहना की।

अतः आपसे आग्रह है कि आप कंडक्टर श्री रामप्रकाश को उनके साहस और प्रशंसनीय व्यवहार के लिए सम्मानित करें, जिसके परिणामस्वरूप अन्य कर्मचारियों को भी प्रेरणा मिल सके।

धन्यवाद,

भवदीय

अशोक कुमार

आवेदन पत्र

11. अपनी योग्यता तथा खेलों में रुचि का परिचय देते हुए अपने विद्यालय के प्रधानाचार्य महोदय को विद्यालय के वार्षिकोत्सव के अवसर पर आयोजित खेलों में भाग लेने की अनुमति के लिए प्रार्थना-पत्र लिखिए।

सेवा में,

श्रीमती प्रधानाचार्य जी

दयानन्द बाल मन्दिर

गाजियाबाद

दिनांक—5 नवम्बर 20XX

विषय—वार्षिकोत्सव में आयोजित खेलकूद में भाग लेने हेतु पत्र।

महोदया,

सविनय निवेदन यह है कि मैं आपके विद्यालय की दसवीं की छात्रा हूँ। आज ही कक्षाध्यापिका से वार्षिकोत्सव में खेलकूद प्रतियोगिता के आयोजन के विषय में सुना। जैसा आपको विदित है कि इस बार राष्ट्रीय व स्कूली स्तर पर आयोजित कई प्रतियोगिताओं में मैंने भाग लिया है व पुरस्कार भी जीते हैं। मेरा आपसे यही निवेदन है कि मुझे आप विद्यालय की इन प्रतियोगिताओं में खेलने की अनुमति प्रदान करें। आपकी अति कृपा होगी।

सधन्यवाद,

आपकी आज्ञाकारी शिष्या

क ख ग

कक्षा दसवीं (अ)

संपादक

12. नई दिल्ली मेट्रो स्टेशन की जाँच मशीन पर एक यात्री के भूलवश छूटे एक लाख बीस हजार रुपए को मेट्रो पुलिस ने उसे लौटा दिया। इस समाचार को पढ़कर जो विचार आपके मन में आते हैं, उन्हें किसी समाचार-पत्र के संपादक को पत्र के रूप में लिखिए।

सेवा में,

संपादक महोदय

दैनिक हिन्दुस्तान

नई दिल्ली।

दिनांक—5 अक्टूबर, 20XX

विषय—खोए हुए रुपये प्राप्त होने पर पत्र।

महोदय,

मैं आपको पत्र द्वारा यह अवगत कराना चाहती हूँ कि नई दिल्ली मेट्रो की जाँच मशीन पर एक यात्री के भूलवश एक लाख बीस हजार रुपये छूट गए। मैं मेट्रो स्टेशन पर ही खड़ी सब देख रही थी। मेट्रो पुलिस ने उस व्यक्ति को बुलाकर उसके रुपये वापस किए तथा उस यात्री ने पुलिस वालों को धन्यवाद दिया। वर्तमान में ईमानदार व्यक्ति कहाँ हैं? क्योंकि इतनी बड़ी रकम खोने के पश्चात् पुनः प्राप्त करना एक आश्चर्य की बात है। इनाम के रूप में उस व्यक्ति ने पुलिस वालों को कुछ देना चाहा, तो उन्होंने इंकार कर दिया तथा यह कहा कि यह तो हमारा कर्तव्य था। ऐसे व्यक्तियों को सम्मानित करना चाहिए। जो अपने कर्त्तव्य को ईमानदारी से निभाते हैं।

धन्यवाद

भवदीया

अनामिका

अन्य

13. किसी बस-कंडक्टर की कर्तव्यनिष्ठा की सराहना करते हुए परिवहन विभाग के अध्यक्ष को पत्र लिखिए।

सेवा में,

महाप्रबंधक

दिल्ली परिवहन निगम

काले खाँ, नई दिल्ली।

दिनांक—28 मई, 20XX

विषय—बस कंडक्टर की कर्तव्यनिष्ठा की सराहना हेतु पत्र।

महोदय,

मैं इस पत्र के माध्यम से आपका ध्यान आपके विभाग के एक साहसी तथा कर्तव्यनिष्ठ कर्मचारी बस कंडक्टर के व्यवहार की ओर आकर्षित कराना चाहता हूँ तथा आशा करता हूँ कि आप उस कर्मचारी को उचित पुरस्कार देकर सबके सामने सम्मानित करें। मैं दिनांक 18 मई को जनकपुरी से 336 रूट की बस नं. DL-JP-9762 में प्रातःकाल 9.00 बजे चढ़ा। बस में बहुत भीड़ होने के कारण मैं अन्दर नहीं आ गया। बस थोड़ी ही दूर पहुँची थी कि दो-तीन आदमी पीछे से चढ़े और तभी एक महिला की चैन तोड़कर चलती गाड़ी से कूद गए। महिला ने शोर मचाया। कंडक्टर श्री अमर किशोर ने बस रुकवाई और उसके पीछे भाग गया। उस व्यक्ति ने चाकू दिखाया, पर इसका अमर किशोर पर कोई प्रभाव नहीं पड़ा और उसने उस आदमी को धर दबोचा एवं पुलिस के हवाले कर दिया। उस महिला की सोने की चैन सही सलामत वापस मिल गई। उस महिला ने उसे कुछ रुपये देने चाहे, तो उसने धन्यवाद बोलकर लौटा दिए। ऐसे कर्तव्यनिष्ठ एवं साहसी कर्मचारी बहुत कम देखने को मिलते हैं, जो अपनी जान जोखिम में डालकर दूसरों की सहायता करते हैं। अतः आपसे निवेदन है कि आप श्री अमर किशोर जिनका बैच नं. 96230 है, को सम्मानित करके अन्य कर्मचारियों के समक्ष उदाहरण प्रस्तुत करें।

भवदीय,

अनूप

314, जनकपुरी, नई दिल्ली।

सुझाव पत्र

14. विद्यालय में दसवीं और बारहवीं कक्षा के अच्छे परिणामों का प्रधानाचार्य को पत्र लिखकर सुझाइए कि उन्हें और अच्छा कैसे बनाया जा सकता है?

सेवा में,

प्रधानाचार्य जी

राजकीय माध्यमिक विद्यालय,

नेहरू मार्ग,

नई दिल्ली।

दिनांक—8 अक्टूबर, 20XX

विषय—अच्छे परिणाम हेतु सुझाव-पत्र।

महोदय,

नम्र निवेदन है कि हमारा विद्यालय अपने क्षेत्र के विशेष विद्यालयों में गिना जाता है, शिक्षा का और अधिक विस्तार करने के लिए हमें हमारे विद्यालय में परिश्रमी एवं योग्य शिक्षकों को नियुक्त करना चाहिए जिससे शिक्षा व्यवस्था और अच्छी, सुव्यवस्थित एवं नियमित रूप से हो सके। जिससे कक्षा दसवीं एवं बारहवीं के परिणाम अच्छे आ सकेंगे तथा शिक्षकों द्वारा उन्हें नया मार्गदर्शन प्राप्त होगा जिसके कारण हमारे विद्यालय को ख्याति प्राप्त होगी। हमारा उद्देश्य विद्यार्थियों को उचित शिक्षा मुहैया करवाना है।

धन्यवाद

आपका आज्ञाकारी शिष्य

विनोद शर्मा

शिकायती पत्र

15. प्लास्टिक की चीज़ों से हो रही हानि के बारे में किसी समाचार-पत्र के सम्पादक को पत्र लिखकर अपने सुझाव दीजिए।

सेवा में,

दैनिक हिन्दुस्तान

कानपुर

दिनांक—8 अगस्त, 20XX

विषय—प्लास्टिक की चीजों से हो रही हानि हेतु।

महोदय,

मैं आपके प्रतिष्ठित समाचार-पत्र के माध्यम से समाज तथा सरकार का ध्यान प्लास्टिक की चीजों से हो रही हानि की तरफ आकर्षित करना चाहता हूँ। आशा है कि आप मेरे विचारों को अपने समाचार-पत्र में स्थान देंगे ताकि इससे देश के नागरिक जागरूक हो जाएँ। प्लास्टिक की थैलियों का प्रयोग लोगों द्वारा धड़ल्ले से हो रहा है। थैलियाँ सस्ती, मजबूत, हल्की एवं सर्वसुलभ होने के कारण लोगों के बीच प्रयोग के लिए सर्वाधिक प्रसिद्ध हैं। इन थैलियों का प्रभाव है कि लोग थैले ले जाना, आवश्यक नहीं समझते हैं। जहाँ ये थैलियाँ खाद्य पदार्थों को दूषित करती हैं तो वहीं ये प्राकृतिक वातावरण के लिए अनुपयुक्त होती हैं। ये मिट्टी में रहकर नष्ट नहीं होती हैं एवं मृदा को भी प्रदूषित करती हैं। इन्हें जलाने से जहरीला निकलता है जो मनुष्य और पर्यावरण दोनों के लिए बेहद हानिकारक होता है। नष्ट न होने के कारण ये थैलियाँ नालियों तथा नालों में पानी के बहाव को कम करती हैं। ये थैलियाँ जानवरों के लिए भी जानलेवा साबित होती हैं। इनके प्रयोग एवं क्रय-विक्रय पर कानूनी रोग लगाने की आवश्यकता है।

अतः आपसे प्रार्थना है कि आप अपने समाचार-पत्र में इस पत्र को स्थान देने का कष्ट करें। जिससे लोगों में प्लास्टिक से होने वाली हानियों के प्रति जागरूकता बढ़ेगी।

धन्यवाद।

भवदीय

अंजलि,

122, जयपुर हाउस,

आगरा

16. आपकी बस्ती के पार्क में कई अनधिकृत खोमचे वालों ने डेरा डाल दिया है, उन्हें हटाने के लिए नगर-निगम अधिकारी को लगभग 80-100 शब्दों में पत्र लिखिए।

सेवा में,

नगर निगम अधिकारी जी

मुख्य नगर पालिका

अ ब स नगर

दिनांक-24 अगस्त, 20XX

विषय: बस्ती के पार्क में खोमचे वालों को हटाने हेतु पत्र

महोदय,

मैं अ ब स नगर का निवासी हूँ तथा पार्क सुधार समिति का अध्यक्ष हूँ। मैं आपका ध्यान बस्ती के पार्क में खोमचे वालों के द्वारा अनधिकृत डेरा डालने की ओर आकर्षित करना चाहता हूँ। दिन-प्रतिदिन पार्क की स्थिति खराब होती जा रही है। बच्चों को खेलने और बड़े-बूढ़ों को टहलने के लिए जगह नहीं मिल रही है। इन खोमचे वालों के द्वारा पार्क के चारों ओर गंदगी फैला दी जाती है।

महोदय, अ ब स नगर, पार्क सुधार समिति का सुझाव है कि बस्ती के पार्क से खोमचे वालों को हटाने के लिए व्यापक अभियान चलाया जाए। इस अभियान से मुहल्लेवासियों को लाभ तो मिलेगा ही साथ ही हमारा पर्यावरण भी शुद्ध हो जाएगा।

अंत में आपसे प्रार्थना है कि खोमचे वालों से पार्क को यथाशीघ्र खाली करवाने की कृपा करें। इसके लिए हम सदैव आपके आभारी रहेंगे।

धन्यवाद

भवदीय

अ ब स

17. दूरदर्शन निदेशालय को लगभग 80-100 शब्दों में पत्र लिखकर अनुरोध कीजिए कि किशोरों के लिए देशभक्ति की प्रेरणा देने वाले अधिकाधिक कार्यक्रमों को प्रसारित करने की ओर ध्यान दिया जाए।

सेवा में,

निदेशक जी

दूरदर्शन निदेशालय

अ ब स नगर

दिनांक–28 सितम्बर, 20XX

विषय: दूरदर्शन पर देशभक्ति से सम्बन्धित कार्यक्रम के लिए प्रसारण हेतु पत्र

महोदय,

मैं अ ब स नगर का निवासी हूँ। आजकल दूरदर्शन पर ऐसे कार्यक्रमों की भरमार होती है जिनसे आज की युवा पीढ़ी को अच्छी प्रेरणा नहीं मिल पा रही है। इस प्रकार के कार्यक्रमों को देखने के बाद उनके मन में विकृति का भाव आ रहा है जो उनके लिए हानिकारक है। मनोविज्ञान का ज्ञाता होने के कारण आपसे निवेदन कर रहा हूँ कि दूरदर्शन पर देशभक्ति से सम्बन्धित कार्यक्रम के अधिक-से-अधिक प्रसारण करवाने की कृपा करें। इससे उनके मन में देश के लिए प्रेम जाग्रत होगा तथा उनका नैतिक विकास भी होगा।

अंत में आपसे प्रार्थना है कि दूरदर्शन पर देशभक्ति से सम्बन्धित कार्यक्रम के अधिक प्रसारण की कृपा करें। इसके लिए हम सदैव आपके आभारी रहेंगे।

धन्यवाद

भवदीय

अ ब स

18. आप विद्यालय की छात्र-परिषद् के सचिव हैं। स्कूल के बाद विद्यार्थियों को नाटक का अभ्यास करवाने के लिए अनुमति माँगते हुए प्रधानाचार्य को लगभग 80-100 शब्दों में पत्र लिखिए।

सेवा में,

प्रधानाचार्य महोदय

अ ब स विद्यालय

नई दिल्ली

दिनांक–29 नवम्बर, 20XX

विषय: नाटक का अभ्यास हेतु अनुमति

माननीय महोदय,

सविनय निवेदन है कि मैं कक्षा दसवीं 'ब' का छात्र हूँ साथ ही विद्यालय के सांस्कृतिक कार्यशाला के छात्र परिषद् का सचिव भी हूँ। विद्यालय में होने वाले वार्षिकोत्सव के लिए कक्षा दसवीं के छात्रों ने मिलकर एक नाटक बनाया है जिसके अभ्यास हेतु हमें पुस्तकालय व खेल के पीरियड में अभ्यास करने के लिए अनुमति चाहिए। हम सभी छात्र अच्छी तरह ही जानते हैं कि हमें हमारी आने वाली दसवीं की परीक्षा हेतु भी तैयारी करनी हैं, इसलिए हम अपने मुख्य विषयों की कक्षाएँ नहीं छोड़ना चाहते हैं केवल पुस्तकालय व खेल की कुछ कक्षाएँ यदि हमें अभ्यास हेतु तीन-चार दिन मिल जाए तो हमारे नाटक का अभ्यास अच्छी तरह से हो जाएगा।

अत: आपसे निवेदन है कि यदि हमें नाटक अभ्यास हेतु कुछ (पुस्तकालय व खेल) की कक्षाएँ देंगे तो हमारा विद्यालय के वार्षिकोत्सव के नाटक का अभ्यास सही रूप से हो जाएगा। आशा है कि आप हमें अनुमति देने की कृपा जरूर करेंगे।

धन्यवाद

भवदीय

अ ब स

19. अस्पताल कर्मचारियों के सद्व्यवहार की प्रशंसा करते हुए मुख्य चिकित्सा अधिकारी को लगभग 80-100 शब्दों में पत्र लिखिए।

सेवा में,

मुख्य चिकित्सा अधिकारी

अ ब स नगर क्षेत्र,

नई दिल्ली।

दिनांक–15 फरवरी, 20XX

विषय: अस्पताल कर्मचारियों की प्रशंसा हेतु पत्र

माननीय महोदय,

मैं इस पत्र के माध्यम से आपका ध्यान अ ब स नगर क्षेत्र के सरकारी अस्पताल के कर्मचारियों के कर्त्तव्यनिष्ठता एवं सद्भावपूर्ण व्यवहार की ओर आकर्षित करना चाहती हूँ साथ ही उनकी प्रशंसा करना चाहती हूँ एवं आशा रखती हूँ कि आने वाले समय में ये कर्मचारी इसी तरह जनता की सेवा करें। मैं दिनांक 25 जनवरी की सड़क दुर्घटना में थोड़ी घायल हो गई थी, मेरे हाथ व पैरों में काफी चोटें आ गई थीं जिस कारण कुछ लोगों ने मुझे तिलक नगर सरकारी अस्पताल में दाखिल किया। वहीं से मेरे माता-पिता को भी सूचना दी गई। माता-पिता आने में कुछ समय लगा पर वहाँ अस्पताल के कर्मचारियों व डॉक्टरों ने पूरा ध्यान रखा। ऐसा बिल्कुल भी नहीं लगा कि मैं वहाँ अकेली हूँ। घबराहट के कारण मैं बेहोश हो गई थी और मेरे पास कुछ जरूरी दस्तावेज भी थे परंतु उन्होंने मेरे सभी दस्तावेजों को भलीभाँति ढंग से रखा और माता-पिता के आने के पश्चात् उन्हें दे दिए। मुझे करीबन सात घण्टे बाद होश आया क्योंकि चोटें कुछ ज्यादा थीं पर इस बीच मेरा सही व सुचारु रूप से इलाज चला। मुझे यह अहसास ही नहीं हो पाया कि मैं सरकारी अस्पताल में हूँ जिसके लिए मैं उनका धन्यवाद करती हूँ। विशेष रूप से डॉ. शर्मा जी का जिन्होंने मेरे जीवन की निधि दस्तावेज का ध्यान रखा अत: आप से निवेदन है कि डॉ. शर्मा जी को सम्मानित कर उनका मान बढ़ाएँ।

धन्यवाद

भवदीय

अ ब स

अभ्यास प्रश्न

1. बैंक में खाता खोलने के लिए बैंक-मैनेजर के नाम पत्र लिखिए।
2. अपने विद्यालय के प्रधानाचार्य को पत्र लिखकर छात्रवृत्ति का अनुरोध करें एवं अपनी आर्थिक स्थिति स्पष्ट करें।
3. आपके मुहल्ले में प्रकाश की व्यवस्था कम है। विद्युत अधिकारी को इस विषय पर एक पत्र लिखो।
4. अपने राज्य के परिवहन-प्रबंधक को एक पत्र लिखिए, जिसमें आपकी बस्ती तक नया बस-मार्ग आरम्भ कराने का अनुरोध हो।
5. बढ़ते प्रदूषण की रोकथाम के लिए स्वास्थ्य अधिकारी को पत्र लिखिए।

❑❑

सूचना लेखन

Chapter 3

सूचना का सामान्यत: अर्थ जानकारी है। किसी एक विषय से सम्बन्धित जानकारी को लिखित रूप में एक साथ कई लोगों तक पहुँचाने की विधि का नाम ही 'सूचना लेखन' है। यह सूचनाओं के आदान-प्रदान का सबसे आसान उपाय है। किसी संस्था के सर्वोच्च अधिकारी द्वारा अपने कर्मचारियों के बीच सूचना पहुँचाने का सरल साधन ही 'सूचना लेखन' है।

सूचना लेखन की महत्वपूर्ण विशेषताएँ—

(i) विषय से सम्बन्धित सभी तथ्यों का क्रमवार विवरण अच्छी सूचना का पहला गुण है।

(ii) सूचना लेखन के लिए भाषा को संक्षिप्त रखना आवश्यक है।

(iii) सूचना सरल, सहज और बोधगम्य भाषा में लिखी गई हो।

(iv) सूचना का शीर्षक आकर्षक तथा विषय से सम्बन्धित होना चाहिए।

(v) सूचना के अन्त में सूचना ज्ञापित करने वाले का तिथि सहित नाम, पद तथा स्थान होना अनिवार्य है।

उदाहरण

1. अपने विद्यालय में स्वच्छ भारत अभियान के अन्तर्गत स्वच्छता अभियान चलाने के लिए हैड ब्वॉय, अ. ब. स. विद्यालय, अ ब स नगर की ओर से एक सूचना लिखिए—

तिथि : 00.00.20XX

अ.ब.स. विद्यालय, अ ब स नगर

आवश्यक सूचना

विद्यालय के सभी विद्यार्थियों को सूचित किया जाता है कि दिनांक 00.00.20XX (सोमवार) को सुबह 10 बजे से दोपहर 12 बजे तक विद्यालय के आसपास के स्थानों को स्वच्छ करने तथा स्वच्छता के प्रति लोगों को जागरूक बनाने के लिए एक अभियान चलाया जायेगा। इसके लिए 12वीं कक्षा के सभी विद्यार्थियों से अनुरोध है कि वे इस स्वच्छ भारत अभियान में अपनी भागीदारी निभाएँ। इस अभियान में हमारे साथ विद्यालय अन्य अधिकारीगण भी शामिल होंगे।

धन्यवाद

निवेदक

हैड ब्वॉय

अ.ब.स. विद्यालय, अ ब स नगर

2. आप दसवीं कक्षा में पढ़ते हैं और आपका नाम मुकेश है आपको खेल के मैदान में एक सोने की अँगूठी मिली है। इस सन्दर्भ में एक सूचना लिखिए—

दिनांक : 00.00.20XX

अ.ब.स. विद्यालय, अ ब स नगर

आवश्यक सूचना

सभी विद्यार्थियों, अध्यापक एवं अध्यापिकाओं को सूचित किया जाता है कि दिनांक 00.00.20XX को खेल के मैदान से दसवीं कक्षा के छात्र मुकेश को एक सोने की अँगूठी प्राप्त हुई थी, जिसे उन्होंने प्राचार्य कार्यालय में जमा करवा दिया है। जिस किसी विद्यार्थी या अध्यापक की यह अँगूठी हो, वह उसके बारे में सही जानकारी देकर प्रधानाचार्य कार्यालय से प्राप्त कर सकता है।

धन्यवाद

मुकेश

3. आप अ.ब.स. सेक्टर, अ.ब.स. नगर के रेजीडेंट वैलफेयर कमेटी के अध्यक्ष हैं। आप अपने सेक्टर में राष्ट्रीय पर्व का आयोजन करने के लिए एक सभा करना चाहते हैं। इस सन्दर्भ में एक सूचना लिखिए—

दिनांक : 00.00.20XX

अ.ब.स. सेक्टर, अ ब स नगर

आवश्यक सूचना

सेक्टर अ. ब. स. के सभी निवासियों को सूचित किया जाता है कि दिनांक 00.00.20XX (रविवार) को सुबह 11 बजे सामुदायिक केन्द्र में रेजीडेंट्स वैलफेयर कमेटी की सभा का आयोजन किया जा रहा है। सभा में आगामी राष्ट्रीय पर्व के आयोजन पर विस्तार से विचार-विमर्श कर नीतियों का निर्धारण किया जाना है। इस सभा में आप सबकी उपस्थिति वांछनीय है।

धन्यवाद

निवेदक

अध्यक्ष रेजीडेंट्स वैलफेयर कमेटी

सेक्टर—अ.ब.स. सेक्टर, अ.ब.स. नगर

3. आप अ.ब.स. सेक्टर, अ.ब.स. नगर के रेजीडेंट वैलफेयर कमेटी के अध्यक्ष हैं। आप अपने सेक्टर में राष्ट्रीय पर्व का आयोजन करने के लिए एक सभा करना चाहते हैं। इस सन्दर्भ में एक सूचना लिखिए—

दिनांक : 00.00.20XX
अ.ब.स. विद्यालय, अ ब स नगर
आवश्यक सूचना
विद्यालय के सभी विद्यार्थियों को सूचित किया जाता है कि दिनांक XX.XX.20XX (दिन 0000)को होने वाली कक्षा परीक्षा प्राचार्य जी के आदेशानुसार विद्यालय वार्षिकोत्सव के कारण स्थगित की जाती है। अब यही परीक्षा दिनांक XX.XX.XXXX (दिन 0000) को आयोजित की जायेगी।
धन्यवाद
आदेशानुसार
प्राचार्य

5. आप अपने नगर की संगीत-सभा के अध्यक्ष हैं। इस बार आपके नगर में अन्तर्राष्ट्रीय संगीत सभा का आयोजन किया जा रहा है। इस सन्दर्भ में एक सूचना लिखिए—

तिथि : 00.00.20XX
अ.ब.स. संगीत सभा, अ ब स नगर
अंतर्राष्ट्रीय संगीत सभा के आयोजन के संदर्भ में विशेष सूचना
सभी नगरवासियों को सहर्ष सूचित किया जाता है कि दिनांक 00.00.20XX (दिन 0000) को स्वतन्त्रता दिवस के अवसर पर सेक्टर—00 में स्थित सभागार में अन्तर्राष्ट्रीय संगीत सभा का आयोजन किया जा रहा है, जिसमें देश के लगभग सभी ख्याति प्राप्त गीतकार शामिल होंगे। इस सभा में महान संगीतकार श्रीमान अ.ब.स. जी को विशेष रूप से आमन्त्रित किया गया है। अत: आपसे विनती है कि कृपया शाम 7 से रात्रि 11 बजे तक चलने वाले इस कार्यक्रम में पधारकर संगीत के सागर में आनन्द उठाने का कष्ट करें।
सधन्यवाद
निवेदक
अध्यक्ष, संगीत-सभा
अ.ब.स. नगर सेक्टर—00

6. आपके विद्यालय में हिन्दी विभाग की ओर से हिन्दी दिवस पर एक वाद-विवाद प्रतियोगिता का आयोजन किया जा रहा है। इस सन्दर्भ में एक सूचना लिखिए—

तिथि : 00.00.20XX
अ.ब.स. विद्यालय, अ ब स नगर
आवश्यक सूचना
विद्यालय के सभी कक्षा 8 से 10 तक के विद्यार्थियों को सूचित किया जाता है कि हिन्दी विभाग की ओर से दिनांक 00.00.20XX को विद्यालय के सभागार में हिन्दी दिवस के अवसर पर 'वाद-विवाद प्रतियोगिता' का आयोजन किया जा रहा है। इस प्रतियोगिता का विषय—'हिन्दी हमारी मातृभाषा' है। इस प्रतियोगिता में प्रत्येक सदन से दो प्रतिभागी भाग लेंगे। एक पक्ष में तथा दूसरा प्रतिपक्ष में अपने विचारों को प्रस्तुत करेगा। सभी इच्छुक प्रतिभागियों को सूचित किया जाता है कि प्रतियोगिता की तिथि से दो दिन पूर्व अपना नाम अधोहस्ताक्षरी के पास जमा अवश्य करवा दें।
धन्यवाद
अ.ब.स.
संयोजक
हिन्दी विभाग

7. जिला अधिकारी की ओर से आपके नगर के बाढ़ पीड़ितों के लिए अनेक राहत योजनाओं में सहायता राशि की घोषणा की गई है। इन राहत योजनाओं के लाभार्थियों के लिए एक सूचना-पत्र तैयार करें—

दिनांक : 00.00.20XX
जिला कार्यालय अ ब स जिला
आवश्यक सूचना
प्राकृतिक आपदा बाढ़ से पीड़ित सभी नागरिकों को सूचित किया जाता है कि वे जिला अधिकारी की ओर से पीड़ित नागरिकों के लिए जारी सहायता राशि प्राप्त करने के लिए अपने जिला कार्यालय के उचित अधिकारी से दिनांक 00.00.20XX सम्पर्क करें। लाभ प्राप्त करने के लिए आधार कार्ड का होना अनिवार्य है। जिला कार्यालय यह सुनिश्चित करना चाहता है कि प्राकृतिक आपदा की इस घड़ी में वह हर प्रकार से नागरिकों के साथ है और उनको आर्थिक सहायता समय पर उपलब्ध करवाने के लिए कृतसंकल्प है।
जिला अधिकारी के आदेशानुसार
जिला कार्यालय, अ ब स जिला

8. आपके स्कूल में हॉकी टीम का चयन किया जाना है। आप हॉकी टीम के कप्तान हैं। सदस्यों का चयन करने के लिए प्राचार्य की ओर से एक सूचना-पत्र लिखें—

दिनांक : 00.00.20XX
अ.ब.स. विद्यालय, अ ब स नगर
आवश्यक सूचना
विदित हो कि दिनांक 00.00.20XX, दिन 0000 को विद्यालय की हॉकी टीम का चयन किया जायेगा। इसके लिए इच्छुक सभी विद्यार्थियों को प्रात: 10 बजे विद्यालय के हॉकी मैदान में उपस्थित होने का आदेश दिया जाता है। अपने साथ अभिभावक से अनापत्ति पत्र अवश्य लायें।
धन्यवाद
आदेश से
प्राचार्या
अ.ब.स. विद्यालय
अ.ब.स. नगर

9. आप रेजीडेंट्स वैलफेयर सोसाइटी, गार्डन अपार्टमेंट के अध्यक्ष 'श्री रामवीर सिंह' हैं। आपको अपनी सोसाइटी में स्वास्थ्य मेले का आयोजन करवाना है। इस सन्दर्भ में एक सूचना पत्र तैयार करें—

रेजीडेंट्स वैलफेयर सोसाइटी, गार्डन अपार्टमेंट

आवश्यक सूचना

विदित हो कि दिनांक 00.00.20XX, (दिन 00000) को अपार्टमेंट के पार्क में एक स्वास्थ्य मेले का आयोजन किया जायेगा। इस मेले में स्वास्थ्य से सम्बन्धित विभिन्न प्रकार की गतिविधियाँ की जायेंगी। प्राथमिक जाँच तथा प्राथमिक उपचार की सभी सुविधाएँ भी उपलब्ध रहेंगी। अत: अधिक-से-अधिक संख्या में भाग लेकर इसे सफल बनावें।

धन्यवाद

निवेदक

अध्यक्ष

रेजीडेंट्स वैलफेयर सोसाइटी, अपार्टमेंट

दिनांक : 00.00.20XX

अ. ब. स. नगर

10. आप अपने विद्यालय में हैड-गर्ल हैं। विद्यालय में होने वाली 'सुलेखन-प्रतियोगिता' में भाग लेने के लिए आमन्त्रण हेतु एक सूचना पत्र तैयार कीजिए—

दिनांक : 00.00.20XX

अ.ब.स. विद्यालय, अ ब स नगर

आवश्यक सूचना

विद्यालय के सभी कक्षा 4 से 8 तक के विद्यार्थियों को सूचित किया जाता है कि हिन्दी विभाग की ओर से दिनांक 00.00.20XX को विद्यालय के सभागार में कवि श्रेष्ठ 'श्री हरिवंश राय बच्चन' की स्मृति में 'सुलेखन-प्रतियोगिता' का आयोजन किया जा रहा है। सभी इच्छुक प्रतिभागियों को सूचित किया जाता है कि प्रतियोगिता की तिथि से दो दिन पूर्व अपना नाम अधोहस्ताक्षरी के पास जमा अवश्य करवा दें।

धन्यवाद

हैड-गर्ल

अ.ब.स.

11. अपनी बस्ती को स्वच्छ रखने हेतु कल्याण समिति के सचिव होने के नाते इससे संबंधित सूचना 40-50 शब्दों में लिखिए।

दिनांक : 00.00.20XX

अ.ब.स. नगर, अ ब स बस्ती

आवश्यक सूचना

अ ब स बस्ती के सभी निवासियों को सूचित किया जाता है कि दिनांक 00.00.20XX (रविवार) को सुबह 10 बजे से दोपहर 12 बजे तक बस्ती के आसपास के स्थानों को स्वच्छ करने तथा स्वच्छता के प्रति लोगों को जागरूक बनाने के लिए एक अभियान चलाया जाएगा। इसके लिए बस्ती के सभी युवक निवासियों से अनुरोध है कि वे इस स्वच्छता अभियान में अपनी भागीदारी निभाएँ। इस अभियान में हमारे साथ नगर के अन्य अधिकारीगण भी शामिल होंगे।

धन्यवाद

निवेदक

सचिव,

कल्याण समिति, अ ब स बस्ती, अ ब स नगर।

12. आप अपने विद्यालय की छात्र संस्था के सचिव हैं तथा विद्यालय में 'चित्रकला' प्रतियोगिता आयोजित करवाना चाहते हैं। इससे संबंधित सूचना 40-50 शब्दों में लिखिए।

तिथि : 00.00.20XX

अ.ब.स. विद्यालय, अ ब स नगर

आवश्यक सूचना

विद्यालय के सभी विद्यार्थियों को सूचित किया जाता है कि दिनांक 00.00.20XX(सोमवार) को सुबह 10 बजे विद्यालय के सभागार में एक 'चित्रकला प्रतियोगिता' का आयोजन किया जाएगा। इसका उद्देश्य कल के प्रति छात्रों को जागरूक बनाना है। इससे 10वीं से लेकर 12वीं कक्षा के विद्यार्थी ही भाग ले सकेंगे। अत: अनुरोध है कि इस प्रतियोगिता में अपनी भागीदारी सुनिश्चित करने के लिए अपना नाम अधोहस्ताक्षरी के पास उक्त तिथि से दो दिन पूर्व तक अवश्य जमा करवा दें।

धन्यवाद

निवेदक

सचिव,

छात्र संस्था

अ ब स विद्यालय, अ ब स नगर।

13. आप अपनी कॉलोनी की कल्याण परिषद् के अध्यक्ष हैं। अपने क्षेत्र के पार्कों की साफ-सफाई के प्रति जागरूकता लाने हेतु कॉलोनीवासियों के लिए 40-50 शब्दों में लिखिए।

दिनांक : 00.00.20XX

सूचना

जनकपुरी कॉलोनी कल्याण परिषद्

समस्त जनकपुरी कॉलोनी के निवासियों को सूचित किया जा रहा है, कि कॉलोनी की साफ-सफाई, पार्कों की सफाई हेतु जागरूकता अभियान चलाया जा रहा है जिसमें सभी निवासी बढ़-चढ़ कर योगदान दें।

धन्यवाद

स्थान—कल्याण परिषद् कार्यालय, जनकपुरी

समय—प्रात: 8 बजे से 12 बजे तक।

14. विद्यालय की सचिव की ओर से 'समय-प्रबंधन' विषय पर आयोजित होने वाली कार्यशाला के लिए 40-50 शब्दों में एक सूचना तैयार कीजिए।

तिथि : 00.00.20XX

सूचना

अ ब स विद्यालय

विद्यालय के सभी कक्षा दसवीं के छात्र-छात्राओं को सूचित किया जाता है कि आने वाली दसवीं की परीक्षाओं के लिए विद्यालय की ओर से 'समय-प्रबंध पर कार्यशाला आयोजित होने वाली हैं, जिसमें छात्र-छात्राओं को 'समय-प्रबंध' के महत्व व लाभ बताएँ जाएँगे। जो आने वाली परीक्षाओं के लिए छात्र-छात्राओं के लिए काफी लाभकारी हो सकते हैं। यह कार्यशाला दिनांक—6.04.XX से 10.04.XX तक विद्यालय में प्रत्येक दिन पुस्तकालय की कक्षा में होगी।

श्री राजीव कुलश्रेष्ठ

सचिव

अभ्यास प्रश्न

1. विद्यार्थियों को स्कूल की ओर से शैक्षणिक यात्रा पर जाने की जानकारी देते हुए विद्यालय के मुख्य छात्र (हैंड-ब्वॉय) की ओर से एक सूचना-पत्र तैयार कीजिए।
2. विद्यार्थियों को विद्यालय आने-जाने के लिए स्कूल बस की सुविधा ही प्रयोग करने की सलाह देते हुए अभिभावकों के लिए एक सूचना तैयार कीजिए।
3. 26 जनवरी पर आप अपने 'अजन्ता अपार्टमेंट' में देशभक्ति गीतों, एकल अभिनय व कविता-वाचन की एक प्रतियोगिता करवा रहे हैं। यह जानकारी देते हुए एक सूचना तैयार कीजिए।
4. कूड़े को खुले में फेंकना एक दण्डनीय अपराध है। इस जानकारी से लोगों को जागरूक करने के लिए इस सन्दर्भ में रेजीडेंट्स कमेटी के अध्यक्ष होने के नाते एक सूचना लिखिए।
5. ग्रीष्मावकाश में आप अपने सेक्टर के पार्क में योग की कक्षा चलाना चाहते हैं। अधिक-से-अधिक लोगों को भाग लेने के लिए प्रेरित करते हुए एक सूचना-पत्र लिखिए।

❑❑

विज्ञापन लेखन

Chapter 4

आज सूचना व प्रौद्योगिक विकास के कारण 'विज्ञापन' अपने आप में एक ऐसा सशक्त माध्यम बन चुका है जिसने पूरे बाजार को अपने वश में कर लिया। आज विज्ञापन लेखन का कार्य एक व्यवसाय के रूप में उभर चुका है एवं दिन-प्रतिदिन विभिन्न सम्भावनाओं के द्वार खोल रहा है।

विज्ञापन के निम्न उद्देश्य हैं—

- नवीन उत्पादकों को जन जन तक पहुँचाना।
- उत्पादन के प्रति जनता को आकर्षित करना।
- उपभोक्ताओं के मन में अमुक वस्तु के लिए लालसा करना, लुभाना, रुचि एवं ऐसा विश्वास जगाना कि उसकी आवश्यकता है।
- अमुक वस्तु के प्रति आकर्षित कर माँग बढ़ाना।
- वस्तु को खरीदने के लिए प्रेरित करना।

विज्ञापन लेखन की विशेषताएँ

(i) विज्ञापन लिखने के कई ढंग हैं—परन्तु आपको बैनर के अनुसार ही लिखना चाहिए जैसे चारों ओर रेखा खींचकर साथ ही विज्ञापन की वस्तु के प्रति पूरी जानकारी होनी चाहिए।

(ii) विज्ञापन की भाषा पूर्णरूप से सरल होनी चाहिए जिससे हर-आयु वर्ग के लोग समझ सकें। वस्तु की विशेषताओं पर आधारित वाक्य होने चाहिए।

(iii) विज्ञापन की भाषा ध्वन्यात्मक होनी चाहिए जिससे जनता के बीच वह अपनी अमिट छाप छोड़ सके।

(iv) विज्ञापन अपने आप में पूर्ण होना चाहिए जो पूर्ण रूप से जनता को अपनी ओर खींच सके।

(v) विज्ञापन में भाषा के आकर्षण पर विशेष ध्यान देना चाहिए। शब्दों की पंक्तिबद्ध व्यवस्था उपयुक्त एवं सुन्दर होनी चाहिए

हल सहित प्रश्न

1. 'केशकांति आयुर्वेदिक तेल' नामक उत्पाद हेतु एक विज्ञापन तैयार कीजिए।

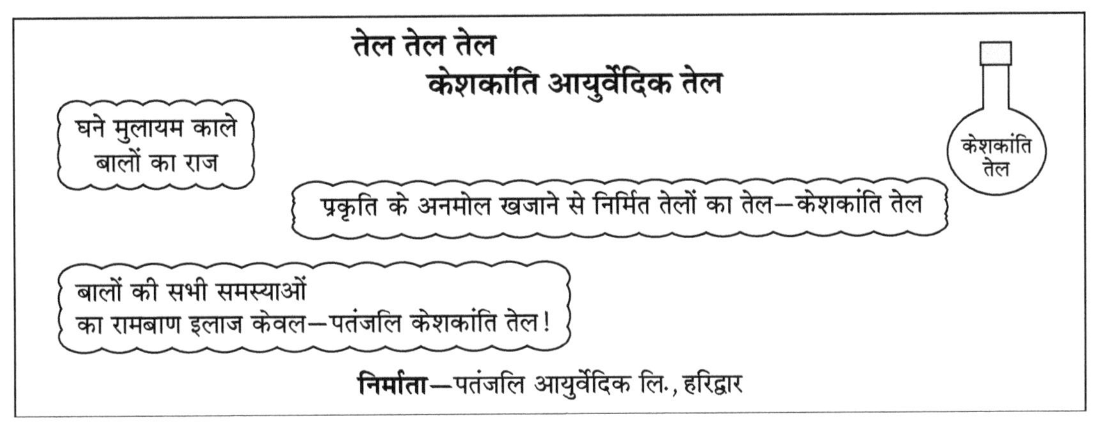

2. अपने विद्यालय के नए ब्रांच हेतु विज्ञापन तैयार कीजिए।

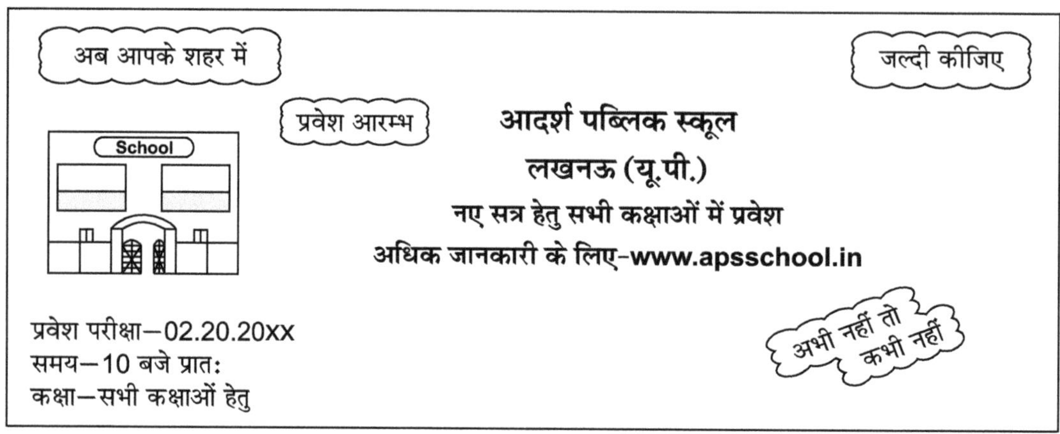

3. नए टूथपेस्ट के लिए विज्ञापन तैयार कीजिए।

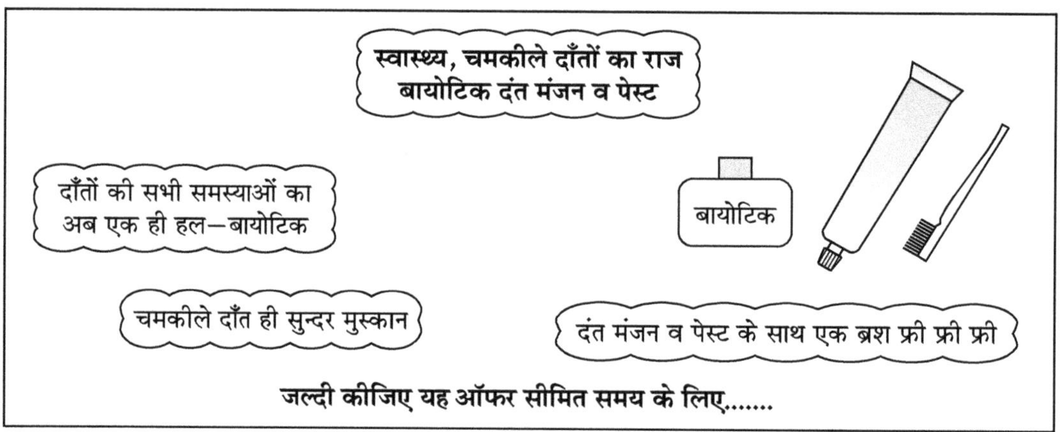

4. घड़ी का विज्ञापन तैयार कीजिए।

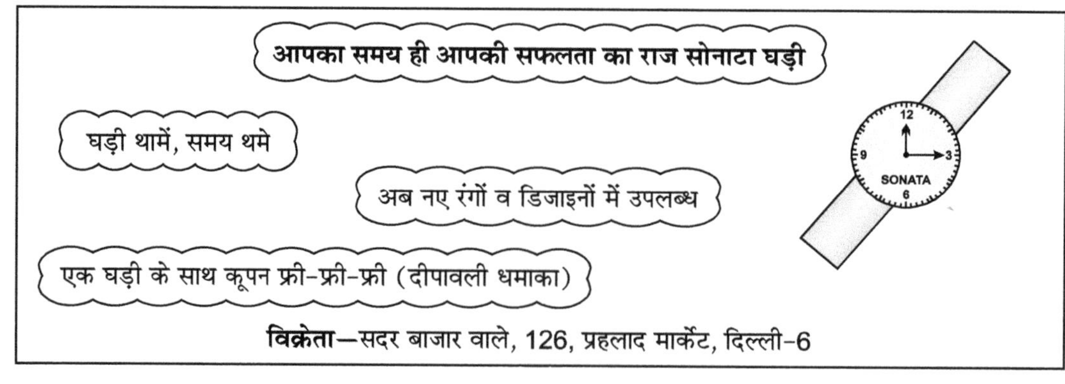

5. **क्रिकेट के बल्ले व गेंदों का विज्ञापन तैयार कीजिए।**

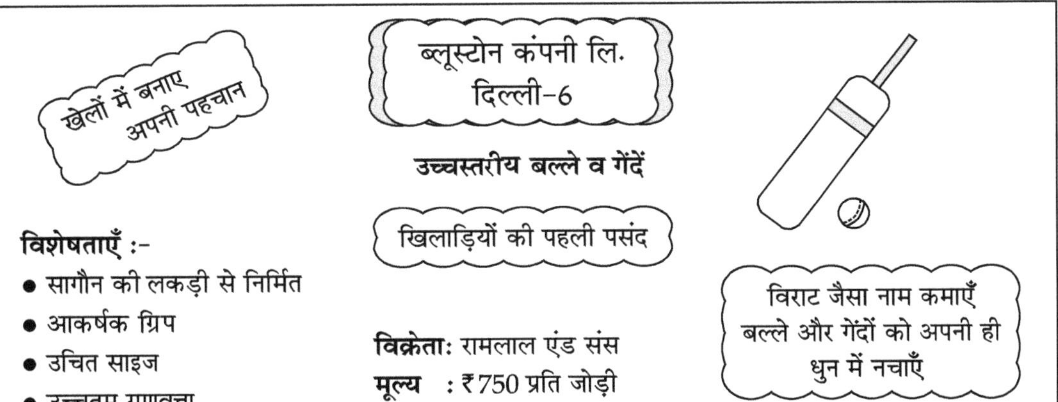

6. **अपने विद्यालय में होने वाले निःशुल्क स्वास्थ्य शिविर के आयोजन से संबंधित विज्ञापन लगभग 25-50 शब्दों में तैयार कीजिए।**

विज्ञापन

निःशुल्क स्वास्थ्य शिविर का आयोजन

निःशुल्क ! निःशुल्क ! निःशुल्क

अ ब स विद्यालय के कैंपस में !

नगर के सभी निवासियों के लिए निःशुल्क स्वास्थ्य शिविर का आयोजन

विद्यालय का मानना है स्वास्थ्य शिविर का आयोजन

विद्यालय का मानना है स्वास्थ्य ही जीवन का सच्चा आनंद है,

साथ ही स्वस्थ शरीर में स्वस्थ मस्तिष्क का निवास होता है।

शिविर का दिनांक—XX/XX/XXXX

समय—प्रातः 9:00 बजे से

अधिक जानकारी हेतु संपर्क करें—

सचिव

विद्यालय स्वास्थ्य सेवा समिति

अ ब स विद्यालय, अ ब स नगर

दूरभाष संख्या—XXXXXXXXXX

विद्यालय परिवार द्वारा, जनहित में जारी

7. **आप अपना कम्प्यूटर बेचना चाहते हैं। इससे सम्बन्धित विज्ञापन लगभग 25-50 शब्दों में तैयार कीजिए।**

कम्प्यूटर कम्प्यूटर कम्प्यूटर

आ गया ! आ गया ! आ गया !

सबसे सस्ता और सबसे उपयोगी मेरा अपना लूना कम्प्यूटर आधुनिक शिक्षा और संचार क्रांति का जनक लूना कम्प्यूटर 16 से 25 वर्ष के बच्चों के लिए सबसे विशेष शिक्षा ऐप के साथ।

प्रथम 50 खरीददारी पर विशेष उपहार का प्रबंध नगर के सभी प्रमुख कम्प्यूटर स्टोर पर उपलब्ध

संपर्क सूत्र—9999999999

मूल्य—70000/- से प्रारम्भ

8. **कोई कम्पनी 'लेखनी' नाम का नया पेन बाजार में लाना चाहती है। उसके लिए लगभग 25-50 शब्दों में तैयार कीजिए।**

9. ए.टी.एम. केन्द्रों पर सावधानी बरतने संबंधी निर्देश देते हुए पंजाब नेशनल बैंक की ओर से लगभग 25-50 शब्दों में तैयार कीजिए।

पंजाब नेशनल बैंक की ओर से निर्देश

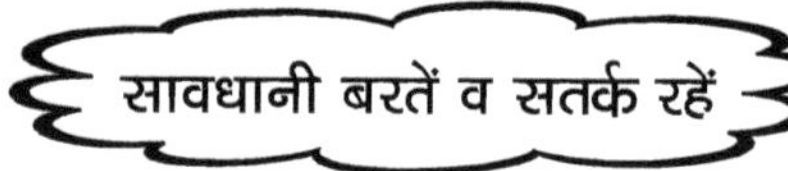

* एटीएम पिन अकेले ही प्रयोग करें।
* संदिग्ध निगाहों, चिह्नों, से बचें।
* किसी को पिन व कार्ड न दें।
* पैसे निकालने के बाद कैंसिल बटन दबाए बिना एटीएम लिए न निकले।

अभ्यास प्रश्न

1. छाते का विज्ञापन तैयार कीजिए—

2. टी. वी. का विज्ञापन बनाएँ—

3. जेटर पेन का विज्ञापन बनाएँ—

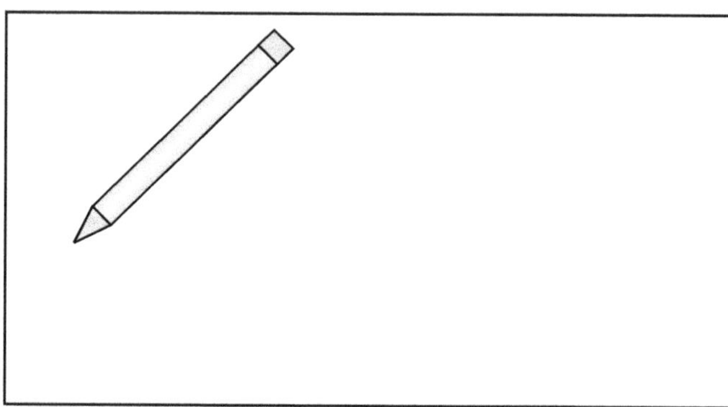

4. बच्चों के स्कूल बैग हेतु विज्ञापन तैयार कीजिए—

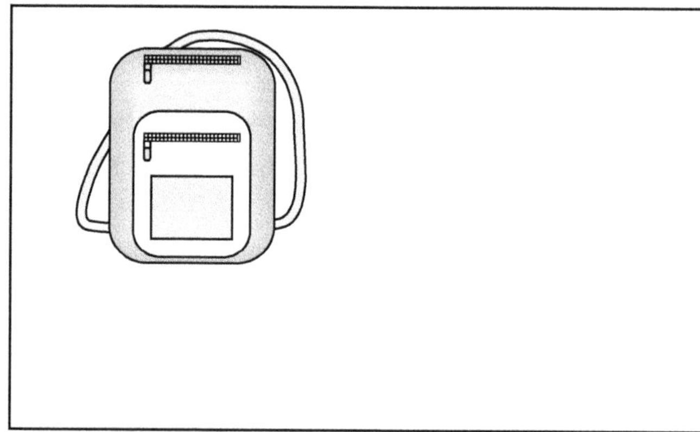

5. 'वाशिंग पाउडर' के लिए विज्ञापन तैयार कीजिए—

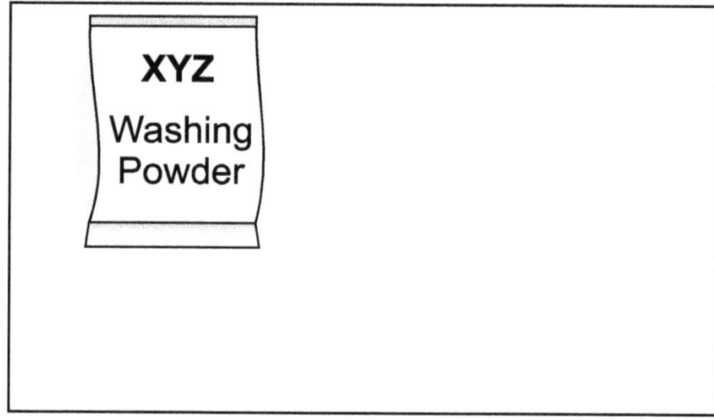

अभ्यास प्रश्न

निम्नलिखित विषयों पर अभ्यास करें—

1. टायरों पर विज्ञापन तैयार कीजिए।
2. नए समाचार-पत्र के लिए विज्ञापन तैयार कीजिए।
3. किसी नई कार के लिए विज्ञापन तैयार कीजिए।
4. नए मोबाइल के लिए विज्ञापन तैयार कीजिए।
5. शीतल पेय के लिए विज्ञापन तैयार कीजिए।
6. बैंक लोन के लिए विज्ञापन तैयार कीजिए।
7. शीत वस्त्र की सेल हेतु विज्ञापन तैयार कीजिए।
8. ओपो फोन के लिए (मोबाइल फोन) के लिए विज्ञापन तैयार कीजिए।
9. लैपटॉप के लिए विज्ञापन तैयार कीजिए।
10. क्रीम (सौंदर्य प्रसाधन) के लिए विज्ञापन तैयार कीजिए।

❑❑

लघु कथा लेखन

Chapter
5

आज के व्यस्त जीवन में जहाँ लोगों के पास लंबी कहानी या उपन्यास पढ़ने का समय निकालना मुश्किल है, लघु कथा अधिक लोकप्रिय होती जा रही है। आजकल समसामयिक विषयों पर अधिक लोक कथाएँ लिखी जा रही हैं।

'लघु कथा' शब्द का निर्माण लघु और कथा दो शब्दों से मिलकर हुआ है। अर्थात् 'लघु कथा, गद्य की एक ऐसी विधा (गद्य साहित्य का एक रूप) है जो आकार में तो लघु या छोटी है, किन्तु उसमें कथा तत्व विद्यमान है। लघु कथा में भूमिका, अतिरिक्त उपकथा या प्रसंग नहीं होता। इसमें शब्दों की संख्या तथा पात्रों की संख्या भी सीमित ही होती है। लघु कथा को प्राय: एक आसान विधा मान लिया जाता है जबकि लघु कथा लिखना एक महत्वपूर्ण और कठिन कार्य है। क्योंकि इसमें रचनाकार को बहुत सीमित शब्दों में अपनी बात पूर्ण रूप से कहते हुए कथा का उद्देश्य भी स्पष्ट करना होता है।

लघु कथा लेखन प्रक्रिया के प्रमुख तत्व—लघु कथा के मुख्य तत्व निम्नलिखित हैं—

- **(i) क्या कहना है? या कथानक का चुनाव**—एक सही कथा या विषय वस्तु का चुनाव करना।
- **(ii) क्यों कहना है?/उद्देश्य**—लघु कथा लेखन का एक उचित उद्देश्य होना चाहिए।
- **(iii) कैसे कहना है?/भाषा**—इसका सम्बन्ध कथा की भाषा से है। भाषा जितनी सरल और सहज होगी रचना उतनी ही प्रभावी बनेगी।
- **(iv) कथा का शिल्प**—इसके अन्तर्गत कथा लिखने की शैली आती है। मुख्य रूप से लघु तथा वर्णनात्मक शैली, वार्तालाप (बातचीत) शैली अथवा मिश्रित शैली जिसमें बीच-बीच में संवाद भी होते हैं, लिखी जाती है।
- **(v) शीर्षक**—सुन्दर, संक्षिप्त और सारगर्भित हो।
- **(vi) लघु कथा का अंत**—लघु कथा का अंत—इतना प्रभावी होना चाहिए कि पाठक को विस्मित कर दे। अंत विचारोत्तेजक होना चाहिए जो पाठकों को कुछ सोचने पर विवश कर दे।
- **(vii) संदेश**—लघु कथा में संदेश होना आवश्यक है। संदेश विहीन कथा प्रभावी नहीं होती है।

लघु कथा लेखन में ध्यान रखने योग्य बातें—

- (क) कथाकार को सही कथानक का चुनाव करना चाहिए। लघु कथा यथार्थ (वास्तविकता) पर आधारित होनी चाहिए।
- (ख) कथा में निरंतरता का समावेश होना बहुत आवश्यक है। अर्थात् घटनाएँ एक के बाद एक क्रम में लगातार घटती प्रतीत हों। लेखन क्रम में कोई बाधा न आए और कहानी स्पष्ट रूप से समझ आ जाए।
- (ग) लघु कथा की भाषा सरल, सहज और पात्रानुकूल तथा भावों को स्पष्ट करने में पूर्णत: समर्थ होनी चाहिए।
- (घ) कथा लेखन की दो शैलियाँ होती हैं—(क) विवरणात्मक, (ख) संवादात्मक। लघु कथा में दोनों का आवश्यकतानुसार प्रयोग किया जा सकता है। वस्तुत: लघु कथा लेखन के लिए मिश्रित शैली उत्तम होती है।
- (ङ) लघु कथा में प्रयोग किए गए संवाद पात्रों की सामाजिक और आर्थिक स्थिति, मनोदशा और परिवेश (वातावरण) के अनुसार प्रभावी किन्तु सीमित होने चाहिए।
- (च) लघु कथा की शैली बहुत रोचक होनी चाहिए। कथा की प्रथम पंक्ति ऐसी हो जिसे पढ़ते ही पाठक के मन में जिज्ञासा उत्पन्न हो और कथा धीरे-धीरे अपने मध्यम भाग में स्पष्ट होते हुए अपने सम्पूर्ण आकार को प्राप्त करे।
- (छ) कथा में कोई न कोई संदेश अवश्य होना चाहिए।
- (ज) कथाकार अपनी कल्पना शक्ति के अनुसार कहानी को प्रभावशाली बना सकता है। इसमें कथाकार की व्यक्तिगत सोच का विशेष महत्त्व होता है।

नोट—छात्र लघु-कथा लेखन सम्बन्धी प्रश्न में दिए गए प्रस्थान बिन्दुओं के आधार पर अपनी रचनात्मक और कल्पना शक्ति का उपयोग करके एक अच्छी कहानी लिख सकते हैं।

लघु कथा के कुछ उदाहरण

दिए गए प्रस्थान बिन्दुओं के आधार पर लगभग 100 से 120 शब्दों में एक लघु कथा लिखिए तथा उसका उचित शीर्षक देते हुए संदेश भी स्पष्ट कीजिए—

(क) एक लड़के ने एक बहुत धनवान व्यक्ति को देखकर धनी बनने का निश्चय किया। उसने कठिन परिश्रम करके धन कमाना शरू कर दिया। तभी उसकी भेंट एक विद्वान से हुई और वह धन कमाना छोड़कर पढ़ाई में लग गया.........

निश्चित उद्देश्य—अभी वह लड़का अक्षर-अभ्यास ही सीख पाया था कि एक गायक का गीत सुनकर उसे संगीत में अधिक आकर्षण दिखाई देने लगा। कुछ दिनों बाद वह संगीत छोड़कर नेतागीरी करने लगा। उसकी काफी उम्र इसी प्रकार बीत गई वह न तो धनी बन सका, न विद्वान, न संगीतज्ञ और न ही नेता। तब उसे बहुत दु:ख हुआ।

एक दिन एक महात्मा से भेंट होने पर लड़के ने अपना दु:ख उन्हें बताया। महात्मा मुस्कराकर बोले—"बेटा यह दुनिया ऐसी ही है, जहाँ भी तुम जाओगे तुम्हें कोई न कोई आकर्षण दिखाई देगा। अत: एक लक्ष्य निश्चित करके उसे पाने का

प्रयास करो, तो तुम्हें सफलता अवश्य मिलेगी। बार-बार रुचि बदलते रहने से कोई सफल नहीं हो सकता।'' युवक समझ गया और फिर अपना एक उद्देश्य निश्चित करके उसे पूरा करने में जुट गया। संदेश—सफलता प्राप्त करने के लिए एक निश्चित लक्ष्य का होना आवश्यक है।

(ख) एक मूर्तिकार ने अपने बेटे को भी मूर्तिकला सिखाई। दोनों हाट में अपनी-अपनी मूर्तियाँ बचने जाते। पिता की बनाई गयी मूर्तियाँ जहाँ दस-बारह रुपयों में बिकतीं वहीं बेटे की मूर्तियों का लोग तीन या चार रुपये से अधिक न देते थे। हाट से लौटकर पिता अपने बेटे को पास बिठाकर उसकी मूर्तियों की कमियाँ बताकर उन्हें सुधारक के लिए कहता। यह क्रम वर्षों तक चलता रहा·········

1. परिवर्तन अथवा अहंकार प्रगति में बाधक

अपने पिता की बताई गयी सीख के अनुसार वह लड़का अपनी मूर्तियों में सुधार करने लगा। कुछ समय बाद लड़के की मूर्तियाँ भी दस-बारह रुपए में बिकने लगीं। किन्तु पिता अभी भी बेटे से मूर्तियों में सुधार करने के लिए कहता रहा। धीरे-धीरे बेटे की मूर्तियाँ पिता की मूर्तियों से भी ज्यादा महँगी बिकने लगीं। किन्तु पिता ने अपने बेटे को समझाने का क्रम अभी भी जारी रखा। एक दिन बेटे ने उनसे झुँझलाकर कहा, 'आप तो दोष निकालना बंद ही नहीं करते। अब तो आपकी मूर्तियों से महँगी मेरी मूर्तियाँ बिकतीं हैं। पिता ने कहा, ''बेटा मुझे भी युवावस्था में अपनी कला की पूर्णता का अहंकार हो गया था, तभी से मेरी प्रगति रुक गई। तुम यह गलती कभी नहीं करना। हमें अपनी त्रुटियों को समझकर उन्हें सुधारने का सदा प्रयत्न करना चाहिए।'' बेटे ने पिता से क्षमा माँगी।

संदेश—पूर्णता का अहंकार व्यक्ति की प्रगति में बाधक होता है।

(ग) रात्रि के नौ बजे थे। मुकुल अपने मित्र की जन्मदिन की पार्टी से घर लौट रहा था। अँधेरा हो जाने के कारण उसे कुछ डर भी लग रहा था। चलते-चलते वह सहसा चौंक गया। सामने सड़क पर एक साँप लेटा हुआ था······

2. मन का भ्रम

मुकुल का पाँव साँप के ऊपर पड़ते-पड़ते रह गया था। वह बहुत घबरा गया। ध्यान से देखने पर वह उसे भयंकर नाग लगा जैसा उसने एक सँपेरे की टोकरी में देखा था। वह साँप से बचने के लिए दूसरे रास्ते की ओर मुड़ ही रहा था कि तभी उसने एक आदमी को हाथ में टॉर्च लिए उसी साँप की ओर आते देखा। मुकुल चिल्लाया, इधर मत आओ, सड़क पर एक नाग लेटा है। वह व्यक्ति बोला, ''डरो नहीं, मेरे साथ आओ। अभी कुछ समय पहले ही मैं इसी जगह से गुजरा था। मैंने तुम्हारे साँप को देख लिया है, वह नाग नहीं रस्सी का एक टुकड़ा मात्र है।'' वह व्यक्ति मुकुल को उस जगह ले गया। टॉर्च की रोशनी में मुकुल ने देखा कि वहाँ कोई नाग नहीं, बल्कि रस्सी का एक टुकड़ा पड़ा था। दोनों खिलखिलाकर हँस पड़े। मुकुल का सारा भय जाता रहा।

संदेश—कभी-कभी हम भ्रम के कारण छोटी-सी मुश्किल को बड़ी बाधा मानकर घबरा जाते हैं, जबकि साहस से उन पर विजय पाई जा सकती है।

(घ) नदी किनारे बसे गाँव में एक कुत्ता रहता था। उसे बहुत जोर की भूख लगी थी। आखिर बहुत खोजने पर उसे रोटी का एक टुकड़ा मिला। उसने टुकड़े को अपने मुँह में दबाया और नदी के दूसरे किनारे की ओर चल दिया जहाँ बैठकर वह आराम से उस रोटी को खा सके। वह नदी पर बने पुल को पार करने लगा·········

3. लालच बुरी बला है

पुल पार करते समय अचानक कुत्ते की नजर नदी में बहते पानी पर पड़ी। उसने देखा कि नदी के पानी में एक दूसरा कुत्ता उसी की तरह मुँह में रोटी दबाए खड़ा है। उसके मन में दूसरी रोटी को पाने का भी लालच आ गया। वह यह समझ ही नहीं पाया कि यह दूसरा कुत्ता नहीं बल्कि उसकी परछाई है। उस रोटी को पाने के लिए उसने दूसरे कुत्ते को धमकाते हुए भौंकना चाहा। जैसे ही उसने मुँह खोला, उसके मुँह में दबा रोटी का टुकड़ा भी नदी के पानी में गिर पड़ा। कुत्ते ने रोटी को देखने के लिए नदी में फिर झाँका तो पाया कि दूसरे कुत्ते के मुँह में भी रोटी नहीं है। अब उसे बात समझ में आई पर तब तक बहुत देर हो चुकी थी।

संदेश—लालच बुद्धि का नाश कर देता है।

(ङ) एक बार एक बादशाह ने एक कैदी को मौत की सजा सुनायी। सजा सुनते ही कैदी बादशाह को बुरा-भला कहने लगा। बादशाह उसकी बात को ठीक से सुन नहीं पाया। उसने अपने मंत्री से पूछा, 'वह क्या कह रहा है?·········

4. भलाई के लिए झूठ अच्छा

मंत्री बहुत बुद्धिमान और दयालु था। उसने कहा, हुजूर कैदी कह रहा है कि वे लोग कितने अच्छे होते हैं जो दूसरों की गलतियों के लिए उन्हें माफ कर देते हैं। यह सुनकर राजा ने दया करके कैदी की मौत की सज़ा माफ कर दी। तभी वज़ीर से जलने वाले एक दरबारी ने बादशाह से कहा, ''हुजूर हमारा फर्ज़ है कि आपको सही बात बताएँ। इस कैदी के बारे में वज़ीर ने आपसे झूठ कहा है। इसने तो आपको बहुत अपशब्द कहे हैं। आप इस कैदी को मौत की ही सजा दें।''

इस बात को सुनकर बादशाह ने गुस्से से कहा—''मुझे वज़ीर की बात सच लग रही है। उसका झूठ भी तुम्हारे सच से बेहतर है, क्योंकि उसने वह झूठ किसी की भलाई करने की नीयत से बोला है।''

संदेश—किसी की भलाई के लिए बोला गया एक झूठ सैकड़ों सच से बेहतर है। कार्य से ज्यादा नीयत का महत्त्व है।

5. बुद्धिमान सियार

एक सर्कस एक शहर से दूसरे शहर जा रहा था। बीच जंगल में शेर का पिंजरा लुढ़क कर गाँव की पगडण्डी तक पहुँच गया। शाम को वहाँ से गुजरते एक ग्रामीण ने पिंजरे में से आती शेर की आवाज सुनी। शेर ने आदमी से विनती की कि वह उसका पिंजरा खोल दे। पहले आदमी ने ऐसा करने से मना कर दिया, किन्तु शेर के उसे नुकसान न पहुँचाने का भरोसा दिलाने पर आदमी ने पिंजरा खोल दिया। बाहर आते ही शेर आदमी पर झपटा। आदमी भय से रोने गिड़गिड़ाने लगा। उसी समय वहाँ एक घोड़ा, एक बैल और सियार आ गए। आदमी ने सारी बात बताकर न्याय करने को कहा। घोड़ा और बैल तो बोले, 'शेर तुम्हें

खा सकता है' किन्तु सियार ने कहा—''मैं पहले प्रत्यक्ष देखना चाहता हूँ कि आप इस छोटे से पिंजरे में कैसे समाए?'' शेर ज्यों ही पिंजरे में गया सियार का इशारा समझ के आदमी ने झट से कुंडी लगा दी।

6. बिना विचारे जो करे सो पाछै पछिताए

एक किसान के पास एक नेवला था जो बहुत स्वामीभक्त था। एक दिन किसान किसी काम से बाहर गया। उसकी पत्नी घर के कार्यों में व्यस्त थी। उसका छोटा बच्चा अकेला कमरे में सो रहा था। तभी एक भयंकर सर्प कमरे में घुस आया। बच्चे को बचाने के लिए नेवले ने उस पर पूरी शक्ति से आक्रमण कर दिया। काफी संघर्ष के बाद नेवले ने सर्प के टुकड़े-टुकड़े कर दिए। बालक के प्राणों की रक्षा करके नेवला संतुष्ट भाव से घर के बाहर बैठकर किसान की प्रतीक्षा करने लगा। जब किसान घर लौटा तो, नेवले के मुँह पर खून लगा देखकर उसे लगा कि नेवले ने बच्चे को काटा है। क्रोध में आकर उसने नेवले को मार डाला। अंदर जाने पर फर्श पर पड़े सर्प के टुकड़े देख उसे वास्तविकता पता चली। उसने पछतावे से अपना माथा पीट लिया। सच है—''बिना विचारे जो करे सो पाछै पछिताए।''

संदेश—हमें बिना सोचे-समझे कोई कार्य नहीं करना चाहिए।

(च) राजा संग्राम सिंह ने अपने राज गुरु से अपने दोनों राजकुमारों में से राज्य के योग्य उत्तराधिकारी का चुनाव करने का आग्रह किया। एक दिन आचार्य दोनों राजकुमारों के साथ कहीं जा रहे थे। तभी उन्होंने देखा कि एक बालक आम के पेड़ में डंडा मारकर फल तोड़ रहा है। आचार्य ने अपने दोनों शिष्यों से पूछा, ''तुम दोनों की इस दृश्य के बारे में क्या राय है?'' पहले राजकुमार ने कहा......

7. श्रेष्ठ राजा कौन? सच्चा राजधर्म

पहले राजकुमार ने कहा—''गुरुदेव में सोच रहा था कि जब वृक्ष भी बिना डंडा खाए फल नहीं देता तब बिना दबाव डाले लोगों में किस प्रकार काम निकलवाया जा सकता है?'' दूसरे राजकुमार ने कहा, ''गुरुदेव मेरा मानना है कि जिस प्रकार वह पेड़ डंडे खाकर भी फल दे रहा है, उसी प्रकार व्यक्ति को स्वयं दु:ख सहकर भी दूसरों को दुख देना चाहिए। यही सज्जन व्यक्ति का धर्म है।''

गुरुदेव मुस्कुराते हुए बोले—''मनुष्य अपनी दृष्टि के अनुसार ही जीवन के किसी प्रसंग की व्याख्या और कार्य करता है तथा उसका परिणाम भी भोगता है।'' आचार्य ने पहले राजकुमार से कहा—''तुम सब कुछ अधिकार से प्राप्त करना चाहते हो जबकि तुम्हारा भाई प्रेम से सब कुछ प्राप्त करना चाहता है। एक राजा के मन में अपनी प्रजा के प्रति प्रेम आवश्यक है। आचार्य ने दूसरे राजकुमार को राजा का योग्य उत्तराधिकारी माना।''

संदेश—अधिकार से नहीं स्नेह भाव से किसी को भी वश में किया जा सकता है।

8. 'सच्चा मित्र' अथवा 'संकट का साथी'

एक दिन शिकार की तलाश में भटकने के बाद एक हताश और क्रोधित शिकारी ने वन में मृगों को देखकर उन पर विष बुझा तीर चला दिया। मृग तो भाग निकले, किन्तु वह तीर एक विशाल वटवृक्ष में जा लगा। उस वृक्ष पर अनेक पक्षी रहते थे। वृक्ष को सूखते देखकर पक्षी भयभीत हो घोंसला छोड़कर उड़ने लगे। किंतु उसी पेड़ के कोटर में रहने वाला एक तोता इस संकट की घड़ी में उसे छोड़कर नहीं जाना चाहता था।

देवताओं के राजा इंद्र यह सब देखकर ब्राह्मण वेश में तोते के पास आए और कहा, ''इस वृक्ष की आयु पूरी हो चुकी है। अपने साथियों की तरह तुम भी किसी अन्य हर वृक्ष पर अपना कोटर बना लों यह स्थान सुरक्षित नहीं है।'' तोते ने कहा, 'यह वृक्ष जन्म से मेरा साथी है। इसने वर्षों मेरी सुरक्षा की है, संकट की इस घड़ी में मैं इसे नहीं छोड़ सकता।' इंद्रदेव ने प्रसन्न होकर उससे वरदान माँगने को कहा। तोते द्वारा वृक्ष को फिर से हरा करने का वरदान माँगते ही वृक्ष फिर से हरा-भरा होकर लहराने लगा।

संदेश—संकट में ही सच्चे मित्र की परख होती है।

9. कुसंगति का फल

एक दिन एक थका हुआ यात्री उस पेड़ के नीचे आया। उसने रोटी खाई और शीतल जल पीकर वहीं वृक्ष के नीचे सो गया। परोपकारी हंस ने जब थके हुए राहगीर के मुख पर धूप पड़ती हुई देखी तो पेड़ की निचली डाली पर बैठकर अपने पंख फैलाकर उस पर छाया करने लगा। यह देख ऊपर बैठे ईर्ष्यालु कौए ने राहगीर के मुख पर बीट कर दी और काँव-काँव करके उड़ गया। इससे यात्री की नींद टूट गई। आँख खुलने पर उसने पेड़ की डाल पर हंस को बैठे पाया। इसी हंस ने मुझ पर बीट की होगी, यह सोचकर उसने अपना धनुष-बाण उठाया और तीर चला दिया। तीर लगते ही हंस पृथ्वी पर आ गिरा। सज्जन हंस को दुष्ट कौए की गलत संगति के कारण अपने प्राण गँवाने पड़े।

शिक्षा—सत्संगति से जीवन सफल होता है वहीं कुसंगति पतन या अंत की ओर ले जाती है।

10. 'सत्यनिष्ठ बनो' अथवा 'सदा सत्य बोलो'

महात्मा कबीर का पालन-पोषण एक जुलाहे के परिवार में हुआ था। एक बार वे रुई कात रहे थे, तभी एक व्यक्ति वहाँ दौड़ता हुआ आया। उसने कबीरदास से कहा, ''कृपया मुझे बचा लीजिए। मैं निरपराध हूँ। राजा के सिपाही किसी चोर के बदले मुझे पकड़ना चाहते हैं।'' कबीर ने उसे रुई के ढेर में छिप जाने को कहा। तभी राजा के सिपाही वहाँ आ गए। उन्होंने कबीर को प्रणाम करके पूछा—''महाराज यहाँ कोई चोर तो नहीं आया?''

कबीर ने उत्तर दिया—'चोर तो इस रुई के ढेर में छिपा है।' कबीर के कहने के ढंग से सिपाही बात को मज़ाक समझ वहाँ से चले गए। थोड़ी देर बाद रुई के ढेर में छिपा व्यक्ति बाहर आया और सिपाहियों को सच्ची बात बताने के लिए कबीर पर क्रोध करने लगा। कबीर ने शांत भाव से कहा—''मेरे सच बोलने से ही तुम्हारी जान बच गई, इसलिए सदा सत्य बोलना चाहिए।''

11. 'शब्द वापस नहीं लौटते'

रमेश और मयंक घनिष्ठ मित्र थे। एक बार गुस्से में रमेश ने मयंक को बहुत भला-बुरा कह दिया। बाद में जब उसे अपनी गलती का अहसास हुआ तो उसे खुद पर बहुत शर्म आई। उसने सारी बात अपनी माँ को बताई और कहा—''माँ मैं अपनी गलती का प्रायश्चित करना चाहता हूँ।'' माँ ने उसे तिनकों से भरा एक थैला देते हुए कहा, ''इसे

छत पर ले जाकर तिनके हवा में उठा दो।'' रमेश ने वैसा ही किया और खाली थैला लेकर माँ के पास आया। अब माँ ने उसे उड़े हुए तिनकों को इकट्ठा करने का आदेश दिया। नादान रमेश जब यह काम करने गया तब उसे अहसास हुआ कि यह काम मुश्किल ही नहीं असंभव है। उसने अपनी परेशानी माँ को बताई तो माँ ने कहा—''बेटा ऐसा ही मुँह से निकले शब्दों के साथ भी होता है। इसलिए जब भी बोलो तो तौलकर बोलो। बोले गए शब्द कभी वापस नहीं लौटते हैं।''

संदेश—मुख से निकले शब्द वापस नहीं लौटते इसलिए सोच-समझकर बोलना चाहिए।

(छ) एक चरवाहा रोज वन में भेड़ें चराने जाता था। उसे झूठ बोलने की बुरी आदत थी। एक दिन वह जोर से चिल्लाने लगा—'बाघ आया, बाघ आया। आसपास के लोग उसकी मदद करने के लिए हथियार लेकर दौड़ते हुए वहाँ पहुँचे·········

12. झूठ बोलने का परिणाम

चरवाहा उन्हें देखकर खिलखिलाकर हँस पड़ा। आए हुए लोग अपना-सा मुँह लेकर लौट गए। कुछ समय बाद उसने ऐसा फिर किया। गाँवों वालों को उस पर बहुत क्रोध आया। आखिरकार एक दिन सचमुच ही बाघ ने आकर उसकी भेड़ों पर आक्रमण कर दिया। तब चरवाहा अत्यंत व्याकुल होकर 'बाघ आया, बाघ आया' कहकर जोर-जोर से चिल्लाने लगा। परन्तु उस दिन उसकी सहायता करने कोई नहीं आया। सब ने सोचा—दुष्ट चरवाहा पहले के समान ही झूठ बोलकर हमारा मज़ाक उड़ाना चाहता है। बाघ ने अपनी इच्छानुसार सब भेड़ों का वध कर दिया और अंत में चरवाहे को भी मार डाला।

संदेश—''सदा झूठ बोलने के सच पर भी कोई विश्वास नहीं करता।?''

13. परिश्रम का फल

एक किसान बहुत मेहनती था। उसे अच्छी खेती से सम्बन्धित बहुत से गुर (तरीके) आते थे, किन्तु उसके चारों आलसी पुत्रों की उन्हें सीखने उन्हें सीखने में कोई रुचि नहीं थी। किसान बहुत चिंतित रहता था कि मेरी मृत्यु के बाद ये कैसे अपनी आजीविका चलाएँ। एक बार किसान बहुत बीमार हो गया तो उसने अपने चारों पुत्रों से कहा, ''मेरी जो कुछ संपत्ति थी उसे खेतों में ढूँढ़ने पर पा सकोगे।''

किसान की मृत्यु के बाद चारों पुत्रों ने गुप्त धन के लालच में सभी खेतों को खोद डाला किन्तु कठिन परिश्रम के साथ बहुत खोदने पर भी उन्हें खेतों के बीच कोई खजाना नहीं मिला। उन्होंने बहुत निराश होकर खोदे हुए खेतों में बीज डाल दिए। जमीन की बहुत अच्छी खुदाई हो जाने के कारण खेतों में इतनी अच्छी फसल हुई कि उन्हें अपने परिश्रम का फल मिल गया। साथ ही खेती संबंधी एक महत्त्वपूर्ण शिक्षा भी मिली।

शिक्षा—परिश्रम से सब कुछ संभव है।

14. 'विनम्र बनो' अथवा 'कटुता का त्याग'

एक राजकुमार स्वभाव से बहुत उद्दंड और दुष्ट था। प्रजा के साथ-साथ राजा भी उसकी करतूतों से बहुत परेशान रहता था। एक बार गौतम बुद्ध राज्य में पधारे। राजा ने बुद्ध से राजकुमार को सुधारने का उपाय पूछा। बुद्ध ने राजकुमार को बुलाकर एक पौधे से कुछ पत्तियाँ तोड़कर खाने को दीं। पत्तियाँ बहुत कड़वी थीं। राजकुमार ने पत्तियाँ खाई, तो उसे बहुत क्रोध आया। उसने पौधे को ही जड़ से उखाड़ कर दूर फेंक दिया।

गौतम बुद्ध ने राजकुमार से इसका कारण पूछा। राजकुमार ने उत्तर दिया—''वह पौधा बहुत कड़वा था, आगे जाकर यह विषाक्त (जहरीला) पेड़ बन जाता। इसलिए उसे आज ही उखाड़ फेंकना उचित था और तुम जो सब लोगों के साथ कड़वा व्यवहार करते हो इसके लिए क्या किया जाए? बुद्ध ने पूछा। राजकुमार को बहुत ग्लानि हुई। उसने कटुता का त्याग कर दिया और विनम्र बन गया।''

शिक्षा—हमें सदैव विनम्र रहना चाहिए।

15. 'फूल खिलें और कोई मुस्कुराए' अथवा 'दूसरों की खुशी में सूख ढूँढ़ना'

मैडम ब्लेवेट्स की जब संसार की यात्रा पर निकलीं, तो अपने कंधे पर एक थैला लटकाए रहती थीं। गाड़ी में बैठी-बैठी जब वह खुदी मिट्टी, नदी, नाले या तालाब का किनारा देखतीं, तो तुरंत अपने झोले से कुछ निकाल बाहर फेंक देतीं। भारत यात्रा के दौरान भी उन्होंने यही किया। लोगों ने जब उनसे इस बारे में पूछा, तो उन्होंने कहा—ये फूलों के बीच हैं। बादलों के बरसने पर इनसे कभी न कभी पौधे निकलेंगे और फिर उन पर रंग-बिरंगे फूल खिलेंगे। किसी ने पूछा—''पर मैडम क्या आप फिर इस रास्ते से गुजरेंगी?'' उन्होंने कहा, 'नहीं, पर मैं आऊँ न आऊँ, किसी के चेहरे पर, तो इन फूलों को देखकर मुस्कान आएगी। मैंने सुना था कि भले लोग जिस रास्ते से गुजरते हैं, उनके पीछे-पीछे प्रसन्नता के फूल खिलते हैं। मेरे पास इसका एक ही साधन था—''ये फूलों के बीज।''

संदेश—दूसरों को खुशी देकर ही सच्चे सुख की प्राप्ति होती है।

(ज) एक बच्चा दोपहर में नंगे पाँव फूल बेच रहा था, लोग मोलभाव कर रहे थे। एक सज्जन व्यक्ति उससे फूल खरीदने लगा, तभी उसकी दृष्टि धूप में जलते हुए पाँवों की ओर गई। वह भागकर पास की दुकान से बूट ले आया और कहा बेटा! बूट पहन लो·········

16. 'परोपकार ही सच्ची पूजा' अथवा 'भगवान का दोस्त'

लड़के ने जल्दी से बूट पहन लिए। वह बहुत खुश हुआ और उस व्यक्ति का हाथ पकड़कर बोला, ''आप भगवान हो?'' वह आदमी घबराकर बोला—''नहीं-नहीं बेटा, मैं भगवान नहीं हूँ।'' लड़का मासूमियत से बोला—''फिर आप जरूर भगवान के दोस्त होंगे········· क्योंकि मैंने कल ही भगवान की पूजा करते समय उनसे अपने लिए जूते माँगे थे, मेरे पाँव धूप में बहुत जलते थे।''

वह व्यक्ति आँखों में पानी लिए मुस्कुराते हुए वहाँ से चला गया, पर वह जान चुका था कि भगवान का दोस्त बनना ज्यादा मुश्किल नहीं है। उसके लिए केवल जरूरतमंदों की मदद करनी पड़ती है, क्योंकि परोपकार ही सच्ची पूजा है।

17. 'घमंडी का सिर नीचा'

सुंदरवन में एक बलवान शेर रहता था। एक दिन नदी से पानी पीकर लौटते समय उसे रास्ते में एक सियार दिखाई दिया। शेर जैसे ही सियार के पास पहुँचा वह उसके कदमों में लेट गया और बोला "आप बहुत महान हैं, मुझे अपना सेवक बना लीजिए। आपके शिकार में से जो बचेगा उसे खाकर मैं गुजारा कर लूँगा।" तब से शेर और सियार की दोस्ती हो गई। सियार बचा-खुचा माँस खाकर बलवान और घमण्डी हो गया।

एक दिन वह शेर से बोला, 'आज मैं हाथी का शिकार करूँगा और उसे खाऊँगा। मेरे खाने के बाद जो माँस बच जाएगा वह तुम खा लेना।' शेर ने उसे बहुत समझाया पर सियार घमण्ड में पेड़ पर चढ़ गया। जैसे ही उस पेड़ के नीचे से एक हाथी गुजरा सियार ने उस पर छलाँग लगा दी। सियार हाथी के पैरों में जा गिरा और कुचला गया। इस तरह घमण डी सियार ने अपने प्राण गँवा दिए।

(झ) माधव के पिताजी की अचानक मृत्यु हो गई। वे जिस सुनार के यहाँ काम करते थे उन्होंने उसकी माँ को नौकरी दे दी थी। सुनार ने स्कूल की छुट्टी के बाद माधव को भी काम करने को कह दिया था। माँ हमेशा उसे सच्चाई और ईमानदारी की कहानियाँ सुनाती रहती थी। अब माधव बड़ा और समझदार हो गया था। एक दिन सुनार ने·········

18. ईमानदारी की जीत

एक दिन सुनार ने माधव को एक बक्सा देते हुए कहा, "मैं कहीं जा रहा हूँ। इसमें कीमती जेवरात हैं, संभाल के ले जाना और मेरे घर पर दे देना।" माधव बक्सा लेकर सुनार के घर की ओर चल दिया। रास्ते में कई बार उसका मन हुआ कि बक्सा खोलकर देखे किन्तु उसे अपनी माँ द्वारा दी गई शिक्षाएँ याद आ गयीं। उसने बक्से को बिना खोले सुनार के घर पहुँचा दिया। अगले दिन सुनार ने उसे बुलाकर कहा, "मैं तुम्हारी ईमानदारी से बहुत प्रभावित हूँ, आज से तुम दुकान के मैनेजर हो।" माध ाव की माँ यह सुनकर बहुत खुश हुई।

संदेश—ईमानदारी सबसे अच्छा गुण है।

19. 'शिक्षा का महत्त्व'

सुमित का मन पढ़ाई में बिल्कुल नहीं लगता था। स्कूल से आते ही वह टीवी देखने लगता और शाम को दोस्तों के साथ खेलने भाग जाता। इसी कारण मासिक परीक्षा में उसके बहुत कम अंक आए और पिताजी से डाँट भी पड़ी। माँ के बहुत कहने पर वह किताब खोलकर पढ़ने बैठ जाता, किन्तु उसका चंचल मन भटकता रहता।

एक दिन वह माँ के साथ सब्जी लेने गया। दुकान पर उसका बेटा भी सब्जी वाले काम में मदद कर रहा था। अगले दिन रात में उसने देखा कि वही लड़का बिजली के खंभे के नीचे बैठा किताब पढ़ रहा है। पास जाकर पूछने पर लड़का बोला, "मैं सुबह पाठशाला जाता हूँ। दिन में पिताजी के काम में हाथ बँटाता हूँ। घर में बिजली न होने के कारण रात में यही बैठकर पढ़ाई करता हूँ क्योंकि शिक्षा के बिना जीवन व्यर्थ है।" यह सुनते ही सुमित की आँखें खुल गई। उसने मन लगाकर पढ़ाई की और वार्षिक परीक्षा में प्रथम आया।

20. 'एकता का बल'

एक जमींदार के चार बेटे थे, जो आपस में बहुत लड़ते-झगड़ते थे। इसका फायदा उठाकर गाँव वाले उन्हें लड़वाकर अपना उल्लू सीधा करते रहते थे। जमींदार के बहुत समझाने का भी उन पर कोई असर नहीं होता था। एक दिन जमींदार ने चारों को बुलाया और उन्हें एक-एक लकड़ी देकर तोड़ने को कहा। चारों ने उसे आसानी से तोड़ दिया। इसके बाद उसने चार लकड़ियाँ लेकर उन्हें एक रस्सी से मजबूती से बाँध दिया और हर लड़के से उसे तोड़ने को कहा। बहुत जोर लगाने पर भी कोई लकड़ी के उस बंडल को नहीं तोड़ पाया। जमींदार ने कहा, देखा तुम सबने एकता में कितनी शक्ति है। यदि तुम सब भी मिलकर रहो, तो कोई तुम्हें नुकसान नहीं पहुँचा सकेगा। तब से चारों भाई प्रेम से रहने लगे।

21. 'परिश्रम औषधि है'

एक प्रसिद्ध चिकित्सक जंगल में रहते थे। वे दिन भर लकड़ी काटने का काम और रोगियों का इलाज करते थे। एक दिन किसी असाध्य रोग से पीड़ित एक व्यक्ति उनके पास आया। चिकित्सक ने उनकी पूरी दिनचर्या पूछकर उसे एक महीने की दवा देते हुए कहा, 'इसे अपने माथे के पसीने में भिगोकर प्रातः और सायं लेप करना। वह व्यक्ति बहुत आलसी था। माथे का पसीना निकालने के लिए उसे कठिन परिश्रम करना पड़ता था। धीरे-धीरे वह स्वस्थ महसूस करने लगा।

कुछ दिनों बाद वह चिकित्सक के पास आभार जताने तथा भेंट देने पहुँचा। वह औषधि का नाम जानना चाहता था। चिकित्सक बोले—'औषधि तो केवल सूखी घास थी, पर उसे पसीने में मिलाना था। वास्तव में तुम्हारा आलस्य ही रोग का कारण था। कठिन परिश्रम ही वह दवा है, जिससे सभी रोग दूर हो जाते हैं।'

संदेश—आलस्य हमारा सबसे बड़ा शत्रु है। कठिन परिश्रम सब समस्याओं का निदान करता है।

22. 'लालच का फल'

राम को एक शंख देते हुए कहा—"इससे तुम जो भी माँगोगे यह देगा।" जब भी राम को कुछ जरूरत होती वह शंख से माँग लेता। श्याम मन ही मन राम से जलने लगा और शंख हथियाने की योजना बनाने लगा। तभी वह महात्मा पुनः गाँव में पधारे। अबकी बार श्याम ने उनकी आवभगत की और चलते समय कुछ देने को कहा। महात्मा बोले—'मेरे पास दो शंख हैं। एक से जो मांगोगे वह देगा और दूसरा जो भी माँगोगे उसका दुगना देने की बात करेगा। श्याम ने लालच में दूसरा शंख माँग लिया।

महात्मा के जाते ही श्याम ने शंख से कहा, 'मुझे दो बोरी अनाज दे दो।' शंख बोला—'अरे दो क्या तुम चार बोरी अनाज ले लो।' इसी तरह श्याम शंख से जो मांगता वह दुगना देना की बात करता पर देता कुछ नहीं। श्याम दौड़कर महात्मा के पास गया और सारी बात बताई। वे बोले—तुमने लालच में बिना सोचे ही दूसरा शंख माँग लिया। यह उसी का फल है। श्याम ने फिर कभी लालच ने करने की कसम खाई।

संदेश—मेहनत और ईमानदारी से फल मिलता है, लालच से नहीं। लालच बुरी बला है।

23. 'बुद्धि बल का चमत्कार'

वर्षा का मौसम था। राघव कच्ची सड़क पर अपनी बैलगाड़ी तेजी से दौड़ाता, घर की ओर चला जा रहा था। बैलगाड़ी में अनाज के बोरे भरे हुए थे। अचानक बैलगाड़ी एक ओर झुकी और रुक गयी। माधव घबराया—"हे भगवान् अब ये कौन सी मुसीबत आ गई?" उसने नीचे उतरकर देखा, बैलगाड़ी का एक पहिया गीली मिट्टी से बने गड्ढे में धँस गया था। माधव ने बैलों को पूरी ताकत से खींचा, बहुत जोर लगाया पर गाड़ी नहीं निकली। माधव ने क्रोध में बैलों को पीटा और अंत में रोता हुआ ईश्वर से कोई चमत्कार करने की प्रार्थना करने लगा।

तभी एक आवाज आई—"रोना छोड़कर गाड़ी से बोझ कम कर और कुछ पत्थर लाकर गड्ढे को भर दे तब गाड़ी को खींच।" उसने इधर-उधर देखा, कोई नहीं था। उसने वही किया और बैलों को प्यार से पुचकारकर जोर लगाया। बैलगाड़ी एक झटके से बाहर आ गई।

संदेश—किसी चमत्कार या भाग्य के भरोसे बैठे रहने से कुछ नहीं होता। ईश्वर भी उन्हीं की सहायता करते हैं जो अपनी सहायता स्वयं करते हैं।

24. 'कर्तव्य'

एक बार एक पंडित जी अपने शिष्यों के साथ नदी स्नान करने गए। अचानक उनकी दृष्टि पानी में डूबते एक बिच्छू पर पड़ी। महात्मा ने उसे बचाने के लिए हाथ बढ़ाया तो बिच्छू ने डंक मार दिया। महात्मा ने उसे कई बार बचाने की कोशिश की, बिच्छू ने उन्हें बार-बार डंक मारा। अंत में महात्मा ने उसे बचाकर नदी किनारे रख दिया। नदी किनारे खड़े उनके शिष्यों ने पूछा—'गुरु जी! जब वह बिच्छू बार-बार आपको काट रहा था, तो आपने उसे क्यों बचाया?

महात्मा ने कहा—"बिच्छू एक छोटा-सा जीव है, उसका कर्म है काटना। जब वह अपना कर्तव्य करना नहीं भूला, तो मैं तो सब जीवों में श्रेष्ठ मानव हूँ, मेरा कर्तव्य है—दया करना। मैं अपना कर्तव्य कैसे भूल सकता हूँ।"

संदेश—किसी भी विषम परिस्थिति में मनुष्य को अपना कर्तव्य नहीं भूलना चाहिए।

अभ्यास प्रश्न

1. लघु कथा से आप क्या समझते हैं?
2. लघु कथा लेखन के प्रमुख तत्व कौन-कौन से हैं?
3. लघु कथा लिखते समय किन-किन बातों का ध्यान रखना चाहिए?
4. एक श्रेष्ठ बाल कथा में एक संदेश या शिक्षा का होना क्यों आवश्यक है?
5. 'परोपकार की भावना' पर एक लघु कथा 100 से 120 शब्दों में लिखिए और उचित शीर्षक देते हुए उससे प्राप्त शिक्षा भी लिखिए।
6. "बुद्धिमानी से हर समस्या का समाधान संभव है।" संदेश पर आधारित 100 से 120 शब्दों में एक लघु कथा लिखिए।
7. 'सच्चा मित्र' अथवा 'संकट का साथ' शीर्षक को ध्यान में रखकर 100 से 120 शब्दों में एक लघु कथा लिखिए।
8. 'सत्यनिष्ठ बनो' अथवा 'सदा सत्य बोलो' शीर्षक से सत्यवादी बनने का संदेश देती हुई एक लघु कथा 100 से 120 शब्दों में लिखिए।
9. 'मधुर बोलो' अथवा 'तोलो फिर बोलो' का संदेश देती हुई एक लघु कथा लिखिए।
10. 'परिश्रम का महत्त्व' दर्शाते हुए 100 से 120 शब्दों में एक लघु कथा लिखिए।
11. 'दूसरों के लिए अच्छा करने की भावना' को दर्शाती एक लघु कथा 100 से 120 शब्दों में संदेश सहित लिखकर उसे एक उचित शीर्षक भी दीजिए।
12. कभी घमण्ड न करने की सीख देती हुई एक लघु कथा 100 से 120 शब्दों में लिखिए। कथा को उचित शीर्षक भी दीजिए।
13. 'शिक्षा का महत्त्व' दर्शाते हुए 100 से 120 शब्दों में एक लघु कथा लिखिए।
14. 'एकता में शक्ति' का संदेश देती एक प्रेरक तथा 100 से 120 शब्दों में लिखकर उसे उचित शीर्षक भी दीजिए।
15. "आलस्य मनुष्य का सबसे बड़ा शत्रु है।" इस संदेश पर आधारित एक लघु कथा 100 से 120 शब्दों में लिखिए और उसे एक उचित शीर्षक भी दीजिए।
16. एक रोचक शिक्षाप्रद लघु कथा (100 से 120 शब्दों में) लिखकर उसे उचित शीर्षक दीजिए तथा उसमें निहित संदेश भी लिखिए।
17. एक रोचक शिक्षाप्रद लघु कथा (100 से 120 शब्दों में) लिखकर उसे उचित शीर्षक दीजिए तथा उसमें निहित संदेश भी लिखिए।
18. दिए गए प्रस्थान बिन्दु के आधार पर एक लघु कथा लिखिए और उचित शीर्षक देते हुए उससे प्राप्त शिक्षा भी लिखिए—

    अनाज के एक गोदाम में एक चींटी खाने की तलाश में घूम रही थी। उसे बहुत जोर की प्यास लगी थी। उसे लगा कि यदि जल्दी ही पानी न मिला तो वह मर जाएगी। तभी एक बूँद उसके ऊपर गिरी और उसकी जान बच गई। चींटी ने ऊपर देखा असल में यह पानी की नहीं बल्कि आँसू की बूँद थी, जो एक छोटी लड़की की आँख से गिरा था। चींटी ने उससे पूछा......
19. एक हास्य लघु कथा लिखिए और उसे उचित शीर्षक भी दीजिए।
20. अपूर्ण कहानी को पूर्ण करना—

    कौए ने गाना सुनाने के लिए ज्यों ही अपनी चोंच खोली, रोटी का टुकड़ा उसके मुँह से गिर गया। रोटी का टुकड़ा ले लोमड़ी हँसी-हँसकर खाने लगी और कौआ अपनी मूर्खता पर पछताने लगा। अब अगर दूसरी बार कौआ माँस का टुकड़ा ले आये, तो लोमड़ी क्या करेगी?............इस अपूर्ण कहानी को पूरा करिए।

21. निम्नलिखित संकेतों (रूपरेखा) के आधार पर कहानी लिखिए—

बेईमान हलवाई............कम मिठाई तौलता............पैसे पूरे लेता............लड़का मिठाई लेने आया............कम तौली............लड़के ने शिकायत की............हलवाई बोला ठीक है, कम वजन उठाना पड़ेगा............कम पैसे दिए............हलवाई से कहा............पैसे कम हैं............लड़के ने उत्तर दिया, गिनने में कम मेहनत करनी पड़ेगी।'

22. राजा के दरबार में एक विदूषक............सदा हँसाया करता था—मुँह लगा था............राजा को बहुत था............दरबारी विदूषक से नाराज थे............सबका मजाक उड़ाता था............राजा से गंदा मजाक किया............प्राण दण्ड मिला............ राजा से क्षमा-याचना की............दया आ गयी............मृत्यु के ढंग को चुनने को कहा—स्वाभाविक मृत्यु माँगी............हाज़िर जबाबी ने प्राण बचा लिये।

23. दिए गए संकेतों के आधार पर 100 से 120 शब्दों की एक लघु कथा और उसका शीर्षक भी लिखिए।

एक किसान............स्वामीभक्त नेवला............किसान बाहर गया। उसका छोटा बालक अकेला............सर्प घुस गया............नेवले ने सर्प मारा............किसान लौटा............नेवले के मुँह पर खून। किसान को लगा............बच्चे को............नेवले को मारा। घर के अंदर............सर्प के टुकड़े............वास्तविकता पता चली............माथा पीट लिया।

24. दिए हुए प्रस्थान बिंदु के आधार पर सत्संगति का महत्त्व अथवा कुसंगति का दुष्परिणाम दर्शाते हुए 100 से 120 शब्दों में एक लघु कथा लिखिए।

एक वृक्ष पर रहने वाले एक दुष्ट कौए ने पेड़ के नीचे तालाब में रहने वाले हंस के सामने दोस्ती का प्रस्ताव रखा। सज्जन होने के कारण हंस ने कौए का प्रस्ताव स्वीकार कर लिया। पेड़ पर रहने वाले अन्य पक्षियों को अलग जाति और स्वभाव वाले दो पक्षियों की दोस्ती देखकर बहुत आश्चर्य हुआ, किन्तु वे क्या कर सकते थे?

25. दिए गए संकेतों एवं प्रस्थान बिंदु के आधार पर 100 से 120 शब्दों में 'विनम्र बनो' अथवा 'कटुता का त्याग' शीर्षक से एक लघु कथा लिखिए।

एक राजकुमार स्वभाव से बहुत उद्दंड और ....। प्रजा के साथ राजा भी उसकी करतूतों से ....। एक बार गौतम बुद्ध राज्य में पधारे। राजा ने बुद्ध से ....। बुद्ध ने राजकुमार को ....से कुछ पत्तियाँ तोड़कर खाने को दीं। पत्तियाँ बहुत कड़वी थीं। राजकुमार ने पत्तियाँ खाईं............

26. दिए गए प्रस्थान बिंदु के आधार पर 'लालच बुरी बला है' विषय पर 100 से 120 शब्दों में एक लघु कथा लिखकर उसे उचित शीर्षक भी दीजिए।

किसी गाँव में राम और श्याम नाम के दो किसान रहते थे। राम सीधा-सादा और नेक जबकि श्याम बहुत तेज़ चालाक और लालची था। एक बार उनके गाँव में बहुत बड़े महात्मा पधारे। राम और घर ले आया और उनकी खूब सेवा की। महात्मा ने प्रसन्न होकर राम की.........

❑❑

www.ingramcontent.com/pod-product-compliance
Ingram Content Group UK Ltd.
Pitfield, Milton Keynes, MK11 3LW, UK
UKHW061704190726
13853UKWH00008B/2393